论语注译及人物类编

王蔚　梦溪　编著

山东大学出版社

图书在版编目(CIP)数据

论语注译及人物类编/王蔚,梦溪编著.—济南:
山东大学出版社,2016.5
ISBN 978-7-5607-5531-1

Ⅰ.①论… Ⅱ.①王… ②梦… Ⅲ.①儒家 ②《论语》—注释 ③历史人物—人物研究—中国—古代 Ⅳ.①B222.22 ②K820.2

中国版本图书馆 CIP 数据核字(2016)第 087767 号

责任策划 米克荣
责任编辑 马银川 王立强
封面设计 张 荔

出版发行:山东大学出版社
社 址 山东省济南市山大南路 20 号
邮 编 250100
电 话 市场部(0531)88364466
经 销:山东省新华书店
印 刷:济南景升印业有限公司
规 格:850 毫米×1168 毫米 1/32
18.5 印张 447 千字
版 次:2016 年 5 月第 1 版
印 次:2016 年 5 月第 1 次印刷
定 价:49.00 元

“一以贯之”与“一本正经”
（序一）

国学大师钱穆先生对《论语》有非常高的评价。他曾说：今天的中国读书人，应负两大责任，一是自己读《论语》，一是劝人读《论语》。

我与王蔚先生结缘，就是源于《论语》这本书。

王蔚先生是山东邹平人。20世纪30年代，国学大师梁漱溟先生曾在邹平开展了轰轰烈烈的乡村建设运动，梁先生一生践行儒家的“知行合一”，让人钦佩。大概是在潜移默化中受了梁先生的影响，王蔚先生十几年如一日，利用一切可以利用的时间研习、解读、宣讲《论语》，并发愿要把《论语》讲到山东每个县（区），一生要把《论语》学好、讲好、用好。

王蔚先生这种“一以贯之”的精神，着实令我们感动，更令我们钦佩。我们乐意为他的想法和做法点赞喝彩！

中华文明是世界上唯一不曾中断过的文明形态，这是举世公认的一个文化奇迹。中国历史上不乏朝代更迭，但是儒家文化的价值主张始终是全民族共同价值观的基因与底色。从社会发展和民族进步的角度看，儒家文化的历史贡献更是清晰可见。

儒家文化护佑着中华文明的生命历程和走向。杜维明先生说，儒家文化是学习的文化、包容的文化、对话的文化，正是这种海纳百川、和而不同的精神品质，才使得中华民族始终不乏文化自觉和文化自信，始终以高度的道德定力立于世界伟大民族之林。

中国传统社会中，历史文献浩如烟海，但大体可归入“经史子集”四大类。其中，“经”就是指儒家典籍。在那时，儒家文化是官方主流意识形态，作为儒家核心典籍的“十五经”具有最重要的地位和价值。这些“经典”中，《论语》作为“至圣先师”孔子及其弟子们的言论集，无疑是“经典中的经典”。

我常对周围的朋友和同事说，要读好《论语》，因为它是“一本正经”。只有读好这本书，才能真正成为堂堂正正的人——君子。今天我们倡导全民阅读，营造书香社会，对《论语》的阅读当放在首位。中国孔子基金会所推出的公益文化品牌——“孔子学堂”，以“写好字，读好书，做好人”为堂训和宗旨。其实，“写好字”首先就要写好中国字，“读好书”首先就要读好《论语》这本书，“做好人”就是要做具有堂正之气的君子。

在信息化和全球化时代，对待孔子文化，存在“四个讲清楚”的问题：第一，要讲清楚孔子这个人；第二，要讲清楚《论语》这本书；第三，要讲清楚孔子与中国；第四，要讲清楚孔子与时代。所以，我们理当向一切为“四个讲清楚”做出贡献的社会各界有识之士致敬！

王蔚先生与其助手梦溪所著的《论语注译及人物类编》就是讲清楚《论语》这部书的最新尝试。按人物编排《论语》是一大创新，有助于我们对某个人物进行集中与深入的研究。

从本质上看，以中华传统文化的研习、传播、应用为志业的一切同道，都是为“二老”服务的。“二老”即老夫子和老百姓。老夫子就是指孔子所代表的中华优秀传统文化。

今天，在研读讲传《论语》上，王蔚先生可谓乐此不疲。在他的身边，也聚集了越来越多的《论语》“粉丝”。2012 年 5 月，王蔚先生发起齐鲁《论语》公益研读活动，坚持每月活动一次。目前，齐鲁《论语》公益研读活动已经成为济南市乃至山东省一项很有影响的活动。

王蔚先生也是孔子学堂“七十二贤”讲师团成员，多次参与孔子学堂的建设和推广活动。最近，为配合书香社会的营建，我们又发起一个新的公益品牌——“孔子学堂书友汇”。我想这个品牌也是可以与齐鲁《论语》公益研读活动结合的。我们乐意为更多致力于传统文化普及、传播的同道提供施展才华的平台，推广他们的好思路、好做法。

最后，愿人人都能“一以贯之”地捧读“一本正经”，乐乐和和过日子，堂堂正正一辈子！

中国孔子基金会理事长　王大千

2016 年 4 月 28 日

从《论语》中认识孔子

（序二）

与王蔚教授相识相知的十几年，是我学习《论语》、认识孔子的过程。这一过程使我获益匪浅，几乎影响了我整个的历史观、人生观、治学态度和思维方式。很多时候，我们往往在非理性中认识世界和理解历史，这容易使我们出现不应有的偏差和谬误。跟王蔚教授学习《论语》、认识孔子，使我迷途知返，获得理性的回归，这差不多是一种文化的再造。

孔子自闻世至今，有2500多年了。在这段漫长的岁月里，褒美者有之，贬斥者也有之，挺孔与反孔差不多贯穿了整个中华民族的文化史。仅凭这一点，孔子已经不朽。然而，这恰恰也是孔子的悲哀——千百年来，他成了当权者和思想标榜者随心利用的文化工具。在这一过程中，真实的孔子离我们越来越远，也越来越模糊；孔子被随意误读、曲解和别有用心地利用，成了今天这种人不人、神不神的样子。

出于理性的需要和对历史的尊重，我们委实有必要还原一个历史真实的孔子。事实上，无论怎样努力都不可能完成真正的"还原"，但至少，这样的愿望和努力可以使我们离孔子更近一些。

无需旁征博引，历史真实的孔子其实就在《论语》之中。孔子是一位校长、一位教师，日常讲课或与学生交流时说过一些话。他的学生认为这些话对他们和后人有一定的指导意义，于是将它们整理编纂成一本小册子，这就是流传至今的约 16000 字的《论语》。孔子的学生不可能随便篡改老师的话，因此基本可以断定《论语》中“子曰”的内容是孔子的原话——这为我们正确认识孔子、尽可能地还原孔子，提供了最可靠的原始资料和研究通道。

王蔚教授研究孔子，正是从研究《论语》入手的，他在这方面下了将近三十年的功夫；而且，他是在用心做，甚至是在倾心做的。这与某些学术“超女”“超男”的速成式“心得”大相径庭，学术成就自然也有天壤之别。近年来，所谓“国学热”大有风起云涌之势，但众多“大师”们的讲课，实在有误导听（观）众之嫌。我几乎有些顽固地认为：讲国学首先要读对原典，然后是读透、读精、读出原典的深旨大义来，此后才可以登台宣讲。借用佛家的“正道谛”，我谓之曰：正读、正解、正见、正语。

什么样的名衔和荣誉是适合孔子的呢？只有一个——人类伟大的教师和教育家。孔子办了一所世界最早、规模很大的私立学校，他担任校长并亲自授课，提出“有教无类”和“因材施教”的办学方针，这一点足以令所有人心怀敬仰。

办学需要讲课，讲课需要教材。孔子最先出于这层需要，开始搜集、整理、研究、编纂一些古代文献，这使他积累了丰富的知识，也使他具有了超常的学识。孔子许多精辟的见解，往往是从这些古代文献中得到启发的，或者是对这些古代文献的阐释和发挥。与老子不同，孔子大部分的思想并非原创，因此在文化的层面上，孔子是一位中华古代文化之“集大成者”。

很多人以为孔子是保守的，这实在是误解了老先生。事实上，孔子在当时是一位著名的“愤青”，具有强烈的反叛意识和改革创新精神。他创立有史以来第一所民办学校，提出“有教无类”的教育观，实行“因材施教”的教学方针，这是十分了不起的改革创新，哪里有半点墨守成规、抱残守缺的影子？

孔子的改革创新精神，更表现在他对于儒家的改造和提升上。儒，原本是殷商时期专门负责为贵族办理丧事的神职人员。东周末期，年少的孔子也成为这样的一名儒士。孔子是不安分的，他的内心充满突破现状、锐意进取的冲动和渴望——正是这种冲动和渴望，使他将原本"修己以敬鬼神"的原始儒发扬光大为"修己以安百姓"的君子儒。这真是一次伟大的创新！这一创新使流传数百年的原始儒获得了新生，新生后的儒家成为中国历史上最庞大的学派，并深刻影响了中华民族2500余年，直至今天。

儒家学派的基本思想诉求，是通过倡导以仁爱、礼仪为核心的道德伦理，实现社会的有序与和谐。孔子办学，以儒家思想为总纲，设有六门必修课程——礼、乐、射、御、书、数，谓之"六艺"。千万不要小看这六门课程，每一门课程都有很多分科。例如数艺（数学），有方田、粟布、差分、少广、商功、均输、盈朒、方程、勾股九科；再如射艺（射箭），有白矢、参连、剡注、襄尺、井仪五射，其中难度较大的井仪要求四箭连贯射出，皆正中目标。孔子在这些课程上都有很高的造诣，差不多是一位全能教师。

这样一番介绍后，您对孔子可以有一个大致印象了吧？——一个身高跟姚明差不多（司马迁《史记》记载孔子身高九尺六寸，按出土的孔子时代和司马迁时代的尺子折算，孔子的身高均在2.1米以上）的"长人"，读过很多古书，通晓历史，知识渊博，精通礼仪、音乐、射箭、驾车、书法、数学、诗歌、易学等当时社会上最有用的学问和技艺，孔武有力而温文尔雅，待人十分谦逊，对人、对动物、对整个世界富有同情心，反对射杀孵蛋的鸟、竭泽而渔，提倡君礼臣忠、父慈子孝、兄友弟悌的社会家庭伦理，开门办学，广收门徒，对达官贵族和平民百姓一视同仁，学而不厌，诲人不倦——您想象一下，假如当今社会有这么一个人，会引起怎样的反响？

我曾与王蔚教授探讨过这样一个问题：孔子有14年时间在外颠沛流离，在这段时期内，很多弟子舍家撇业一路跟随他，吃苦受难，四处碰壁，有一次差点饿死，有几次差点被杀，但这些弟子始终对他不离不弃，其中原因何在？后来，我们就是基于上述对孔子的认识，得到满意的答案——孔子具有非凡的人格魅力和多方面教人成才的学问与本事。

事实上，孔子办学正是以培养各种人才为目的的，这与当今大多数学校以高升学率为目的大不相同。很多人指责孔子，认为孔子提出的道德要求过高，不具备现实操作性，因而也就缺少一定的现实指导意义。这种指责并非没有根据，然而却忽略了一个根本原因——孔子的道德要求并不是针对普通民众的。孔子办学，首先是为了培养士，在此基础上，在充分尊重学生自身特点及前途选择的前提下，进而提出"学而优则仕"的要求和希望。士，是具有强烈人文关怀、社会担当、独立精神和较高道德修养的知识分子。孔子希望有更多这样的士成为仕——仕，差不多就是今天的公务员。士和仕，都属于社会精英，有较大的社会能量，因而孔子对他们提出高于普通民众的道德要求。现在结合现实想一想，孔子的这一思想多么富有洞见性！

许多人指责孔子维护君权，缺少民主法制思想，这实在是难为老先生了。孔子在当时只是一位著名学者和教师，不可能有超越自身局限和时代局限的制度设计意识；况且，西方的民主法制思想，也是在孔子两千年之后的文艺复兴和资产阶级革命时期才产生和成熟起来的。即便如此，孔子思想中并不缺乏民主法治的萌芽。可惜的是，在后来2000多年对于《论语》的解读和阐释中，这样的萌芽都被有意或无意地剔除了。

这是我认识的孔子，跟王蔚教授读《论语》读来的孔子。《论语》一万六千言，概而言之，就是教导人们如何做人。人生不是独角戏，社会是个大舞台，每个人都在饰演不同的角色，角色与角色之间存在各种戏剧关系，《论语》如同一本表演指南，告诉不同的演员应该如何演好各自的角色。人生在世，构成各种人际关系，包括父子关系、兄弟关系、夫妻关系、上下级关系、同事关系、朋友关系以及与其他社会成员之间的关系，孔子认为处理好这些关系十分重要，为此他提出了一系列处理这些关系的基本原则。所有的历史发言者都会提出一些社会准则，这些准则有的被漠视，有的被淡忘，有的时断时续、时隐时现，而孔子提出的准则却在此后两千多年的历史进程中，最大限度地被中国社会所认同，成为中国传统文化的主干，融入中华民族的精神和性格之中。这就是孔子，这就是《论语》。

跟王蔚教授读《论语》的这些年，孔子在我心中越来越清晰、越来越真实，也越来越亲切起来。有时我真的感觉到，一位身材魁伟、博学多能、温和可亲、诲人不倦的老校长在和我促膝谈心。终于，我有了一种创作的冲动，希望用当今最流行的方式，将我所认识的孔子与更多的人分享。于是，2011 年夏天，我邀请王蔚教授、遵义作协主席韩可风先生，在即墨田横岛创作电视连续剧《大哉孔子》。这一创作经历将近两年。我可以不必谦虚地告诉朋友们，我们差不多完全“还原”了孔子。将来电视剧播出，我们这位有血有肉、真实可亲的老校长，将实现 2500 年的时空穿越，从银屏走到您的身边，与您和您的家人亲切交谈。

王蔚教授是研究《论语》的大家，他带领我走进《论语》和孔子的世界，这真是我人生的一大幸运。而有机会在他和梦溪即将出版的新书《论语注译及人物类编》中谈谈我读《论语》的感受，更是一种无上的殊荣。《论语注译及人物类编》不仅是王蔚教授研究性的学术著作，也是为方便精读和研究《论语》用心编纂的一部非常实用、好用的工具书。在我看来，当下国学最需要的不是什么讲坛上的高谈阔论，而是像《论语注译及人物类编》这样扎扎实实做功课的工具类读本。

我希望这样的好书越来越多，也希望喜欢这样的好书的读者越来越多，更希望喜欢孔子和《论语》的中国人越来越多。作为中华民族精神原创者之一的孔子，我们可以不信奉他，但不应该嫌弃他，甚至糟蹋他。——您说呢？

曲　直

2013 年 7 月 23 日于青岛金桂山庄

目　录

第一编　论语注译

学而第一 …………………………………………………… (3)
为政第二…………………………………………………… (14)
八佾第三…………………………………………………… (27)
里仁第四…………………………………………………… (41)
公冶长第五………………………………………………… (51)
雍也第六…………………………………………………… (66)
述而第七…………………………………………………… (81)
泰伯第八…………………………………………………… (97)
子罕第九 ………………………………………………… (107)
乡党第十 ………………………………………………… (122)
先进第十一 ……………………………………………… (137)
颜渊第十二 ……………………………………………… (152)
子路第十三 ……………………………………………… (165)
宪问第十四 ……………………………………………… (179)
卫灵公第十五 …………………………………………… (201)
季氏第十六 ……………………………………………… (217)
阳货第十七 ……………………………………………… (226)
微子第十八 ……………………………………………… (239)

子张第十九 …………………………………………………… (247)
尧曰第二十 …………………………………………………… (258)

第二编　人物类编

一、孔子弟子 ………………………………………………… (265)
1. 仲由(子路)41章 ………………………………………… (265)
2. 端木赐(子贡)38章 ……………………………………… (294)
3. 颜回(子渊)21章 ………………………………………… (314)
4. 卜商(子夏)20章 ………………………………………… (325)
5. 颛孙师(子张)20章 ……………………………………… (335)
6. 冉求(子有)16章 ………………………………………… (347)
7. 曾参(子舆)15章 ………………………………………… (361)
8. 言偃(子游)8章 …………………………………………… (368)
9. 冉雍(仲弓)7章 …………………………………………… (372)
10. 樊须(子迟)6章 ………………………………………… (376)
11. 闵损(子骞)5章 ………………………………………… (381)
12. 公西赤(子华)5章 ……………………………………… (383)
13. 宰予(子我)5章 ………………………………………… (389)
14. 有若(子有)4章 ………………………………………… (393)
15. 孔鲤(伯鱼)3章 ………………………………………… (396)
16. 陈亢(子禽)3章 ………………………………………… (398)
17. 南容(子容)3章 ………………………………………… (401)
18. 司马牛(子牛)3章 ……………………………………… (403)
19. 冉耕(伯牛)2章 ………………………………………… (404)
20. 林放(子丘)2章 ………………………………………… (405)
21. 原宪(子思)2章 ………………………………………… (407)

22. 高柴(子羔)2 章 …………………………………………… (408)
23. 公冶长(子长)1 章 ………………………………………… (409)
24. 漆雕开(子开)1 章 ………………………………………… (410)
25. 宓不齐(子贱)1 章 ………………………………………… (410)
26. 申枨(子周)1 章 …………………………………………… (411)
27. 澹台灭明(子羽)1 章 ……………………………………… (411)
28. 巫马期(子期)1 章 ………………………………………… (412)
29. 颜无繇(路)1 章 …………………………………………… (413)
30. 曾点(子皙)1 章 …………………………………………… (414)
31. 孺悲 1 章 ………………………………………………… (417)
32. 琴牢(子开)1 章 …………………………………………… (417)
二、历史人物 ……………………………………………………… (418)
33. 尧 4 章 …………………………………………………… (418)
34. 舜 7 章 …………………………………………………… (422)
35. 禹 4 章 …………………………………………………… (427)
36. 羿 1 章 …………………………………………………… (431)
37. 奡 1 章 …………………………………………………… (432)
38. 稷 1 章 …………………………………………………… (433)
39. 纣 1 章 …………………………………………………… (434)
40. 微子 1 章 ………………………………………………… (434)
41. 箕子 1 章 ………………………………………………… (435)
42. 比干 1 章 ………………………………………………… (436)
43. 伯夷 4 章 ………………………………………………… (437)
44. 叔齐 4 章 ………………………………………………… (439)
45. 老彭 1 章 ………………………………………………… (441)
46. 高宗 1 章 ………………………………………………… (442)
47. 周文王 1 章 ……………………………………………… (443)

48. 周公 4 章 …………………………………………………… (444)
49. 周任 1 章 …………………………………………………… (446)
50. 周武王 2 章 ………………………………………………… (448)
51. 泰伯 1 章 …………………………………………………… (450)
52. 伯达 1 章 …………………………………………………… (451)
53. 伯适 1 章 …………………………………………………… (452)
54. 仲突 1 章 …………………………………………………… (452)
55. 仲忽 1 章 …………………………………………………… (453)
56. 叔夜 1 章 …………………………………………………… (453)
57. 叔夏 1 章 …………………………………………………… (454)
58. 季随 1 章 …………………………………………………… (454)
59. 季騧 1 章 …………………………………………………… (455)
60. 晋文公 1 章 ………………………………………………… (455)
61. 齐桓公 3 章 ………………………………………………… (456)
62. 子产 2 章 …………………………………………………… (458)
63. 子西 1 章 …………………………………………………… (459)
64. 管仲 4 章 …………………………………………………… (460)
65. 伯氏 1 章 …………………………………………………… (463)
66. 晏平仲 1 章 ………………………………………………… (464)
67. 令尹子文 1 章 ……………………………………………… (465)
68. 皋陶 1 章 …………………………………………………… (466)
69. 伊尹 1 章 …………………………………………………… (467)
70. 柳下惠 3 章 ………………………………………………… (468)
三、鲁国人物 ……………………………………………………… (471)
71. 昭公 1 章 …………………………………………………… (471)
72. 吴孟子 1 章 ………………………………………………… (472)
73. 定公 2 章 …………………………………………………… (473)

74. 哀公 5 章 …………………………………………………… (475)
75. 季桓子 2 章 …………………………………………………… (478)
76. 季康子 11 章…………………………………………………… (479)
77. 孟懿子 1 章 …………………………………………………… (487)
78. 孟武伯 2 章 …………………………………………………… (488)
79. 师挚(太师挚)3 章 ………………………………………… (489)
80. 臧文仲 2 章 …………………………………………………… (491)
81. 臧武仲 2 章 …………………………………………………… (492)
82. 季文子 1 章 …………………………………………………… (493)
83. 微生高 1 章 …………………………………………………… (494)
84. 左丘明 1 章 …………………………………………………… (494)
85. 子桑伯子 1 章 ………………………………………………… (495)
86. 孟之反 1 章 …………………………………………………… (496)
87. 亚饭干 1 章 …………………………………………………… (497)
88. 三饭缭 1 章 …………………………………………………… (498)
89. 四饭缺 1 章 …………………………………………………… (499)
90. 鼓方叔 1 章 …………………………………………………… (500)
91. 播鼗武 1 章 …………………………………………………… (501)
92. 少师阳 1 章 …………………………………………………… (502)
93. 击磬襄 1 章 …………………………………………………… (503)
94. 孟敬子 1 章 …………………………………………………… (504)
95. 叔孙武叔 2 章 ………………………………………………… (505)
96. 孟公绰 2 章 …………………………………………………… (506)
97. 卞庄子 1 章 …………………………………………………… (508)
98. 阳货 1 章 ……………………………………………………… (509)
99. 微生亩 1 章 …………………………………………………… (510)
100. 公伯寮 1 章…………………………………………………… (511)

101. 子服景伯 2 章 …………………………………… (512)
102. 原壤 1 章 …………………………………… (513)
103. 师冕 1 章 …………………………………… (514)
104. 孟氏 1 章 …………………………………… (515)
105. 阳肤 1 章 …………………………………… (515)
106. 鲁人 1 章 …………………………………… (516)
107. 季子然 1 章 …………………………………… (517)
108. 公山弗扰 1 章 …………………………………… (518)
四、卫国人物 …………………………………… (519)
109. 卫灵公 2 章 …………………………………… (519)
110. 卫君 2 章 …………………………………… (520)
111. 祝鮀 2 章 …………………………………… (522)
112. 南子 1 章 …………………………………… (523)
113. 卫公子荆 1 章 …………………………………… (524)
114. 蘧伯玉 2 章 …………………………………… (524)
115. 王孙贾 2 章 …………………………………… (526)
116. 仪封人 1 章 …………………………………… (527)
117. 孔文子 1 章 …………………………………… (528)
118. 仲叔圉 1 章 …………………………………… (528)
119. 棘子成 1 章 …………………………………… (529)
120. 荷蒉 1 章 …………………………………… (530)
121. 卫公孙朝 1 章 …………………………………… (531)
122. 史鱼 1 章 …………………………………… (531)
123. 宁武子 1 章 …………………………………… (532)
124. 公叔文子 2 章 …………………………………… (533)
125. 公明贾 1 章 …………………………………… (534)
126. 僎 1 章 …………………………………… (535)

五、其他人物 …………………………………………………… (536)
127.齐景公3章 …………………………………………… (536)
128.齐简公1章 …………………………………………… (538)
129.公子纠2章 …………………………………………… (539)
130.召忽1章 ……………………………………………… (540)
131.陈成子(陈恒)1章 …………………………………… (541)
132.陈司败1章 …………………………………………… (542)
133.长沮1章 ……………………………………………… (543)
134.桀溺1章 ……………………………………………… (544)
135.丈人1章 ……………………………………………… (546)
136.叶公3章 ……………………………………………… (547)
137.直躬1章 ……………………………………………… (548)
138.太宰1章 ……………………………………………… (549)
139.裨谌1章 ……………………………………………… (550)
140.世叔1章 ……………………………………………… (551)
141.子羽1章 ……………………………………………… (552)
142.东里子产1章 ………………………………………… (553)
143.佛肸1章 ……………………………………………… (554)
144.接舆1章 ……………………………………………… (555)
145.虞仲1章 ……………………………………………… (555)
146.夷逸1章 ……………………………………………… (556)
147.朱张1章 ……………………………………………… (557)
148.少连1章 ……………………………………………… (558)
149.崔杼1章 ……………………………………………… (559)
150.陈文子1章 …………………………………………… (560)
151.宋朝1章 ……………………………………………… (561)
152.桓魋1章 ……………………………………………… (562)
附:人物类编(按音序)索引 ……………………………… (563)
后　记 ……………………………………………………… (571)

第一编　论语注译

学而第一

1.1

【原文】

子[①]曰："学[②]而时习[③]之，不亦说(yuè)[④]乎？有朋[⑤]自远方来，不亦乐(lè)[⑥]乎？人不知[⑦]而不愠(yùn)[⑧]，不亦君子[⑨]乎？"

【注释】

①子：中国古代对有地位、有学问的男子的尊称，有时也泛称男子。《论语》中"子曰"的"子"特指孔子。

②学：指学习。当时孔子教给学生六艺，即礼、乐、射、御、书、数。

③时习：朱熹在《论语集注》一书中把"时"解释为"时常"。习，指演习礼、乐，复习诗、书，也含有温习、实习、练习的意思。

④说：通"悦"，内心高兴、愉快。现在一般写作"悦"。

⑤有朋：有本作"友朋"。"同门曰朋"，即同在一位老师门下学习的叫"朋"，也就是同窗、同学。

⑥乐：与"说(yuè)"有所区别。"说"发于内，"乐"则见于外。

⑦人不知：别人不了解自己。也有的解释为别人不知道、不明白、不清楚。知，了解。

⑧愠：恼怒，怨恨，生气。

⑨君子：这是《论语》中最重要的一个概念，与"小人"相对。《论语》中的君子，大多指有德者，有时也指有地位者或君主。

【译文】

孔子说："学了又时常温习(练习)，不是很愉快吗？有同学从远方来，不是很令人高兴吗？别人不了解(自己)，不生气也不恼怒(或译：别人不清楚，不明白，作为教师不因此而气恼)，不也是很有修养的君子吗？"

1.2

【原文】

有子[①]曰:"其为人也孝弟(tì)[②],而好(hào)犯上[③]者,鲜(xiǎn)[④]矣;不好犯上,而好作乱者,未之有也[⑤]。君子务本[⑥],本立而道[⑦]生。孝弟也者,其为仁之本[⑧]与!"

【注释】

①有子:即有若,字子有,春秋末年鲁国人。因他品学兼优,且"状似孔子",孔子死后,曾一度被孔门弟子推举为"师"。有人说《论语》即为有若的学生编辑而成,有一定道理。《论语》中对孔子的其他学生或称名,或称字,唯独对有若、曾参、冉求、闵子骞称"子"。

②孝弟:善事父母曰"孝",善事兄长曰"弟"。弟,现在多写作"悌"。

③犯上:犯,冒犯。上,指在上位的人。

④鲜:少。

⑤未之有也:"未有之也"的倒装句型。古代汉语的句法有一条规律,否定句的宾语若为代词,一般置于动词之前。

⑥务本:务,专心、致力于。本,根本。

⑦道:在中国古代思想里,道有多种含义。此处的道,指孔子提倡的仁道,即以仁为核心的整个道德思想体系,简单讲,就是"仁者爱人"。

⑧为仁之本:即以孝悌作为仁的根本。还有一种解释,认为古代的"仁"就是"人",为仁之本即做人的根本。仁,孔子哲学思想的最高范畴,也是伦理道德准则。其主要含义为"爱人"。

【译文】

有子说:"孝顺父母,顺从兄长,却喜好冒犯处于上位的人,这样的人是很少见的；不喜好冒犯上位，却喜好作乱的人，是没有的。君子致力于道，道树立了，做人的原则也就有了。孝顺父母，顺从兄长，这就是为仁（或做人）的根本啊！”

1.3

【原文】

子曰：“巧言令色①，鲜矣仁。”

【注释】

①巧言令色：朱熹《论语集注》曰：“好其言，善其色，致饰于外，务以悦人。”言巧则人喜，色善则人爱，但过之则令人烦。

【译文】

孔子说：“花言巧语，假装和善，这种人很少是仁爱之人，也很少有仁爱之心。”

1.4

【原文】

曾子①曰：“吾日三省（xǐng）②吾身：为人谋而不忠③乎？与朋友交而不信④乎？传（chuán）不习乎？”

【注释】

①曾子（前505～前435）：即曾参，字子舆，春秋末年鲁国南武城（今山东平邑）人。他16岁拜孔子为师，勤奋好学，颇得孔子真传。他积极推行儒家主张，传播儒家思想。他的“修齐治平”的政治观，省身、慎独的修养观，以孝为本的孝道观，影响中国两千多年。著有《大学》《孝经》等。后世儒家尊他为“宗圣”。

②三省：对“三省”一词的解释有三种，一是三次检查，二是多次检查，三是从三个方面检查。省，检查、察看。

③忠：此处指为别人做事时应当尽心竭力。

④信：说话算数。

【译文】

曾子说:“我每天三次(多次或从三个方面)反省自己:为别人办事是不是尽心竭力了呢?同朋友交往是不是做到诚实可信了呢?老师传授给我的课业是不是复习了呢(或译:我传授给学生的课业是不是备课了呢)?”

1.5

【原文】

子曰:“道(dǎo)[①]千乘(shèng)之国[②],敬事[③]而信,节用而爱人[④],使民以时[⑤]。”

【注释】

①道:一本作“导”,用作动词,本义指引导,这里是统治、治理的意思。

②千乘之国:指拥有1000辆战车的国家。乘,古代军队的基层单位。每乘拥有4匹马拉的兵车1辆,车上甲士3人,车下步卒72人,后勤人员25人,共计100人。春秋时代,战争频繁,所以国家的强弱用车辆的数目来衡量。在孔子时代,千乘之国已不是大国。

③敬事:对待所从事的工作谨慎专一、兢兢业业。

④爱人:古代“人”的含义有广义与狭义之别。广义的“人”,指一切人;狭义的“人”,仅指士大夫以上阶层的人。此处的“人”与“民”相对,是狭义的人,指官员。爱人,指爱护官员。

⑤使民以时:役使百姓时要考虑季节,尤其注意农忙时不要去打扰百姓。时,指农时。古代百姓以农业为主,季节对农业来说特别重要。

【译文】

孔子说:“治理一个拥有千辆兵车的国家,做事时要严谨认真、恪守信用;要节约开支、爱护官吏;役使百姓时,要注意不误农时。”

1.6

【原文】

子曰："弟子[1]，入[2]则孝，出则弟[3]，谨[4]而信，泛[5]爱众，而亲仁[6]，行有余力[7]，则以学文[8]。"

【注释】

①弟子：一般有两种含义，一是指年纪较小为人弟或为人子的人，二是指学生、门徒。这里指孔子的学生。

②入：古时父子分别住在不同的居处，学习则在外舍。《礼记·内则》："由命士以上，父子皆异宫。"入，是入父宫，指进入父亲住处，或者说是在家。

③出则弟：离家后要用悌道对待师长或年长于自己的人。出，与"入"相对而言，指外出拜师学习。弟，通"悌"。

④谨：寡言少语。

⑤泛：广泛。

⑥仁：仁爱或仁人。

⑦行有余力：指有闲暇时间。

⑧文：古代文献。主要包括记载诗、书、礼、乐等知识内容的典籍。

【译文】

孔子说："弟子们，在家要孝顺父母，在外要相互尊让。态度要谨慎，说话要算数，要尽最大可能去爱别人，要有仁爱之心（向善）。把这些做好了，若还有余力，就去学习文化知识。"

1.7

【原文】

子夏[1]曰："贤贤[2]易[3]色[4]；事父母，能竭其力；事君，能致其身[5]；与朋友交，言而有信。虽曰未学，吾必谓之学矣。"

【注释】

①子夏(前 507～?):即卜商,字子夏。孔子的学生,比孔子小 44 岁。孔子死后,他在魏国宣传孔子的思想主张。子夏是继孔子之后系统传授儒家经典的第一人,对儒家文献的流传和学术思想的发展做出了重大贡献,被后世誉为“传经之鼻祖”。他晚年时到魏国西河一带教学,开创“西河学派”,培育出大批经国治世的良材,并成为前期法家成长的摇篮。

②贤贤:尊重贤者。第一个“贤”用作动词,尊重的意思。第二个“贤”用作名词,指贤者。

③易:有两种解释,一是改变,二是轻视。

④色:可解释为脸色,也可解释为女色。

⑤致其身:奉献生命。致,意为献纳、尽力。

【译文】

子夏说:“一个人,如果他见到贤者脸色就庄重(或译:如果他尊重贤者而轻视女色),侍奉父母能够竭尽全力,服侍君主愿意献出生命,同朋友交往时说话算数,虽说他没有受过教育,但我会说他已经是一个有学问的人了。”

1.8

【原文】

子曰:“君子[①]不重[②],则不威;学则不固[③]。主忠信[④],无[⑤]友不如己[⑥]者。过[⑦]则勿惮(dàn)[⑧]改。”

【注释】

①君子:具有高尚道德的人。

②重:庄重,自重,自持。

③固:有两种解释,一是作“牢固”解,二是作“固陋”解。

④主忠信:以忠信为主。

⑤无:通“毋”,不要。

⑥不如己：一般解释为“不如自己”。另一种解释说，“不如己者，不类乎己，所谓‘道不同不相为谋’也”，把“如”解释为“类似”。后一种解释更符合孔子的原意。

⑦过：过错，过失。

⑧惮：害怕，畏惧。

【译文】

孔子说：“君子若不庄重，就没有威严，学的东西也不牢固（或译：作为君子爱学习可使自己不固执己见）；君子要以忠信为主，不要和与自己不同道的人交朋友；君子有了过错，就不要怕改正。”

1.9

【原文】

曾子曰：“慎终①，追远②，民德归厚矣。”

【注释】

①慎终：人死为终。这里指父母去世时谨慎对待。

②追远：指通过祭祀缅怀祖先。远，祖先。

【译文】

曾子说：“父母去世时一定要严肃、认真地对待，要经常祭奠祖先，这样做，百姓的道德风尚便会越来越淳厚。”

1.10

【原文】

子禽①问于子贡②曰：“夫子③至于是邦④也，必闻其政。求之与？抑⑤与之与？”子贡曰：“夫子温、良、恭、俭、让⑥以得之。夫子之求之也，其诸⑦异乎人之求之与？”

【注释】

①子禽：姓陈，名亢，字子禽。郑玄注说他是孔子的学生，但

《史记·仲尼弟子列传》未载此人，故一说子禽非孔子学生。

②子贡（前520～?）：即端木赐，姓端木，名赐，字子贡。卫国人，比孔子小31岁，是孔子的学生。子贡善辩且通达。他的成就很大，是外交家，也是商人，还是政治家。子贡对孔子非常尊敬，孔子死后，子贡为孔子守墓六年。

③夫子：这是古代的一种敬称，凡是做过大夫的人都可以取得这一称谓。孔子曾担任过鲁国的司寇，所以他的学生们称他为“夫子”。

④邦：诸侯的封国。

⑤抑：表示选择的文言连词，有“还是”的意思。

⑥温、良、恭、俭、让：温和、善良、谦恭、俭朴、礼让。

⑦其诸：大概，或许。

【译文】

子禽问子贡说：“夫子到了某个国家，总是能知道这个国家的政事。能做到这样，是他自己求得的，还是别人主动告诉他的呢？”子贡说：“夫子性情温和，心地善良，态度谦恭，生活俭朴，行为礼让，他是靠这些得到的。夫子求得的方法，或许与别人的方法不一样吧？”

1.11

【原文】

子曰：“父在，观其①志；父没（mò），观其行②。三年③无改于父之道④，可谓孝矣。”

【注释】

①其：他的。此指儿子的。

②行：指行为举止等。

③三年：可以有两种理解，一是指三年，二是指多年。古人所说的“三”字，通常不是确指，而是指较多、较长。

④道：这里指志向、原则、行为方式、方法等。

【译文】

孔子说："当他父亲在世的时候，要观察他的志向；在他父亲去世后，要考察他的行为。若其父亲去世三年（多年）以后，他还按父亲的原则与方法去做，他就可以算是个孝子了。"

1.12

【原文】

有子曰："礼①之用，和②为贵。先王之道③，斯④为美。小大由之，有所不行。知和而和，不以礼节之⑤，亦不可行也。"

【注释】

①礼：春秋时代的典章制度和道德规范，有时指"周礼"或"礼节、礼仪"等。

②和：调和，和谐，协调。

③先王之道：指尧、舜、禹、汤、文、武、周公等古代帝王的治世之道。

④斯：这，此。

⑤不以礼节之：不用礼来节制。节，用作动词，节制、制约。

【译文】

有子说："礼的应用，以和谐为贵。这也是古代先王治国之道中最宝贵的。但不论大事小事，只顾按和谐的办法去做，有的时候就行不通。为和谐而和谐，不以礼来节制，也是行不通的。"

1.13

【原文】

有子曰："信近①于义②，言可复③也；恭近于礼，远④耻辱也；因⑤不失其亲⑥，亦可宗⑦也。"

【注释】

①近：接近，符合，差不多。

②义：儒家的伦理。

③复：实践。朱熹《论语集注》云："复，践言也。"

④远：形容词，使动用法，使之远离。此外亦可译为"避免"。

⑤因：依靠，凭借。

⑥亲：态度和善。有时也指关系近，感情好。

⑦宗：这里指为众人所师法的人物。

【译文】

有子说："信与义差不多，说了就得做；恭与礼差不多，谦恭了便可远离羞辱。与人亲近，态度和善，就会赢得众人的尊敬，就会有大的成就。"

1.14

【原文】

子曰："君子食无求饱，居无求安，敏于事而慎于言，就[①]有道[②]而正[③]焉，可谓好(hào)学也已。"

【注释】

①就：靠近，趋向。

②有道：指有道德的人。

③正：匡正，端正。

【译文】

孔子说："(作为)君子，饮食不求饱足，居住不求舒适，做事勤勉，说话谨慎，与有道德的人交往且不断改正自己。(若是这样，)就可以称他是一个好学的人了。"

1.15

【原文】

子贡曰："贫而无谄(chǎn)[①]，富而无骄，何如[②]？"子曰："可也，未若贫而乐，富而好(hào)礼者也。"子贡曰："《诗》云，'如切如磋，如琢如磨'③，其斯之谓与？"子曰："赐④也，始可与言《诗》已矣，告诸往而知来者⑤。"

【注释】

①谄：巴结，奉承。

②何如：怎么样。

③如切如磋，如琢如磨：此二句见《诗经·卫风·淇澳》。有两种解释。一说切、磋、琢、磨分别指对骨、象牙、玉、石四种不同材料的加工，否则不能成器；一说加工象牙和骨切了还要磋，加工玉、石琢了还要磨，有精益求精之意。

④赐：子贡名。按当时礼仪，孔子呼其弟子时，呼其名而非称其字。

⑤告诸往而知来者：诸，同"之于"。往，过去的事情。来，未来的事情。全句的意思是，告诉你过去，你就知道未来了。

【译文】

子贡说："贫穷而不谄媚，富有而不骄奢，怎么样？"孔子说："可以了，但是不如贫而乐道，富而好礼。"子贡说："《诗》上说，'如切如磋，如琢如磨'，大概就是指我们这种逐渐深入讨论问题的情况吧？"孔子说："赐呀，现在可以与你谈论《诗》了。告诉你过去，你就知道未来。"

1.16

【原文】

子曰："不患①人之不己知，患不知人也。"

【注释】

①患：忧虑，害怕，担心。

【译文】

孔子说："不要担心别人不了解自己，而要担心自己不了解别人。"

为政第二

2.1

【原文】

子曰："为政以德[1]，譬如北辰[2]，居其所而众星共(gǒng)[3]之。"

【注释】

①为政以德：此句是说，统治者应以道德进行统治，即实行"德治"。以，用。

②北辰：北极星。

③共：通"拱"，围绕、环绕。

【译文】

孔子说："(君主)如果治理政事时坚持以道德自律为原则，就会像北极星那样，自己不动，而群星在其周围环绕。"

2.2

【原文】

子曰："《诗》三百[1]，一言以蔽[2]之，曰'思无邪'[3]。"

【注释】

①《诗》三百：《诗》，指《诗经》一书，由孔子编定。此书实有305篇，三百只是举其整数。

②蔽：概括。

③思无邪：此为《诗经·鲁颂·駉》中的一句。意为思想纯正。此处的"思"作"思想"解。

【译文】

孔子说："《诗》三百篇，可以用一句话来概括，就是'思想纯正'。"

2.3

【原文】

子曰："道(dǎo)[①]之以政，齐[②]之以刑，民免[③]而无耻[④]；道之以德，齐之以礼，有耻且格[⑤]。"

【注释】

①道：有两种解释，一为"引导"，二为"治理"。

②齐：整齐，约束。

③免：避免，躲避。

④耻：羞耻之心。

⑤格：正，规范。

【译文】

孔子说："用政令治理，用刑法约束，老百姓只是求得免于惩罚，却失去了廉耻之心；用道德教化，用礼制规范，老百姓不仅会有羞耻之心，而且还会自觉规范自己的行为。"

2.4

【原文】

子曰："吾十有(yòu)[①]五而志于学，三十而立[②]，四十而不惑[③]，五十而知天命[④]，六十而耳顺[⑤]，七十而从心所欲，不逾矩[⑥]。"

【注释】

①有：通"又"。

②立：立身于世。

③不惑：不为外界事物所迷惑。

④天命：指不能为人力所支配的事情。

⑤耳顺：一般是指对不利于己的意见也能正确对待。

⑥矩：拐尺，画直角或方形的工具。

【译文】

孔子说："我从十五岁立志于学习，三十自立，四十便不为外界事物所迷惑，五十懂得了天命，六十能平静对待各种言论，七十则随心所欲，再也没有做过出格的事。"

2.5

【原文】

孟懿子[①]问孝。子曰："无违[②]。"樊迟[③]御[④]，子告之曰："孟孙[⑤]问孝于我，我对曰'无违'。"樊迟曰："何谓也？"子曰："生，事之以礼；死，葬之以礼，祭之以礼。"

【注释】

①孟懿子：鲁国大夫。姓仲孙，名何忌，谥号懿。

②无违：不违礼。无，通"毋"。

③樊迟：姓樊，名须，字子迟，亦称樊迟，比孔子小36岁，齐国人（一说是鲁国人）。鲁哀公十一年（前484），齐师伐鲁，冉求率"左师"御敌，以樊迟为车右。鲁军不敢过沟迎战，樊迟建议冉求带头，冉求纳之，鲁军大获全胜。

④御：驾车。

⑤孟孙：孟逊，指孟懿子。

【译文】

孟懿子向孔子请教什么是孝。孔子回答说："不要违礼。"樊迟恰好给孔子驾车，孔子就告诉他："孟逊问我什么是孝，我回答他说'不要违礼'。"樊迟说："（'不要违礼'）是什么意思呢？"孔子说："父母活着的时候，要按礼侍奉；父母去世后，要按礼埋葬，按礼祭祀。"

2.6

【原文】

孟武伯[1]问孝。子曰："父母，唯其疾之忧。"

【注释】

①孟武伯：名彘，谥号武。孟懿子的儿子。

【译文】

孟武伯问（孔子）什么是孝。孔子说："做儿女的要特别关心父母的身体状况（或译：做儿女的做到了让父母只担心自己的身体健康而不担心别的）。"

2.7

【原文】

子游[1]问孝。子曰："今之孝者，是谓能养（yǎng）[2]。至于犬马，皆能有养，不敬，何以别乎？"

【注释】

①子游（前506～?）：姓言，名偃，字子游，亦称言游、叔氏，春秋末年吴国人，曾为武城宰。与子夏、子张齐名，"孔门十哲"之一，小孔子45岁。

②养：供给。

【译文】

子游问什么是孝。孔子说："如今所谓的孝，是说能够养活父母（有吃有喝）。我们对狗、马，也能供给它们吃喝，如果对父母不敬，这两者有什么不同？"

2.8

【原文】

子夏问孝。子曰："色难[1]。有事，弟子服其劳[2]；有酒食，先生[3]馔(zhuàn)[4],曾(zēng)[5]是以为孝乎?"

【注释】

①色难:在父母面前保持和颜悦色不容易。色,脸色。难,困难。

②服其劳:服侍父母,为父母做事。服,从事、担负。

③先生:长者或父母。这里指父母。

④馔:饮食,吃喝。

⑤曾:乃,竟。

【译文】

子夏问什么是孝。孔子说:"最难的就是对父母和颜悦色。有了事情儿女做,有了酒饭让父母先吃,你认为这就是孝吗?"

2.9

【原文】

子曰:"吾与回[1]言终日,不违[2],如愚。退而省(xǐng)其私[3],亦足以发。回也不愚。"

【注释】

①回:即颜回(前521～前481),姓颜,名回,字子渊,春秋末期鲁国人,是孔子最得意的学生。享年40岁(据熊赐履:《学统》)。他14岁即拜孔子为师,此后终生师事之。

②不违:不提相反的意见和问题。

③省其私:考察颜回私下里与其他学生讨论学问的言行。

【译文】

孔子说:"(有时)我跟颜回说一天的话,他不违背我,像个笨人。等他退下以后,我观察他私下的言论,发现他(对我讲的)阐述发挥得很好。颜回并不笨。"

2.10

【原文】

子曰:“视其所以[①],观其所由[②],察其所安[③],人焉廋(sōu)[④]哉?人焉廋哉?”

【注释】

①所以:做事的出发点。以,凭借、依靠。

②所由:所走过的道路。由,方式、方法。

③所安:所专注的东西。安,目的、目标。

④廋:隐藏,藏匿。

【译文】

孔子说:“(要了解一个人,)应看其在做什么,观其做事的方式方法,察其用心的方向与目的。如此,这个人怎么能隐藏得了呢?这个人怎么能隐藏得了呢?”

2.11

【原文】

子曰:“温故[①]而知新[②],可以为师矣。”

【注释】

①故:过去的。

②新:刚刚接触到的。

【译文】

孔子说:“温习旧知识,且能从中理解新事物,有新的发现和收获,(这样做的人)就可以成为自己的老师。”

2.12

【原文】

子曰:“君子不器[①]。”

【注释】

①器：器皿，用来盛东西或加工东西。一般而言，器皿的功能比较单一。如觚为酒具，喝酒时用来盛酒。

【译文】

孔子说："君子不能像器具那样（只有某一方面的用途）。"

2.13

【原文】

子贡问君子。子曰："先行，其言而后从之。"

【译文】

子贡问什么是君子。孔子说："做在前，说在后，先做后说。"

2.14

【原文】

子曰："君子周①而不比（bì）②，小人③比（bì）而不周。"

【注释】

①周：合群。

②比：勾结。

③小人：这是《论语》中常提到的一个与"君子"相对的概念，指没有道德修养的人。

【译文】

孔子说："君子合群而不勾结，小人勾结而不合群。"

2.15

【原文】

子曰："学而不思则罔①，思而不学则殆②。"

【注释】

①罔：迷惑，糊涂。

②殆：疲怠，危险，疑惑。

【译文】

孔子说："只学习而不思考，就会茫然无措；只胡思乱想而不学习，就会把事情弄坏。"

2.16

【原文】

子曰："攻[①]乎异端[②]，斯[③]害也已[④]。"

【注释】

①攻：攻击。另有人解释为用功，即在异端上用功。

②异端：不正确的言论。

③斯：代词，这。

④也已：这里用作语气词。意即停止、消除。

【译文】

孔子说："攻击那些不正确的言论，祸害就可以消除了（或译：在异端上用功，会祸害无穷啊）。"

2.17

【原文】

子曰："由[①]，诲女（rǔ）[②]！知之乎？知之为知之，不知为不知，是知（zhì）也！"

【注释】

①由：即仲由（前542～?），姓仲，名由，字子路，春秋末期鲁国人。因为在季氏（季康子）家做过事，又称季路。孔子得意门生，以政事见称，为"孔门十哲"之一。是孔子"堕三都"最主要的支持者。后为卫大夫孔悝家宰，在卫国内讧中被杀，先孔子去世。

②女：通"汝"，你。

【译文】

孔子说："由，告诉你！你知道吗？知道就是知道，不知道就是不知道，这样做才明智啊！"

2.18

【原文】

子张[①]学干(gān)禄[②]。子曰："多闻阙(quē)[③]疑[④]，慎言其余，则寡尤[⑤]；多见阙殆，慎行其余，则寡悔。言寡尤，行寡悔，禄在其中矣。"

【注释】

①子张(前503～?)：即颛孙师，姓颛孙，名师，字子张，孔子的弟子。春秋末期陈国阳城(今河南登封)人。出身微贱，性格狂傲，后经孔子教育成为"显士"。《论语》中，子张多次向孔子请教为政之学，但并未从政。孔子死后，子张独立招收弟子，宣扬儒家学说，是"子张之儒"的创始人。子张之儒列儒家八派之首。

②干禄：求取官职。干，求。禄，古代官吏的俸禄。

③阙：此处意为放置在一旁。

④疑：怀疑。

⑤寡尤：少犯错误。寡，少。尤，过错。

【译文】

子张问孔子如何为官。孔子说："要多听，不明白的不说；对于自己认为明白的，也要说话谨慎，这样就可以少犯错误。要多看，危险的事不做；对于自己认为没有危险的，也要谨慎从事，这样就能减少后悔。说话少过失，做事少后悔，官就可以做好了。"

2.19

【原文】

哀公[①]问曰："何为则民服？"孔子对[②]曰："举直错诸枉[③]，则民服；举枉错诸直，则民不服。”

【注释】

①哀公：姓姬，名蒋，谥号哀，鲁国第25位君主，公元前494～前468年在位。他是鲁定公的儿子，承袭鲁定公之位，在位期间执政者为季孙斯、叔孙州仇、仲孙何忌、季孙肥、叔孙舒、仲孙彘。孔子生前，鲁哀公曾多次向孔子请教。孔子去世于鲁哀公十五年，哀公曾写诔文悼念。

②对：处下位者回答上位者的话为“对”。

③举直错诸枉：把正直的人提拔起来，把不正直的人置于一旁。举，选拔。直，正直、公平，这里指正直公正之人。错，通“措”，放置。枉，与“直”相对，不正直，这里指奸佞小人。

【译文】

鲁哀公问：“怎样做才能使百姓信服呢？”孔子回答说：“把正直的人提拔起来，把不正直的人置于一旁，老百姓就会信服；把邪恶的人提拔起来，把正直的人置于一旁，老百姓就不信服。”

2.20

【原文】

季康子[①]问：“使民敬、忠以劝[②]，如之何？”子曰：“临[③]之以庄，则敬；孝慈[④]，则忠；举善而教不能，则劝。”

【注释】

①季康子：即季孙肥，谥号康。鲁哀公时任正卿，是当时政治上最有权势的人。季平子生季桓子，季桓子生季康子。其任正卿时迎孔子回鲁国，并拜孔子为国老。冉有、季路均在季孙肥手下为官，为季氏家臣。

②劝：努力工作。

③临：对待。

④孝慈：一说当政者自己孝慈，一说当政者引导老百姓孝慈。

【译文】

季康子问道:“要使老百姓保持尊敬且尽忠,该怎样做呢?”孔子说:“您用庄重的态度对待老百姓,百姓就会尊敬您;您对父母孝顺、对子弟慈爱,百姓就会尽忠于您;您选用善良的人,又教导能力不足的人,百姓就会互相勉励、努力工作。”

2.21

【原文】

或[①]谓孔子曰:“子奚[②]不为政?”子曰:“《书》[③]云:‘孝乎惟孝,友于兄弟,施[④]于有政。’是亦为政,奚其为为政?”

【注释】

①或:有人。

②奚:疑问词,相当于“为什么”。

③《书》:指《尚书》。

④施:一作“施行”讲,一作“延及”“影响”讲。

【译文】

有人对孔子说:“您为什么不去从政呢?”孔子回答说:“《尚书》中说:‘唯有孝是最重要的,要孝敬父母,友爱兄弟,把这贯彻到为政中去。’按这个去做,就是为政。你说的为政是什么意思呢?”

2.22

【原文】

子曰:“人而无信,不知其可也。大车无輗(ní)[①],小车无軏(yuè)[②],其何以行之哉?”

【注释】

①輗:古代大车车辕前面横木上的木销子,用以连接牛与车。大车指牛车。

②軏：古代小车车辕前面横木上的木销子，用此连接马与车。小车指马车。

【译文】

孔子说："人如果说话不算数，是不可以的。（人说话不算数）就好像大车没有輗、小车没有軏一样。大车没有輗，小车没有軏，怎么能行走呢？"

2.23

【原文】

子张问："十世[①]可知也？"子曰："殷因[②]于夏礼，所损益[③]，可知也；周因于殷礼，所损益，可知也。其或继周者，虽百世，可知也。"

【注释】

①世：古时称30年为一世。

②因：因袭，沿用，继承。

③损益：减少与增加。

【译文】

子张问孔子："今后十世（的礼仪制度）可以知道吗？"孔子回答说："商朝继承了夏朝的礼仪制度，所减少和所增加的，是可以知道的；周朝又继承商朝的礼仪制度，所废除的和所增加的，也是可以知道的。将来有继承周朝的，即使传到一百世，（其礼仪制度）也是可以知道的。"

2.24

【原文】

子曰："非其鬼[①]而祭之，谄（chǎn）[②]也；见义[③]不为，无勇也。"

【注释】

①鬼:有两种解释,一是指鬼神,二是指死去的祖先。这里指前者。

②谄:谄媚,阿谀。

③义:宜,应做之事。

【译文】

孔子说:“不是应该祭祀的鬼神,却去祭祀,这就是谄媚;见到应该挺身而出去做的事情,却袖手旁观,这就是不勇敢。”

八佾第三

3.1

【原文】

孔子谓季氏[①]："八佾（yì）[②]舞于庭，是可忍[③]也，孰不可忍也？"

【注释】

①季氏：鲁国正卿季孙氏，这里指季平子（季孙意如）。季平子生季桓子，季桓子生季康子。

②八佾：佾是古时乐舞的行列。八佾就是8行8列，64人。据《周礼》规定，周天子用八佾，诸侯用六佾，卿大夫用四佾，士用二佾。季氏是正卿，只能用四佾。这里季氏"八佾舞于庭"，是明显的越礼行为。

③忍：有两种解释，一是忍心，二是容忍。

【译文】

孔子评论季氏："竟然在自己的庭院中享用八佾这种天子才能享用的舞蹈。这种事都忍心去做，那还有什么事是他不忍心做的呢（或译：这种事我们都能容忍，那还有什么事我们不能容忍呢）？"

3.2

【原文】

三家[①]者以《雍》[②]彻。子曰："'相（xiàng）维辟（bì）公，天子穆穆。'[③]奚取于三家之堂[④]？"

【注释】

①三家：鲁国当时当政的三家，即孟孙氏、叔孙氏、季孙氏。他们都是鲁桓公的后代，故称"三桓"。

②《雍》:《诗经·周颂》中的一篇。古代天子祭宗庙完毕撤去祭品时唱此诗。

③相维辟公,天子穆穆:《雍》诗中的两句。意思是说,助祭的是诸侯,天子严肃静穆地在那里主祭。相,助祭者。维,语助词,无实义。辟公,指诸侯。穆穆,庄严肃穆的样子。

④堂:接客祭祖的地方。

【译文】

季孙氏、孟孙氏、叔孙氏三家在祭祖完毕撤去祭品时,唱《雍》这篇诗。孔子说:"'助祭的是诸侯,天子严肃静穆地在那里主祭。'这样的诗乐,他们三家怎么配享用呢?"

3.3

【原文】

子曰:"人而不仁,如礼何?人而不仁,如乐(yuè)何?"

【译文】

孔子说:"一个人没有仁德,怎么会推行礼?一个人没有仁德,又怎么会重视乐呢?"

3.4

【原文】

林放[①]问礼之本。子曰:"大哉问!礼,与其奢也,宁(nìng)俭;丧,与其易[②]也,宁(nìng)戚[③]。"

【注释】

①林放:姓林,名放,字子丘,春秋时期鲁国人,为比干27世孙,传为孔子弟子中的"七十二贤人"之一,为孔子的得意门生。林放在周敬王时担任鲁国的大夫,拜为太傅,去世后与夫人芋氏合葬在今河南开封东岩山一带。

②易:本义是把土地平整好。这里指礼仪周全,办事完备周到。

③戚：悲伤，忧愁。

【译文】

林放问什么是礼的根本。孔子说："问得好，问到点子上了！就礼仪而言，与其奢侈铺张，不如节俭省约；就丧事而言，与其仪式治办周备，不如内心真正哀伤。"

3.5

【原文】

子曰："夷狄[①]之有君，不如诸夏[②]之亡(wú)[③]也。"

【注释】

①夷狄：古代对中原地区以外的少数民族之称，谓之不开化，缺乏教养，不知书达礼。一般称东部地区的少数民族为"夷"，北部地区的少数民族为"狄"。

②诸夏：古代中原地区华夏族的自称。

③亡：通"无"。古书中的"无"字多写作"亡"。

【译文】

孔子说："(偏远落后的)夷狄虽有君主，还不如中原诸国没有君主呢。"

3.6

【原文】

季氏旅[①]于泰山。子谓冉有[②]曰："女(rǔ)[③]弗能救[④]与？"对曰："不能。"子曰："呜呼！曾(zēng)谓泰山不如林放[⑤]乎？"

【注释】

①旅：祭名，祭祀山川为旅。按古代礼制，只有天子和诸侯才有资格祭祀名山大川。

②冉有(前522～前489)：即冉求，字子有(通称"冉有")，春秋末年鲁国人，孔子的弟子，以政事见称，是"孔门十哲"之一。多

才多艺，尤擅长理财，曾担任季氏家宰。公元前487年，冉有率左师抵抗入侵齐军，并身先士卒，以步兵执长矛的突击战术取得胜利，趁机说服季康子迎回了在外流亡14年的孔子。后因帮助季氏进行田赋改革，使季氏富于周公，受到孔子的严厉批评。

③女：通“汝”，你。

④救：劝阻。这里指谏止。

⑤林放：孔子的学生。

【译文】

季孙氏(这里指季孙肥)去祭祀泰山。孔子对冉有说：“你不能劝阻他吗?”冉有说：“不能。”孔子说：“唉！难道泰山神还不如林放懂礼吗?”

3.7

【原文】

子曰：“君子无所争。必也射[①]乎！揖[②]让而升，下而饮。其争也君子。”

【注释】

①射：射箭。此处指古代的射礼。

②揖：拱手行礼，表示尊敬。

【译文】

孔子说：“君子没有什么可与别人争的事情。如果有的话，那就是射箭比赛了。(在射箭比赛时，)必定相互作揖后谦让上场，射完后再(相互揖让)退下来喝酒。这才是君子之争啊!”

3.8

【原文】

子夏问曰：“‘巧笑倩(qiàn)兮，美目盼兮，素以为绚兮。’[①]何谓也?”子曰：“绘事后素[②]。”曰：“礼后乎?”子曰：“起[③]予[④]者商[⑤]

也，始可与言《诗》已矣。”

【注释】

①巧笑倩兮，美目盼兮，素以为绚兮：前两句见《诗经·卫风·硕人》，后一句不知出自何处，可能是逸诗。倩，笑得好看。兮，语气助词，相当于“啊”。盼，眼睛黑白分明。绚，有神采。

②绘事后素：先打好底子再绘画。绘，画。素，白底。

③起：启发。

④予：我，孔子自指。

⑤商：即子夏，姓卜，名商。古时，师称弟子名而不称字。

【译文】

子夏问孔子：“‘盈盈笑容多么美好啊，频频顾盼、黑白分明的眼睛多么妩媚啊，洁白的素粉打扮得多么有神采啊！’这几句话是什么意思呢？”孔子说：“知道绘画吧，是说先有白色的底子，再加以色彩。”子夏又问：“那么，是不是说礼产生于仁之后呢？”孔子说：“商，你真是能启发我的人，现在可以同你谈论《诗》了。”

3.9

【原文】

子曰：“夏礼，吾能言之，杞①不足征②也；殷礼，吾能言之，宋③不足征也。文献④不足故也。足，则吾能征之矣。”

【注释】

①杞：春秋时国名，是夏禹的后裔。在今河南杞县一带。

②征：验证，证明。

③宋：春秋时国名，是商汤的后裔。在今河南商丘一带。

④文献：文，指历史典籍。献，指贤人，特指熟悉历史典故的人。

【译文】

孔子说：“我能说出夏朝的礼，但杞国（夏之后代）不足以验证；我能说出殷朝的礼，但宋国（殷之后代）不足以验证。这都是杞、宋两国现有的典籍和贤人不足的缘故。如果文献丰富(有足够的典籍和贤人),我就能搞得更清楚一些。”

3.10

【原文】

子曰:“禘(dì)[①]自既灌[②]而往者,吾不欲观之矣[③]。”

【注释】

①禘:古代只有天子可行的祭祖先之典礼,五年一次,非常隆重。成王因周公旦功勋卓著,特许鲁国举行,后鲁国国君行此礼成惯例。

②灌:禘礼中第一次献酒。

③吾不欲观之矣:我不愿意看了。

【译文】

孔子说:“对于(在鲁国)举行的禘礼,从第一次献酒以后,我就不愿意看了。”

3.11

【原文】

或问禘之说[①]。子曰:“不知也。知其说者之于天下也,其如示诸斯[②]乎!”指其掌。

【注释】

①禘之说:关于禘祭的学说、规定。说,理论、道理、规定。

②斯:指后面的“掌”字。

【译文】

有人问关于禘礼的规定。孔子说:“我不知道。知道禘礼的人,对治理天下的事,就像把它们摆在这里一样(容易)吧!”(一面说一面)指着自己的手掌。

3.12

【原文】

祭如在，祭神如神在。子曰：“吾不与(yù)[①]祭，如不祭。”

【注释】

①与：动词，参与、参加。

【译文】

祭祀祖先的时候，就好像祖先真在面前(受祭)；祭祀神灵的时候，就好像神灵真的在那里。孔子说：“我如果不亲自祭祀，那就和没去祭祀一样。”

3.13

【原文】

王孙贾[①]问曰：“‘与其媚[②]于奥[③]，宁媚于灶[④]。’何谓也？”子曰：“不然。获罪于天，无所祷也。”

【注释】

①王孙贾：卫灵公时大夫，主管军旅。

②媚：谄媚，巴结，奉承。

③奥：居室的西南角为奥，是古时一家中尊者所居之地。这里指室内位居西南角的神。

④灶：这里指灶旁管烹饪做饭的神。其地位低，却能通天，“上天言善事”，后来演化成灶王爷。奥、灶当时均属“五祀”之一，奥的地位要高些。

【译文】

王孙贾问道：“‘与其奉承奥神，不如奉承灶神。’这话是什么意思？”孔子说：“这话不对。如果得罪了天，无论怎么祷告也没有用了。”

3.14

【原文】

子曰:“周监(jiàn)[①]于二代[②],郁郁[③]乎文[④]哉,吾从周。”

【注释】

①监:通“鉴”,借鉴。

②二代:这里指夏代和商代。

③郁郁:丰富,浓郁。

④文:指礼乐制度。

【译文】

孔子说:“周朝的礼仪制度借鉴于夏、商二代,是多么丰富多彩啊! 我赞同周朝的制度。”

3.15

【原文】

子入太(tài)庙[①],每事问。或曰:“孰谓鄹(zōu)[②]人之子知礼乎? 入太庙,每事问。”子闻之,曰:“是礼也。”

【注释】

①太庙:君主的祖庙。鲁国太庙,即周公庙,用来祭祀周公。

②鄹:春秋时鲁国地名,又写作“陬”,在今山东曲阜附近。因孔子父亲做过鄹邑大夫,故“鄹人之子”指孔子。

【译文】

孔子到了太庙,什么事都问。有人说:“谁说鄹邑大夫的儿子懂得礼呀? 他到了太庙里,什么事都问。”孔子听到此话后,说:“这就是礼呀。”

3.16

【原文】

子曰："射不主皮[①]，为力不同科[②]，古之道也。"

【注释】

①射不主皮：不以射穿箭靶子为主，而以射中为主。皮，用兽皮做成的箭靶子。

②科：等级。

【译文】

孔子说："比赛射箭，不在于穿透箭靶子（而在于射中靶子），因为各人的力气大小不同。自古以来就是这样。"

3.17

【原文】

子贡欲去告朔[①]之饩（xì）羊[②]。子曰："赐也！尔爱[③]其羊，我爱其礼。"

【注释】

①告朔：夏历的每月初一叫"朔"。古代制度，每年秋冬之交，周天子会把下一年的历书颁给诸侯。诸侯接受历书后，藏于祖庙。以后每月初一，便杀一只活羊祭于祖庙，然后回到朝廷听政。祭祖庙叫作"告朔"。鲁国自文公开始（距子贡提建议时已有150年），国君已不去祖庙"告朔"，但每月初一，有司仍杀羊上供，所以子贡认为不必留此形式，不如干脆连羊也不杀。

②饩羊：祭祀用的活羊。

③爱：吝惜、舍不得，有珍爱之意。

【译文】

子贡想要撤掉每月初一告朔用的活羊。孔子说："赐呀！你可惜的是羊，我珍爱的是礼。"

3.18

【原文】

子曰:“事君尽礼,人以为谄也。”

【译文】

孔子说:“(一个人)如果完全按照礼侍奉君主,别人就会以为这个人是在献媚。”

3.19

【原文】

定公[①]问:“君使臣,臣事君,如之何?”孔子对曰:“君使臣以礼,臣事君以忠。”

【注释】

①定公:鲁国国君,姓姬,名宋,谥号定。公元前509~前495年在位,是鲁国第24任君主。为鲁昭公之子,承袭鲁昭公担任君主,在位15年。正是鲁定公担任国君时启用孔子,使孔子官至鲁国大司寇。

【译文】

鲁定公问:“君主怎样使唤臣子,臣子怎样侍奉君主呢?”孔子回答说:“君主使唤臣子时要依礼而行,臣子侍奉君主时要对君主尽忠。”

3.20

【原文】

子曰:“《关雎(jū)》[①],乐而不淫,哀而不伤。”

【注释】

①《关雎》:这是《诗经》的第一篇。此篇写一位君子追求淑女时的情景,思念时的辗转反侧,寤寐难眠的忧思以及结婚时的钟

鼓乐之、琴瑟友之都跃然纸上。

【译文】

孔子说："《关雎》这首诗，快乐而不过分，悲哀而不致伤神（伤身）。"

3.21

【原文】

哀公问社[①]于宰我。宰我[②]对曰："夏后氏以松，殷人以柏，周人以栗，曰：使民战栗[③]。"子闻之，曰："成事不说，遂事不谏，既往不咎。"

【注释】

①社：土地神。另外，祭祀土地神的庙也称"社"。这里的"社"有多种解释，有人解释为土地庙中的木制牌位，有人解释为土地庙中栽种的树木。

②宰我：名予，字子我，孔子的学生，小孔子29岁。为"孔门十哲"之一，善言辞，给孔子提了很多难以回答的问题。宰予曾因昼寝，被孔子大骂一通（见5.10章）。

③战栗：恐惧，发抖。

【译文】

鲁哀公问宰我祭祀土地神用什么树木制作牌位。宰我回答："夏朝用松树，商朝用柏树，周朝用栗子树。用栗子树的意思是说：让老百姓战栗。"（以上或可译为：鲁哀公问宰我土地庙栽种什么树。宰我回答："夏朝栽的是松树，商朝栽的是柏树，周朝栽的是栗子树。栽栗子树的意思是说：让老百姓战栗。"）孔子听到后说："事成定局不用再提，事情已过不用再劝，过往之事不必追究。"

3.22

【原文】

子曰:“管仲[①]之器小哉!”或曰:“管仲俭乎?”曰:“管氏有三归[②],官事不摄[③],焉得俭?”“然则管仲知礼乎?”曰:“邦君树塞(sài)门[④],管氏亦树塞(sài)门;邦君为两君之好(hǎo)有反坫(diàn)[⑤],管氏亦有反坫。管氏而知礼,孰不知礼?”

【注释】

①管仲(约前723～前645):姓管,名夷吾,齐国人。春秋时期齐桓公的宰相,辅助齐桓公成为诸侯霸主,为一代名相。有《管子》一书传世。

②三归:相传是三处藏钱币的府库,也有的解释为三处居所,另有人认为是指三份俸禄。这里指三处居所。

③摄:兼职。

④树塞门:树,树立。塞门,筑在大门外的矮墙,以别内外,相当于照壁。

⑤反坫:古代君主招待别国国君时放置献过酒的空杯子的土台。

【译文】

孔子说:“管仲的器量小得很呀!”有人便问:“那管仲节俭吗?”孔子说:“他有三处居所,他家里的各项职事也都设有专人而不兼任,怎么谈得上节俭呢?”那人又问:“那么管仲知礼吗?”孔子回答:“国君在大门前设立屏壁,管仲也设立屏壁;国君宴请别国国君,会见时在堂上有放置酒杯的台子,管仲也有这样的台子。如果说管仲知礼,那么还有谁不知礼呢?”

3.23

【原文】

子语(yù)[1]鲁大(tài)师[2]乐(yuè)，曰："乐(yuè)其可知也：始作，翕(xī)[3]如也；从(zòng)[4]之，纯[5]如也，皦(jiǎo)[6]如也，绎(yì)[7]如也。以成。"

【注释】

①语：告诉。

②鲁大师：名挚，鲁国乐官之长。大师，乐官名。

③翕：合聚，协调。

④从：放纵，展开。

⑤纯：美好，和谐。

⑥皦：清晰，音节分明。

⑦绎：连续不断。

【译文】

孔子与鲁国的乐师长谈论音乐的演奏，说道："奏乐是有规律可循的：开始时，乐器合奏，热烈奔放；继而悠扬悦耳，音节分明；再后来和谐委婉，余音不绝。最后是结束。"

3.24

【原文】

仪封人[1]请见，曰："君子之至于斯也，吾未尝不得见也。"从者见之[2]。出曰："二三子何患于丧[3]乎？天下之无道也久矣，天将以夫子为木铎[4]。"

【注释】

①仪封人：仪，地名，在今河南兰考境内。封人，镇守边疆的官员，姓名已不可考。

②从者见之：孔子随行的学生引见了他。从者，指孔子的随行弟子。

③丧:失去,这里指失去官职。

④木铎:木舌的铜铃。古代天子宣布政令时摇之以召集人民。

【译文】

(孔子到了边境,)仪(属卫国)的边防官请求见孔子,他说:“凡是君子贤人到这里来,我没有不拜见的。”孔子的随行弟子引他去见了孔子。他出来后(对孔子的弟子们)说:“你们几位何必为没有官位而发愁呢?天下无道已经很久了,上天将要启用夫子,用他来号令天下。”

3.25

【原文】

子谓《韶》[①]:“尽美[②]矣,又尽善[③]也。”谓《武》[④]:“尽美矣,未尽善也。”

【注释】

①《韶》:相传是舜时的乐曲名,歌颂舜的功业。

②美:指乐曲音调、音韵形式达到极致美妙。

③善:指乐的思想内容完善。

④《武》:相传是周武王时的乐曲名,歌颂武王功业。

【译文】

孔子评论《韶》乐时说:“音律太美了,内容也很好。”谈到《武》乐时说:“音律形式也很美,但内容上却差一点。”

3.26

【原文】

子曰:“居上不宽,为礼不敬,临丧不哀,吾何以观之哉?”

【译文】

孔子说:“居于上位的人不能宽厚待人,行礼的时候不恭敬,遇丧礼时也不悲痛哀戚,这让我怎能看得下去?”

里仁第四

4.1

【原文】

子曰："里仁为美[①]。择不处(chǔ)[②]仁，焉得知(zhì)[③]？"

【注释】

①里仁为美：住在有仁者的地方最好。里，用作动词，居住。也有的解释为靠近。里仁，向仁。

②处：居住。

③知：通"智"。

【译文】

孔子说："跟有仁德的人住在一起最好(亲近仁最好)。如果你选择的住处附近没有仁德之人，怎么能说是明智的呢？"

4.2

【原文】

子曰："不仁者不可以久处(chǔ)约[①]，不可以长处(chǔ)乐。仁者安仁[②]，知(zhì)者利仁[③]。"

【注释】

①约：穷困，困窘。

②安仁：安于仁道。

③利仁：仁对自己有利。

【译文】

孔子说："没有仁德的人不能长久地忍受贫困，也不能长久地安享逸乐。有仁德的人安于仁道，聪明的人知道仁对自己有利。"

4.3

【原文】

子曰:“唯仁者能好(hào)①人,能恶(wù)②人。”

【注释】

①好:用作动词,喜爱。

②恶:用作动词,憎恶。

【译文】

孔子说:“只有那些有仁德的人(才会爱憎分明,)既能爱人,也能恨人。”

4.4

【原文】

子曰:“苟志于仁矣,无恶也。”

【译文】

孔子说:“如果立志于仁,就不会有恶意、做坏事了。”

4.5

【原文】

子曰:“富与贵,是人之所欲也,不以其道得之,不处(chǔ)也;贫与贱,是人之所恶(wù)①也,不以其道得之,不去也。君子去仁,恶(wū)②乎成名?君子无终食之间违仁,造次必于是,颠沛必于是。”

【注释】

①恶:憎恨,嫌弃。

②恶:怎么。

【译文】

孔子说:“富裕和显贵是人人都想得到的,但不用正当的方法得到它们，就不要去做；贫穷与低贱是人人都厌恶的，但不用正当的方法去摆脱它们，也不要去做。君子如果离开了仁德，又怎么能叫君子呢？哪怕只有一顿饭那么短的时间，君子也不会背离仁德，就是在最紧迫的时刻，就是在流离的时候，也一定会按仁的要求去做。”

4.6

【原文】

子曰：“我未见好(hào)仁者，恶(wù)不仁者。好(hào)仁者，无以尚之；恶(wù)不仁者，其为仁矣，不使不仁者加乎其身。有能一日用其力于仁矣乎？我未见力不足者。盖有之矣，我未之见也。”

【译文】

孔子说：“我没有见过爱好仁德的人，也没有见过厌恶不仁的人。爱好仁德的人，是再好不过的了(没有什么东西能胜过仁)；厌恶不仁的人，他修行仁德，只是为了不使不仁的东西加在自己身上。有谁能花一天的时间把精力用在实行仁德上而精力不够的吗？我没有见过精力不够的。或许有这样的人，但我没见过。”

4.7

【原文】

子曰：“人之过也，各于其党。观过，斯知仁矣。”

【译文】

孔子说：“什么样的人犯什么样的错误。所以，考察一个人所犯的错误，就可以知道他是不是一个仁者。”

4.8

【原文】

子曰：“朝闻道，夕死可矣。”

【译文】

孔子说："早晨得知真理，即使在当天晚上死去，也没有什么可遗憾的。"

4.9

【原文】

子曰："士志于道，而耻恶衣恶食者，未足与议也。"

【译文】

孔子说："士应当以道为己任，对于那些以自己吃得不好穿得不好为耻辱的所谓士，是不值得与他共谋大事的。"

4.10

【原文】

子曰："君子之于天下也，无适(dí)[①]也，无莫[②]也，义[③]之与比(bì)[④]。"

【注释】

①适：亲近，厚待。

②莫：疏远，冷淡。

③义：适宜，妥当。

④比：比较。

【译文】

孔子说："君子对于天下事，没有什么(特别)喜欢，也没有什么(特别)不喜欢，只是按照义去做。"

4.11

【原文】

子曰："君子怀[①]德，小人怀土[②]；君子怀刑[③]，小人怀惠。"

【注释】

①怀：思念。

②土：田地，财富。

③刑：刑法，法治。

【译文】

孔子说："君子惦记的是道德，小人挂念的是财富；君子关心的是法治，小人贪图的是恩惠。"

4.12

【原文】

子曰："放（fǎng）[①]于利而行，多怨[②]。"

【注释】

①放：一说依据、根据；一说效法、效仿，引申为追求。

②怨：别人的怨恨。

【译文】

孔子说："一切依据利益行事，会招致更多的怨恨。"

4.13

【原文】

子曰："能以礼让为国乎，何有[①]？不能以礼让为国，如礼何[②]？"

【注释】

①何有：何难之有。

②如礼何：将礼怎么办。

【译文】

孔子说："能够用礼让来治理国家，那还有什么困难呢？不依据礼让来治理国家，能把礼当回事吗？"

4.14

【原文】

子曰:“不患[1]无位,患所以立;不患莫己知,求为可知也。”

【注释】

①患:害怕,担心。

【译文】

孔子说:“不要担心没有官位,要担心自己没有胜任的能力;不要担心没有人知道自己,应努力提高自己,以让别人了解。”

4.15

【原文】

子曰:“参(shēn)[1]乎,吾道一以贯之[2]。”曾子曰:“唯。”子出,门人问曰:“何谓也?”曾子曰:“夫子之道,忠恕[3]而已矣。”

【注释】

①参:即曾参,姓曾,名参,字子舆。孔子晚年弟子,小孔子46岁。

②一以贯之:用一个基本思想贯串。

③忠恕:尽己之谓忠,推己及人谓之恕。恕,孔子解释为“己所不欲,勿施于人”(见15.24章)。

【译文】

孔子说:“参呀!我的道是由一个基本的思想贯串起来的。”曾子说:“是。”孔子出去之后,别的弟子便问曾子:“这是什么意思?”曾子说:“先生的道(学说),就是忠恕罢了。”

4.16

【原文】

子曰:“君子喻于义,小人喻于利。”

【译文】

孔子说："君子懂得(明白)义，小人明白(知道)利。"

4.17

【原文】

子曰："见贤思齐焉，见不贤而内自省(xǐng)也。"

【译文】

孔子说："见到贤人，就应该向他学习、看齐；见到不贤的人，就应该自我反省。"

4.18

【原文】

子曰："事父母，几(jī)[①]谏，见志不从，又敬不违，劳[②]而不怨。"

【注释】

①几：委婉，婉转。

②劳：劳作，操劳。这里指侍奉父母。

【译文】

孔子说："侍奉父母，(如果父母有不对的地方，)要委婉地劝说他们。(自己的意见表达了，)发现父母不愿听从，还是要对他们恭恭敬敬，不违抗他们的意志，仍毫无怨言地侍奉(父母)。"

4.19

【原文】

子曰："父母在，不远游[①]，游必有方[②]。"

【注释】

①游：指游学、做官、经商等外出活动。

②方：方位，地方。也有的解释为理由或原因。

【译文】

孔子说："父母在世，不远离家乡；如果不得已要出远门，也必须告诉父母确切的地点（理由或原因）。"

4.20

【原文】

子曰："三年无改于父之道，可谓孝矣。"①

【注释】

①本章系重出。内容见1.11章。

【译文】

孔子说："父亲去世三年（多年）后，仍然按照父亲生前的准则去做，就可以算是孝了。"

4.21

【原文】

子曰："父母之年①，不可不知也。一则以喜，一则以惧。"

【注释】

①年：年龄。

【译文】

孔子说："父母的年纪，不可不知道。一方面（为他们的长寿）高兴，一方面（又为他们的日益衰老）担忧。"

4.22

【原文】

子曰："古者言之不出，耻躬之不逮（dài）也。"

【译文】

孔子说："古人不轻易把话说出口，因为他们以自己做不到为耻啊。"

4.23

【原文】

子曰："以约[①]，失之者鲜(xiǎn)[②]矣。"

【注释】

①约：约束。这里指约之以礼。

②鲜：少。

【译文】

孔子说："(用礼来)约束自己，过失就少了。"

4.24

【原文】

子曰："君子欲讷(nè)[①]于言，而敏[②]于行。"

【注释】

①讷：迟钝，言语谨慎。

②敏：敏捷，快速。

【译文】

孔子说："君子要求自己说话谨慎，行动敏捷。"

4.25

【原文】

子曰："德不孤，必有邻。"

【译文】

孔子说："有道德的人是不会孤单的，一定会有志同道合的人与其做伴。"

4.26

【原文】

子游曰:“事君数(shuò)[①],斯[②]辱矣;朋友数(shuò),斯疏矣。”

【注释】

①数:屡次,多次。

②斯:就。

【译文】

子游说:“侍奉君主太过于巴结,就会受到(君主)侮辱;与朋友相交太过于亲密,朋友之间就可能疏远。”

公冶长第五

5.1

【原文】

子谓公冶长[①]:“可妻(qì)[②]也。虽在缧(léi)绁(xiè)[③]之中，非其罪也。”以其子[④]妻(qì)之。

【注释】

①公冶长:姓公冶，名长，字子长、子芝，春秋时齐国人，孔子的学生，后成为孔子的女婿。自幼家贫，勤俭节约，聪颖好学，博通书礼，德才兼备，终生治学而不仕。相传通鸟语，并因此获罪。

②妻:用作动词，可使为妻，或作嫁给某人做妻子解。

③缧绁:原指拴牛马物，用丝制成。也可作捆绑犯人用的绳索。这里借指牢狱。

④子:古时无论儿、女均称“子”。这里指孔子的女儿。

【译文】

孔子评论公冶长说:“可以把女儿嫁给他。他虽然被关在牢狱里，但这并不是他的罪过呀。”于是就把女儿嫁给了他。

5.2

【原文】

子谓南容[①]:“邦有道[②]，不废[③];邦无道，免于刑戮[④]。”以其兄[⑤]之子妻(qì)之。

【注释】

①南容:姓南宫，名适(kuò)，字子容。春秋末年鲁国人。他言语谨慎，崇尚道德。孔子称赞他是“君子”“尚德之人”，并把侄女嫁给他。

②道:指政治清明,人民安居乐业。

③废:废置,不任用。

④刑戮:刑罚。

⑤其兄:孔子之兄孟皮,长孔子多岁,与孔子同父异母,腿有疾。

【译文】

孔子评论南容说:“国家有道时,他出来做事;国家无道时,他也能够平安过日子。”于是就把自己的侄女嫁给了他。

5.3

【原文】

子谓子贱[①]:“君子哉若人[②]! 鲁无君子者,斯焉取斯[③]?”

【注释】

①子贱:姓宓(fú),名不齐,字子贱。比孔子小49岁。春秋末期鲁国人,孔子的弟子,鲁哀公时任单父宰,为政三年,善于用人,功绩卓著,单父大治。

②若人:这个人。

③斯:此。第一个“斯”指子贱,第二个“斯”指子贱的品德。

【译文】

孔子评论子贱说:“这个人真是个君子呀! 如果鲁国没有君子,他的好品德是从哪里学的呢?”

5.4

【原文】

子贡问曰:“赐也何如?”子曰:“女(rǔ)[①],器也。”曰:“何器也?”曰:“瑚(hú)琏(liǎn)[②]也。”

【注释】

①女：通“汝”，你。

②瑚琏：古代祭祀时盛粮食用的器具，夏曰瑚，殷曰琏。到了孔子时代，瑚琏并用。在古代人看来，用作祭祀的器皿是高贵的器皿。

【译文】

子贡问孔子：“我这个人怎么样？”孔子说：“你呀，好比一个器具。”子贡又问：“是什么器具呢？”孔子说：“是瑚琏。”

5.5

【原文】

或曰：“雍①也，仁而不佞②。”子曰：“焉用佞？御人③以口给(jǐ)④，屡憎于人，不知其仁。焉用佞？”

【注释】

①雍：即冉雍(前522～?)，姓冉，名雍，字仲弓，孔子的学生，今山东菏泽冉贤集人。与冉耕(伯牛)、冉求(子有)皆在“孔门十哲”之列，世称“一门三贤”，当地人称为“三冉”。《冉氏族谱》称冉离娶颜氏，生长子耕，次子雍。颜氏死，又娶公西氏，生求。后公西氏闻孔子设教阙里，“命三子往从学焉”。

②佞：能言善辩，有口才。

③御人：回答人的话。御，应答。

④口给：言辞滔滔，嘴快话多。

【译文】

有人说：“冉雍这个人有仁德，但不善辩。”孔子说：“何必要能言善辩呢？靠伶牙俐齿和人辩论，常常招致别人的讨厌，这样的人我不知道他是不是仁者。人何必要耍嘴皮子呢？”

5.6

【原文】

子使漆雕开[①]仕。对曰:“吾斯之未能信。”子说(yuè)。

【注释】

①漆雕开:姓漆雕,名开,字子开。孔子的弟子。

【译文】

孔子让漆雕开去做官。漆雕开回答说:“我对做官这件事信心不足(还没有准备好)。”孔子听了很高兴。

5.7

【原文】

子曰:“道不行,乘桴(fú)[①]浮于海,从[②]我者,其由与!”子路闻之喜。子曰:“由也,好(hào)勇过我,无所取材。”

【注释】

①桴:木筏子。

②从:跟随,随从。

【译文】

孔子说:“如果我的主张得不到推行,我就乘木筏子到海外去。能跟从我的人大概只有仲由吧!”子路听到这话很高兴。孔子说:“仲由的勇敢超过了我,可惜找不到能于海上漂浮的木筏子。”

5.8

【原文】

孟武伯问:“子路仁乎?”子曰:“不知也。”又问。子曰:“由也,千乘(shèng)之国,可使治其赋也[①],不知其仁也。”“求也何如?”子曰:“求也,千室之邑[②],百乘之家[③],可使为之宰[④]也,不知其仁也。""赤[5]也何如?"子曰:"赤也,束带立于朝[6],可使与宾客[7]言也,不知其仁也。"

【注释】

①可使治其赋也:可让子路管理军务。赋,兵赋,征收的军事费用。

②千室之邑:有千户人家的公邑(直辖于诸侯)。邑,古代居民的聚居点,大致相当于城镇,古分公邑、采邑(卿大夫领地)。

③百乘之家:指卿大夫的属地(采邑)。当时大夫有车百乘,是采邑中的较大者。

④宰:家臣,总管。

⑤赤:姓公西,名赤,字子华。孔子的学生。

⑥束带立于朝:指穿着礼服立于朝廷。

⑦宾客:客人,来宾。

【译文】

孟武伯问孔子:"子路可称为仁德之人吧?"孔子说:"我不知道。"孟武伯又问了一遍,孔子说:"仲由嘛,在拥有千辆兵车的国家里,可以让他管理军事,但他是不是做到了仁,我不知道。"孟武伯又问:"冉求这个人怎么样?"孔子说:"冉求这个人,可以让他在一个有千户人家的公邑或有百辆兵车的采邑里当总管,但他是不是做到了仁,我不知道。"孟武伯又问:"公西赤又怎么样呢?"孔子说:"公西赤嘛,可以让他穿着礼服,在朝廷上接待贵宾,但他是不是做到了仁,我也不知道。"

5.9

【原文】

子谓子贡曰:“女(rǔ)与回也,孰愈[①]?”对曰:“赐也何敢望回?回也闻一以知十,赐也闻一以知二。”子曰:“弗如也。吾与[②]女(rǔ),弗如也。”

【注释】

①愈:胜过,超过。

②与:赞同,同意。

【译文】

孔子对子贡说:“你和颜回相比,谁更强些?”子贡回答说:“我怎么敢和颜回相比呢?颜回听到一件事就可以推知十件事;我呢,知道一件事,只能推知两件事。”孔子说:“你是不如他呀。你说得对,你是不如他呀。”

5.10

【原文】

宰予昼寝。子曰:“朽木不可雕也,粪土[①]之墙不可杇(wū)[②]也,于予与何诛[③]!”子曰:“始吾于人也,听其言而信其行;今吾于人也,听其言而观其行。于予与[④]改是。”

【注释】

①粪土:腐土。

②杇:抹墙用的抹子。这里指用抹子粉刷墙壁。

③诛:责备,批评。

④与:语气词。

【译文】

宰予白天睡觉(不学习)。孔子说:“腐朽的木头是无法雕刻的,已成粪土的墙是无法粉刷的。对于宰予这个人,责备还有什么用呢?”孔子说:“起初我对于人,是听了他说的话便相信了他的行为;现在我对于人,听了他讲的话却还要观察他的行为。这都是宰予使我改变的呀。”

5.11

【原文】

子曰:“吾未见刚者。”或对曰:“申枨(chéng)[①]。”子曰:“枨也欲,焉得刚?”

【注释】

①申枨:姓申,名枨,字子周。鲁国人,孔子的学生。

【译文】

孔子说:“我没有见过刚强的人。”有人回答说:“申枨就很刚强。”孔子说:“申枨这个人欲望太多,怎么能算刚强呢?”

5.12

【原文】

子贡曰:“我不欲人之加诸我也,吾亦欲无加诸人。”子曰:“赐也,非尔所及也。”

【译文】

子贡说:“我不愿意别人强加于我,我也不愿意强加于别人。”孔子说:“赐呀,这个你做不到啊。”

5.13

【原文】

子贡曰:“夫子之文章[①],可得而闻也;夫子之言性[②]与天道[③],不可得而闻也。”

【注释】

①文章:这里指孔子传授的诗、书、礼、乐等知识。

②性：人性。

③天道：天命。《论语》中孔子多处讲到天和命，但不见孔子关于天道的言论。

【译文】

子贡说："老师关于礼、乐、诗、书的知识，听后便可以弄明白；老师关于人性和天道的言论，听后却往往弄不明白。"

5.14

【原文】

子路有闻，未之能行，唯恐有闻。

【译文】

子路听到（做人处世的道理）后就做。怕还没有做，就又听到新的（做人处世的道理）。

5.15

【原文】

子贡问曰："孔文子[①]何以谓之'文'也？"子曰："敏[②]而好（hào）学，不耻下问，是以谓之'文'也。"

【注释】

①孔文子：卫国大夫孔圉（yǔ），谥号文。"子"是对他的尊称。

②敏：敏捷，勤勉。

【译文】

子贡问道："孔文子死后为什么谥号是'文'呢？"孔子说："他聪敏勤勉而好学，不以向地位卑下的人请教为耻，所以谥号是'文'。"

5.16

【原文】

子谓子产[①]："有君子之道四焉：其行己也恭，其事上也敬，其养民也惠，其使民也义。"

【注释】

①子产：姓公孙，名侨，字子产。郑国大夫，做过正卿，是郑穆公的孙子，为春秋时郑国贤相。

【译文】

孔子评论子产说："他有君子的四种品德：为人谦恭，侍奉君主恭敬，使老百姓得到实惠，役使百姓时合乎时宜（该役使时则役使，不该役使时则不役使）。"

5.17

【原文】

子曰："晏平仲[①]善与人交，久而敬之[②]。"

【注释】

①晏平仲：春秋时齐国的贤大夫，名婴，谥号平。

②之：指代晏平仲。也有人说指晏平仲的朋友。

【译文】

孔子说："晏平仲善于与人交朋友，即使相识很久，他仍像初识那样尊敬朋友（或译：相识越久，朋友们越尊敬他）。"

5.18

【原文】

子曰："臧文仲[①]居蔡[②]，山节藻棁(zhuō)[③]，何如其知(zhì)也？"

【注释】

①臧文仲：姓臧孙，名辰，谥号文。曾因不遵守周礼，受到孔

子指责。

②蔡：国君用以占卜的大龟。蔡这个地方产龟，所以把大龟叫作“蔡”。

③山节藻棁：把斗拱雕成山形，在棁上绘花草图案，是古时装饰天子宗庙的做法。节，柱上的斗拱。棁，房梁上的短柱。

【译文】

孔子说：“臧文仲造了间房子给大龟住，柱子上的斗拱雕成山形，梁上的短柱画着藻纹，这样做明智吗？”

5.19

【原文】

子张问曰：“令尹子文[①]三仕为令尹，无喜色；三已[②]之，无愠色。旧令尹之政，必以告新令尹。何如？”子曰：“忠矣。”曰：“仁矣乎？”曰：“未知。焉得仁？”“崔子[③]弑[④]齐君[⑤]，陈文子[⑥]有马十乘(shèng)，弃而违[⑦]之。至于他邦，则曰：‘犹吾大夫崔子也。’违之。之一邦，则又曰：‘犹吾大夫崔子也。’违之。何如？”子曰：“清矣。”曰：“仁矣乎？”曰：“未知。焉得仁？”

【注释】

①令尹子文：东周时各国的相名称不一，楚国的相叫“令尹”。子文是楚国著名的国相。

②三已：三次罢免。

③崔子：齐国大夫崔杼(zhù)。齐庄公为其所杀。

④弑：地位在下的人杀了居上位者，指臣子杀君主，儿子杀父亲或母亲。

⑤齐君：即被崔杼所杀的齐庄公。

⑥陈文子：陈国的大夫，名须无。

⑦违：离开。

【译文】

子张问孔子说："令尹子文三次做楚国相国，没有显出高兴的样子；三次被免职，也没有显出怨恨的样子。他每次被免职，交接时一定把政事全部告诉接任的新相国。这个人怎么样?"孔子说："算得上是忠了。"子张问："算得上仁了吗?"孔子说："不知道。这怎么能算得上仁呢?"子张又问："崔杼杀了他的君主齐庄公，陈文子有40匹马，都舍弃不要，离开齐国到别国去了。到了别国，他说：'这里的执政者也和我们齐国的大夫崔子差不多。'于是又离开这个国家。到了另一个国家，又说：'这里的执政者也和我们的大夫崔子差不多。'又离开了。这个人怎么样呢?"孔子说："算得上是清高了。"子张说："可说是仁了吗?"孔子说："不知道。这怎么能算得上是仁呢?"

5.20

【原文】

季文子[①]三思而后行。子闻之，曰："再，斯[②]可矣。"

【注释】

①季文子：即季孙行父，谥号文。鲁成公、鲁襄公时任正卿。

②斯：这样。

【译文】

季文子每做一件事都要考虑三次(多次)才付诸行动。孔子听后，说："考虑两次就够了。"

5.21

【原文】

子曰："宁(nìng)武子[①]，邦有道，则知(zhì)；邦无道，则愚[②]。其知(zhì)，可及也；其愚，不可及也。"

【注释】

①宁武子：姓宁，名俞，谥号武，卫国大夫。

②愚：笨。这里用作动词，装笨。

【译文】

孔子说："宁武子，当国家有道时，他就发挥才智，显得很聪明；当国家无道时，他就装傻（不出来做事）。他的聪明，别人可以做到；他的装傻，别人就做不到了。"

5.22

【原文】

子在陈[①]曰："归与！归与！吾党[②]之小子[③]狂简[④]，斐（fěi）然[⑤]成章，不知所以裁[⑥]之。"

【注释】

①陈：古国名，大约在今河南东部和安徽北部一带。

②吾党：我的家乡。古代以500家为一党。

③小子：指孔子在鲁国的学生。

④狂简：志向远大但行为粗率简单。

⑤斐然：有文采的样子。

⑥裁：裁剪，节制。

【译文】

孔子在陈国说："回去吧！回去吧！我家乡的弟子们有远大志向，但行为粗率简单；有文采，但还不知道怎样节制自己。"

5.23

【原文】

子曰："伯夷、叔齐[①]不念旧恶，怨是用希[②]。"

【注释】

①伯夷、叔齐：商朝末年孤竹君的两个儿子。周灭商统一天

下后，他们以吃周朝的粮食为耻，逃进深山，以野草充饥，饿死在首阳山中。

②希：通“稀”。

【译文】

孔子说：“伯夷、叔齐不记人家过去对他们的恶行，别人对他们的怨恨自然也就少了。”

5.24

【原文】

子曰：“孰谓微生高[①]直？或乞醯（xī）[②]焉，乞诸其邻而与之。”

【注释】

①微生高：姓微生，名高，鲁国人。当时的人们认为他很直率。

②醯：醋。

【译文】

孔子说：“谁说微生高这个人直率啊？有人向他借醋，他（不直说没有，却暗地）到邻居家借了后再转借给那人。”

5.25

【原文】

子曰：“巧言、令色、足恭[①]，左丘明[②]耻之，丘亦耻之。匿怨而友其人，左丘明耻之，丘亦耻之。”

【注释】

①足恭：一说是两只脚做出恭敬逢迎的姿态来讨好别人；一说是过分恭敬。

②左丘明：姓丘，名明，因其父任左史官，故称左丘明。也有人说其复姓左丘，名明；还有人说其单姓左，名丘明。春秋末期鲁国都君庄人。史学家，曾任鲁国史官，为解析《春秋》而作《左传》

（又称《左氏春秋》）；又作《国语》，作《国语》时已双目失明。

【译文】

孔子说："花言巧语、容貌伪善、过分恭敬，左丘明认为这种人可耻，我也认为可耻。本来对那人有怨恨，却不表现出来，而表面上装出友好的样子，左丘明认为这种人可耻，我也认为可耻。"

5.26

【原文】

颜渊、季路侍①。子曰："盍②各言尔志？"子路曰："愿车马、衣③轻裘，与朋友共，敝④之而无憾。"颜渊曰："愿无伐⑤善，无施劳⑥。"子路曰："愿闻子之志。"子曰："老者安之，朋友信之，少者怀之⑦。"

【注释】

①侍：服侍，站在旁边陪着叫"侍"。

②盍：何不。

③衣：身上穿的衣服。

④敝：破旧，用坏。

⑤伐：夸耀。

⑥施劳：表白功劳。施，表白。劳，功劳。

⑦少者怀之：让少者（年轻人）怀念，或让少者（年轻人）得到关怀。

【译文】

颜渊、子路两人侍立在孔子身边。孔子说："你们何不各自说说自己的志向？"子路说："愿意自己的车马、身上穿的皮袍，同朋友共同使用，用坏了也不抱怨。"颜渊说："我不愿意夸耀自己的长处，也不愿意表白自己的功劳。"子路（对孔子）说："希望听听夫子的志向。"孔子说："（我的志向是）让老年人安心，让朋友们信任，让年轻人记挂我（或让年轻人得到关怀）。"

5.27

【原文】

子曰:"已矣乎！吾未见能见其过而内自讼者也。"

【译文】

孔子说:"算了吧！我还没有看见过能够看到自己的错误而从内心责备自己的人呢。"

5.28

【原文】

子曰:"十室之邑,必有忠信如丘者焉,不如丘之好(hào)学也。"

【译文】

孔子说:"即使只有10户人家的小村子,也一定有像我这样讲忠信的人,但像我这样好学的人却很难找到。"

雍也第六

6.1

【原文】

子曰:"雍也,可使南面[①]。"

【注释】

①南面:古时以坐北朝南的位置为尊位。天子、诸侯、卿大夫听政时都是坐北朝南。孔子的意思是冉雍有做官的才能。

【译文】

孔子说:"冉雍这个人,可以让他去做官。"

6.2

【原文】

仲弓问子桑伯子[①]。子曰:"可也,简[②]。"仲弓曰:"居敬[③]而行简[④],以临[⑤]其民,不亦可乎?居简[⑥]而行简,无乃[⑦]大[⑧]简乎?"子曰:"雍之言然。"

【注释】

①子桑伯子:人名。《说苑·修文》中曾有记载。

②简:简要,不烦琐。

③居敬:为人做事严肃认真,依礼严格要求自己。

④行简:指推行政事简而不繁。

⑤临:面临,面对。此处有"治理"的意思。

⑥居简:为人做事怠慢懒惰,马马虎虎。

⑦无乃:岂不是。

⑧大:通"太"。

【译文】

仲弓问子桑伯子这个人怎么样。孔子说:“此人还可以,办事简要。”仲弓说:“态度恭敬严肃而行事简要,像这样来治理百姓,不是也可以吗?但为人怠慢又做事简率,这岂不是太简单了吗?”孔子说:“冉雍,你说得对。”

6.3

【原文】

哀公问:“弟子孰为好(hào)学?”孔子对曰:“有颜回者好(hào)学。不迁怒[①],不贰过[②],不幸短命死矣[③]。今也则亡(wú)[④],未闻好(hào)学者也。”

【注释】

①不迁怒:不把对此人的怒气发泄到他人身上。

②不贰过:不犯同样的错误。贰,重复、一再。

③短命死矣:颜回小孔子31岁。颜回死于鲁哀公十三年,比孔子早两年去世。

④亡:通“无”。

【译文】

鲁哀公问孔子:“您的学生中,谁是好学的?”孔子回答说:“有一个叫颜回的学生好学。他从不迁怒于别人,也从不犯同样的错误,不幸的是短命死了。(自他死后)没有好学的人了,再也没有听说谁是好学的。”

6.4

【原文】

子华[①]使于齐,冉子[②]为其母请粟[③]。子曰:“与之釜(fǔ)[④]。”请益。曰:“与之庾(yǔ)[⑤]。”冉子与之粟五秉[⑥]。子曰:“赤之适齐也,乘肥马,衣轻裘。吾闻之也,君子周[⑦]急不继富。”

【注释】

①子华：姓公西，名赤，字子华。孔子的学生，比孔子小42岁，春秋末年鲁国人。在孔子弟子中，以长于祭祀之礼、宾客之礼著称，且善于交际，曾出使齐国。

②冉子：即冉有。在《论语》中，孔子弟子被称为“子”的只有四五个人，冉有即其中之一。

③粟：在古文中，“粟”与米连用时，指带壳的谷粒（去壳以后叫作“米”）；“粟”字单用时，就是指米。

④釜：古代量器名，容积为当时的六斗四升。

⑤庾：古代量器名，容积为当时的二斗四升。

⑥秉：古代量器名，容积为当时的一百六十斗。

⑦周：周济，救济。

【译文】

子华出使齐国，冉求替他的母亲向孔子请求补助一些谷米。孔子说：“给她一釜。”冉求请求再增加一些。孔子说：“再给她加一庾。”冉求却给她五秉。孔子说：“公西赤到齐国去，乘坐着肥马拉的车子，穿着又暖和又轻便的皮袍。我听说过，君子只周济急需救济的人，而不使富人更富。”

6.5

【原文】

原思[①]为之宰[②]，与之粟九百[③]，辞。子曰：“毋！以与尔邻里乡党[④]乎！”

【注释】

①原思：姓原，名宪，字子思，生于公元前515年，鲁国人，孔子的学生。孔子在鲁国任大司寇的时候，原思曾做孔子家的家宰（管家）。

②宰：家宰，管家。

③九百：没有说明单位是什么，有说900斗的，有说900斛

的，无可考。

④邻里乡党：古代以 5 家为邻，25 家为里，500 家为党，12500 家为乡。此处指原思的同乡或家乡周围的百姓。

【译文】

原思给孔子家当总管，孔子给他俸米九百，他推辞不要。孔子说："不要推辞。你不需要，可以把它给你的邻居和乡亲们。"

6.6

【原文】

子谓仲弓曰："犁牛①之子，骍(xīng)且角②。虽欲勿用③，山川④其舍诸⑤？"

【注释】

①犁牛：犁田的牛，即耕牛。古代祭祀用的牛不能用耕牛代替。祭祀用的牛红毛长角，是专门饲养的。在那个时候的人看来，祭祀用的牛的地位比耕牛高贵。

②骍且角：祭祀用的牛，毛色为红，角长得端正。骍，红色。

③用：用于祭祀。

④山川：山川之神。此喻上层统治者。

⑤其舍诸：其，有"怎么会"的意思。舍，舍弃。诸，"之乎"二字的合音。

【译文】

孔子评论仲弓时说："耕牛生下的牛犊长着红色的毛，角也长得整齐端正。人们虽不想用它做祭品，但山川之神难道会舍弃它吗？"

6.7

【原文】

子曰："回也，其心三月①不违仁；其余，则日月②至焉而已矣。"

【注释】

①三月：可指3个月，也可指较长的时间。

②日月：一个月之内为日月，也指较短的时间。

【译文】

孔子说："颜回这个人，可以做到三个月（长久）不离开仁德；其他的学生，能够坚持一个月就不错了。"

6.8

【原文】

季康子[①]问："仲由，可使从政也与？"子曰："由也果[②]，于从政乎何有？"曰："赐也，可使从政也与？"曰："赐也达[③]，于从政乎何有？"曰："求也，可使从政也与？"曰："求也艺[④]，于从政乎何有？"

【注释】

①季康子：公元前492年，季康子继其父为鲁国正卿，此时孔子正在各地游说。八年以后，孔子返回鲁国，冉求正在季康子那里做事，做季氏的管家。

②果：果断，不拖泥带水。

③达：通达，世事洞明。

④艺：才高，多才多艺。

【译文】

季康子问孔子："仲由这个人，可以让他从政吗？"孔子说："仲由做事果断，从政有什么困难呢？"季康子又问："赐这个人，可以让他从政吗？"孔子说："赐通达事理，从政有什么困难呢？"又问："求这个人，可以让他从政吗？"孔子说："求多才多艺，从政有什么困难呢？"

6.9

【原文】

季氏[①]使闵子骞[②]为费(bì)[③]宰。闵子骞曰:"善为我辞焉!如有复我[④]者,则吾必在汶(wèn)上[⑤]矣。"

【注释】

①季氏:指季康子。

②闵子骞(前536～前487):即闵损,名损,字子骞,春秋末期鲁国(今山东济宁鱼台大闵村)人,孔子高徒,在孔门中德行与颜回并称,为"七十二贤人"之一。他以孝行为人称道。孔子称赞说:"孝哉,闵子骞!人不间于其父母昆弟之言。"

③费:季氏的封邑,在今山东费县西北一带。

④复我:再来召我。

⑤在汶上:要离开鲁国到齐国去。汶,水名,即今山东大汶河,自东向西流。当时是齐、鲁两国的界河。

【译文】

季康子派人请闵子骞去做费邑的长官。闵子骞(对来请他的人)说:"好好替我推辞掉吧!如果再来召我,那我一定跑到汶水之北那边(齐国)去了。"

6.10

【原文】

伯牛[①]有疾,子问之,自牖(yǒu)[②]执其手。曰:"亡之[③],命矣夫(fú)[④]!斯人也而有斯疾也,斯人也而有斯疾也!"

【注释】

①伯牛:姓冉,名耕,字伯牛,鲁国人,孔子的学生,"孔门十哲"之一。孔子认为他的德行较好。

②牖:窗户。

③亡之：一作“丧失”解，一作“死亡”解。

④夫：语气词，相当于“吧”。

【译文】

伯牛病了，孔子前去探望他，从窗户外面握着他的手。（后来）孔子说：“快不行了，这是命啊！这么好的人怎么会得这种病，这么好的人怎么会得这种病！”

6.11

【原文】

子曰：“贤哉，回也！一箪（dān）[①]食（sì），一瓢饮，在陋巷[②]。人不堪其忧，回也不改其乐。贤哉，回也！”

【注释】

①箪：古代盛饭用的竹器。

②巷：小房子。

【译文】

孔子说：“颜回真是个贤德之人！吃一箪淡饭，喝一瓢冷水，住在简陋的房子里。别人都为他担忧，他却自得其乐。颜回真是个贤德之人！”

6.12

【原文】

冉求曰：“非不说（yuè）[①]子之道，力不足也。”子曰：“力不足者，中道而废。今女（rǔ）画[②]。”

【注释】

①说：通“悦”，内心喜欢。

②画：划定界限，停止前进。

【译文】

冉求说：“我不是不喜欢老师您推行的道，而是我的力量不够啊。”孔子说:“如果真的是力量不够,那应该走到半路就走不动了。现在你原地不动,是不想前进呀!”

6.13

【原文】

子谓子夏曰:“女(rǔ)为君子儒,无为小人儒。”

【译文】

孔子对子夏说:“你要做君子儒(大儒,君子式的学者),不要做小人儒(小儒,只会主持祭祀的人)。”

6.14

【原文】

子游为武城①宰。子曰:“女(rǔ)得人焉尔乎②?”曰:“有澹台灭明③者,行不由径④,非公事,未尝至于偃(yǎn)⑤之室也。”

【注释】

①武城:鲁国的小城邑,在今山东费县境内。

②焉尔乎:焉,在那里。“尔”“乎”二字都是语气助词。

③澹台灭明:姓澹台,名灭明,字子羽,武城人,孔子的弟子。

④径:小路,引申为近路。

⑤偃:言偃,即子游,这是他自称其名。依礼,名可以自称,字不可以自称。

【译文】

子游做了武城的长官。孔子说:“你在那里得到什么人才没有?”子游回答说:“有一个叫澹台灭明的人,从不走捷径抄近路,一切都按规矩办事,没有公事,也从不到我办公的地方来。”

6.15

【原文】

子曰："孟之反[1]不伐[2]，奔[3]而殿[4]，将入门，策其马曰：'非敢后也，马不进也。'"

【注释】

①孟之反：名侧，鲁国大夫。

②伐：夸耀。

③奔：败走。

④殿：殿后，在全军最后作掩护。

【译文】

孔子说："孟之反不喜欢夸耀自己。打仗撤退的时候，他留在最后掩护全军。快进城门的时候，他鞭打着自己的马说：'不是我愿意走在最后(殿后)啊，是马跑不动啊。'"

6.16

【原文】

子曰："不有祝鮀(tuó)[1]之佞，而[2]有宋朝[3]之美，难乎免于今之世矣!"

【注释】

①祝鮀：字子鱼，卫国大夫，有口才，以能言善辩曾受卫灵公重用，后被卫灵公疏远。

②而：这里是"与"的意思。

③宋朝：宋国的公子朝，美男子。《左传》中记载他因貌美而致乱。

【译文】

孔子说："如果没有祝鮀那样的口才，也没有宋朝那样的美貌，在今天这样的世道下，怕是难逃灾祸了。"

6.17

【原文】

子曰："谁能出不由户？何莫由斯道也？"

【译文】

孔子说："谁能不经过屋门而走出去呢？为什么没有人走（我所指出的）这条道路呢？"

6.18

【原文】

子曰："质[①]胜文[②]则野[③]，文胜质则史[④]。文质彬彬[⑤]，然后君子。"

【注释】

①质：内容、实质，指内在的本质。

②文：形式、文采，指外在的形式。

③野：粗鲁，缺乏文采。

④史：言辞华丽，这里有虚伪、浮夸之意。

⑤彬彬：指文与质配合得当。

【译文】

孔子说："内容胜于形式则显粗陋，形式胜于内容则显浮夸。内容与形式配合得当，这样的人才是君子。"

6.19

【原文】

子曰："人之生也，直；罔[①]之生也，幸而免。"

【注释】

①罔：不直。

【译文】

孔子说："人活在世上，应当正直；不正直也能活在世上，但靠侥幸才得以避免灾祸。"

6.20

【原文】

子曰："知之者不如好（hào）之者，好（hào）之者不如乐之者。"

【译文】

孔子说："懂得的人不如爱好的人，爱好的人又不如以之为乐的人。"

6.21

【原文】

子曰："中人以上，可以语（yù）上也；中人以下，不可以语（yù）上也。"

【译文】

孔子说："具有中等水平以上才智的人，可以跟他谈论高深的问题；中等水平以下的人，不可以跟他谈论高深的问题。"

6.22

【原文】

樊迟问知（zhì）[①]。子曰："务[②]民之义[③]，敬鬼神而远之，可谓知（zhì）矣。"问仁。曰："仁者先难而后获，可谓仁矣。"

【注释】

①知：通"智"。

②务：从事，致力于，治理。

③义：宜。合理、适宜的事称"义"。

【译文】

樊迟问什么是智慧。孔子说："致力于做符合人民利益的事情，敬奉鬼神，但离它们远一些，这样可以说是有智慧。"樊迟又问什么是仁。孔子说："仁者，吃苦在前，享受(收获)在后。若这样，才可算仁。"

6.23

【原文】

子曰："知(zhì)[①]者乐(yào)[②]水，仁者乐(yào)山；知(zhì)者动，仁者静；知(zhì)者乐，仁者寿。"

【注释】

①知：通"智"。

②乐：喜爱。

【译文】

孔子说："智慧之人爱水，仁德之人喜山；智慧之人爱动，仁德之人喜静；智慧之人快乐，仁德之人长寿。"

6.24

【原文】

子曰："齐一[①]变，至于鲁；鲁一变，至于道。"

【注释】

①一：完整，全部，彻底。

【译文】

孔子说："若齐国彻底变革，可以达到像鲁国这样的礼乐之邦；若鲁国彻底变革，就可以达到先王之道。"

6.25

【原文】

子曰："觚(gū)[①]，不觚。觚哉？觚哉？"

【注释】

①觚：古代盛酒的器具，上圆下方，有棱，容量约有2升。

【译文】

孔子说："觚，不像觚了。这还叫觚吗？这还算是觚吗？"

6.26

【原文】

宰我问曰："仁者，虽告之曰，'井有仁[①]焉'，其从之也？"子曰："何为其然也？君子可逝[②]也，不可陷[③]也；可欺也，不可罔[④]也。"

【注释】

①仁：这里指仁者。

②逝：往。这里指到井边去看并设法救之。

③陷：陷入。

④罔：迷糊，受迷惑。

【译文】

宰我问道："对于有仁德的人，如果别人告诉他，'井里有仁者掉下去了'，他会跟着下去吗？"孔子说："为什么要这样做呢？君子可以到井边去救，却不可以陷入井中；可能被人欺骗，但自己不可迷糊。"

6.27

【原文】

子曰："君子博学于文，约[①]之以礼，亦可以弗畔[②]矣夫(fú)[③]。"

【注释】

①约：约束。

②畔：通“叛”。

③矣夫：语气词，表示较强烈的感叹。

【译文】

孔子说：“广泛地学习各种文化知识，又以礼来约束自己，这样就不会离经叛道了。”

6.28

【原文】

子见南子[①]，子路不说(yuè)[②]。夫子矢(shì)[③]之曰：“予所否(pǐ)[④]者，天厌之！天厌之！”

【注释】

①南子：卫灵公夫人，受灵公宠爱，大权在握，行为失检、放荡，名声不好。

②说：通“悦”。

③矢：通“誓”，发誓。

④否：坏，恶。

【译文】

孔子去见了南子，子路很不高兴。孔子发誓说：“如果我做了什么不正当的事，就让上天厌弃我吧！就让上天厌弃我吧！”

6.29

【原文】

子曰：“中庸[①]之为德也，其至矣乎！民鲜(xiǎn)久矣。”

【注释】

①中庸：不偏不倚，守常不变。中，无过无不及。庸，平常，正常。

【译文】

孔子说："中庸作为一种道德标准，该是最高的了吧！百姓中缺少这种道德已经很久了。"

6.30

【原文】

子贡曰："如有博施[①]于民而能济众[②]，何如？可谓仁乎？"子曰："何事于仁，必也圣乎！尧舜[③]其犹病[④]诸。夫(fú)[⑤]仁者，己欲立而立人，己欲达而达人。能近取譬[⑥]，可谓仁之方也已。"

【注释】

①施：给予。

②众：指众人。

③尧舜：上古时代的两位帝王，也是孔子心目中的榜样。儒家认为是"圣人"。

④病：担忧。

⑤夫：句首语气词。

⑥能近取譬：能够就自身打比方，即推己及人。

【译文】

子贡说："假若有一个人，他能给老百姓好处又能周济大众，怎么样？可以算是仁人了吗？"孔子说："岂止是仁人，简直是圣人了！就连尧、舜尚且担心自己做不到呢。何为仁者？仁者就是自己想立身，也要帮助别人立身；自己想通达，也要帮助别人通达。能就近以自己作比并推己及人，这就可以说是实施仁的方法了。"

述而第七

7.1

【原文】

子曰："述而不作[①]，信而好(hào)古。窃[②]比于我老彭[③]。"

【注释】

①述而不作：传述而不创作新的东西。述，传述。作，创造。

②窃：私自，私下。

③老彭：解释不一。一般指殷商时代的彭祖。据说彭祖信而好古，善养生，活了800岁。也有的认为，老彭是两个人，指老子与彭祖。两人都曾做过史官。于史官而言，传述比创作重要。

【译文】

孔子说："传述而不是新创，相信而且喜好古代的东西。我私下里把自己比作老彭。"

7.2

【原文】

子曰："默而识(zhì)[①]之，学而不厌，诲(huì)[②]人不倦，何有于我哉？"

【注释】

①识：记住。

②诲：教诲。

【译文】

孔子说："默默地记住(所学的知识)，努力学习不觉得厌烦，教导别人且不知道疲倦，这些我做到了多少呢？"

7.3

【原文】

子曰:"德之不修,学之不讲,闻义不能徙(xǐ)[①],不善不能改,是吾忧也。"

【注释】

①徙:迁移。此处指靠近义、做到义。

【译文】

孔子说:"不修养品德,不追求学问,见义而不为,有了错也不主动改正,这些都是令我忧虑的。"

7.4

【原文】

子之燕居[①],申申[②]如也,夭(yāo)夭[③]如也。

【注释】

①燕居:安居,闲居。

②申申:容貌舒展安详。

③夭夭:轻松自如。

【译文】

孔子闲居在家的时候,自然舒展,悠闲自在。

7.5

【原文】

子曰:"甚矣,吾衰也!久矣,吾不复梦见周公[①]。"

【注释】

①周公:姓姬,名旦,周文王的儿子,周武王的弟弟,周成王的叔父,鲁国国君的始祖,传说是西周典章制度的制定者。他是孔子所崇拜的人之一。

【译文】

孔子说："我已经老得不行了，我有很长时间没有梦见过周公了。"

7.6

【原文】

子曰："志于道，据于德，依于仁，游于艺[①]。"

【注释】

①艺：指孔子教授学生的礼、乐、射、御、书、数六艺。

【译文】

孔子说："立志于道，据守于德，依托于仁，践行于艺。"

7.7

【原文】

子曰："自行束修[①]以上，吾未尝无诲(huì)焉。"

【注释】

①束修：许多版本作"束脩"。郑玄注，束修即束发，男子15岁束发，束发后生活可自理。《说文》解"修"为"脯也"，干肉。脯十条为束。束修，即十条干肉(后指学生的学费)。

【译文】

孔子说："男孩只要到了15岁能够自己照顾自己(或译：只要带着十条干肉为礼来见我)，我从来没有不教诲的。"

7.8

【原文】

子曰："不愤[①]不启，不悱(fěi)[②]不发。举一隅(yú)[③]不以三隅反，则不复也。"

【注释】

①愤：苦思冥想而仍未想通。

②悱：想说又表达不清楚。

③隅：墙角，角落。

【译文】

孔子说："教导学生，不到他想弄明白而又不能的时候，不去开导他；不到他想说出来却又说不出来的时候，不去启发他。告诉他房子的一个角，他不能推知另外三个角，那就暂时先不教他（让他继续思考）。"

7.9

【原文】

子食于有丧者之侧，未尝饱也。

【译文】

孔子在死者亲属（居丧者）旁边吃饭，从来没有吃饱过（同别人一样难过）。

7.10

【原文】

子于是日哭[①]，则不歌。

【注释】

①哭：因吊丧而泣。

【译文】

孔子只要在那天哭过（因吊丧而泣），就不会再唱歌。

7.11

【原文】

子谓颜渊曰："用之则行，舍之则藏[①]，惟我与尔有是夫（fú）[②]！"子路曰："子行三军[③]，则谁与[④]？"子曰："暴虎[⑤]冯（píng）河[⑥]，死而无悔者，吾不与也。必也临事而惧[⑦]，好（hào）谋而成者也。"

【注释】

①藏:隐藏。

②夫:语气词,相当于“吧”。

③三军:指当时大国所有的军队,每军约12500人。

④与:共事。

⑤暴虎:赤手空拳与老虎进行搏斗。暴,徒手搏击。

⑥冯河:不用舟楫,徒步过黄河。冯,涉水。河,在古语中专指黄河。

⑦临事而惧:遇到事情格外小心谨慎。惧,谨慎、警惕。

【译文】

孔子对颜渊说:“有人用我,我就会实行我的主张;不用,我就隐退。只有我和你才能做到这样吧!”子路(听到此话后)问孔子:“老师,假如您统帅三军,您喜欢什么样的人?”孔子说:“赤手空拳和老虎搏斗,徒步涉水过河,连死都不在乎的人,我是不会与他共事的。我喜欢的,必须是临事谨慎、善于谋划而能做成事的人。”

7.12

【原文】

子曰:“富①而可求②也,虽执鞭之士③,吾亦为之。如不可求,从吾所好(hào)。”

【注释】

①富:富裕,指发家致富。

②求:追求,获得。

③执鞭之士:一是指古代手执皮鞭,为天子、诸侯和官员出入开路的人;一是指维持秩序的市场守门人。都是低贱的差事。

【译文】

孔子说:“如果靠正道能够致富,即使是做手执皮鞭这样的下等差事,我也愿意去做。如果不是这样,那还是做我喜欢的事吧。”

7.13

【原文】

子之所慎：齐(zhāi)[①]、战、疾。

【注释】

①齐：通“斋”，斋戒。古人在祭祀前沐浴更衣，不吃荤，不饮酒，不与妻妾同寝，整洁身心，表示虔诚。

【译文】

孔子对以下的事特别慎重：斋戒、战争和疾病。

7.14

【原文】

子在齐闻《韶》[①]，三月不知肉味。曰：“不图[②]为乐(yuè)之至于斯也。”

【注释】

①《韶》：舜时古乐曲名。孔子认为其尽善尽美。

②不图：没有想到。图，料想到。

【译文】

孔子在齐国听到了《韶》乐(且习之)，三个月虽吃肉但尝不出肉的滋味。他说：“没有想到演奏音乐能如此美妙。”

7.15

【原文】

冉有曰：“夫子为[①]卫君[②]乎？”子贡曰：“诺[③]，吾将问之。”入，曰：“伯夷、叔齐何人也？”曰：“古之贤人也。”曰：“怨乎？”曰：“求仁而得仁，又何怨？”出，曰：“夫子不为也。”

【注释】

①为：帮助。

②卫君：卫出公辄，是卫灵公的孙子。公元前492～前481年在位。他的父亲因谋杀南子被卫灵公驱逐出国。灵公死后，辄被立为国君，后来其父回国与他争位。

③诺：应答之语。

【译文】

冉有（问子贡）说："老师会帮助卫国国君吗？"子贡说："嗯，我去问问他。"于是就进去问孔子："伯夷、叔齐是什么样的人呢？"（孔子）说："古代的贤人。"（子贡又）问："他们有怨恨吗？"（孔子）说："他们求仁而得到了仁，会有什么怨恨呢？"（子贡）出来（对冉有）说："夫子不会帮助卫君。"

7.16

【原文】

子曰："饭疏食[①]饮水，曲肱（gōng）[②]而枕之，乐亦在其中矣。不义而富且贵，于我如浮云。"

【注释】

①饭疏食：饭，用作动词，吃。疏食，即淡饭。

②曲肱：弯着胳膊。肱，胳膊，由肩至肘的部位。

【译文】

孔子说："吃淡饭喝冷水，弯着胳膊当枕头，这里面也有乐趣。用不正当的手段得来的富贵，对我来说，就像是天上的浮云。"

7.17

【原文】

子曰："加[①]我数年，五十[②]以学《易》[③]，可以无大过矣。"

【注释】

①加：通"假"，给予。

②五十：指50岁。

③《易》:指《周易》,古代占卜用的一部书。

【译文】

孔子说:"假如给我几年时间,从50岁开始学《易》,我便不会有大的过错了。"

7.18

【原文】

子所雅言[①]:《诗》《书》、执礼。皆雅言也。

【注释】

①雅言:以陕西语音为标准音的周王朝的官话,在当时被称作"雅言"。孔子平时说话用鲁国的方言,但在诵读《诗》《书》和执礼时,则用当时的陕西语音(雅言)。

【译文】

孔子在读《诗》、诵《书》、执礼时用雅言。也只有在这些时候用雅言。

7.19

【原文】

叶(shè)公[①]问孔子于子路,子路不对。子曰:"女(rǔ)奚不曰,其为人也,发愤忘食,乐以忘忧,不知老之将至云尔[②]。"

【注释】

①叶公:姓沈,名诸梁,字子高,楚国大夫。因封地在叶城(今河南叶县南),所以叫叶公。

②云尔:如此而已。

【译文】

叶公向子路问孔子是个什么样的人,子路没有回答。孔子(对子路)说:"你为什么不这样说,他这个人,用起功来忘了吃饭,快乐起来不知忧愁,甚至连自己老了都不知道。如此而已。"

7.20

【原文】

子曰："我非生而知之者，好(hào)古，敏以求之者也。"

【译文】

孔子说："我不是生来就什么都知道的人，(我之所以知道这么多，)是因为我推崇古代的东西，并且勤奋地学习。"

7.21

【原文】

子不语怪、力、乱、神。

【译文】

孔子不谈论怪异、暴力、乱七八糟、鬼神方面的事情。

7.22

【原文】

子曰："三人行，必有我师焉。择其善者而从之，其不善者而改之。"

【译文】

孔子说："三个人一起走路，必定有人可以做我的老师。发现好的地方，我就学习；发现不好的地方，我就注意改正。"

7.23

【原文】

子曰："天生德于予，桓魋(tuí)[1]其如予何?!"

【注释】

①桓魋：即司马向魋。当时主管宋国军事，曾以砍树威胁孔子。

【译文】

孔子说："上天把实行仁德的任务赋予了我，桓魋能把我怎么样?!"

7.24

【原文】

子曰："二三子[1]以我为隐乎？吾无隐乎尔。吾无行而不与二三子者。是丘也。"

【注释】

①二三子：这里指孔子的学生们。

【译文】

孔子说："学生们，你们以为我对你们有隐瞒的事吗？没有。我无论走到哪里都是你们陪着。这就是我孔丘啊。"

7.25

【原文】

子以四教：文[1]、行[2]、忠[3]、信[4]。

【注释】

①文：文献、古籍等。

②行：指德行，也指社会实践方面的内容。

③忠：对人尽心竭力。

④信：说话算数。

【译文】

孔子从四个方面教育学生：文、行、忠、信。

7.26

【原文】

子曰："圣人，吾不得而见之矣！得见君子者，斯[1]可矣。"子曰:“善人,吾不得而见之矣!得见有恒[②]者,斯可矣。亡(wú)而为有,虚而为盈,约[③]而为泰[④],难乎有恒矣。”

【注释】

①斯:就。

②恒:指恒心。

③约:穷困。

④泰:这里是奢侈的意思。

【译文】

孔子说:“圣人,我是不可能见到了,能见到君子,也就不错了。”又说:“善人,我是不可能见到了,能见到始终如一的人,也就可以了。没有却装作有,空虚却装作充实,穷困却装作富足,这样的人让其有恒心是很难的。”

7.27

【原文】

子钓而不纲[①],弋(yì)[②]不射宿[③]。

【注释】

①纲:大绳。这里用作动词,指在水面上拉一根大绳,在大绳上系许多鱼钩来钓鱼。

②弋:以生丝系矢而射。

③宿:指归巢歇宿的鸟儿。

【译文】

孔子只用钓竿钓鱼,而不用多钩钓鱼;用带生丝的箭来射飞鸟,而不射巢中歇宿的鸟。

7.28

【原文】

子曰:“盖有不知而作之者,我无是也。多闻,择其善者而从之，多见而识(zhì)之。知之次[①]也。”

【注释】

①次：次序。

【译文】

孔子说：“可能有什么也不知道就敢凭空创作的人吧，我不是那样的人。多听，选择其中好的来学习；多看，然后记在心里。这才是获取知识的次序啊。”

7.29

【原文】

互乡[①]难与言，童子见，门人惑。子曰：“与[②]其进[③]也，不与其退[④]也。唯何甚？人洁己[⑤]以进，与其洁也，不保[⑥]其往[⑦]也。”

【注释】

①互乡：地名，具体所在已无可考。

②与：赞许。

③进：进步。

④退：退步。

⑤洁己：洁身自好，努力修养，成为有德之人。

⑥保：守。

⑦往：过去。

【译文】

互乡那个地方的人很难与之沟通，但互乡的一个童子却受到了孔子的接见，学生们感到迷惑。孔子说：“我肯定他进步，不肯定他倒退。何必(对互乡的人)做得那么过分呢？人如果洁身自好且努力上进，就应当赞扬，不要抓住别人的过去不放。”

7.30

【原文】

子曰：“仁远乎哉？我欲仁，斯仁至矣。”

【译文】

孔子说:"仁(离我们)很远吗?只要自己内心向仁,想成为一个仁者,仁就会来到我们身边。"

7.31

【原文】

陈司败[①]问:"昭公[②]知礼乎?"孔子曰:"知礼。"孔子退,揖[③]巫马期[④]而进之曰:"吾闻君子不党[⑤],君子亦党乎?君取[⑥]于吴,为同姓[⑦],谓之吴孟子[⑧]。君而知礼,孰不知礼?"巫马期以告。子曰:"丘也幸,苟有过,人必知之。"

【注释】

①陈司败:陈国主管司法的官,在鲁国称"司寇"。

②昭公:鲁国的君主,名裯(chóu),公元前541～前510年在位。"昭"是谥号。

③揖:作揖,行拱手礼。

④巫马期:姓巫马,名施,字子期。孔子的学生,比孔子小30岁。

⑤党:偏袒,包庇。

⑥取:通"娶"。

⑦为同姓:鲁国和吴国的国君同姓"姬"。周礼规定同姓不婚,昭公娶同姓女,是违礼的行为。

⑧吴孟子:鲁昭公夫人。春秋时代,国君夫人的称号一般是出生国的国名加上她的姓。鲁昭公娶于吴,夫人姓姬,应当称吴姬。但鲁昭公为了掩饰自己的违礼行为,不称她吴姬而称她为吴孟子。

【译文】

陈司败问:"鲁昭公懂礼吗?"孔子说:"懂礼。"孔子出来后,陈司败向巫马期作了个揖,走近他说:"我听说君子没有偏袒,难道君子也包庇别人的错误吗?鲁君娶了一个吴国的同姓女子为夫人，称她吴孟子。如果鲁君算是知礼，还有谁不知礼呢？”巫马期把这话告诉了孔子。孔子说：“我真是幸运，如果有错，别人一定会知道的。”

7.32

【原文】

子与人歌而善，必使反之，而后和(hè)之。

【译文】

孔子与别人唱歌，如果别人唱得好，孔子一定要请他再唱一遍，然后再和他一起唱。

7.33

【原文】

子曰：“文[1]，莫[2]吾犹人也。躬行君子，则吾未之有得。”

【注释】

①文：文化知识。

②莫：约莫，差不多。

【译文】

孔子说：“就书本知识来说，我和别人差不多。如果说我是身体力行的君子，我还没有做到。”

7.34

【原文】

子曰：“若圣与仁，则吾岂敢？抑[1]为之[2]不厌，诲(huì)人不倦，则可谓云尔[3]已矣。”公西华曰：“正唯弟子不能学也。”

【注释】

①抑：不过。

②为之：指追求圣与仁。

③云尔：这样说。

【译文】

孔子说："如果说我是圣者与仁者，那我岂敢当！说我（不过是）朝这方面努力而不感觉厌烦，教育别人也从不感觉疲倦，这还差不多。"公西华说："这正是我们这些做弟子的学不会的。"

7.35

【原文】

子疾病[①]，子路请祷[②]。子曰："有诸[③]？"子路对曰："有之。《诔（lěi）》[④]曰：'祷尔于上下神祇（qí）[⑤]。'"子曰："丘之祷久矣。"

【注释】

①疾病：疾，指有病。病，指病情严重。"疾""病"连用，表示有病且病情严重。

②请祷：向鬼神请求和祷告，即祈祷。

③有诸：有这样的事吗。诸，"之于"的合音。

④《诔》：祈祷文。

⑤神祇：古代称天神为"神"，地神为"祇"。

【译文】

孔子得了很重的病，子路向鬼神祈祷。孔子说："有这回事吗？"子路说："有的。《诔》文上说：'为您向天地神灵祈祷。'"孔子说："我早就祷告过了。"

7.36

【原文】

子曰："奢则不孙（xùn）[①]，俭则固[②]。与其不孙也，宁固。"

【注释】

①不孙：即不顺从，行事张扬。孙，通"逊"，恭顺、谦逊。

②固：固陋，简陋。这里是"寒酸"的意思。

【译文】

孔子说："人奢侈了就会显得张扬，节俭了就会让人觉得寒酸。与其让人觉得张扬，还不如让人觉得寒酸。"

7.37

【原文】

子曰："君子坦荡荡①，小人长戚戚②。"

【注释】

①坦荡荡：心胸宽广、开阔。

②长戚戚：忧愁，烦恼。

【译文】

孔子说："君子心胸开阔，光明磊落；小人心事重重，忧愁烦闷。"

7.38

【原文】

子温而厉，威而不猛，恭而安。

【译文】

孔子温和而又严厉，威严但不凶猛，恭和并且安详。

泰伯第八

8.1

【原文】

子曰："泰伯[1]，其可谓至德也已矣。三以天下让[2]，民无得而称焉[3]。"

【注释】

①泰伯：姓姬，名泰伯。商末岐山（在今陕西）周部落首领古公亶父（即周太王）长子，吴国第一代君主。太王欲传位其孙子昌，而传位昌，须传位季历。泰伯乃与仲雍让位三弟季历而出逃至荆蛮。

②三以天下让：把王位让给三弟季历。

③民无得而称焉：百姓找不到合适的话来赞扬他。

【译文】

孔子说："泰伯，可以说是品德最高尚的人了。（他）曾把王位让给三弟季历，老百姓都找不到合适的语言去赞美他。"

8.2

【原文】

子曰："恭而无礼则劳[1]，慎而无礼则葸（xǐ）[2]，勇而无礼则乱[3]，直而无礼则绞[4]。君子笃（dǔ）[5]于亲，则民兴于仁。故旧[6]不遗，则民不偷[7]。"

【注释】

①劳：辛劳，劳苦。这里指费力不讨好。

②葸：拘谨，畏惧，缩手缩脚。

③乱：不守规矩，不按礼法行动。

④绞：说话尖刻，出口伤人。

⑤笃：厚道，真诚。

⑥故旧：故交，老朋友。

⑦偷：这里指刻薄、不厚道。

【译文】

孔子说："只是恭敬而不以礼节制，就会费力不讨好；只是谨慎而不以礼节制，就会缩手缩脚；只是勇猛而不以礼节制，就会胡来；只是心直口快而不以礼节制，就会出口伤人。国君如果厚待自己的亲属，老百姓当中就会兴起仁的风气。在上位的人如果不遗弃老朋友，老百姓就不会对人冷漠无情。"

8.3

【原文】

曾子有疾，召门弟子曰："启[①]予足！启予手！《诗》云：'战战兢兢，如临深渊，如履薄冰。'而今而后，吾知免[②]夫(fú)，小子[③]！"

【注释】

①启：开启。曾子让学生掀开被子看自己的手脚。

②免：指身体免于损伤。

③小子：对弟子的称呼。

【译文】

曾子有病，把他的学生召集到身边来，说道："看看我的脚！看看我的手！《诗》上说：'小心谨慎呀，好像站在深渊旁边，好像踩在薄冰上面。'从今以后，我知道我的身体是不会再受到损伤了，弟子们！"

8.4

【原文】

曾子有疾，孟敬子[①]问[②]之。曾子言曰："鸟之将死，其鸣也哀；人之将死，其言也善。君子所贵乎道者三：动容貌[3]，斯远暴慢[4]矣；正颜色[5]，斯近信矣；出辞气[6]，斯远鄙（bǐ）倍[7]矣。笾豆[8]之事，则有司[9]存。”

【注释】

①孟敬子：即鲁国大夫仲孙捷。

②问：探望，探视。

③动容貌：使自己的内心感情表现于面容。

④暴慢：粗暴，放肆。

⑤正颜色：使自己的脸色庄重严肃。

⑥出辞气：指说话的言辞和口气。出，说话。

⑦鄙倍：鄙，粗野。倍，通“背”，悖理。

⑧笾豆：笾、豆均是古代祭祀和典礼中的用具。

⑨有司：指主管某一方面事务的官吏，这里指主管祭祀、礼仪事务的官吏。

【译文】

曾子有病，孟敬子去看望他。曾子对他说：“鸟快死的时候，它的叫声是悲哀的；人快死的时候，他说的话是善意的。君子重视的道有三个方面：容貌一定要庄重严肃，这样可以避免粗鲁、傲慢；态度一定要一本正经，这样就接近于诚信、无欺；言辞和语气不能粗俗、悖理。祭祀之事（不可荒废），要有专人负责。”

8.5

【原文】

曾子曰：“以能问于不能，以多问于寡；有若无，实若虚；犯而不校（jiào）[1]。昔者吾友[2]尝从事于斯矣。”

【注释】

①校：通“较”，计较。

②吾友：我的朋友。此指颜渊。

【译文】

曾子说："自己有才能却向没有才能的人请教，自己知识多却向知识少的人请教；有学问却像没学问一样，知识很充实却好像很空虚；被人冒犯也不计较。从前我的朋友（颜回）曾这样做过。"

8.6

【原文】

曾子曰："可以托六尺[①]之孤[②]，可以寄百里之命[③]，临大节而不可夺也。君子人与？君子人也。"

【注释】

①六尺：古代尺短，一尺相当于现在的6寸9分（合0.23米）。六尺，指未成年。

②孤：指丧父的小孩。

③寄百里之命：寄，寄托、委托。百里之命，指掌握国家政权和命运。

【译文】

曾子说："可以把年幼的君主托付给他，可以把国家的政权交付给他，（他）面临生死存亡的紧急关头而不动摇屈服。这样的人是不是君子？是真正的君子！"

8.7

【原文】

曾子曰："士不可以不弘毅[①]，任重而道远。仁以为己任，不亦重乎？死而后已，不亦远乎？"

【注释】

①弘毅：志向坚定而不动摇。弘，广大。毅，果决。

【译文】

曾子说："士不可以不志向远大，也不可以没有毅力，士责任重大，路途遥远。把实现仁作为自己的责任，难道还不重大吗？奋斗终生，难道路途还不遥远吗？”

8.8

【原文】

子曰：“兴[①]于《诗》，立于礼，成于乐(yuè)。”

【注释】

①兴：起，奋起。

【译文】

孔子说：“《诗》使人奋起，礼使人立身，乐使人完善。”

8.9

【原文】

子曰：“民可，使由之；不可，使知之。”

【译文】

孔子说：“(如果你认为)老百姓做得对，就由着他去做；如果(你认为)老百姓做得不对，就要告诉(教导)他。”

8.10

【原文】

子曰：“好(hào)勇疾[①]贫，乱也。人而不仁[②]，疾之已甚[③]，乱也。”

【注释】

①疾：恨，憎恨。

②不仁：不符合仁德的人或事。

③已甚：即太过分。已，太。

【译文】

孔子说：“喜斗而又嫌自己穷困，就会作乱。对于不仁的人非常厌恶、憎恨，也容易出乱子。”

8.11

【原文】

子曰:“如有周公之才之美,使骄且吝(lìn),其余不足观也已。”

【译文】

孔子说:“(一个人)即使如周公那样能干且品德高尚,但如果骄傲自大而又吝啬小气,那其他方面也就不值得一看了。”

8.12

【原文】

子曰:“三年学,不至于谷[①],不易得也。”

【注释】

①谷:古代以谷作为官吏的俸禄,这里用“谷”字代表做官。

【译文】

孔子说:“学了三年,还没有想到去做官求取俸禄,这种人少见。”

8.13

【原文】

子曰:“笃信好(hào)学,守死善道。危邦[①]不入,乱邦[②]不居。天下有道则见(xiàn)[③],无道则隐。邦有道,贫且贱焉,耻也;邦无道,富且贵焉,耻也。”

【注释】

①危邦:出现动乱之兆的国家。

②乱邦:据东汉儒学家包咸讲,“乱邦”者,臣弑君、子弑父之国家也。

③见:通“现”,现身。

【译文】

孔子说："为人真诚，努力学习，完善大道，至死不移。危险的国家不要去，动乱的国家要离开。天下有道就出来做官，天下无道就隐居不出。国家政治清明而自己贫贱是耻辱，国家政治混乱而自己富贵也是耻辱。"

8.14

【原文】

子曰："不在其位，不谋其政。"

【译文】

孔子说："不在那个职位上，就不要操心那个职位上的事。"

8.15

【原文】

子曰："师挚(zhì)①之始②，《关雎》之乱③，洋洋乎盈耳哉！"

【注释】

①师挚：乐师。有人说这里指太师挚。

②始：乐曲的开端，即序曲。古代奏乐，开端叫"升歌"，一般由太师演奏。挚是太师，所以这里说"师挚之始"。

③乱：乐曲终了。

【译文】

孔子说："开始时，由太师挚演奏；结束时，以《关雎》结尾。丰富而优美的音乐，仍在我耳边回荡。"

8.16

【原文】

子曰："狂①而不直，侗(tóng)②而不愿③，悾(kōng)悾④而不信，吾不知之矣。"

【注释】

①狂：急躁，急进。

②侗：幼稚无知。

③愿：谨慎，小心，朴实。

④悾悾：一是指诚恳，二是指空虚。这里指后者。

【译文】

孔子说："狂妄而不正直，无知而不老实，虚夸而不守信用，这种人我理解不了。"

8.17

【原文】

子曰："学如不及，犹恐失之。"

【译文】

孔子说："学习起来就好像总怕赶不上似的，更担心学过的东西很快就会忘掉。"

8.18

【原文】

子曰："巍巍[①]乎！舜禹[②]之有天下也，而不与[③]焉！"

【注释】

①巍巍：崇高、高大的样子。

②舜禹：舜是传说中的圣君明主，禹是夏朝的第一个国君。尧禅位给舜，舜后来又禅位给禹。

③与：吹嘘，自夸。

【译文】

孔子说："多么崇高啊！舜和禹为天下之主，从不炫耀、自夸。"

8.19

【原文】

子曰："大哉！尧[①]之为君也！巍巍乎，唯天为大，唯尧则[②]之。荡荡[③]乎，民无能名[④]焉。巍巍乎，其有成功也！焕[⑤]乎，其有文章！"

【注释】

①尧：中国古代传说中的圣君。

②则：效法，准则。

③荡荡：广大的样子。

④名：称说，称赞。

⑤焕：光辉。

【译文】

孔子说："真伟大啊！尧这样的君主！多么崇高啊，只有天最高大，只有尧才能效法天的高大。（他的恩德）多么广大啊，百姓们真不知道该用什么语言来表达对他的称赞。他的功绩多么崇高啊！他制定的礼仪制度多么完善啊！"

8.20

【原文】

舜有臣五人[①]而天下治。武王曰："予有乱臣[②]十人。"孔子曰："才难，不其然乎？唐虞[③]之际，于斯[④]为盛。有妇人焉[⑤]，九人而已。三分天下有其二[⑥]，以服事殷。周之德，其可谓至德也已矣。"

【注释】

①五人：传说是禹、稷、契（xiè）、皋陶（yáo）、伯益。

②乱臣：治乱之臣。据《说文》："乱，治也。"

③唐虞：传说尧在位的时代叫"唐"，舜在位的时代叫"虞"。

④斯：指周武王时期。

⑤有妇人焉：指武王的“乱臣十人”中有武王之妻邑姜。

⑥三分天下有其二：《逸周书·程典篇》说：“文王令九州之侯，奉勤于商。”相传商分为九州（荆、凉、雍、豫、徐、扬、青、兖、冀），文王得六州（荆、凉、雍、豫、徐、扬），占三分之二。

【译文】

舜有五位贤臣，就能治理好天下。周武王也说过：“我有十个帮助我治理国家的臣子。”孔子说：“人才难得，难道不是这样吗？唐尧和虞舜之间，更是这样。周武王时，十个大臣当中有一个是女性，实际上只有九人而已。周文王得了天下的三分之二，仍然侍奉殷朝。周文王的德，可以说是至高无上的了。”

8.21

【原文】

子曰：“禹，吾无间（jiàn）然[①]矣。菲[②]饮食而致[③]孝乎鬼神，恶衣服而致美乎黻（fú）冕（miǎn）[④]，卑[⑤]宫室而尽力乎沟洫（xù）[⑥]。禹，吾无间（jiàn）然矣。”

【注释】

①无间然：无缺点可说。间，空隙。

②菲：薄，不丰厚。

③致：致力，努力。

④黻冕：祭祀时穿的礼服叫“黻”，戴的帽子叫“冕”。

⑤卑：低矮。

⑥沟洫：沟渠。

【译文】

孔子说：“对于禹，我找不出他任何缺点。他饮食简单，但祭祀先祖时非常丰盛；他平时衣着朴素，但祭祀时尽量穿得华美；他自己住的宫室很低矮，但修治水利不遗余力。对于禹，我实在是挑不出什么毛病。”

子罕第九

9.1

【原文】

子罕[①]言利。与[②]命,与仁。

【注释】

①罕:稀少,很少。

②与:赞同,肯定。

【译文】

孔子很少谈论利益方面的事。承认天命,赞成仁德。

9.2

【原文】

达巷党人[①]曰:"大哉孔子!博学[②]而无所成名[③]。"子闻之,谓门弟子曰:"吾何执?执御乎?执射乎?吾执御矣。"

【注释】

①达巷党人:达巷党这地方的人。古代 500 家为一党,"达巷"是党名。

②博学:学问渊博,样样精通。

③无所成名:不能以某一方面来称道。

【译文】

达巷党这个地方有人说:"孔子真伟大啊!他学问渊博,样样精通,无法以某一方面的专长来称赞他。"孔子听说后,对他的学生说:"我的专长在哪个方面?驾车呢,还是射箭呢?我可能更擅长驾车吧。"

9.3

【原文】

子曰："麻冕[①]，礼也；今也纯[②]，俭[③]，吾从众。拜下[④]，礼也；今拜乎上，泰[⑤]也。虽违众，吾从下。"

【注释】

①麻冕：麻布制成的礼帽。

②纯：丝绸，黑色的丝。

③俭：俭省。麻冕费工，用丝则俭省。

④拜下：大臣面见君主前，先在堂下跪拜，再到堂上跪拜。

⑤泰：这里指骄纵、傲慢。

【译文】

孔子说："（过去，）用麻布制成的礼帽，符合礼的规定。现在大家都用黑丝绸制作，这样比过去节省了，我赞成大家的做法。（过去，臣见国君）首先要在堂下跪拜，这才是符合礼的。现在大家都到堂上跪拜，这种做法有些简慢。虽然与大家的做法不一样，我还是坚持在堂下拜。"

9.4

【原文】

子绝[①]四：毋意[②]，毋必[③]，毋固[④]，毋我[⑤]。

【注释】

①绝：独一无二，或作杜绝解。第一种解释更好些。

②意：通"臆"，猜想、猜疑。

③必：必定，坚信不疑。

④固：固执己见。

⑤我：这里指自私之心，以自我为中心，不考虑别人。

【译文】

孔子有四绝：不主观臆测，不毫无变通，不固执己见，不以自我为中心。（或译：孔子杜绝了这四种毛病：主观臆测，毫无变通，固执己见，以自我为中心。）

9.5

【原文】

子畏于匡①，曰："文王②既没(mò)，文不在兹③乎？天之将丧(sàng)斯文也，后死者④不得与⑤于斯文也；天之未丧(sàng)斯文也，匡人其如予何⑥？"

【注释】

①畏于匡：公元前496年，孔子从卫国到陈国，途经匡地。匡人曾受到鲁国阳虎的掠夺和残杀，而孔子的相貌与阳虎相像，匡人误以为孔子就是阳虎，将他围困。匡，地名，在今河南长垣西南。畏，受到威胁。

②文王：即周文王。姓姬，名昌，西周开国之君周武王的父亲，是孔子认为的古代圣贤之一。

③兹：这里，指孔子自己。

④后死者：自我之后的人。

⑤与：通"举"，掌握。

⑥如予何：奈我何，把我怎么样。

【译文】

孔子被匡地的人围困时说："文王死了以后，周代的礼乐文化不都体现在我的身上吗？上天如果要灭绝这种文化，那我死后，就不会有人掌握这种文化了；上天如果不灭绝这种文化，那么匡人又能把我怎么样呢？"

9.6

【原文】

太宰[1]问于子贡曰:"夫子圣者与?何其多能也?"子贡曰:"固天纵[2]之将圣,又多能也。"子闻之,曰:"太宰知我乎?吾少也贱,故多能鄙事[3]。君子多乎哉?不多也。"

【注释】

①太宰:官名,掌管国君宫廷事务。当时吴、宋两国的上大夫也称"太宰"。

②纵:让,使。

③鄙事:卑贱的事。

【译文】

太宰问子贡说:"孔夫子是一位圣人吧?为什么这样多才多艺呢?"子贡说:"必定是上天让他成为圣人,而且使他多才多艺。"孔子听后说:"太宰怎么会了解我呢?我少年时地位低贱,所以学会许多卑贱的技艺。贵族会有这么多的技艺吗?不会的。"

9.7

【原文】

牢[1]曰:"子云,'吾不试[2],故艺'。"

【注释】

①牢:姓琴,字子开。郑玄说此人系孔子的学生,但在《史记·仲尼弟子列传》中未见此人。

②试:用,被任用,做官。

【译文】

牢说:"孔子说过,'我(年轻时)没有去做官,所以会许多技艺'。"

9.8

【原文】

子曰："吾有知乎哉？无知也。有鄙夫[①]问于我，空空如也[②]。我叩[③]其两端[④]而竭[⑤]焉。"

【注释】

①鄙夫：文盲，没有文化的人。

②空空如也：指孔子自己心中空空无知。

③叩：叩问，询问。

④两端：两头，指正反、始终、上下方面。

⑤竭：穷尽，尽力追究。

【译文】

孔子说："我有知识吗？我没有。有一个没有文化的人问我，(对他的问题)我一无所知。我从正反两个方面反复思考，尽量回答他提出的问题。"

9.9

【原文】

子曰："凤鸟[①]不至，河不出图[②]，吾已矣夫！"

【注释】

①凤鸟：古代传说中的一种神鸟。传说凤鸟在舜和周文王时代都出现过，它的出现象征着"圣王"将要出世。

②河不出图：传说在上古伏羲氏时代，黄河中有龙马背负八卦图而出。它的出现也象征着"圣王"将要出世。

【译文】

孔子说："凤鸟不会来了，黄河中也不会出现八卦图了。我这一生算是完了！"

9.10

【原文】

子见齐(zī)衰(cuī)[①]者、冕衣裳(cháng)者[②]与瞽[③]者,见之,虽少,必作[④];过之,必趋[⑤]。

【注释】

①齐衰:丧服,古时用麻布制成。

②冕衣裳者:指做官的人。冕,官帽。衣,上衣。裳,下服,这里指官服。

③瞽:盲人。

④作:站起来,表示敬意。

⑤趋:小步快走,表示敬意。

【译文】

孔子遇居丧者、官吏和盲人时,即使他们很年轻,也一定要站起来(表示尊重);从他们面前经过时,一定是小步快走(表示尊重)。

9.11

【原文】

颜渊喟[①]然叹曰:"仰之弥[②]高,钻[③]之弥坚[④],瞻[⑤]之在前,忽焉在后。夫子循循然[⑥]善诱[⑦]人,博我以文,约我以礼。欲罢[⑧]不能,既竭吾才。如有所立卓尔[⑨]。虽欲从之,末由[⑩]也已。"

【注释】

①喟:叹息。

②弥:更加,越发。

③钻:往地下打孔。

④坚:硬,牢固,结实。

⑤瞻:视,看。

⑥循循然：有次序地。

⑦诱：劝导，引导。

⑧罢：穷尽。

⑨卓尔：高大、超群的样子。

⑩末由：指没有办法。末，无、没有。由，途径、路径。

【译文】

颜渊感叹说："抬头仰望（老师的学问与道德），越仰望越觉得高不可攀；低头钻研，越钻研越觉得深厚无比。看着它好像在前面，忽然又觉得像是在后面。老师善于一步一步地诱导我，用各种典籍来丰富我的知识，又用各种礼节来约束我。在各方面教育我，开发我的潜能与才气。（老师的学问与道德）如高山一样耸立在我面前。虽然我想上去，却找不到攀登的路。"

9.12

【原文】

子疾病，子路使门人为臣[①]。病间[②]，曰："久矣哉，由之行诈也。无臣而为有臣，吾谁欺？欺天乎？且予与其死于臣之手也，无宁[③]死于二三子之手乎？且予纵不得大葬[④]，予死于道路乎？"

【注释】

①为臣：臣，家臣、总管。孔子当时已经不是大夫，没有家臣，但子路叫门人充当孔子的家臣，准备由此人负责安葬孔子之事。

②病间：病情减轻。也有的注解认为是病已好。

③无宁：宁可。"无"是发语词，没有意义。

④大葬：隆重的安葬，高规格的安葬。指按大夫的规格安葬。

【译文】

孔子患了重病，子路派（孔子的）门徒扮作家臣。孔子病好后，说："仲由做这种弄虚作假的事情已经很久了。我明明没有家臣，却偏偏要装作有家臣，我骗谁呢？我骗天吗？与其在家臣的侍候下死去，我宁可在你们这些学生的侍候下死去！即使我不能以大夫之礼被安葬，难道我会死在路上没人管吗？”

9.13

【原文】

子贡曰：“有美玉于斯，韫(yùn)椟(dú)① 而藏诸？求善贾(gǔ)② 而沽(gū)③ 诸？”子曰：“沽之哉，沽之哉！我待贾者也。”

【注释】

①韫椟：收藏物件的柜子。

②善贾：识货的商人。

③沽：有时指“买”，有时指“卖”。这里是“卖”的意思。

【译文】

子贡说：“这里有一块美玉，是把它收藏在柜子里呢，还是找一个识货的商人卖掉呢？”孔子说：“卖掉吧，卖掉吧！若是我，就等着识货的人。”

9.14

【原文】

子欲居九夷①。或曰：“陋②，如之何？”子曰：“君子居之，何陋之有？”

【注释】

①九夷：指东部地区的少数民族。

②陋：鄙野，不开化。

【译文】

孔子想要搬到九夷去居住。有人说：“那里条件简陋，该怎么办？”孔子说：“君子居住，还管什么简陋不简陋？”

9.15

【原文】

子曰："吾自卫反鲁[①]，然后乐(yuè)正[②]，《雅》《颂》[③]各得其所。"

【注释】

①自卫反鲁：鲁哀公十一年(前484)冬，孔子从卫国返回鲁国，结束了长达14年的游历生活。反，通"返"。

②乐正：调整乐曲的篇章。

③《雅》《颂》：这是《诗经》中两类不同的诗的名称。

【译文】

孔子说："我从卫国返回鲁国以后，整理了乐，并使《雅》《颂》各得其所。"

9.16

【原文】

子曰："出则事公卿，入则事父兄，丧事不敢不勉，不为酒困，何有于我哉？"

【译文】

孔子说："在外侍奉公卿，在家孝敬父兄，有丧事不敢不尽力去办，且不为酒所困。这些事我做得如何呢？"

9.17

【原文】

子在川[①]上曰："逝者如斯夫(fú)！不舍[②]昼夜。"

【注释】

①川：本义是指流向泽、海的水流。这里很可能是指孔子家乡的河。

②不舍：不停下来。

【译文】

孔子在河岸上说："消逝的时光就像这河水一样啊，不分昼夜地向前流去。"

9.18

【原文】

子曰："吾未见好(hào)德如好(hào)色者也。"

【译文】

孔子说："我从没有见过喜欢仁德如喜欢女色那样(强烈)的人。"

9.19

【原文】

子曰："譬如为山[①]，未成一篑(kuì)[②]，止，吾止也；譬如平地[③]，虽覆一篑，进，吾往也。"

【注释】

①为山：用土堆山。

②篑：土筐。

③平地：把洼地填平。

【译文】

孔子说："譬如用土堆山，只差一筐土就完成了，这时停下来，那是我自己要停下来的；譬如把洼地填平，虽然只倒下一筐土，这时要继续下去，那是我自己要继续下去的。"

9.20

【原文】

子曰："语之而不惰(duò)者，其回也与！"

【译文】

孔子说:"听我说话而一点也不倦怠的,只有颜回一个人吧!"

9.21

【原文】

子谓颜渊曰:"惜乎!吾见其进也,未见其止也。"

【译文】

孔子评论颜渊说:"可惜呀(他死得太早)!我只看见他不断前进,从来没有看见他停下脚步。"

9.22

【原文】

子曰:"苗而不秀① 者有矣夫(fú)!秀而不实② 者有矣夫(fú)!"

【注释】

①秀:稻、麦等庄稼吐穗扬花。

②实:果实,结果。

【译文】

孔子说:"庄稼出了苗而不能吐穗扬花是有的!吐穗扬花而不结果实也是有的!"

9.23

【原文】

子曰:"后生可畏,焉知来者之不如今也?四十五十而无闻焉,斯亦不足畏也已。"

【译文】

孔子说:"年轻人是值得敬畏的,怎么就知道后一代不如今天这一代呢?如果到了四五十岁还默默无闻,那他就没有什么可敬畏的了。"

9.24

【原文】

子曰:“法语之言[①],能无从乎?改之为贵。巽(xùn)与之言[②],能无说(yuè)[③]乎?绎[④]之为贵。说(yuè)而不绎,从而不改,吾末[⑤]如之何也已矣。”

【注释】

①法语之言:符合礼法规则的正言规劝。法,礼仪规则。

②巽与之言:恭顺赞许的话。巽,恭顺、谦逊。与,称许、赞许。

③说:通“悦”。

④绎:抽丝,引申为推究、追求、分析、鉴别。

⑤末:没有。

【译文】

孔子说:“符合礼法的正言规劝,谁能不听从呢?但(只有按它来)改正自己的错误才是可贵的。恭顺赞许的话,谁能听了不高兴呢?但只有认真推究它(的真伪是非),才是可贵的。只是高兴而不去分析,只是表示要改正错误而不真正去改正错误,(对这样的人)我拿他实在是没有办法了。”

9.25

【原文】

子曰:“主忠信,毋友不如己者,过则勿惮改。”[①]

【注释】

①此章系重出,见1.8章。

【译文】

孔子说:“坚持忠信,不要同与自己不同道的人交朋友;有了过错,就不要怕改正。”

9.26

【原文】

子曰："三军[①]可夺帅也，匹(pǐ)夫[②]不可夺志也。"

【注释】

①三军：指诸侯国的军队。天子的军队称为"六军"。

②匹夫：平民百姓，主要指男子。

【译文】

孔子说："一国军队，其主帅可能被强取，但一个真正的男子汉，其意志是不可能被摧垮的。"

9.27

【原文】

子曰："衣(yì)[①]敝缊(yùn)袍[②]，与衣(yì)狐貉(hé)[③]者立而不耻者，其由也与？""'不忮(zhì)不求，何用不臧？'[④]"子路终身诵之。子曰："是道也，何足以臧？"

【注释】

①衣：用作动词，穿。

②敝缊袍：破旧的丝袍。敝，坏。缊，旧的丝絮。

③狐貉：用狐和貉的皮做的裘皮衣服。

④不忮不求，何用不臧：不嫉妒，不贪欲，做什么事能不好呢。忮，忌妒。求，贪欲。这两句见《诗经・邶风・雄雉》。

【译文】

孔子说："穿着破旧的丝袍，与穿着狐貉皮袍的人站在一起而不觉得羞愧的人，大概只有仲由吧？""(《诗》上说：)'不忌妒，不贪欲，做什么事能不好呢？'"子路反复背诵这句诗。孔子说："这是做人的基本道理，还有比这更好的吗？"

9.28

【原文】

子曰："岁寒，然后知松柏之后凋[1]也。"

【注释】

①凋：草木衰落。

【译文】

孔子说："到了最寒冷的季节，才知道松柏（的叶子）是最后凋落的。"

9.29

【原文】

子曰："知（zhì）者不惑，仁者不忧，勇者不惧。"

【译文】

孔子说："有智慧的人不会迷惑，有仁德的人不会忧愁，有勇气的人不会畏惧。"

9.30

【原文】

子曰："可与共学[1]，未可与适道[2]；可与适道，未可与立[3]；可与立，未可与权[4]。"

【注释】

①共学：一起学习。

②适道：追求道。适，往。

③立：坚持道而不变。

④权：秤锤，引申为权衡轻重。

【译文】

孔子说："可以一起学习的人，未必都能学到道；能够学到道的人，未必都能坚守道；能坚守道的人，未必都会权衡轻重。"

9.31

【原文】

“唐棣(dì)[①]之华,偏其反而[②]。岂不尔思[③]?室[④]是远而。”子曰:“未之思也,夫(fú)何远之有?”

【注释】

①唐棣:一种植物,属蔷薇科,落叶灌木。

②偏其反而:形容花摇动的样子。

③岂不尔思:难道我不思念你。

④室:居住之处。

【译文】

“唐棣的花朵啊,翩翩摇摆。我岂能不想念你?只是由于你住的地方太远了。”孔子说:“他还是没有真的想念,如果真的想念,有什么遥远的呢?”

乡党第十

10.1

【原文】

孔子于乡党[①]，恂(xún)恂[②]如也，似不能言者。其在宗庙、朝廷，便(pián)便[③]言，唯谨尔。

【注释】

①乡党：指家乡。乡、党皆为古代的居民组织，500 家为党，12500 家为乡。

②恂恂：温和恭顺，不急不躁。

③便便：能言善辩，善于辞令。

【译文】

孔子在家乡温和恭敬，像是不会说话。但在宗庙、朝廷，他却说话流畅、能说会道，只是特别谨慎。

10.2

【原文】

朝(cháo)[①]，与下大夫[②]言，侃侃[③]如也；与上大夫言，訚(yín)訚[④]如也。君在，踧(cù)踖(jí)[⑤]如也，与(yǔ)与[⑥]如也。

【注释】

①朝：朝廷。

②下大夫：大夫分上大夫与下大夫。孔子的地位相当于下大夫。

③侃侃：说话自如流畅的样子。

④訚訚：说话态度诚恳的样子。

⑤踧踖：行动恭敬而不安的样子。

⑥与与：小心而谨慎的样子。

【译文】

孔子在朝廷，同下大夫说话时，流畅而自如；同上大夫说话时，率直而中肯。国君在场时，恭敬而拘谨。

10.3

【原文】

君召使摈(bìn)[①]，色勃如也[②]，足躩(jué)[③]如也。揖所与立，左右手，衣前后，襜(chān)如[④]也。趋进，翼如[⑤]也。宾退，必复命曰："宾不顾矣。"

【注释】

①摈：动词，接待宾客。

②色勃如也：脸色立即庄重起来。

③足躩：快步走。

④襜如：衣服整齐、飘动有致的样子。襜，古代系在身前的围裙。

⑤翼如：如鸟儿展翅飞一样。翼，展翅飞。

【译文】

国君召孔子去接待宾客，孔子的神情立即庄重起来，脚步也快起来。他向两旁的人作揖，左右拱手，衣服随着身体的动作前后摆动，却整齐不乱。快步走的时候，像鸟儿展开双翅一样。宾客走后，必定向君主回报说："客人已经走远了。"

10.4

【原文】

入公门[①]，鞠躬[②]如也，如不容。立不中门[③]，行不履阈(yù)[④]。过位[⑤]，色勃如也，足躩如也，其言似不足者。摄齐(zī)[⑥]升堂，鞠躬如也，屏气似不息者。出，降一等[⑦]，逞[⑧]颜色，怡怡如也。没(mò)

阶[9]，趋进，翼如也。复其位，踧(cù)踖(jí)如也。

【注释】

①公门：朝廷之门。

②鞠躬：弯着腰，谨慎而恭敬的样子。

③中门：门的当中。

④履阈：脚踩门槛。阈，门槛。

⑤过位：古代礼节，大臣议论政事时要入朝经过君主的座位，经过时态度必须恭敬严肃。

⑥摄齐：提起衣服的下摆。摄，提起。齐，衣服的下摆。

⑦降一等：从台阶上走下一级。

⑧逞：舒展开，松口气。

⑨没阶：走完台阶。

【译文】

孔子走进朝廷的大门，谨慎而恭敬，好像没有容身的地方一样。他从不站在门的中间，也不脚踩门槛。经过国君的座位时，他脸色庄重，脚步加速；若说话，则声音很低，似中气不足。升堂时，他提起衣服下摆，恭敬谨慎，憋住气好像不呼吸一样。走出来下台阶时，神态便舒展开来，轻松自然。下了台阶，快步向前，姿态像鸟儿展翅一样。重新回到自己的座位上时，态度又变得恭敬谨慎起来。

10.5

【原文】

执圭[1]，鞠躬如也，如不胜[2]。上如揖，下如授。勃[3]如战色[4]，足蹜(sù)蹜[5]，如有循[6]。享[7]礼，有容色。私觌(dí)[8]，愉(yú)愉如也。

【注释】

①圭：一种上圆下方的玉器。举行典礼时，不同身份的人举

着不同的圭。出使邻国，大夫拿着圭作为代表君主的凭信。

②胜：承担，承受。

③勃：突然，忽然。

④战色：脸色严肃，甚至有点战战兢兢。

⑤蹜蹜：小步走路的样子。

⑥如有循：好像沿着一条直线往前走一样。循，沿着，沿袭。

⑦享：贡献，指把礼品献给天子、君王。使者受到接见后，接着举行献礼仪式。

⑧觌：相见，会见。

【译文】

（孔子出使别的诸侯国的时候，）举着圭，恭敬谨慎，像是举不动似的。向上举时好像在作揖，放在下面拿着时好像是在递给别人东西。他脸色庄重，诚惶诚恐，步子迈得很小，像沿着一条直线在走。赠送礼物时，满脸和气。与国君私下相见时，就轻松多了。

10.6

【原文】

君子不以绀（gàn）緅（zōu）饰[①]，红紫不以为亵（xiè）服[②]。当暑，袗（zhěn）絺（chī）绤（xì）[③]，必表而出之。缁（zī）衣[④]，羔裘[⑤]；素衣，麑（ní）[⑥]裘；黄衣，狐裘。亵裘长，短右袂[⑦]。必有寝衣[⑧]，长一身有半。狐貉之厚以居[⑨]。去丧，无所不佩。非帷裳（cháng）[⑩]，必杀之[⑪]。羔裘玄冠[⑫]不以吊[⑬]。吉月[⑭]，必朝服而朝。

【注释】

①不以绀緅饰：不以深青透红或黑中透红的布给平常穿的衣服镶上边作饰物。绀，深青透红，斋戒时所穿衣服的颜色。緅，黑中透红，丧服的颜色。

②红紫不以为亵服：不用红和紫这两种颜色的布料做便服。亵服，平时在家里穿的衣服。

③袗絺绤：穿细葛布或粗葛布单衣。袗，单衣，此处用作动词，穿单衣。絺，细葛布。绤，粗葛布。

④缁衣：黑色的衣服。

⑤羔裘：羔皮衣。古代的羔裘都是黑羊皮，毛皮向外。

⑥麑：小鹿。毛为白色。

⑦短右袂：右袖短一点，是为了便于做事。袂，袖子。

⑧寝衣：睡衣。

⑨狐貉之厚以居：用毛厚的狐貉皮当坐垫。狐貉之厚，毛厚的狐貉皮。居，坐。

⑩帷裳：上朝、祭祀时穿的礼服。用整幅布制作，多余的布不加以裁剪，折叠缝上。

⑪必杀之：一定要裁去多余的布。杀，裁。

⑫玄冠：黑色礼帽。

⑬不以吊：不用于丧事吊唁。

⑭吉月：农历每月初一。

【译文】

君子（这里指孔子）不用深青透红或黑中透红的布镶边，不用红色或紫色的布做平常在家穿的衣服。夏天穿细葛布或粗葛布单衣，但一定要套在内衣外面。黑色的羔羊皮袍，配黑色的罩衣。白色的鹿皮袍，配白色的罩衣。黄色的狐皮袍，配黄色的罩衣。平常在家穿的皮袍做得长一些，右边的袖子短一些。睡觉一定要有睡衣，睡衣要有一身半长。用毛厚的狐貉皮做坐垫。丧期结束，脱下丧服后，便佩戴上各种各样的装饰品。如果不是礼服，一定要加以裁剪。不穿着黑色的羔羊皮袍、戴着黑色的帽子去吊丧。每月初一，一定要穿着礼服去朝拜君主。

10.7

【原文】

齐(zhāi)[①]，必有明衣[②]，布。齐(zhāi)，必变食[③]，居必迁坐[④]。

【注释】

①齐：通“斋”，祭祀或举行典礼前清心洁身。

②明衣：指斋戒期间换穿的贴身内衣。

③变食：改变平常的饮食。

④居必迁坐：指从内室迁到外室居住，不和妻同房。

【译文】

(孔子)斋戒时，一定要有贴身内衣，用麻布做成。斋戒时，一定要改变平常的饮食，居住也一定挪地方(不与妻同房)。

10.8

【原文】

食[①]不厌[②]，精；脍(kuài)[③]不厌，细。食饐(yì)[④]而餲(ài)[⑤]，鱼馁(něi)[⑥]而肉败[⑦]，不食。色恶，不食。臭(xiù)恶，不食。失饪[⑧]，不食。不时[⑨]，不食。割不正[⑩]，不食。不得其酱，不食。肉虽多，不使胜食气[⑪]。唯酒无量，不及乱[⑫]。沽酒[⑬]市脯(fǔ)[⑭]，不食。不撤姜食，不多食。

【注释】

①食：粮食。

②厌：通“餍”，吃饱、满足。

③脍：切细的鱼、肉。

④饐：陈旧，指食物放置时间长了。

⑤餲：变味了。

⑥馁：鱼腐烂，这里指鱼不新鲜。

⑦败：肉腐烂，这里指肉不新鲜。

⑧饪：烹调制作饭菜。

⑨时：应时，时鲜。

⑩割不正：肉切得不方正。

⑪气：通“饩”，粮食。

⑫不及乱：不到酒醉时。乱，指酒醉。

⑬沽酒：从外面买的酒。

⑭脯：熟肉干。

【译文】

粮食无论舂得多么精，鱼和肉无论切得多么细，都不会吃饱。粮食陈旧和变味了，鱼和肉腐烂了，都不吃。食物的颜色变了，不吃。气味变了，不吃。烹调不当，不吃。不时新的东西，不吃。切得不方正，不吃。佐料放得不适当，不吃。肉虽多，但吃的量不超过粮食的量。酒量很大，但从不喝醉。不吃从外面买来的酒和肉干。每餐必有姜，从不吃多。

10.9

【原文】

祭于公[①]，不宿（sù）肉[②]。祭肉[③]不出三日。出三日，不食之矣。

【注释】

①祭于公：指士大夫参加国君的祭祀典礼。

②不宿肉：古代的大夫、士都有助君祭祀之礼。天子、诸侯的祭礼，当天早晨宰杀牲畜，然后举行祭典。第二天又祭，叫作“绎祭”。绎祭之后，才把肉分给助祭者。这样，到手的祭肉已不新鲜，所以不能再留过夜。

③祭肉：祭祀用的肉。

【译文】

(孔子)参加国君主持的祭祀时,(有时)分到祭肉,他不留到第二天。祭祀用的肉一般不超过三天。超过三天,就不再吃了。

10.10

【原文】

食不语,寝不言。

【译文】

吃饭时不说话,睡觉前不言语。

10.11

【原文】

虽疏食菜羹①,瓜祭②,必齐(zhāi)③如也。

【注释】

①菜羹:用菜做成的汤。

②瓜祭:古人在吃饭前,把席上各种食品分出少许,放在餐具之间祭祖。

③齐:通“斋”。

【译文】

即使是粗米饭、蔬菜汤,(孔子)吃饭前也要把它们取出一些来祭祖,而且表情像斋戒时那样严肃恭敬。

10.12

【原文】

席①不正,不坐。

【注释】

①席:用草或苇子编成的成片的东西,古人用以坐、卧。古代没有桌子和椅子,一般坐在席子上。

【译文】

席子放得不端正，(孔子)不坐。

10.13

【原文】

乡人饮酒[①]，杖者[②]出，斯出矣。

【注释】

①乡人饮酒：指举行乡饮酒礼，古代嘉礼之一。《后汉书·李忠传》："春秋乡饮，选用明经，郡中向慕之。"乡饮之礼，是中国的传统礼节，持续了两千多年。

②杖者：拄拐杖的人，指老年人。

【译文】

(孔子)与家乡的人饮酒，(饮酒结束后，)一定要等老年人先出去，然后自己才出去。

10.14

【原文】

乡人傩(nuó)[①]，朝服而立于阼(zuó)阶[②]。

【注释】

①傩：古代腊月举行的驱鬼仪式。

②阼阶：东边的台阶，是主人迎宾送客时站的地方。

【译文】

乡里人举行驱鬼仪式时，(孔子)总是穿着朝服站在东边的台阶上。

10.15

【原文】

问[①]人于他邦，再拜[②]而送之。

【注释】

①问：问候。古代人在问候时往往要致送礼物。

②再拜：在送别客人时，两次拜别。

【译文】

（孔子）托人向在其他诸侯国的朋友问候送礼，在送别受托者时拜两次。

10.16

【原文】

康子[①]馈药，拜而受之。曰："丘未达，不敢尝。"

【注释】

①康子：季康子。即季孙肥，当时鲁国的执政者。"康"是谥号。

【译文】

季康子送药（给孔子），（孔子）拜谢之后接受了。说："我对药性不了解，不敢尝用。"

10.17

【原文】

厩[①]（jiù）焚。子退朝，曰："伤人乎？"不问马。

【注释】

①厩：马棚，泛指牲口棚。

【译文】

马棚失火被烧掉了。孔子退朝回来，问："伤人了吗？"不问马有没有死伤。

10.18

【原文】

君赐食，必正席先尝之；君赐腥[①]，必熟而荐[②]之；君赐生，必畜(xù)之。侍食于君,君祭,先饭。

【注释】

①腥:生肉。

②荐:供奉。

【译文】

国君赐给熟食,(孔子)一定摆正座席先尝一尝;国君赐给生肉,(孔子)一定煮熟了先给祖宗上供;国君赐给活的动物,(孔子)一定饲养起来。同国君一道吃饭,在国君举行饭前祭礼的时候,(孔子担心饭有毒,)一定要先尝一尝。

10.19

【原文】

疾,君视之,东首①,加朝服,拖绅②。

【注释】

①东首:头朝东。

②拖绅:病人躺在床上,还做出穿朝服的样子,把带子拖在地上,表示对国君的尊敬。绅,束在腰间的大带子。

【译文】

(孔子)病了,国君来探视,他便头朝东躺着,身上盖上朝服,拖着大带子。

10.20

【原文】

君命召,不俟(sì)①驾行矣。

【注释】

①俟:等待。

【译文】

国君召见(孔子),他不等车马驾好就先步行去了。

10.21

【原文】

入太庙，每事问。[①]

【注释】

①此章系重出，见3.15章。

【译文】

（孔子）到了太庙，每一件事都要询问。

10.22

【原文】

朋友[①]死，无所归。曰："于我殡[②]。"

【注释】

①朋友：指与孔子志同道合的人。

②殡：停放灵柩和埋葬亡者都可以叫"殡"，这里泛指丧葬事务。

【译文】

（孔子的）朋友死了，没有亲属敛埋。孔子说："丧事由我来办吧。"

10.23

【原文】

朋友之馈，虽车马，非祭肉，不拜。

【译文】

朋友馈赠物品，即使是车马，不是祭肉，（孔子在接受时）也是不拜的。

10.24

【原文】

寝不尸,居不客。

【译文】

(孔子)睡觉不像死尸一样挺着,平日居家也不像做客或接待客人时那样庄重严肃。

10.25

【原文】

见齐(zī)衰(cuī)① 者,虽狎(xiá)②,必变。见冕者③与瞽(gǔ)者④,虽亵⑤,必以貌。凶服⑥者式⑦之。式负版者⑧。有盛馔(zhuàn)⑨,必变色而作⑩。迅雷、风烈,必变。

【注释】

①齐衰:丧服。

②狎:亲近。

③冕者:戴帽子的人,指官员。

④瞽者:盲人。

⑤亵:常见,熟悉。

⑥凶服:丧服。

⑦式:通"轼",古代车辆前部的横木。这里用作动词。乘车遇见地位高的人或其他人时,身子向前微俯,伏在横木上,以示尊敬或者同情。

⑧负版者:背负邦国图籍的人。当时无纸,用木版来书写,故称"版"。

⑨盛馔:盛大的宴席。

⑩作:站起来。

【译文】

（孔子）看见穿丧服的人，即使是关系很亲密的，也一定变得严肃起来。看见官员和盲人，即使是常在一起的，也一定脸色庄重。在乘车时遇见穿丧服的人，便俯伏在车前横木上（以示同情）。遇见背负国家图籍的人，也这样做（以示敬意）。（做客时）如果有丰盛的筵席，神色一定要变得庄重并站起来致谢。遇见迅雷、大风，也要神色庄重（以示对上天的敬畏）。

10.26

【原文】

升车，必正立，执绥[①]。车中，不内顾[②]，不疾言[③]，不亲指[④]。

【注释】

①绥：上车时扶手用的索带。

②内顾：回头看。

③疾言：大声说话。

④亲指：用自己的手指指画画。

【译文】

上车时，一定先直立站好，然后拉着扶手带上车。在车上不回头，不高声说话，不指指画画。

10.27

【原文】

色[①]斯举[②]矣，翔而后集[③]。曰："山梁雌雉（zhì）[④]，时哉！时哉[⑤]！"子路共（gǒng）[⑥]之，三嗅[⑦]而作。

【注释】

①色：惊悚状。

②举：鸟飞起来。

③翔而后集：飞翔一阵，然后落到树上。鸟群停在树上叫"集"。

④山梁雌雉:聚集在山梁上的野母鸡。

⑤时哉!时哉:得其时呀!得其时呀!这是说野鸡自由自在,想飞就飞,想落就落。

⑥共:通“拱”。

⑦嗅:应为“狊(jù)”字之误,指鸟张开双翅。一本作“戛”字,指鸟的长叫声。

【译文】

一群野鸡受到惊吓飞起来,在空中盘旋几圈后落下。孔子说:“这些山梁上的野母鸡呀,想飞就飞,想落就落,自由自在啊!”子路向那群野母鸡拱拱手,那群野母鸡展翅飞走了。

先进第十一

11.1

【原文】

子曰:"先进[①]于礼乐(yuè),野人[②]也;后进[③]于礼乐(yuè),君子[④]也。如用之,则吾从先进。"

【注释】

①先进:指先学习礼乐而后再做官的人。

②野人:指朴素粗鲁的人或乡野平民。

③后进:先做官后学习礼乐的人。

④君子:这里指统治者。

【译文】

孔子说:"先学习礼乐而后再做官的人,是(原来没有爵禄的)平民;先当了官然后再学习礼乐的人,是君子。如果选用人才,我主张选用先学习礼乐的人(平民)。"

11.2

【原文】

子曰:"从我于陈、蔡[①]者,皆不及门[②]也。"

【注释】

①陈、蔡:均为国名。孔子周游列国时,曾到过这两个国家,并且在那里同弟子们一起遭受过许多苦难。

②不及门:不在跟前受教。门,这里指受教的场所。

【译文】

孔子说:"曾跟随我到陈国和蔡国去的弟子们,现在都不在我身边受教了。"

11.3

【原文】

德行[1]:颜渊、闵子骞、冉伯牛、仲弓。言语[2]:宰我、子贡。政事[3]:冉有、季路。文学[4]:子游、子夏。

【注释】

①德行:指能实行孝悌、忠恕等道德。

②言语:指善于辞令。

③政事:指能从事政治事务。

④文学:指通晓古代文献。

【译文】

(孔子的弟子中,)德行好的有:颜渊、闵子骞、冉伯牛、仲弓。善于辞令的有:宰我、子贡。擅长政事的有:冉有、季路。通晓文献知识的有:子游、子夏。

11.4

【原文】

子曰:"回也,非助我者也,于吾言无所不说(yuè)。"

【译文】

孔子说:"颜回,是对我没有什么帮助的人呀,他对我说的话没有不好好听的。"

11.5

【原文】

子曰:"孝哉闵子骞!人不间(jiàn)[1]于其父母昆[2]弟之言。"

【注释】

①间:非难,批评,挑剔。

②昆:哥哥,兄长。

【译文】

孔子说："闵子骞真是孝顺呀！人们对于他的父母兄弟赞扬他的话，从没有什么异议。"

11.6

【原文】

南容三复白圭(guī)[①]，孔子以其兄之子妻(qì)之。

【注释】

①白圭：指《诗经·大雅·抑》的诗句："白圭之玷，尚可磨也；斯言之玷，不可为也。"意思是白玉上的污点还可以磨掉，我们言论中有毛病，就无法挽回了。

【译文】

南容反复诵读"白圭之玷，尚可磨也；斯言之玷，不可为也"，孔子就把哥哥的女儿(侄女)嫁给了他。

11.7

【原文】

季康子问："弟子孰为好学？"孔子对曰："有颜回者好学，不幸短命死矣，今也则亡(wú)。"

【译文】

季康子问孔子："您的学生中，谁是好学的？"孔子回答说："有一个叫颜回的学生很好学，不幸短命死了，现在再也没有像他那样好学的人了。"

11.8

【原文】

颜渊死，颜路[①]请子之车以为之椁(guǒ)[②]。子曰："才不才，亦各言其子也。鲤[③]也死，有棺而无椁。吾不徒行以为之椁，以吾从大夫之后[④],不可徒行也。”

【注释】

①颜路:即颜无繇(yóu),字路,颜渊的父亲,也是孔子的学生。

②椁:古人(有身份地位者)所用棺材有两层,内层为棺,外层为椁。

③鲤:孔子的儿子,字伯鱼,早孔子两年去世,死时50岁。

④从大夫之后:这是谦虚的说法。孔子做官时,地位相当于下大夫。从大夫之后,意即当过大夫。孔子在鲁国曾任大司寇,是大夫一级的官员。

【译文】

颜渊去世时,(他的父亲)颜路请求孔子把车子改装成椁。孔子说:“(虽然颜渊和孔鲤)一个有才一个无才,但对你我来说都是儿子。孔鲤死的时候,也是有棺无椁。我没有把自己的车子改装成椁,是因为我跟随在大夫们之后,是不可以徒步而行的(必须有车才行)。”

11.9

【原文】

颜渊死,子曰:“噫!天丧(sàng)予!天丧(sàng)予!”

【译文】

颜渊死的时候,孔子说:“噫!是老天爷要我的命呀!是老天爷要我的命呀!”

11.10

【原文】

颜渊死,子哭之恸(tòng)[①]。从者曰:“子恸矣。”曰:“有恸乎?非夫(fú)[②]人之为恸而谁为?”

【注释】

①恸：本义大哭，指过于悲痛以至于大哭。

②夫：指示代词，此处指颜渊。

【译文】

颜渊死后，孔子极为悲痛，大哭。跟随孔子的人说："您悲痛过度了！"孔子说："是悲痛过度了吗？我不为这个人悲痛过度，又为谁悲痛过度呢？"

11.11

【原文】

颜渊死，门人[①]欲厚葬[②]之。子曰："不可。"门人厚葬之。子曰："回也，视予犹父也，予不得视犹子也[③]。非我也，夫(fú)[④]二三子[⑤]也。"

【注释】

①门人：孔子的弟子。

②厚葬：隆重地安葬。

③予不得视犹子也：我不能把他当儿子一样看待。

④夫：语助词。

⑤二三子：两三个弟子。

【译文】

颜渊死后，孔子的弟子们想要隆重地安葬他。孔子说："不能这样做。"弟子们仍然隆重地安葬了他。孔子说："颜回把我当父亲一样看待，我却不能把他当儿子一样看待。这不是我的本意，是那些弟子们要强行这样做呀。"

11.12

【原文】

季路问事鬼神。子曰："未能事人，焉能事鬼？"曰："敢[①]问死。”曰：“未知生，焉知死？”

【注释】

①敢：表示谦敬，意思是斗胆。

【译文】

季路问怎样去侍奉鬼神。孔子说：“人还没能侍奉好，怎么能侍奉鬼呢？”季路说：“敢问死是怎么回事？”(孔子回答)说：“活还没有弄清楚，怎么能明白死呢？”

11.13

【原文】

闵子[①]侍侧，訚(yín)訚[②]如也；子路，行(hàng)行[③]如也；冉有、子贡，侃侃[④]如也。子乐。“若由也，不得其死然。”

【注释】

①闵子：指闵子骞。

②訚訚：和悦而诚恳的样子。

③行行：刚强、气壮的样子。

④侃侃：说话流畅，轻松自如。

【译文】

闵子骞侍立在孔子身旁，和悦而诚恳；子路刚强而气壮；冉有、子贡则侃侃而谈。孔子非常高兴。(但孔子话锋一转说：)“像仲由这样(总是雄赳赳，气昂昂)，恐怕会死于非命。”

11.14

【原文】

鲁人[①]为长府[②]。闵子骞曰：“仍旧贯[③]，如之何？何必改作？”子曰：“夫(fú)人[④]不言，言必有中(zhòng)。”

【注释】

①鲁人：这里指鲁国的当权者。在当时，“人”与“民”是两个

完全不同的概念。人指官员，民指百姓。

②为长府：改建鲁国的国库。为，改建。长府，鲁国的国库。

③旧贯：盛钱的旧房子。贯，古代串钱的绳索（把方孔钱串在绳子上，每1000个为一贯）。

④夫人：夫，语气词。人，指闵子骞。

【译文】

鲁国当政者翻修仓库。闵子骞道："保持原样，不是很好吗？何必改建呢？"孔子道："这个人（指闵子骞）平日不大开口，一开口就说到点子上。"

11.15

【原文】

子曰："由之瑟（sè）[①]，奚[②]为[③]于丘之门？"门人不敬子路。子曰："由也升堂[④]矣，未入于室[⑤]也。"

【注释】

①瑟：中国古代的拨弦乐器。

②奚：为什么。

③为：弹。

④堂：正厅，入室的必由之路。

⑤室：内室。

【译文】

孔子说："仲由将瑟弹成这样，为什么还在我这里弹呢？"孔子的弟子们因此不敬子路。孔子便说："仲由嘛，（弹瑟水平）已经升堂了，只是还没有入室。"

11.16

【原文】

子贡问："师[①]与商[②]也孰贤？"子曰："师也过，商也不及。"曰：

"然则师愈[③]与?"子曰:"过犹不及。"

【注释】

①师:颛孙师,即子张。

②商:卜商,即子夏。

③愈:胜过。

【译文】

子贡问孔子:"颛孙师和卜商二人谁更好一些呢?"孔子回答说:"颛孙师嘛,做得过头;卜商嘛,有些不足。"子贡说:"那么是颛孙师更好一些吗?"孔子说:"过头和不足是一样的。"

11.17

【原文】

季氏富于周公[①],而求也为之聚敛(liǎn)[②]而附益[③]之。子曰:"非吾徒也。小子鸣鼓[④]而攻之可也。"

【注释】

①周公:一说是周公旦,一说是在周朝天子旁边做公卿的人。后者的可能性大些。

②聚敛:积聚和收集钱财。

③益:增加。

④鸣鼓:过去打仗进攻时鸣鼓,退兵时敲锣。

【译文】

季氏比周公还富有,而冉求还继续帮他积聚和搜刮钱财。孔子说:"他不是我的学生了。你们可以大张旗鼓地轰他出去。"

11.18

【原文】

柴[①]也愚[②],参(shēn)也鲁[③],师也辟[④],由也喭(yàn)[⑤]。

【注释】

①柴：即高柴，字子羔。孔子的学生，比孔子小 30 岁。

②愚：不聪明，这里指愚而耿直。

③鲁：迟钝。

④辟：偏激。

⑤喭：鲁莽，粗鲁，刚猛。

【译文】

高柴愚直，曾参迟钝，颛孙师偏激，仲由鲁莽。

11.19

【原文】

子曰："回也，其庶[①]乎！屡空[②]。赐不受命，而货殖[③]焉，亿[④]则屡中(zhòng)。"

【注释】

①庶：庶几、相近，一般多用于称赞的场合。这里指颜渊的学问道德接近于完善。

②空：贫困，匮乏。

③货殖：做买卖。

④亿：通"臆"，猜测、估计、预测行情。

【译文】

孔子说："颜回的学问道德接近于完善了吧，可是他常常贫困。端木赐不服从命运的安排，去做买卖，对行情每猜必中。"

11.20

【原文】

子张问善人[①]之道。子曰："不践迹[②]，亦不入于室[③]。"

【注释】

①善人：好官。人，官员。

②践迹：踩着前人的脚印走。迹，脚印。

③入于室：进入内室。比喻学问和修养达到了精深地步。

【译文】

子张问如何才能成为一个好官。孔子说："如同走路，如果不沿着前人的脚印走，其学问和修养就不到家。"

11.21

【原文】

子曰："论笃是与[①]，君子者乎？色庄者乎？"

【注释】

①论笃是与：对说话笃实诚恳的人表示赞许。论，言论。笃，诚恳。与，赞许。

【译文】

孔子说："对说话笃实诚恳的人应当表示赞许。但应分辨他是真君子，还是伪装成君子。"

11.22

【原文】

子路问："闻斯行诸[①]？"子曰："有父兄在，如之何其闻斯行之？"冉有问："闻斯行诸？"子曰："闻斯行之。"公西华曰："由也问'闻斯行诸'，子曰，'有父兄在'；求也问'闻斯行诸'，子曰，'闻斯行之'。赤也惑，敢问。"子曰："求也退，故进之；由也兼人[②]，故退之。"

【注释】

①闻斯行诸：听到就行动。诸，"之乎"二字的合音。

②兼人：好勇过人，意即敢作敢为。

【译文】

子路问："听到了就行动如何?"孔子说："有父兄在，怎么能听到了就行动呢?"冉有问："听到了就行动如何?"孔子说："听到了就行动。"公西华说："仲由问'听到了就行动吗'，您回答说'有父兄在'；冉求问'听到了就行动吗'，您回答说'听到了就行动'。我被弄糊涂了，冒昧地问问。"孔子说："冉求总是退缩，我那样讲是为了鼓励他；仲由好勇过人，我那样讲是为了约束他。"

11.23

【原文】

子畏[①]于匡，颜渊后。子曰："吾以女(rǔ)为死矣。"曰："子在，回何敢死?"

【注释】

①畏：难。这里指受难、蒙难。另解释为受到威胁。

【译文】

孔子在匡地受到当地人围困，颜渊最后才逃出来。孔子说："我以为你已经死了呢。"颜渊说："夫子活着，我怎么敢死呢?"

11.24

【原文】

季子然[①]问："仲由、冉求可谓大臣[②]与?"子曰："吾以子为异之问，曾[③]由与求之问。所谓大臣者，以道事君，不可则止。今由与求也，可谓具臣[④]矣。"曰："然则从之[⑤]者与?"子曰："弑父与君，亦不从也。"

【注释】

①季子然：姓季孙，名平子，字子然。也有注说其名襄，字子然。

②大臣：帮助天子与国君处理政事的人。天子与国君遇事时往往向大臣咨询。

③曾：乃，原来是。

④具臣：办理具体事务的官员，地位比大臣低。

⑤之：指季氏。当时冉求和子路都是季氏的家臣。

【译文】

季子然问："仲由和冉求可以算是大臣吗?"孔子说："我以为您是问别人，原来是问由和求呀。所谓大臣者，侍奉君主时办事讲原则，如大道不行，他宁肯不做。由和求这两个人，顶多也就是办理具体事务的具臣。"季子然说："那么他们会完全服从吗?"孔子说："杀父、弑君这样的事，他们是不会跟着干的。"

11.25

【原文】

子路使子羔[①]为费(bì)宰。子曰："贼[②]夫(fú)人之子。"子路曰："有民人焉，有社稷[③]焉，何必读书，然后为学?"子曰："是故恶(wù)夫(fú)佞者。"

【注释】

①子羔：姓高，名柴，字子羔，齐国人，小孔子30岁(《家语》作40岁)。孔子以为愚，不怎么看重他。曾受子路提携，做了费郈宰。后来卫乱，子路死，高柴逃归，孔子赞他明大义、善保身。

②贼：害。

③社稷：指祭祀土地神和谷神的地方，即社稷坛。古代国都及各地都设立社稷坛，分别由国君和地方长官主祭，故社稷成为国家政权的象征。社，土地神。稷，谷神。

【译文】

子路让子羔去做费地的长官。孔子说："这是在坑害人家的孩子。"子路说："那个地方有老百姓，有社稷，(管理百姓、进行祭祀活动，不是很好吗?)何必读书，何必光做学问呢?"孔子说："所以我讨厌强词夺理、善于狡辩的人。"

11.26

【原文】

子路、曾皙[①]、冉有、公西华侍坐。子曰："以吾一日长(zhǎng)乎尔，毋吾以也[②]。居[③]则曰：'不吾知也！'如或知尔，则何以哉[④]？"子路率尔[⑤]而对曰："千乘(shèng)之国，摄[⑥]乎大国之间，加之以师旅，因之以饥馑，由也为之，比及三年，可使有勇，且知方也。"夫子哂[⑦]之。"求，尔何如？"对曰："方六七十[⑧]，如五六十，求也为之，比及三年，可使足民。如其礼乐(yuè)，以俟(sì)君子。""赤，尔何如？"对曰："非曰能之，愿学焉。宗庙之事[⑨]，如会同[⑩]，端章甫(fǔ)[⑪]，愿为小相(xiàng)[⑫]焉。""点，尔何如？"鼓瑟希[⑬]，铿(kēng)尔，舍瑟而作[⑭]，对曰："异乎三子者之撰(zhuàn)[⑮]。"子曰："何伤乎？亦各言其志也。"曰："莫(mù)[⑯]春者，春服既成，冠者[⑰]五六人，童子六七人，浴乎沂[⑱]，风乎舞雩(yú)[⑲]，咏而归。"夫子喟然叹曰："吾与点也！"三子者出，曾皙后。曾皙曰："夫(fú)三子者之言何如？"子曰："亦各言其志也已矣。"曰："夫子何哂由也？"曰："为国以礼，其言不让，是故哂之。""唯[⑳]求则非邦也与？""安见方六七十如五六十而非邦也者？""唯赤则非邦也与？""宗庙会同，非诸侯而何？赤也为之小，孰能为之大？"

【注释】

①曾皙：姓曾，名点，字子皙，曾参的父亲，也是孔子的学生。

②以吾一日长乎尔，毋吾以也：不要因为我比你们年长而不敢说话。

③居：平日，平时。

④则何以哉：将会怎么样呢。

⑤率尔：轻率，急切。

⑥摄：迫于，夹于。

⑦哂：讥讽地微笑。

⑧方六七十：纵横各六七十里。

⑨宗庙之事：指祭祀之事。

⑩会同：诸侯会见。

⑪端章甫：端，古代礼服的名称。章甫，古代礼帽的名称。

⑫相：赞礼之人，司仪。

⑬希：通“稀”，指弹瑟的速度放慢，节奏逐渐稀疏。

⑭作：站起来。

⑮撰：撰述，说法。

⑯莫：通“暮”。

⑰冠者：成年人。古代子弟到 20 岁时行冠礼，表示已经成年。

⑱沂：水名，发源于山东南部，流经江苏北部入海。

⑲舞雩：地名，原是祭天求雨的地方，在今山东曲阜南。

⑳唯：语首词，无实义。

【译文】

子路、曾皙、冉有、公西华四个人陪孔子坐着。孔子说：“我年龄比你们大，不要因为我年长而不敢说话。你们平时总说：‘没人了解我呀！’假如有人了解你们，那你们会成为什么样的人？”子路率先回答：“一个拥有千辆兵车的国家，夹在大国中间，常常受到别国侵犯，且国内又闹饥荒，假若让我去治理，只要三年，就可以使人们勇敢善战，而且懂得如何去做。”孔子听了，微笑一下，似有讥讽之意。孔子又问：“冉求，你怎么样呢？”冉求答道：“国土有六七十里或五六十里见方的国家，让我去治理，三年以后，就可以使百姓富足。至于礼乐教化，就要等君子来施行了。”孔子又问：“公西赤，你怎么样？”公西赤答道：“我不敢说能做到，而是愿意学习，向这方面努力。在宗庙祭祀的活动中，或者在同别国的会盟中，我愿意穿着礼服，戴着礼帽，做个负责些具体工作的小司仪。”孔子又问：“曾点，你怎么样呢？”曾点正在弹瑟。听到孔子的问话，他放慢动作，接着“铿”的一声，离开瑟站起来，回答说：“我想的和他们三位说的不一样。”孔子说：“那有什么关系呢？也就是各人讲各自的志向罢了。”曾皙说：“春暮时，换上春装，和五六位成年人，带上六七个少年，去沂河里洗洗澡，在舞雩台上吹吹风，一路唱着歌走回来。”孔子长叹一声说：“我赞成曾点的想法。”子路、冉有、公西华三个人先出去了，曾皙后走。曾皙问孔子说：“他们三人的话怎么样？”孔子说：“也就是各自谈谈自己的志向罢了。”曾皙说：“夫子为什么要讥笑仲由呢？”孔子说：“治理国家要讲礼让，可是他说话一点也不谦让，所以我笑他。”曾皙又问：“那么是不是冉求讲的不是治理国家呢？”孔子说：“哪里见得六七十里或五六十里见方的地方就不是国家呢？”曾皙又问：“公西赤讲的是治理国家吗？”孔子说：“宗庙祭祀和诸侯会盟，这不是诸侯间的大事又是什么？像公西赤这样的人如果只能做一个小司仪，那谁又能做大司仪呢？”

颜渊第十二

12.1

【原文】

颜渊问仁。子曰："克己复礼[①]为仁。一日[②]克己复礼，天下归仁[③]焉。为仁由己，而由人乎哉？"颜渊曰："请问其目[④]。"子曰："非礼勿视，非礼勿听，非礼勿言，非礼勿动。"颜渊曰："回虽不敏，请事[⑤]斯语矣。"

【注释】

①克己复礼：克己，克制自己。复礼，使自己的言行符合礼的要求。

②一日：一旦，假如有一天。

③归仁：归顺仁道。归，归顺。仁，仁道。

④目：与"纲"相对，指孔眼、网眼，如"举一纲而万目张"。后引申为条目、细目。

⑤事：从事，照着去做。

【译文】

颜渊问怎样做才是仁。孔子说："克制自己，一切都照着礼的要求去做，这就是仁。假如某一天，天下人都做到了克己复礼，那么天下就会变成一个仁爱的世界。实行仁德，完全在于自己，难道还在于别人吗？"颜渊说："请问实行仁的细则。"孔子说："不合于礼的不要看，不合于礼的不要听，不合于礼的不要说，不合于礼的不要做。"颜渊说："弟子我虽然愚笨，但会照您说的去做。"

12.2

【原文】

仲弓问仁。子曰："出门如见大宾①，使民如承大祭②；己所不欲，勿施于人③；在邦④无怨，在家⑤无怨。"仲弓曰："雍虽不敏，请事⑥斯语矣。"

【注释】

①大宾：重要的客人，贵宾。

②大祭：重要的祭祀活动。

③己所不欲，勿施于人：自己不愿意做的，不要强迫别人去做。

④邦：诸侯统治的国家。

⑤家：卿大夫统治的封地。

⑥事：从事，照着去做。

【译文】

仲弓问怎样做才是仁。孔子说："出门办事如同去接待贵宾，使唤百姓如同去进行重大的祭祀；自己不愿意做的，不要强加于别人；在诸侯的国家里没人怨恨（自己），在卿大夫的封地里也没人怨恨（自己）。"仲弓说："我虽然笨，会按照您的话去做。"

12.3

【原文】

司马牛①问仁。子曰："仁者，其言也讱（rèn）②。"曰："其言也讱，斯③谓之仁已乎？"子曰："为之难，言之得无讱乎？"

【注释】

①司马牛：姓司马，名耕，又名犁，字子牛。孔子的弟子，宋国人。《史记·仲尼弟子列传》提到过他，说他"多言而躁"。

②讱：话难说出口，这里引申为说话谨慎。

③斯：就。

【译文】

司马牛问怎样做才是仁。孔子说："仁人说话是谨慎的。"司马牛说："说话慎重，这就叫作仁了吗？"孔子说："做起来困难，说话能不谨慎吗？"

12.4

【原文】

司马牛问君子。子曰："君子不忧不惧。"曰："不忧不惧，斯谓之君子已乎？"子曰："内省(xǐng)不疚，夫(fú)何忧何惧？"

【译文】

司马牛问怎样做一个君子。孔子说："君子不忧愁、不恐惧。"司马牛说："不忧愁，不恐惧，就可以叫作'君子'了吗？"孔子说："自己问心无愧，那还有什么忧愁和恐惧呢？"

12.5

【原文】

司马牛忧曰："人皆有兄弟，我独亡(wú)。"子夏曰："商闻之矣，'死生有命，富贵在天'。君子敬而无失，与人恭而有礼，四海之内，皆兄弟也。君子何患乎无兄弟也？"

【译文】

司马牛忧愁地说："别人都有兄弟，唯独我没有。"子夏说："我听说过，'死生有命，富贵在天'。君子只要对待所做的事情严肃认真，不出差错，对人恭敬而合乎礼的规定，那么，天下人就都是他的兄弟了。作为君子，怎么会担忧自己没有兄弟呢？"

12.6

【原文】

子张问明。子曰："浸润之谮(zèn)①，肤受之愬(sù)②，不行焉，可谓明也已矣。浸润之谮，肤受之愬，不行焉，可谓远[3]也已矣。”

【注释】

①浸润之谮：像水那样一点一滴地渗进来的谗言。这种谗言不易觉察。谮，谗言。

②肤受之愬：像皮肤感觉到疼痛那样的诬告，即恶毒的诽谤。这种诽谤容易激怒人。愬，诬告。

③远：明之至，明智的最高境界。

【译文】

子张问怎样才算是明智。孔子说：“像水润物那样暗中挑拨的坏话，像切肤之痛那样直接的诽谤，在你那里行不通，那你可以算是明智的了。像水润物那样暗中挑拨的坏话，像切肤之痛那样直接的诽谤，在你那里行不通，那你可以算是有远见的了。”

12.7

【原文】

子贡问政。子曰：“足食，足兵[1]，民信之矣。”子贡曰：“必不得已而去，于斯三者何先？”曰：“去兵。”子贡曰：“必不得已而去，于斯二者何先？”曰：“去食。自古皆有死，民无信不立。”

【注释】

①兵：兵器、武器。这里指军队、军备。

【译文】

子贡问怎样治理国家。孔子说：“粮食充足，军备充足，老百姓信任。”子贡说：“如果不得不去掉一项，那么在三项中先去掉哪一项呢？”孔子说：“去掉军备。”子贡说：“如果不得不再去掉一项，那么这两项中去掉哪一项呢？”孔子说：“去掉粮食。自古以来，什么东西都有灭亡的时候，如果老百姓对统治者不信任，那么国家就无法存在。”

12.8

【原文】

棘子成[①]曰:“君子质而已矣,何以文为?”子贡曰:“惜乎,夫子[②]之说君子也!驷不及舌[③]。文犹质也,质犹文也,虎豹之鞟(kuò)[④]犹犬羊之鞟。”

【注释】

①棘子成:卫国大夫。古代大夫都可以被尊称为“夫子”,所以子贡这样称呼他。

②夫子:这里指棘子成。

③驷不及舌:指话一说出口,就收不回来了。驷,拉一辆车的四匹马。

④鞟:去掉毛的兽皮。

【译文】

棘子成说:“君子只要本质好就行了,要那些形式干什么呢?”子贡说:“真遗憾,夫子您这样谈论君子!一言既出,驷马难追。本质就是文采,文采就是本质,二者是同等重要的。去掉了毛的虎皮、豹皮,就如同去掉了毛的狗皮、羊皮一样(是难以区分的)。”

12.9

【原文】

哀公问于有若曰:“年饥,用不足,如之何?”有若对曰:“盍彻[①]乎?”曰:“二[②],吾犹不足,如之何其彻也?”对曰:“百姓足,君孰与不足?百姓不足,君孰与足?”

【注释】

①彻:西周时的一种田税制度,“什一而税谓之彻”。

②二:抽取十分之二的税。

【译文】

鲁哀公问有若说："遭了饥荒，用度困难，怎么办？"有若回答说："为什么不实行彻法，抽十分之一的税呢？"哀公说："现在抽十分之二，我还不够，怎么能实行彻法呢？"有若说："如果百姓的用度够，您怎么会用度不够呢？如果百姓的用度不够，您用度够又有什么意思呢？"

12.10

【原文】

子张问崇德[①]、辨惑[②]。子曰："主忠信，徙(xǐ)义[③]，崇德也。爱之欲其生，恶(wù)之欲其死。既欲其生，又欲其死，是惑也。'诚不以富，亦祇以异。'[④]"

【注释】

①崇德：尊崇道德。

②惑：迷惑，不分是非。

③徙义：向义靠拢。徙，迁移。

④诚不以富，亦祇以异：语出《诗经·小雅·我行其野》。意思是说，这样做即使不是嫌贫爱富，也是喜新厌旧。此诗表现了一个被遗弃的女子对其丈夫喜新厌旧的愤怒情绪。(这里有此句，令人费解)

【译文】

子张问怎样提高道德修养和辨别是非的能力。孔子说："以忠信为主，使自己的思想合于义，这就是提高道德修养水平了。爱一个人，就希望他活下去；厌恶起来，就恨不得他立刻死去。既要他活，又要他死，这就是迷惑。(正如《诗》所说的：)'即使不是嫌贫爱富，也是喜新厌旧。'"

12.11

【原文】

齐景公[1]问政于孔子。孔子对曰:“君君,臣臣,父父,子子。”公曰:“善哉!信如君不君,臣不臣,父不父,子不子,虽有粟[2],吾得而食诸?”

【注释】

①齐景公:名杵(chǔ)臼(jiù),齐国国君,公元前547～前490年在位,在位时间长达57年。

②粟:小米,古称“稷”或“粟”。脱壳制成的粮食,因其粒小,故名。原产于中国北方黄河流域,是中国古代的主要粮食作物之一。

【译文】

齐景公问孔子如何治理国家。孔子说:“做君主的要像君主的样子,做臣子的要像臣子的样子,做父亲的要像父亲的样子,做儿子的要像儿子的样子。”齐景公说:“讲得多好呀!如果君不像君,臣不像臣,父不像父,子不像子,虽然有粮食(小米),我能吃得上吗?”

12.12

【原文】

子曰:“片言[1]可以折狱[2]者,其由也与[3]?”子路无宿诺[4]。

【注释】

①片言:诉讼双方中一方的言辞,即片面之词,古时也叫“单辞”。

②折狱:断案。狱,案件。

③其由也与:大概只有仲由吧。

④宿诺:拖了很久而没有兑现的诺言。宿,久。

【译文】

孔子说："只听了单方面的供词就可以判决案件的，大概只有仲由吧？"子路对应诺的事总是马上去做，从不拖拉。

12.13

【原文】

子曰："听讼[①]，吾犹人也。必也使无讼[②]乎！"

【注释】

①听讼：审理案件。讼，诉讼。

②使无讼：使没有诉讼案件发生。

【译文】

孔子说："审理案件，我同别人没有什么两样。（听讼的目的，）最好是使人们不进行诉讼！"

12.14

【原文】

子张问政。子曰："居之无倦，行之以忠。"

【译文】

子张问如何治理政事。孔子说："恪尽职守不懈怠，执行政令要忠诚。"

12.15

【原文】

子曰："博学于文，约之以礼，亦可以弗畔矣夫（fú）！"[①]

【注释】

①本章系重出，见 6.27 章，略有差异。

【译文】

孔子说："广泛地学习各种文化知识，又以礼来约束自己，这样就不会犯错了。"

12.16

【原文】

子曰："君子成人之美，不成人之恶。小人反是。"

【译文】

孔子说："君子成全别人的好事，而不助长别人的恶行。小人则与此相反。"

12.17

【原文】

季康子问政于孔子。孔子对曰："政者正也。子帅以正，孰敢不正？"

【译文】

季康子问孔子如何治理国家。孔子回答说："政的本义就是正。假如您本人行得正，那还有谁敢不正呢？"

12.18

【原文】

季康子患盗，问于孔子。孔子对曰："苟子之不欲，虽赏之不窃。"

【译文】

季康子担忧被盗，问孔子怎么办。孔子回答说："假如你自己不贪图钱财，即使奖励偷窃，也没有人偷盗。"

12.19

【原文】

季康子问政于孔子曰："如杀无道[①]，以就有道[②]，何如？"孔子对曰："子为政，焉用杀？子欲善而民善矣。君子之德风，小人之德草。草上之风[③]，必偃[④]。"

【注释】

①无道：指无道的人。

②有道：指有道的人。

③草上之风：吹草的风。

④偃：仆，倒。

【译文】

季康子问政，说："如果杀掉无道的人，留下有道的人，怎么样？"孔子说："您治理国家，怎么能用杀戮的手段呢？您只要行善，老百姓也会跟着行善。在上位的人的品德好比风，在下位的人的品德好比草。风吹到草上，风向什么方向吹，草就向什么方向倒（草是随风倒的）。"

12.20

【原文】

子张问："士何如斯可谓之达[①]矣？"子曰："何哉，尔所谓达者？"子张对曰："在邦必闻[②]，在家必闻。"子曰："是闻也，非达也。夫（fú）达也者，质[③]直而好义，察言而观色，虑以下人[④]。在邦必达，在家必达。夫（fú）闻也者，色取仁而行违，居之不疑。在邦必闻，在家必闻。"

【注释】

①达：通达。

②闻：有名声。

③质:本质,本色。

④下人:地位低的人。

【译文】

子张问:"士怎样才可以叫作达?"孔子说:"你说的达是什么意思?"子张答道:"在诸侯的国家里有名望,在大夫的封地里也有名声。"孔子说:"这只是虚假的名声,不是通达。所谓达,要为人正直,见义勇为,善于揣摩别人的话语,善于察看别人的脸色,从下位人的角度考虑问题。这样的人,就可以在诸侯的国家里行得开,在大夫的封地里行得通。至于那些有虚假名声的人,只是外表上装出仁的样子,而行动上却正是违背了仁,自己还以仁人自居不惭愧。这种人在诸侯的国家里追求的是出名,在大夫的封地里追求的也是出名。"

12.21

【原文】

樊迟从游于舞雩之下,曰:"敢问崇德、修慝(tè)[①]、辨惑。"子曰:"善哉问!先事后得[②],非崇德与?攻其恶,无攻人之恶,非修慝与?一朝之忿[③],忘其身,以及其亲,非惑与?"

【注释】

①修慝:改正邪恶的念头。修,改正。慝,邪恶的念头。

②先事后得:先致力于做事,把利禄放在后面。

③忿:愤怒,气愤。

【译文】

樊迟陪着孔子在舞雩台下散步,说:"请问怎样提高品德修养?怎样改正自己的邪念?怎样辨别迷惑?"孔子说:"问得好!先致力于做事,后说报酬的事,这不就是提高品德了吗?检讨自己的错误,而不是只攻击别人的错误,这不就是改邪为正吗?由于一时气愤,就忘记了自身的安危,以至于牵连自己的亲人,这不就是迷惑吗?"

12.22

【原文】

樊迟问仁。子曰:“爱人。”问知(zhì)。子曰:“知人。”樊迟未达。子曰:“举直错诸枉①,能使枉者直。”樊迟退,见子夏,曰:“乡(xiàng)②也,吾见于夫子而问知(zhì),子曰:‘举直错诸枉,能使枉者直。’何谓也?”子夏曰:“富哉言乎!舜有天下,选于众,举皋(gāo)陶(yáo)③,不仁者远④矣。汤⑤有天下,选于众,举伊尹⑥,不仁者远矣。”

【注释】

①举直错诸枉:选拔直者,罢黜枉者。错,通“措”,放置。枉,不正直、邪恶。

②乡:通“向”,刚才。

③皋陶:姓嬴,名聩,出生地为山东曲阜,逝世地为皋城(今安徽六安)。他是舜、禹时期的士、士师、大理官,是中国历史上第一位大法官。

④远:用作动词,远离、远去。

⑤汤:商朝的第一个君主,名履。

⑥伊尹:一说名挚,商初大臣,曾辅助汤灭夏兴商。生于伊洛流域古有莘国的空桑涧(今山东曹县)。因为其母亲在伊水居住,以伊为氏。尹为官名。甲骨卜辞中称伊尹为“伊”,金文则称其为“伊小臣”。

【译文】

樊迟问什么是仁。孔子说:“爱人。”樊迟问什么是智。孔子说:“知人。”樊迟还不明白。孔子说:“选拔正直的人,罢黜邪恶的人,这样就能使邪者归正。”樊迟退出来,见到子夏说:“刚才我见到老师,问他什么是智,他说:‘选拔正直的人,罢黜邪恶的人,这样就能使邪者归正。’这是什么意思?”子夏说:“这话说得多么深刻呀！舜之所以有天下，是因为在众人中把皋陶选拔出来，不仁的人就远去了。汤之所以有天下，是因为在众人中把伊尹选拔出来，不仁的人就远去了。”

12.23

【原文】

子贡问友。子曰：“忠告而善道之，不可则止，毋自辱焉。”

【译文】

子贡问怎样对待朋友。孔子说：“诚心诚意地劝告他，用恰如其分的方式引导他，如果不听也就罢了，不要自取其辱。”

12.24

【原文】

曾子曰：“君子以文会友，以友辅仁。”

【译文】

曾子说：“君子以文章学问来结交朋友，依靠朋友(帮助自己)提高仁德。”

子路第十三

13.1

【原文】

子路问政。子曰:“先之,劳之[①]。”请益[②]。曰:“无倦[③]。”

【注释】

①先之,劳之:先之,做在下属或老百姓之前,率先垂范。劳之,动员下属或老百姓劳动。

②请益:请求多讲一点。

③无倦:不厌倦,不松懈。

【译文】

子路问怎样管理政事。孔子说:“凡事做在下属(或老百姓)之前,使下属(或老百姓)勤劳。”子路请孔子多讲一些。孔子补充说:“要勤勉,不要懈怠。”

13.2

【原文】

仲弓为季氏宰,问政。子曰:“先[①]有司[②],赦小过,举贤才。”曰:“焉知贤才而举之?”曰:“举尔所知。尔所不知,人其舍诸[③]?”

【注释】

①先:做在前。

②有司:古代负责具体事务的官吏。

③诸:“之乎”二字的合音。

【译文】

仲弓做了季氏的家臣,问怎样管理政事。孔子说:“做在负责具体事务的官吏前面,赦免手下人的小过错,选拔贤才来任职。”

仲弓又问："怎样知道是贤才而把他们选拔出来呢？"孔子说："选拔你所知道的。至于你不知道的贤才，别人难道会埋没他们吗？"

13.3

【原文】

子路曰："卫君[①]待子而为政，子将奚[②]先？"子曰："必也正名[③]乎！"子路曰："有是哉？子之迂[④]也！奚其正？"子曰："野哉，由也！君子于其所不知，盖阙(quē)[⑤]如也。名不正则言不顺，言不顺则事不成，事不成则礼乐(yuè)不兴，礼乐(yuè)不兴则刑罚不中(zhòng)[⑥]，刑罚不中(zhòng)则民无所措手足。故君子名之必可言也，言之必可行也。君子于其言，无所苟[⑦]而已矣。"

【注释】

①卫君：卫出公，名辄，卫灵公之孙。其父蒯聩被卫灵公驱逐出国。卫灵公死后，蒯辄继位。蒯聩要回国争夺君位，遭到蒯辄拒绝。这里，孔子对此事提出了自己的看法。

②奚：为什么。

③正名：即正名分。

④迂：迂腐。

⑤阙：放在一旁。

⑥中：得当。

⑦苟：苟且，马马虎虎。

【译文】

子路(对孔子)说："如果卫国国君要您去治理国家，您打算先从什么地方做起呢？"孔子说："首先要正名啊。"子路说："有这样做的吗？老师真是迂腐！正什么名？"孔子说："仲由，你真是胡搅蛮缠！君子对于他所不知道的事情，应放在一旁不表态。名分不正，说起话来就不顺当合理；说话不顺当合理，事情就办不成；事情办不成，礼乐也就不能兴盛；礼乐不能兴盛，刑罚的执行就不会得当；刑罚不得当，百姓就不知怎么办好。因此，君子做事一定要师出有名，此名必须能够说得通，说得通才能行得通。君子对于自己所说的话，是一点也不敢马虎的。”

13.4

【原文】

樊迟请学稼。子曰：“吾不如老农。”请学为圃(pǔ)[①]。曰：“吾不如老圃。”樊迟出。子曰：“小人哉，樊须也！上好礼，则民莫敢不敬；上好义，则民莫敢不服；上好信，则民莫敢不用情[②]。夫(fú)如是，则四方之民襁[③]负其子而至矣，焉用稼？”

【注释】

①圃：菜地，引申为种菜。

②用情：以真心实意来对待。

③襁：又称“背单”，背小孩子的布、布带。这里用作动词。

【译文】

樊迟(向孔子)请教如何种庄稼。孔子说：“我不如老农。”樊迟又请教如何种菜。孔子说：“我不如老菜农。”樊迟退出以后，孔子说：“樊迟，真是小人！在上位的人只要重视礼，老百姓就不敢不敬畏；在上位的人只要重视义，老百姓就不敢不服从；在上位的人只要重视信，老百姓就不敢不用真心实情来对待。要是做到这样，四面八方的老百姓就会背着自己的小孩来投奔，哪里用得着自己去种庄稼呢？”

13.5

【原文】

子曰：“诵《诗》三百，授之以政，不达[①]；使于四方，不能专对[②]。虽多，亦奚以[③]为？”

【注释】

①达：通达，融会贯通。

②专对：独立对答，应对。

③以：用。

【译文】

孔子说："把《诗》三百篇背得很熟，让他处理政务，不能融会贯通；让他当外交使节，又不能独立应对。背得虽多，又有什么用呢？"

13.6

【原文】

子曰："其身正，不令而行；其身不正，虽令不从。"

【译文】

孔子说："自身正了，即使不下命令，老百姓也会跟着去干；自身不正，即使下了命令，老百姓也不一定服从。"

13.7

【原文】

子曰："鲁、卫之政，兄弟也。"

【译文】

孔子说："鲁和卫两国的政治，就像兄弟之间的事一样（差不多）。"

13.8

【原文】

子谓卫公子荆[①]："善居室[②]。始有，曰'苟[③]合[④]矣'；少有，曰'苟完矣'；富有，曰'苟美矣'。"

【注释】

①卫公子荆:卫国大夫,字南楚,卫献公的儿子。

②善居室:善于管理经济,居家过日子。

③苟:将就,差不多。

④合:足够。

【译文】

孔子谈到卫国的公子荆时说:“他善于居家理财。刚开始有一点(财产),他说‘差不多已经够了’;稍微多一点时,他说‘差不多已经完备了’;更多一点时,他说‘差不多已经完美了’。”

13.9

【原文】

子适卫,冉有仆(pú)[①]。子曰:“庶[②]矣哉!”冉有曰:“既庶矣,又何加焉?”曰:“富之。”曰:“既富矣,又何加焉?”曰:“教之。”

【注释】

①仆:驾车。

②庶:众多,这里指人口众多。

【译文】

孔子到卫国去,冉有为他驾车。孔子说:“人口真多呀!”冉有说:“人口已经够多了,还要再做什么呢?”孔子说:“使他们富起来。”冉有说:“富了以后还要做些什么?”孔子说:“对他们进行教化。”

13.10

【原文】

子曰:“苟[①]有用我者,期(jī)月[②]而已可也,三年有成。”

【注释】

①苟:假设。

②期月:从这一年的此月份到下一年的此月份,时间为一整年。

【译文】

孔子说:"假设有人用我治理国家,一年便可以治理得差不多,三年就一定会大见成效。"

13.11

【原文】

子曰:"'善人为邦[1]百年,亦可以胜残去杀矣。'诚哉是言也!"

【注释】

①为邦:治理国家。

【译文】

孔子说:"'善人治理国家,经过一百年,也就可以消除残暴,废除杀戮了。'这话真对呀!"

13.12

【原文】

子曰:"如有王者,必世[1]而后仁。"

【注释】

①世:代。三十年为一世。

【译文】

孔子说:"如果有王者兴起,也一定要三十年后才能实现仁政。"

13.13

【原文】

子曰:"苟正其身矣,于从政乎何有?不能正其身,如正人何?"

【译文】

孔子说："如果自己行得正，从政会有什么困难呢？如果自己行得不正，又如何使别人行得正呢？"

13. 14

【原文】

冉子[①]退朝。子曰："何晏[②]也？"对曰："有政[③]。"子曰："其事也。如有政，虽不吾以，吾其与闻之。"

【注释】

①冉子：冉有。在孔子的弟子中，称"子"的不多，冉有是其中之一。

②晏：晚。

③政：政事，国家大事。

【译文】

冉求退朝回来。孔子说："为什么回来得这么晚呀？"冉求说："有大事。"孔子说："只是一般的事务吧。如果有大事，即使我没有参与，我也会听说的。"

13. 15

【原文】

定公[①]问："一言[②]而可以兴邦，有诸？"孔子对曰："言不可以若是，其几(jī)[③]也。人之言曰：'为君难，为臣不易。'如知为君之难也，不几(jī)乎一言而兴邦乎？"曰："一言而丧(sàng)邦，有诸？"孔子对曰："言不可以若是，其几(jī)也。人之言曰：'予无乐乎为君，唯其言而莫予违[④]也。'如其善而莫之违也，不亦善乎？如不善而莫之违也，不几(jī)乎一言而丧(sàng)邦乎？"

【注释】

①定公：名宋，鲁国国君，鲁昭公之子。

②一言：有时指一个字，有时指一句话。这里指一句话。

③几：差不多。

④莫予违：不违背我。

【译文】

鲁定公问："一句话就可以使国家兴盛，有这样的话吗？"孔子答道："不可能有这样的话，但有近似的话。有人说：'做君主难，做臣下也不容易。'做国君的如果明白了这句话，不几乎是一言兴邦吗？"鲁定公又问："一句话可以亡国，有这样的话吗？"孔子回答说："不可能有这样的话，但有近似的话。有人说过：'我做君主并没有什么可高兴的，我所高兴的只在于我所说的话没有人敢于违抗。'如果说得对而没有人违抗，不也是很好的吗？但如果说得不对而没有人违抗，那不就近乎一言丧邦吗？"

13.16

【原文】

叶公问政。子曰："近者悦(yuè)，远者来。"

【译文】

叶公问如何为政。孔子说："使近处的人高兴，使远处的人来归附。"

13.17

【原文】

子夏为莒(jǔ)父[①]宰[②]，问政。子曰："无欲速，无见小利。欲速则不达，见小利则大事不成。"

【注释】

①莒父：鲁国的一个城邑，在今山东莒县境内。

②宰：先秦时代君主或诸侯等贵族的副官，在内管家称"宰"，在外理事称"相"。

【译文】

子夏做了莒父的宰，问孔子怎样处理政事。孔子说："不要求快，不要贪求小利。求快反而达不到目的，贪求小利就做不成大事。"

13.18

【原文】

叶公语(yù)孔子曰："吾党[①]有直躬[②]者，其父攘(rǎng)羊[③]，而子证[④]之。"孔子曰："吾党之直者异于是：父为子隐，子为父隐，直在其中矣。"

【注释】

①党：古代500户为一党。

②直躬：直身而行。

③攘羊：偷别人家的羊。攘，侵夺、偷窃。

④证：做证，这里引申为揭发、告发。

【译文】

叶公告诉孔子说："我的家乡有个正直的人，他的父亲偷了人家的羊，他告发了父亲。"孔子说："我家乡的正直的人和你讲的正直的人不一样：(若有这种事，)父亲为儿子隐瞒，儿子为父亲隐瞒，正直就在其中了。"

13.19

【原文】

樊迟问仁。子曰："居处(chǔ)恭，执事敬，与人忠。虽之夷狄[①]，不可弃也。"

【注释】

①夷狄：古代中原地区对少数民族的称呼。居于东部者称为"夷"，居于北部者称为"狄"。

【译文】

樊迟问怎样才是仁。孔子说："平常在家规规矩矩，办事严肃认真，待人忠心诚意。即使到了夷狄，也不可背弃。"

13.20

【原文】

子贡问曰："何如斯可谓之士[①]矣？"子曰："行己有耻，使于四方，不辱君命，可谓士矣。"曰："敢问其次。"曰："宗族称孝焉，乡党称弟(tì)焉。"曰："敢问其次。"曰："言必信，行必果[②]，硁(kēng)硁[③]然小人哉！抑亦可以为次矣。"曰："今之从政者何如？"子曰："噫！斗筲(shāo)之人[④]，何足算也？"

【注释】

①士：上古掌刑狱之官。商、西周、春秋时为贵族阶层，多为卿大夫的家臣。士在周代贵族中位于最低层。春秋末年以后，逐渐成为统治阶级中知识分子的统称。

②果：果断，坚决。

③硁硁：象声词，敲击石头的声音。这里引申为像石块那样坚硬。

④斗筲之人：比喻器量狭小的人。斗，古代容量单位，十升为一斗。筲，竹器，盛一斗二升。

【译文】

子贡问道："怎样才可以叫作士呢？"孔子说："自己在做事时有知耻之心，出使外国各方，能够完成君主交付的使命，可以叫作士。"子贡说："请问次一等的呢？"孔子说："宗族中的人称赞他孝顺父母，乡党们称赞他尊敬兄长。"子贡又问："请问再次一等的呢？"孔子说："说到一定做到，做事一定坚持到底，不问是非地固执己见，那是小人啊！但也可以说是再次一等的士了。"子贡说："现在的执政者，您看怎么样？"孔子说："唉！都是些器量狭小的人，哪里能算得上是士呢？"

13.21

【原文】

子曰："不得中行[1]而与之，必也狂狷(juàn)[2]乎！狂者进取，狷者有所不为也。"

【注释】

①中行：行为合乎中庸。

②狂狷：狂，言行粗野，不受约束。狷，行为拘谨，胆小怕事。

【译文】

孔子说："找不到奉行中庸之道的人共事，现在的人不是言行粗野就是谨小慎微！言行粗野的人敢作敢为，谨小慎微的人缩手缩脚。"

13.22

【原文】

子曰："南人[1]有言曰：'人而无恒，不可以作巫医[2]。'善夫(fú)！""不恒其德，或承之羞。"[3]子曰："不占[4]而已矣。"

【注释】

①南人：南方之人。在孔子看来，吴、楚等地的人当属南人。

②巫医：用卜筮为人治病的人。

③不恒其德，或承之羞：不能恒久地持守自己的仁心，或许会因此蒙受耻辱(见《易经·恒卦·爻辞》)。

④占：占卜。古人迷信，用火灼龟甲，以为看了那灼开的裂纹，就可以推测出行事的吉凶。

【译文】

孔子说："南方人有句话说：'人如果做事没有恒心，是不能做巫医的。'这句话说得真好啊！""不恒其德，或承之羞。"孔子说："这是无须占卜就会明白的。"

13.23

【原文】

子曰:“君子和[1]而不同[2],小人同[3]而不和[4]。”

【注释】

①和:心不争。

②不同:立志各异。

③同:恶性一致。

④不和:争斗。

【译文】

孔子说:“君子讲求和谐相处,但相互尊重;小人臭味相投,但明争暗斗。”

13.24

【原文】

子贡问曰:“乡人[1]皆好(hào)[2]之,何如?”子曰:“未可也。”“乡人皆恶(wù)[3]之,何如?”子曰:“未可也。不如乡人之善者好之,其不善者恶(wù)之。”

【注释】

①乡人:全乡的人。

②好:喜欢。

③恶:讨厌。

【译文】

子贡问孔子说:“全乡人都喜欢、赞扬他,这个人怎么样?”孔子说:“不好断定。”子贡又问孔子说:“全乡人都厌恶、憎恨他,这个人怎么样?”孔子说:“这也不好断定。最好的人是全乡的好人都喜欢他,全乡的坏人都厌恶他。”

13.25

【原文】

子曰："君子易事[①]而难说(yuè)[②]也。说(yuè)之不以道，不说(yuè)也；及其使人也，器之[③]。小人难事而易说(yuè)也。说(yuè)之虽不以道，说(yuè)也；及其使人也，求备焉。"

【注释】

①易事：易于与人相处共事。

②难说：难以取得他的欢喜。

③器之：量才使用他。

【译文】

孔子说："为君子做事比较容易，但很难取得他的欢喜。不按正道去讨他的喜欢，他是不会喜欢的。君子用人时总能量才而用。为小人办事很难，但要取得他的欢喜则是很容易的。即使不按正道去讨好他，也会得到他的喜欢。但等到他用人的时候，却总是求全责备。"

13.26

【原文】

子曰："君子泰而不骄，小人骄而不泰。"

【译文】

孔子说："君子坦然而不傲慢，小人傲慢而不坦然。"

13.27

【原文】

子曰："刚、毅、木、讷(nè)，近仁。"

【译文】

孔子说："刚强、坚定、朴实、慎言，(这四种品德)接近于仁。"

13.28

【原文】

子路问曰："何如斯可谓之士矣?"子曰："切切偲(sī)偲[1],怡(yí)怡[2]如也,可谓士矣。朋友切切偲偲,兄弟怡怡。"

【注释】

①切切偲偲:亲密无间,互相勉励、督促。切切,亲密无间的样子。偲偲,互相勉励、督促。

②怡怡:和气、亲切、顺从的样子。

【译文】

子路问孔子说:"怎样才可以称为士呢?"孔子说:"亲密无间,互相督促、勉励,相处和和气气,可以算是士了。(士之相处,)应似朋友那样亲密无间,相互督促、勉励,如兄弟间那样和和气气。"

13.29

【原文】

子曰:"善人[1]教民七年,亦可以即(jí)戎矣。"

【注释】

①善人:有道德的人,善良的人。

【译文】

孔子说:"善人当政,且对百姓加以七年以上的军训,就可以叫他们去打仗了。"

13.30

【原文】

子曰:"以不教民战,是谓弃之。"

【译文】

孔子说:"如果不先对老百姓进行作战训练,就让他们去打仗,这可以说是抛弃了他们。"

宪问第十四

14.1

【原文】

宪[①]问耻。子曰:“邦有道,谷(gǔ)[②];邦无道,谷,耻也。”“克、伐[③]、怨、欲不行焉,可以为仁矣?”子曰:“可以为难矣,仁则吾不知也。”

【注释】

①宪:姓原,名宪,字子思。孔子的学生。

②谷:俸禄。

③伐:自夸。

【译文】

原宪问孔子什么是可耻。孔子说:“国家政治清明,做官拿俸禄(不为耻);国家政治混乱,还做官拿俸禄,这就是可耻。”原宪又问:“好胜、自夸、怨恨、贪欲都没有的人,可以算做到仁了吧?”孔子说:“这可以说是很难得的,但至于是不是做到了仁,我就不知道了。”

14.2

【原文】

子曰:“士而怀居[①],不足以为士矣。”

【注释】

①怀居:留恋家庭的安逸生活。怀,思念,留恋。居,居家。

【译文】

孔子说:“士如果留恋家庭的安逸生活,就不配做士了。”

14.3

【原文】

子曰："邦有道①，危②言危行；邦无道，危行言孙(xùn)③。"

【注释】

①邦有道：国家政治清明，君主不昏庸。

②危：高，这里指正直。

③孙：通"逊"。

【译文】

孔子说："国家政治清明，要正言正行；国家政治混乱，行为要正直，但说话要谦和谨慎。"

14.4

【原文】

子曰："有德者必有言，有言者不必有德。仁者必有勇，勇者不必有仁。"

【译文】

孔子说："有道德的人一定有(好的)言论，有(好的)言论的人不一定有道德。仁人肯定勇敢，但勇敢的人未必都有仁德。"

14.5

【原文】

南宫适(kuò)①问于孔子曰："羿(yì)②善射，奡(ào)③荡舟④，俱不得其死然。禹、稷⑤躬稼而有天下。"夫子不答。南宫适(kuò)出。子曰："君子哉若人！尚德哉若人！"

【注释】

①南宫适：即南容，孔子的学生，也是孔子的侄女婿。适，通"括"。

②羿:古代传说中叫羿的人有三个,都是射箭能手。一是帝喾的射师,见于《说文》;二是传说当时有十个太阳,射落了其中九个的羿,见《淮南子·本经训》;三是传说中夏代有穷国的国君,善于射箭,曾夺夏太康的王位,后被其臣寒浞所杀。这里指后者。

③奡:传说中寒浞的儿子,后来为夏少康所杀。

④荡舟:用手推船。传说奡力大,善于水战。

⑤禹、稷:禹,善于治水,注重发展农业。稷,传说是周朝的祖先,又为谷神,教民种植庄稼。

【译文】

南宫适问孔子:"羿善于射箭,奡善于水战,最后都不得好死。禹和稷都亲自种植庄稼,却得到了天下。"孔子没有回答。南宫适出去后,孔子说:"君子就是这个样啊!崇尚道德的人就是这个样啊!"

14.6

【原文】

子曰:"君子而不仁者有矣夫(fú),未有小人而仁者也。"

【译文】

孔子说:"君子有时会做出不仁的事来,而小人肯定不会做出有仁德的事。"

14.7

【原文】

子曰:"爱之,能勿劳[①]乎?忠焉,能勿诲(huì)乎?"

【注释】

①劳:劳动,操劳。有的解释为"为其劳",有的解释为"让其劳"。

【译文】

孔子说:"爱他,能不为他操劳吗(能不让他劳动吗)?忠于他,能不对他进行劝告吗?"

14.8

【原文】

子曰："为命[1]，裨（bì）谌（chén）[2]草创之，世叔[3]讨论之，行人[4]子羽[5]修饰之，东里[6]子产润色之。"

【注释】

①为命：制定政令或外交文书。命，指国家的政令，另解释为诸侯会盟的外交文书。

②裨谌：人名，郑国的大夫，以多谋见称。

③世叔：即子太叔，名游吉，郑国的大夫。子产死后，继子产为郑国宰相。

④行人：官名，掌管外交事务。

⑤子羽：姓公孙，名挥，字子羽，郑国大夫。

⑥东里：地名，郑国大夫子产居住的地方。

【译文】

孔子说："郑国拟定的政令公文（外交文书），首先由裨谌起草，再由世叔提出意见，然后由外交官子羽加以修饰，最后由东里子产润色。"

14.9

【原文】

或问子产[1]。子曰："惠人也。"问子西[2]。曰："彼哉！彼哉！"问管仲。曰："人也[3]。夺伯氏[4]骈（pián）邑[5]三百，饭疏食，没（mò）齿[6]无怨言。"

【注释】

①子产（？～前 522）：即姬侨，字子产，又字子美，又称公孙侨、郑子产，春秋后期郑国（今河南新郑）人，是孔子最尊敬的人之一。公元前 543～前 522 年执掌郑国国政，是当时著名的政治

家、思想家。

②子西：楚国的令尹，名申。

③人也：此人。

④伯氏：齐国的大夫。

⑤骈邑：地名，伯氏的采邑。

⑥没齿：一辈子，终身。

【译文】

有人问子产是个怎样的人。孔子说："是个施惠于人的人。"又问子西。孔子说："他呀！他呀！"又问管仲。孔子说："他是个有能力的人。他曾剥夺伯氏骈邑三百户的采地，使伯氏只能吃粗茶淡饭，但直到老死，伯氏也没有怨言。"

14.10

【原文】

子曰："贫而无怨难，富而无骄易。"

【译文】

孔子说："贫穷而没有怨恨是很难做到的，富裕而不骄傲却是容易做到的。"

14.11

【原文】

子曰："孟公绰[①]为赵魏老[②]则优[③]，不可以为滕薛[④]大夫。"

【注释】

①孟公绰：鲁国大夫，属于孟孙氏家族。

②老：这里指古代大夫的家臣。

③优：有余。

④滕薛：滕，诸侯国家，在今山东滕州。薛，诸侯国家，在今山东滕州东南一带。

【译文】

孔子说："孟公绰做晋国赵氏、魏氏的家臣才力有余，但做不了滕、薛这样的小国的大夫。"

14.12

【原文】

子路问成人[①]。子曰："若臧武仲[②]之知(zhì)、公绰[③]之不欲、卞(biàn)庄子[④]之勇、冉求之艺，文之以礼乐(yuè)，亦可以为成人矣。"曰："今之成人者何必然？见利思义，见危授命，久要(yāo)[⑤]不忘平生之言，亦可以为成人矣。"

【注释】

①成人：人格完备的完人。

②臧武仲：鲁国大夫臧孙纥。

③公绰：指孟公绰。鲁国大夫，属于孟孙氏家族。

④卞庄子：鲁国卞邑大夫。

⑤久要：长久处于穷困中。

【译文】

子路问怎样做才是一个完美的人。孔子说："如果具有臧武仲的智慧、孟公绰的廉洁、卞庄子的勇敢、冉求的才艺，再学习礼乐，也就可以算是一个完人了。"孔子又说："现在的完人何必一定要这样呢？见到财利能想到义，遇到危险愿意献出生命，长久处于穷困仍不忘终生的诺言，这样也可以成为一个完美的人。"

14.13

【原文】

子问公叔文子[①]于公明贾[②]曰："信乎，夫子[③]不言，不笑，不取乎？"公明贾对曰："以[④]告者过也。夫子时然后言，人不厌其言；乐然后笑，人不厌其笑；义然后取，人不厌其取。"子曰："其然？岂其然乎？"

【注释】

①公叔文子：即公孙拔，卫国大夫，卫献公之子，谥号文。

②公明贾：姓公明，字贾，卫国人。

③夫子：这里指公叔文子。

④以：此处是“这个”的意思。

【译文】

孔子向公明贾问公叔文子，说：“传说先生他不说话，从不笑，也不要钱财，是真的吗？”公明贾回答道：“告诉你这话的那个人说得不对。先生他到该说时才说，因此别人不讨厌他说话；快乐时才笑，因此别人不讨厌他笑；合于道义的财利才求取，因此别人不讨厌他求取。”孔子说：“原来是这样？难道真是这样吗？”

14.14

【原文】

子曰：“臧武仲以防求为后于鲁[①]，虽曰不要（yāo）[②]君，吾不信也。”

【注释】

①“臧武仲”句：防，臧武仲的封邑，在今山东费县东北60里的华城，紧靠齐国边境。公元前550年，臧武仲因帮助季氏废长立少，得罪了孟孙氏，逃到邻近的邾国（见《左传·襄公二十三年》）。不久又回到他的封邑防城，请求鲁襄公为臧氏立后代于防，继承他的封邑。

②要：要挟，胁迫。

【译文】

孔子说：“臧武仲凭借防邑请求鲁君在鲁国为臧氏立后代，虽自己说这样做不是要挟君主，但我不相信。”

14.15

【原文】

子曰:"晋文公[①]谲(jué)[②]而不正,齐桓公[③]正而不谲。"

【注释】

①晋文公(前697~前628):姓姬,名重耳,春秋时期有作为的政治家,著名的霸主之一。公元前636~前628年在位,开创晋国长达百年的霸业,与齐桓公并称"齐桓晋文",为后世儒家、法家等学派称道。晋文公在处事时善于玩弄权术。

②谲:欺诈,玩弄手段,玩弄权术。

③齐桓公(前716~前643):姓姜,名小白,春秋时期有作为的政治家,著名的霸主之一。公元前685~前643年在位,是历史上第一个充当盟主的诸侯。但其晚年昏庸,最终在内乱中饿死。齐桓公在处事时往往直接说出自己的想法。

【译文】

孔子说:"晋文公诡诈而不正派,齐桓公正派而不诡诈。"

14.16

【原文】

子路曰:"桓公杀公子纠[①],召忽[②]死之,管仲不死。"曰:"未仁乎?"子曰:"桓公九合诸侯[③],不以兵车[④],管仲之力也。如其仁[⑤],如其仁。"

【注释】

①公子纠:齐桓公的哥哥。他与齐桓公争王位,为齐桓公所杀。

②召忽:管仲和召忽都是公子纠的家臣。公子纠被杀后,召忽自杀,管仲归服于齐桓公,并当上了齐国的宰相。

③九合诸侯:指齐桓公多次召集诸侯会盟。

④不以兵车：不用武力。

⑤如其仁：这就是他的仁德。

【译文】

子路说："齐桓公杀了公子纠，召忽自杀以殉，但管仲却没有自杀。"又说："管仲不能算是仁人吧？"孔子说："桓公多次召集诸侯会盟，且不用武力，这都是管仲的功劳。这就是仁，这就是仁。"

14.17

【原文】

子贡曰："管仲非仁者与？桓公杀公子纠，不能死，又相(xiàng)之。"子曰："管仲相(xiàng)桓公，霸诸侯，一匡天下，民到于今受其赐。微[①]管仲，吾其被(pī)发(fà)左衽(rèn)[②]矣。岂若匹夫匹妇之为谅[③]也，自经[④]于沟渎[⑤]而莫之知也。"

【注释】

①微：无，没有。

②被发左衽：当时的夷狄之俗。被，通"披"。衽，衣襟。

③谅：遵守信用。这里指小节小信。

④自经：上吊自杀。

⑤渎：小沟渠。

【译文】

子贡问："管仲不能算是仁人吧？桓公杀了公子纠，他不能为公子纠殉死，反而做了齐桓公的国相。"孔子说："管仲辅佐桓公，称霸诸侯，匡正了天下，老百姓直到今天还蒙受他的恩惠。如果没有管仲，恐怕我们也要披散着头发、衣襟向左开了。哪能像普通百姓那样恪守小节，自缢于小山沟里，而谁也不知道呀。"

14.18

【原文】

公叔文子之臣大夫僎(xún)[①]与文子同升诸公[②]。子闻之,曰:"可以为文矣。"

【注释】

①僎:公叔文子的家臣。

②升诸公:指僎由家臣升为大夫,与公叔文子同位。公,公室。

【译文】

公叔文子的家臣僎和文子一同做了卫国的大夫。孔子知道后说:"(公叔文子死后)可以给他'文'的谥号了。"

14.19

【原文】

子言卫灵公[①]之无道也,康子[②]曰:"夫(fú)如是,奚而不丧(sàng)?"孔子曰:"仲叔圉(yǔ)[③]治宾客,祝鮀(tuó)[④]治宗庙,王孙贾(gǔ)[⑤]治军旅。夫(fú)如是,奚其丧(sàng)?"

【注释】

①卫灵公:卫国国君。孔子周游列国到卫国时,卫灵公在位。

②康子:即季康子。

③仲叔圉:即孔文子,卫国大夫。

④祝鮀:卫国大夫。

⑤王孙贾:卫国大夫,负责军事。

【译文】

孔子讲到卫灵公的无道,季康子说:"既然如此,为什么他没有败亡呢?"孔子说:"仲叔圉管理外交,祝鮀管理宗庙祭祀,王孙贾统率军队。像这样,怎么会败亡呢?"

14.20

【原文】

子曰："其言之不怍(zuò)[①]，则为之也难。"

【注释】

①怍：惭愧。

【译文】

孔子说："说大话的人，让他兑现诺言是很难的。"

14.21

【原文】

陈成子[①]弑简公[②]。孔子沐浴而朝，告于哀公曰："陈恒弑其君，请讨之。"公曰："告夫(fú)三子[③]。"孔子曰："以吾从大夫之后[④]，不敢不告也。君曰'告夫(fú)三子'者。"之[⑤]三子告，不可。孔子曰："以吾从大夫之后，不敢不告也。"

【注释】

①陈成子：即陈恒，齐国大夫，又叫田成子。他以大斗借出、小斗收进的方法得到百姓拥护。公元前481年，他杀死齐简公，夺取了政权。这个时候孔子已经70岁了。

②简公：即齐简公，姓姜，名壬。公元前484～前481年在位。

③三子：指季孙、孟孙、叔孙三家。

④从大夫之后：孔子曾任过大夫职，但此时已经去官，所以说"从大夫之后"。

⑤之：往。

【译文】

陈成子杀了齐简公。孔子斋戒沐浴以后，随即上朝去见鲁哀公，报告说："陈恒把他的君主杀了，请您出兵讨伐他。"哀公说：

"你去报告那三位大夫吧。"孔子退朝后说:"因为我曾经做过大夫,所以不敢不来报告,君主却说'你去告诉那三位大夫吧'!"孔子去向三位大夫报告,但三位大夫不愿派兵讨伐。孔子说:"因为我曾经做过大夫,所以不敢不来报告呀!"

14.22

【原文】

子路问事君[①]。子曰:"勿欺也,而犯之。"

【注释】

①君:君主。

【译文】

子路问怎样侍奉君主。孔子说:"不能欺君,也不要犯颜(让君主下不了台)。"

14.23

【原文】

子曰:"君子上达,小人下达。"

【译文】

孔子说:"君子向上通达(仁义),小人向下通达(财利)。"

14.24

【原文】

子曰:"古之学者为己,今之学者为人。"

【译文】

孔子说:"古代的人学习是为了提高自己,而现在的人学习是为了做给别人看。"

14.25

【原文】

蘧(qú)伯玉[1]使人于孔子。孔子与之坐而问焉，曰："夫子何为？"对曰："夫子[2]欲寡其过而未能也。"使者出，子曰："使乎！使乎！"

【注释】

①蘧伯玉：卫国大夫。姓蘧，名瑗，字伯玉，卫国大夫蘧庄子(无咎)之子，谥号成子。蘧伯玉是孔子的好朋友，孔子在卫国时曾住在他的家里。

②夫子：指蘧伯玉。

【译文】

蘧伯玉派使者去拜访孔子。孔子让使者坐下，然后问道："先生最近在做什么？"使者回答说："先生想要减少自己的错误，但未能做到。"使者走了以后，孔子说："好一位会说话的使者啊，好一位会说话的使者啊！"

14.26

【原文】

子曰："不在其位，不谋其政。"[1]曾子曰："君子思不出其位。"

【注释】

①本章前一部分系重出，见8.14章。

【译文】

孔子说："不在那个职位，就不要考虑那个职位上的事情。"曾子说："君子考虑问题，从来不超出自己的职权范围。"

14.27

【原文】

子曰:“君子耻其言而过其行。”

【译文】

孔子说:“君子认为说得多而做得少是可耻的。”

14.28

【原文】

子曰:“君子道者三,我无能焉:仁者不忧,知(zhì)者不惑,勇者不惧[①]。”子贡曰:“夫子自道也。”

【注释】

①仁者不忧,知者不惑,勇者不惧:此句系重出,见9.29章。

【译文】

孔子说:“君子之道有三个方面,我都未能做到:仁德的人不忧愁,聪明的人不迷惑,勇敢的人不畏惧。”子贡说:“这正是老师的自我表述啊!”

14.29

【原文】

子贡方(bàng)人[①]。子曰:“赐也贤乎哉?夫(fú)我则不暇。”

【注释】

①方人:评论、诽谤别人。方,诽谤。

【译文】

子贡评论别人的短处。孔子说:“赐啊,你真的就做得那么好吗?我就没有闲工夫去评论别人。”

14.30

【原文】

子曰："不患人之不己知，患其不能也。"

【译文】

孔子说："不担心别人不知道自己，只担心自己没有本事。"

14.31

【原文】

子曰："不逆[①]诈，不亿[②]不信，抑亦先觉者，是贤乎！"

【注释】

①逆：预先猜测。

②亿：通"臆"，猜测。

【译文】

孔子说："不预先怀疑别人欺诈，也不猜测别人不诚实，然而能及早觉察别人的欺诈和不诚实，这就是贤人了。"

14.32

【原文】

微生亩[①]谓孔子曰："丘，何为是[②]栖（xī）栖[③]者与？无乃为佞乎？"孔子曰："非敢为佞也，疾固[④]也。"

【注释】

①微生亩：姓微生，名亩，鲁国人。这里称孔子名，其应当比孔子年长。

②是：如此。

③栖栖：忙碌不安、不安定的样子。

④疾固：疾，恨。固，固执。

【译文】

微生亩对孔子说:"孔丘,你为什么这样四处奔波游说呢?难道是为了显示自己的口才吗?"孔子说:"我怎么敢花言巧语,我只是痛恨那些顽固不化的人。"

14.33

【原文】

子曰:"骥[①]不称其力,称其德也。"

【注释】

①骥:千里马。古代称善跑的马为"骥"。

【译文】

孔子说:"千里马值得称赞的不是它的气力,而是它的品德(恒心)。"

14.34

【原文】

或曰:"以德报怨,何如?"子曰:"何以报德?以直报怨,以德报德。"

【译文】

有人问:"用恩德来回报怨恨怎么样?"孔子说:"那用什么来回报恩德呢?应该是用正直来回报怨恨,用恩德来回报恩德。"

14.35

【原文】

子曰:"莫我知也夫(fú)!"子贡曰:"何为其莫知子也?"子曰:"不怨天,不尤[①]人;下学而上达[②]。知我者其天乎!"

【注释】

①尤:责怪,怨恨。

②下学而上达：下学人事，上达天命。

【译文】

孔子说："没有人了解我啊！"子贡说："怎么能说没有人了解您呢？"孔子说："我不埋怨天，也不责备人；学习人世间的常识，探索自然间的道理。了解我的只有天吧！"

14.36

【原文】

公伯寮[①]愬[②]子路于季孙[③]。子服景伯[④]以告，曰："夫子[⑤]固有惑志[⑥]于公伯寮，吾力犹能肆[⑦]诸市朝[⑧]。"子曰："道之将行也与，命也；道之将废也与，命也。公伯寮其如命何！"

【注释】

①公伯寮：姓公伯，名寮，字子周，又作公伯僚。孔子的学生，曾任季氏的家臣。

②愬：通"诉"，告发、诽谤。

③季孙：这里指季康子。

④子服景伯：姓子服，名伯，谥号景。鲁国大夫。

⑤夫子：指季康子。

⑥惑志：惑乱人心。

⑦肆：古时处死罪人后陈尸示众。

⑧市朝：集市，街市。

【译文】

公伯寮向季孙告发子路。子服景伯把这件事告诉了孔子，并且说："季孙氏已经被公伯寮迷惑了，但我却能够把公伯寮杀了，把他陈尸于市。"孔子说："道能够得到推行，是天命决定的；道不能得到推行，也是天命决定的。公伯寮能把天命怎么样呢？"

14.37

【原文】

子曰："贤者辟（bì）[1]世，其次辟（bì）地，其次辟（bì）色，其次辟（bì）言。"子曰："作者七人[2]矣。"

【注释】

①辟：通"避"，逃避。

②七人：或为伯夷、叔齐、虞仲、夷逸、朱张、柳下惠、少连七人。

【译文】

孔子说："贤者逃避动荡的社会而隐居，次一点的逃避到另外一个地方去，再次一点的逃避别人难看的脸色，再次一点的回避别人难听的话。"孔子又说："这样做的已经有七个人了。"

14.38

【原文】

子路宿于石门[1]。晨门[2]曰："奚自？"子路曰："自孔氏。"曰："是知其不可而为之者与？"

【注释】

①石门：地名。鲁国都城的外门。

②门：看守城门的人。

【译文】

子路夜里住在石门，早上起来后，看门的人问："从哪里来？"子路说："从孔子那里来。"看门的人说："是那个明知做不到却还要去做的人吗？"

14.39

【原文】

子击磬(qìng)[①]于卫，有荷(hè)蒉(kuì)[②]而过孔氏之门者，曰："有心哉，击磬乎！"既而曰："鄙哉，硁(kēng)硁[③]乎！莫己知也，斯己而已矣。'深则厉，浅则揭。'[④]"子曰："果哉！末[⑤]之难[⑥]矣。"

【注释】

①磬：古代石制的一种打击乐器。甲骨文中"磬"字左半像悬石，右半像手执槌敲击。磬起源于某种片状石制劳动工具，其形在后来有多种变化，质地也从原始的石制进一步发展到玉制、铜制。

②荷蒉：肩背着草筐。荷，肩扛。蒉，草筐。

③硁硁：击磬的声音。

④深则厉，浅则揭：过河时水深就垂衣过，水浅就提裙走。

⑤末：无。

⑥难：困难。

【译文】

孔子在卫国的时候，一次，他正在敲击磬，有一位背着草筐的人从门前走过说："这个击磬的人有心事啊！"一会儿又说："声音硁硁的，见识一般。是说没有人了解自己，没有人了解怕什么呢。'人应当这样(好像涉水一样)，水深就穿着衣服趟过去，水浅就撩起衣服趟过去。'"孔子说："说得真对，若这样，就没有什么困难了。"

14.40

【原文】

子张曰："《书》[①]云：'高宗[②]谅阴[③]，三年不言。'何谓也？"子曰:“何必高宗?古之人皆然。君薨(hōng)[④],百官总己[⑤]以听于冢宰[⑥]三年。”

【注释】

①《书》:指《尚书》,是一部多体裁文献汇编,长期被认为是中国现存最早的史书。该书分为《虞书》《夏书》《商书》《周书》。战国时期总称《书》,汉代改称《尚书》,即“上古之书”。是儒家“五经”之一,又称《书经》。

②高宗:这里指商王武宗。

③谅阴:古时天子守丧之称。

④薨:古时诸侯国君之死叫“薨”。

⑤总己:自己管理自己。

⑥冢宰:官名,相当于后世的宰相。

【译文】

子张说:“《书》上说:‘殷高宗守丧,三年不议政事。’这是什么意思?”孔子说:“不仅是高宗,古人都是这样。国君死了,继位的国君不问政事,朝廷百官各自管理自己的职事,听命于冢宰三年。”

14.41

【原文】

子曰:“上好礼,则民易使也。”

【译文】

孔子说:“在上位的人喜好礼,那么百姓就容易役使了。”

14.42

【原文】

子路问君子。子曰:“修己以敬。”曰:“如斯而已乎?”曰:“修己以安人[①]。”曰:“如斯而已乎?”曰:“修己以安百姓[②]。修己以安百姓,尧舜其犹病诸?”

【注释】

①安人：使自己的下属安于工作。人，与“百姓”相对，在这里指官吏。

②百姓：人民大众。

【译文】

子路问怎样做才能成为君子。孔子说：“以严肃恭敬的态度修养自己。”子路说：“这样就够了吗？”孔子说：“修养自己，使部下（下属的官吏）感到心安。”子路说：“这样就够了吗？”孔子说：“修养自己，使天下老百姓生活安乐。修养自己，使所有百姓都安乐，尧舜（这样的道德高尚、修养极高的圣人）犹恐难以做到，难道不是吗？”

14.43

【原文】

原壤[①]夷俟（sì）[②]。子曰：“幼而不孙（xùn）弟（tì）[③]，长（zhǎng）而无述焉，老而不死，是为贼。”以杖叩其胫。

【注释】

①原壤：姓原，名壤，鲁国人，孔子的旧友。他的母亲死了，他还大声歌唱，孔子认为这是大逆不道的行为。

②夷俟：夷，双腿分开而坐。俟，等待。

③孙弟：通“逊悌”，谦逊与孝悌。

【译文】

原壤叉开双腿坐在地上。孔子骂他说：“年幼的时候不讲孝悌，成年后也没有什么可以称道的，老了还不死，真是害人虫。”（边说边）用手杖敲他的小腿。

14.44

【原文】

阙(què)党[1]童子将命[2]。或问之曰:“益者与?”子曰:“吾见其居于位[3]也,见其与先生并行也。非求益者也,欲速成者也。”

【注释】

①阙党:即阙里,孔子居住的地方。

②将命:在宾主之间传话。

③居于位:童子与长者同坐。

【译文】

阙里的一个少年在宾主间传话。有人问孔子:“这是个追求上进的孩子吗?”孔子说:“我看见他坐在成年人的位子上,又看见他和长辈并肩而行。他不是个追求上进的人,而是个急于求成的人。”

卫灵公第十五

15.1

【原文】

卫灵公问陈(zhèn)[①]于孔子。孔子对曰:“俎(zǔ)豆[②]之事,则尝闻之矣;军旅[③]之事,未之学也。”明日遂(suì)行。

【注释】

①陈:通“阵”,军队作战时布列的阵势。

②俎豆:俎,祭祀时盛牛、羊等祭品的礼器。豆,上古时盛食物的器皿。

③军旅:指军队。

【译文】

卫灵公向孔子问军队列阵之法。孔子回答说:“祭祀礼仪方面的事情,我听说过;用兵打仗的事,从来没有学过。”第二天,孔子便离开了卫国。

15.2

【原文】

在陈[①]绝粮,从者病,莫能兴[②]。子路愠[③]见曰:“君子亦有穷乎?”子曰:“君子固穷[④],小人穷斯滥矣。”

【注释】

①陈:周代诸侯国,在今河南淮阳一带。孔子周游列国时经过此国,在此住过。

②兴:站起来。

③愠:怒,怨恨。

④固穷:固守穷困,安守穷困。

【译文】

（孔子一行）在陈国断了粮食，随从的人都饿病了，站不起来。子路很不高兴地来见孔子，说道："君子也会走投无路吗？"孔子说："君子受困，但能坚持；小人受困，那就会无所不为。"

15.3

【原文】

子曰："赐也！女（rǔ）以予为多学而识（zhì）之者与？"对曰："然。非与？"曰："非也。予一以贯之[①]。"

【注释】

①贯之：用一个根本性的事理贯通事情的始末或全部的道理。贯，贯串。之，代词，指"道"。

【译文】

孔子说："赐啊！你以为我是博学而强记的吗？"子贡答道："是啊，难道不是吗？"孔子说："不是的。我是用一个根本的道把所学贯串始终的。"

15.4

【原文】

子曰："由[①]！知德者鲜[②]矣。"

【注释】

①由：即仲由。姓仲，名由，字子路。老师一般称其弟子的名。

②鲜：少。

【译文】

孔子说："由啊！懂得仁德的人太少了。"

15.5

【原文】

子曰："无为而治[①]者，其舜也与？夫(fú)何为哉？恭己正南面[②]而已矣。"

【注释】

①无为而治：国家的统治者不必非在政刑上有所作为，便可以治理国家。

②南面：坐北朝南。朝廷上的君位都是坐北朝南。

【译文】

孔子说："能够看似无为而治理天下的人，大概只有舜吧？他做了些什么呢？只是庄严端正地坐在王位上罢了。"

15.6

【原文】

子张问行[①]。子曰："言忠信，行笃敬[②]，虽蛮貊[③]之邦，行矣。言不忠信，行不笃敬，虽州里[④]，行乎哉？立，则见其参(cān)[⑤]于前也；在舆，则见其倚于衡[⑥]也。夫(fú)然后行。"子张书诸绅[⑦]。

【注释】

①行：行动，如何行动，怎么做。

②笃敬：笃厚敬肃。《尚书·盘庚下》："朕及笃敬，恭承民命，用永地于新邑。"

③蛮貊：古人对少数民族的贬称。蛮在南，貊在北。

④州里：近处，本乡本土。5家为邻，5邻为里，500家为党，5党为州。

⑤参：列，显现。

⑥衡：车辕前面的横木。

⑦绅：古代士大夫系在腰间的大带子。

【译文】

子张问如何才能使自己无论走到何处都能行得通。孔子说："说话忠信，行事笃敬，就算到了蛮貊地区，也可以行得通。说话不忠信，行事不笃敬，就是在本乡本土，能行得通吗？站着，就仿佛看到'忠信笃敬'这几个字显现在面前；坐车，就好像看到这几个字刻在车辕前的横木上。这样才能使自己到处行得通。"子张把这些话写在腰间的大带子上。

15.7

【原文】

子曰："直哉史鱼[①]！邦有道，如矢[②]；邦无道，如矢。君子哉蘧伯玉！邦有道，则仕；邦无道，则可卷[③]而怀之。"

【注释】

①史鱼：名鳅，字子鱼，卫国大夫。他多次向卫灵公推荐蘧伯玉。史鱼最著名的故事是"尸谏"。《孔子家语·困誓》："未有若史鱼，死而尸谏，忠感其君者也。不可谓直乎？"

②如矢：像箭那样直。矢，箭。

③卷：孔子读的是竹简，竹简的特点是可卷可放。

【译文】

孔子说："史鱼真是正直啊！国家有道，他的言行像箭一样直；国家无道，他的言行也像箭一样直。蘧伯玉真是一位君子啊！国家有道就出来做官，国家无道就（辞官）把自己的主张收藏在心里，如同把竹简卷起来藏在怀里一样。"

15.8

【原文】

子曰："可与言而不与之言，失人；不可与言而与之言，失言。知(zhì)者不失人，亦不失言。"

【译文】

孔子说："可以同他谈话却不同他谈话，就失去了这个人；不可以同他谈话却同他谈话，这就是说错了话。有智慧的人既不失人，又不说错话。"

15.9

【原文】

子曰："志士仁人[①]，无求生以害仁，有杀身以成仁[②]。"

【注释】

①志士仁人：指仁爱而有节操，能为正义牺牲生命的人。

②杀身以成仁：为了成全仁可以牺牲自己的性命。

【译文】

孔子说："志士仁人，不会因为贪生怕死而损害仁，反而会牺牲自己的性命来成全仁。"

15.10

【原文】

子贡问为仁。子曰："工欲善其事，必先利其器。居是邦也，事其大夫之贤者，友其士之仁者。"

【译文】

子贡问怎样实行仁德。孔子说："做工的人想把活儿做好，必须首先使他的工具锋利。治理一个国家，就要侍奉大夫中的那些贤者，与士人中的仁者交朋友。"

15.11

【原文】

颜渊问为邦。子曰："行夏之时[①]，乘殷之辂(lù)[②]，服周之冕(miǎn)[③]，乐(yuè)则《韶》舞[④]。放[⑤]郑声[⑥]，远[⑦]佞人。郑声淫，佞人殆[8]。”

【注释】

①夏之时：夏代的历法，就是所谓的夏历，也称“农历”。

②殷之辂：殷时的车。辂，古代车辕上用来挽车的横木，后代指车。

③周之冕：周代的帽子。周朝对穿衣戴帽特别讲究。

④《韶》舞：舜时的舞乐，孔子认为其尽善尽美。

⑤放：禁绝，排斥，抛弃。

⑥郑声：郑国的乐曲。孔子认为是淫声。

⑦远：远离。

⑧殆：危险。

【译文】

颜渊问怎样治理国家。孔子说：“用夏代的历法，乘殷代的车子，戴周代的礼帽，奏《韶》乐，起《韶》舞。禁奏郑国乐曲，疏远奸佞之人。郑曲浮靡容易使人变坏，花言巧语的人太危险。”

15.12

【原文】

子曰：“人无远虑，必有近忧。”

【译文】

孔子说：“人如果没有长远的打算，近期就一定有麻烦。”

15.13

【原文】

子曰：“已矣乎！吾未见好德如好色者也。”

【译文】

孔子说：“算了吧！我从来没有见到像好色那样好德的人。”

15.14

【原文】

子曰:“臧文仲其窃位[①]者与!知柳下惠[②]之贤而不与立也。”

【注释】

①窃位:通过不正当的手段获得官位。

②柳下惠:姓展,名获,又名禽,春秋中期鲁国大夫。因他受封于柳下,谥号惠,所以人称柳下惠。传说他坐怀不乱。

【译文】

孔子说:“臧文仲是一个窃居官位的人!他明知道柳下惠是个贤人,却不举荐他。”

15.15

【原文】

子曰:“躬自厚而薄责于人,则远怨矣。”

【译文】

孔子说:“对自己要求严而少责备别人,就可以远离(别人的)怨恨了。”

15.16

【原文】

子曰:“不曰‘如之何[①],如之何’者,吾末如之何也已矣。”

【注释】

①如之何:怎么办。

【译文】

孔子说:“遇事从来不说‘怎么办,怎么办’的人,我对他也不知怎么办才好。”

15.17

【原文】

子曰:“群居终日,言不及义,好行小慧,难矣哉!”

【译文】

孔子说:“整天聚在一块儿,说话离经叛道,专好卖弄小聪明,这种人真难办!”

15.18

【原文】

子曰:“君子义以为质,礼以行之,孙(xùn)① 以出之,信以成之。君子哉!”

【注释】

①孙:通“逊”,谦逊。

【译文】

孔子说:“君子用义来修养自己的品质,按照礼来行事,用谦逊的态度讲话,靠信实取得成功。这才是君子啊!”

15.19

【原文】

子曰:“君子病①无能焉,不病人之不己知也。”

【注释】

①病:担心,害怕。

【译文】

孔子说:“君子只担心自己没有才能,不害怕别人不了解自己。”

15.20

【原文】

子曰:“君子疾[1]没(mò)世[2]而名不称焉。”

【注释】

①疾:担心,害怕,痛恨。

②没世:死后。

【译文】

孔子说:“君子担心自己死后名不副实。”

15.21

【原文】

子曰:“君子求诸己,小人求诸人。”

【译文】

孔子说:“君子依靠自己,小人攀附别人。”

15.22

【原文】

子曰:“君子矜(jīn)[1]而不争,群而不党[2]。”

【注释】

①矜:自尊,庄重。

②党:结党,拉小团伙。

【译文】

孔子说:“君子庄重而不与别人争执,合群而不结党营私。”

15.23

【原文】

子曰:“君子不以言举人,不以人废言。”

【译文】

孔子说："君子不凭一个人说的话来举荐他，也不因为不喜欢某人而不听取他的好意见。"

15.24

【原文】

子贡问曰："有一言[1]而可以终身行之者乎？"子曰："其'恕'[2]乎！己所不欲，勿施于人[3]。"

【注释】

①一言：有时指一个字，有时指一句话。这里指一个字。

②恕：有两层含义，一是原谅、宽容；二是以自己的心推想别人的心。

③己所不欲，勿施于人：自己不愿意做的，也不要勉强别人去做。

【译文】

子贡向孔子问道："有没有一个字可以终身奉行呢？"孔子回答说："大概是'恕'吧！自己不愿意做的，也不要强迫别人去做。"

15.25

【原文】

子曰："吾之于人也，谁毁谁誉？如有所誉者，其有所试矣。斯民也，三代[1]之所以直道而行也。"

【注释】

①三代：指夏、商、周三代。

【译文】

孔子说："我对于别人，诋毁过谁？赞美过谁？如有所赞美的，一定是经过考验了的。这样的人必定是夏、商、周三代都能直道而行的人。"

15.26

【原文】

子曰："吾犹及史之阙(quē)文[1]也,有马者借人乘之[2]。今亡(wú)矣夫!"

【注释】

①阙文:史官记史,遇到有疑问的地方便缺而不记,这叫作"阙文"。

②有马者借人乘之:有马的人把马借给别人骑。

【译文】

孔子说:"我还注意到史书存疑的地方,(比如)有马的人把马借给别人骑。这种做法,今天没有了吧!"

15.27

【原文】

子曰:"巧言[1]乱德。小不忍则乱大谋[2]。"

【注释】

①巧言:花言巧语。

②小不忍则乱大谋:小事不忍则可能把大事弄坏。

【译文】

孔子说:"花言巧语会败坏人的德行。在小事情上不忍耐,就会导致大谋略失败。"

15.28

【原文】

子曰:"众恶(wù)之,必察焉;众好之,必察焉。"

【译文】

孔子说:"若大家都厌恶某人,必须对他进行考察;若大家都喜欢某人,也必须对他进行考察。"

15.29

【原文】

子曰："人能弘[①]道，非道弘人。"

【注释】

①弘：扩充，光大。

【译文】

孔子说："人应当使道发扬光大，而不是借道炫耀自己。"

15.30

【原文】

子曰："过而不改，是谓过矣。"

【译文】

孔子说："有了过错而不改正，这才真叫错了。"

15.31

【原文】

子曰："吾尝[①]终日不食，终夜不寝，以思，无益。不如学也。"

【注释】

①尝：曾经。

【译文】

孔子说："我曾经整天不吃饭，彻夜不睡觉，左思右想，结果没有什么好处。不如去学习。"

15.32

【原文】

子曰："君子谋道不谋食。耕也，馁(něi)[①]在其中矣；学也，禄[②]在其中矣。君子忧道不忧贫。"

【注释】

①馁：饥饿。

②禄：俸禄。

【译文】

孔子说："君子以如何行仁义之道为念，而不是整天想着丰衣足食。耕田的人，常饿肚子；学习做官的人，可以得到俸禄。因此，君子的注意力应放在道能不能实现上，而不应放在生活能不能富足上。"

15.33

【原文】

子曰："知(zhì)[①]及之[②]，仁不能守之，虽得之，必失之。知(zhì)及之，仁能守之，不庄以莅(lì)[③]之，则民不敬。知(zhì)及之，仁能守之，庄以莅之，动之不以礼，未善也。"

【注释】

①知：通"智"。

②之：一说是指百姓，一说是指国家，其实二者是一回事。

③莅：通"涖"，视。

【译文】

孔子说："如果有足够的智慧，但不坚持仁德，即使得到，也一定会丧失。如果有足够的聪明才智，而且也知道用仁德保持，但不用严肃的态度对待百姓，百姓也不会尊重你。如果有聪明才智，有仁德之心，态度也庄重，但行动不符合礼的要求，也是不完善的。"

15.34

【原文】

子曰："君子不可小知[①]而可大受[②]也，小人不可大受而可小知也。"

【注释】

①小知：小聪明。

②大受：承担大任。

【译文】

孔子说："君子不可耍小聪明而应当承担大的责任，小人不能让他们承担大的责任，但可以让他们知道一些基本常识。"

15.35

【原文】

子曰："民之于仁也，甚于水火。水火，吾见蹈而死者矣，未见蹈仁而死者也。"

【译文】

孔子说："百姓们对于仁（的需要），比对于水和火更迫切。我见过赴汤蹈火的人，但却没有见过为了实行仁而慷慨赴死的人。"

15.36

【原文】

子曰："当仁，不让于师。"

【译文】

孔子说："实行仁德时，就是自己的老师，也不同他谦让。"

15.37

【原文】

子曰："君子贞[①]而不谅[②]。"

【注释】

①贞：一是指坚定，有节操；二是指忠，真诚。

②谅：一是指信，守信用；二是指固执，坚持己见。

【译文】

孔子说："君子固守正道，但不能固执己见。"

15.38

【原文】

子曰："事君，敬其事而后其食①。"

【注释】

①食：食禄，俸禄。

【译文】

孔子说："侍奉君主，首先把事做好，把领取俸禄的事放在后面。"

15.39

【原文】

子曰："有教无类。"

【译文】

孔子说："对于受教育者来讲，不要区别对待，要一视同仁。"

15.40

【原文】

子曰："道不同，不相为谋。"

【译文】

孔子说："主张（信仰）不同，就不要在一起做事情。"

15.41

【原文】

子曰："辞达而已矣。"

【译文】

孔子说："言辞只要能表达意思就行了。"

15.42

【原文】

师冕[①]见,及阶[②],子曰:“阶也。”及席[③],子曰:“席也。”皆坐,子告之曰:“某在斯,某在斯。”师冕出。子张问曰:“与师言[④]之道与?”子曰:“然,固相(xiàng)[⑤]师之道也。”

【注释】

①师冕:名冕,是位盲人乐师。

②阶:台阶。

③席:用草或苇子等编成的成片的东西。古人用以坐、卧,现通常用来铺床或炕等。

④言:主动与人说话。

⑤相:帮助,辅助。

【译文】

乐师冕来见孔子,走到台阶,孔子说:“这儿是台阶。”走到座席旁,孔子说:“这是座席。”等大家都坐下来,孔子告诉他:“某某在这里,某某在这里。”师冕走了。子张问孔子:“这就是与乐师谈话的方式吗?”孔子说:“对,这就是与乐师相处的方式。”

季氏第十六

16.1

【原文】

季氏将伐颛(zhuān)臾(yú)[①]。冉有、季路见于孔子曰:“季氏将有事[②]于颛臾。”孔子曰:“求!无乃尔是过与?夫(fú)颛臾,昔者先王以为东蒙主[③],且在邦域之中矣,是社稷之臣也。何以伐为?”冉有曰:“夫子欲之,吾二臣者皆不欲也。”孔子曰:“求!周任[④]有言曰:‘陈力就列[⑤],不能者止。’危而不持,颠而不扶,则将焉用彼相(xiàng)[⑥]矣?且尔言过矣,虎兕(sì)[⑦]出于柙(xiá)[⑧],龟玉毁于椟[⑨]中,是谁之过与?”冉有曰:“今夫(fú)颛臾,固而近于费(bì)[⑩]。今不取,后世必为子孙忧。”孔子曰:“求!君子疾夫(fú)舍曰欲之[⑪]而必为之辞。丘也闻有国有家者,不患寡而患不均,不患贫而患不安。盖均无贫,和无寡,安无倾。夫(fú)如是,故远人不服,则修文德以来之。既来之,则安之。今由与求也,相(xiàng)夫子[⑫],远人不服,而不能来也;邦分崩离析[⑬],而不能守也;而谋动干戈于邦内。吾恐季孙之忧,不在颛臾,而在萧墙[⑭]之内也。”

【注释】

①颛臾:鲁国的附属国,在今山东费县西。

②有事:指有军事行动,用兵作战。

③东蒙主:东蒙,蒙山。主,主持祭祀的人。

④周任:人名,周代史官。

⑤陈力就列:发挥自己的能力,按才力担任适当的职务。

⑥相:搀扶盲人的人。此处是辅助的意思。

⑦兕:雌性犀牛。

⑧柙:用以关押野兽的木笼。

⑨椟:匣子。

⑩费:季氏的采邑。

⑪舍曰欲之:把丢掉说成是求之(说反话)。

⑫夫子:指季康子。

⑬分崩离析:崩塌解体,四分五裂。崩,倒塌。析,分开。

⑭萧墙:古代宫室内作为屏障的矮墙。萧,通“肃”。

【译文】

季氏将要攻打颛臾。冉有、子路去见孔子说:“季氏可能要找颛臾麻烦了。”孔子说:“冉求,这不就是你的过错吗?从前是周天子让颛臾主持东蒙祭祀的,且它在鲁国的疆域之内,是国家的臣属,为什么要攻打它呢?”冉有说:“是季孙大夫想这么做,我们两个人都不同意。”孔子说:“冉求,周任有句话说:‘尽自己的力量去履行你的职责,实在做不好就辞职。’有了危险不去扶助,跌倒了不去搀扶,那还用辅助的人干什么?而且你说的话错了。老虎、犀牛从笼子里跑出来,龟甲、玉器在匣子里毁坏了,这是谁的过错?”冉有说:“现在颛臾城墙坚固,而且离费邑很近。现在不把它夺过来,将来一定会成为子孙的忧患。”孔子说:“冉求,君子最讨厌你这种人,把不要说成要,并且还为此编造许多理由。我听说,对于诸侯和大夫,不怕贫穷,而怕财富不均;不怕人口少,而怕不安定。因为财富平均,也就没有所谓贫穷;大家和睦,就不会感到人少;安定了,也就没有倾覆的危险了。为此,如果远方的人还不归服,就用仁、义、礼、乐感召他们;已经来了,就让他们安心住下去。现在,仲由和冉求你们两个人辅助季氏,远方的人不归服,你们无法感召他们前来;国内民心离散,你们不能保全,反而策划在国内使用武力。我只怕季孙的忧患,不在颛臾,而在鲁国的宫廷之内啊!”

16.2

【原文】

孔子曰："天下有道[①]，则礼乐(yuè)征伐[②]自天子出；天下无道，则礼乐(yuè)征伐自诸侯出。自诸侯出，盖十世希不失矣；自大夫出，五世希不失矣；陪臣[③]执国命，三世希不失矣。天下有道，则政不在大夫。天下有道，则庶人[④]不议。"

【注释】

①天下有道：国家政治清明，君主圣贤。

②征伐：出兵攻打。

③陪臣：古代天子以诸侯为臣，诸侯以大夫为臣，大夫又自有家臣。大夫对于天子，大夫之家臣对于诸侯，都是隔了一层的臣，即所谓"重臣"，因之都称为"陪臣"。这里指大夫之家臣。

④庶人：泛指无官爵的平民百姓。周代统治阶层居住在国中(城内)及国郊，称为"国人"。国人中的上层为卿、大夫、士，下层为庶人。大部分庶人居于城郊，耕种贵族分给的土地，享有贵族给予的政治、军事权利。庶人还包括具有自由身份的劳动者及被免除人身依附关系的奴隶。

【译文】

孔子说："天下有道的时候，规制礼乐和出兵打仗由天子决定；天下无道的时候，规制礼乐和出兵打仗由诸侯决定。由诸侯决定，大概经过十代，很少有不垮台的；由大夫决定，经过五代，很少有不垮台的；如果是家臣操纵了国家政令，经过三代，很少有不垮台的。天下有道，国家政权就不会落在大夫手中。天下有道，老百姓也就不会议论朝政了。"

16.3

【原文】

孔子曰："禄之去公室五世[①]矣，政逮(dài)[②]于大夫四世[③]矣，故夫(fú)三桓[④]之子孙微矣。"

【注释】

①五世：指鲁宣公、鲁成公、鲁襄公、鲁昭公、鲁定公五世。

②逮：到，及。

③四世：指季孙氏文子、武子、平子、桓子四世。

④三桓：鲁国孟孙、叔孙、季孙都出于鲁桓公，所以叫"三桓"。

【译文】

孔子说："鲁君失去禄爵之权已有五代了，政权落在大夫之手已经四代了，所以三桓的子孙衰微了。"

16.4

【原文】

孔子曰："益者三友，损者三友。友直，友谅[①]，友多闻，益矣；友便辟(pì)[②]，友善柔[③]，友便佞[④]，损矣。"

【注释】

①谅：诚信。

②便辟：惯于走邪道。

③善柔：善于和颜悦色骗人。

④便佞：惯于花言巧语。

【译文】

孔子说："有益的朋友有三种，有害的朋友也有三种。同正直的人交朋友，同诚信的人交朋友，同见闻广博的人交朋友，这是有益的；同走邪道的人交朋友，同阿谀奉承的人交朋友，同花言巧语的人交朋友，这是有害的。"

16.5

【原文】

孔子曰："益者三乐，损者三乐。乐节礼乐(yuè)[1]，乐道人之善，乐多贤友，益矣；乐骄乐[2]，乐佚[3]游，乐晏乐[4]，损矣。"

【注释】

①节礼乐：用礼乐来节制人。

②骄乐：骄纵而不知节制的乐。

③佚：通"逸"。

④晏乐：宴饮之乐。

【译文】

孔子说："有益的喜好有三种，有害的喜好也有三种。喜欢以礼乐节制自己，喜欢称道别人的好处，喜欢多结交贤德之友，这是有益的；喜欢骄纵作乐，喜欢安逸游乐，喜欢宴饮取乐，这是有害的。"

16.6

【原文】

孔子曰："侍于君子有三愆(qiān)[1]：言未及之而言谓之躁，言及之而不言谓之隐，未见颜色而言谓之瞽(gǔ)[2]。"

【注释】

①愆：罪过，过失。

②瞽：盲人。

【译文】

孔子说："侍奉在君子旁边陪他说话，要注意避免犯三种过失：还没有问到你的时候就说话，这是急躁；已经问到你的时候却不说，这叫隐瞒；不看君子的脸色说话的人可以称之为瞎子。"

16.7

【原文】

孔子曰:“君子有三戒:少之时,血(xuè)气未定,戒之在色;及其壮也,血气方刚,戒之在斗;及其老也,血气既衰,戒之在得。”

【译文】

孔子说:“有三种事情君子应引以为戒:年少的时候,血气还不成熟,要戒除对女色的迷恋;壮年的时候,血气正旺,要戒除与人争斗;等到老年,血气已经衰弱了,要戒除贪得无厌。”

16.8

【原文】

孔子曰:“君子有三畏[①]:畏天命,畏大人,畏圣人之言。小人不知天命而不畏也,狎大人,侮圣人之言。”

【注释】

①畏:害怕,敬畏。

【译文】

孔子说:“君子有三件敬畏的事情:敬畏天命,敬畏地位高贵的人,敬畏圣人说的话。小人不懂得天命,故不知敬畏;小人对地位高的人满不在乎,故不礼貌;小人出言不逊,侮辱圣人的教导。”

16.9

【原文】

孔子曰:“生而知之者,上也;学而知之者,次也;困而学之,又其次也;困而不学,民斯为下矣。”

【译文】

孔子说:“生来就知道的人,是上等人;经过学习以后才知道的,是次一等的人;遇到困难再去学习的,是又次一等的人;遇到困难还不学习的人,就是下等的人了。”

16.10

【原文】

孔子曰："君子有九思：视思明，听思聪，色思温，貌思恭，言思忠，事思敬，疑思问，忿思难（nàn），见得思义。"

【译文】

孔子说："君子有九思：看要看得清，听要听得明，脸色要温和，态度要谦恭，说话要真诚，做事要敬业，有了问题就问，生气的时候要想到后果，面对财利要考虑该不该取。"

16.11

【原文】

子曰："见善如不及，见不善如探汤[①]。吾见其人矣，吾闻其语矣。隐居以求其志，行义以达其道。吾闻其语矣，未见其人也。"

【注释】

①探汤：把手伸到开水里。汤，开水。

【译文】

孔子说："看到善良的行为，就担心自己达不到；看到不善良的行为，就好像把手伸到开水中一样（赶快避开）。我见到过这样的人，也听到过这样的话。以隐居避世来保全自己的志向，依照义来贯彻自己的主张。我听到过这种话，却没有见到过这样做的人。"

16.12

【原文】

齐景公有马千驷，死之日，民无德而称焉。伯夷、叔齐饿于首阳之下，民到于今称之。（"诚不以富，亦祇以异。"）其斯之谓与？

【译文】

齐景公有 4000 匹马，他死的时候，百姓们觉得他没有什么德行可以称颂。伯夷、叔齐饿死在首阳山下，百姓们到现在还在称颂他们。（“诚不以富，亦祇以异。”）说的就是这个意思吧？

16.13

【原文】

陈亢（kàng）[1]问于伯鱼[2]曰：“子亦有异闻[3]乎？”对曰：“未也。尝独立，鲤趋而过庭[4]。曰：‘学《诗》乎？’对曰：‘未也。’‘不学《诗》，无以言。’鲤退而学《诗》。他日，又独立，鲤趋而过庭。曰：‘学礼乎？’对曰：‘未也。’‘不学礼，无以立。’鲤退而学礼。闻斯二者。”陈亢退而喜曰：“问一得三。闻《诗》，闻礼，又闻君子之远[5]其子也。”

【注释】

①陈亢：即陈子禽。

②伯鱼：姓孔，名鲤，字伯鱼。孔子的儿子。

③异闻：不同的听闻。这里陈亢怀疑孔子对孔鲤有偏私，对他教授的比弟子们多。

④庭：堂阶前的院子。

⑤远：不亲近，不偏爱。

【译文】

陈亢问伯鱼：“您在夫子（孔子）那里听到过什么特别的教诲吗？”伯鱼回答说：“没有呀。有一次他（指孔子）独自站在堂上，我快步从庭里走过。他问：‘学《诗》了吗？’我回答说：‘没有。’他说：‘不学《诗》，就不懂得怎么说话。’我回去后就开始学《诗》。又有一天，他又独自站在堂上，我快步从庭里走过。他问：‘学礼了吗？’我回答说：‘没有。’他说：‘不学礼，就不懂得怎样立身。’我回去后就开始学礼。我就听到过这两件事。”陈亢回去后高兴地说：“我提一个问题，得到三方面的收获。知道了《诗》，知道了礼，知道了夫子不偏爱自己的儿子。”

16.14

【原文】

邦君[①]之妻，君称之曰夫人，夫人自称曰小童[②]；邦人称之曰君夫人；称诸异邦曰寡[③]小君；异邦人称之，亦曰君夫人。

【注释】

①邦君：指诸侯国的国君。

②小童：国君妻子自己的谦称。

③寡：少。这里是“寡德”的意思，自谦之辞。古代王侯和士大夫均可自谦为“寡人”。唐以后，只有皇帝称“寡人”。

【译文】

国君的妻子，国君称他为夫人，夫人自称为小童；本国人称她为君夫人；（国君）在其他国家的人面前称她为寡小君；其他国家的人称呼她，也叫君夫人。

阳货第十七

17.1

【原文】

阳货[1]欲见孔子，孔子不见，归(kuì)孔子豚(tún)[2]。孔子时其亡(wú)[3]也，而往拜之，遇诸涂[4]。谓孔子曰："来！予与尔言。"曰："怀其宝而迷其邦[5]，可谓仁乎?"曰："不可。""好从事而亟(qì)[6]失时，可谓知(zhì)乎?"曰："不可。""日月逝矣，岁不我与[7]。"孔子曰："诺，吾将仕矣。"

【注释】

①阳货：姓阳，名虎，字货，春秋时鲁国人。鲁国大夫季平子的家臣。季氏曾几代掌握鲁国朝政，而阳货又掌握着季氏的家政。季平子死后，阳货曾一度掌管鲁国政事。阳货曾与公山弗扰共谋杀害季桓子，失败后逃往晋国。

②归孔子豚：赠给孔子一只蒸熟的小猪。归，通"馈"，赠送。豚，小猪、猪。

③时其亡：等他外出不在家的时候。亡，通"无"，不在家。

④遇诸涂：在路上遇到了他。涂，通"途"，道路。

⑤迷其邦：听任国家迷乱。

⑥亟：屡次。

⑦岁不我与：我不可能永远与时间在一起，意思是时间不等人。

【译文】

阳货想见孔子，孔子不见，他便赠送给孔子一只(蒸熟的)小猪(想要孔子回拜他)。孔子打听到阳货不在家时，去阳货家拜谢，不想却在半路上遇见了。阳货对孔子说："来，我有话要跟您说。”(孔子走过去,)阳货说:“把自己的本领藏起来而听任国家迷乱,这可以叫作仁吗?”(孔子回答)说:“不可以。”(阳货)说:“喜欢参与政事而又屡次错过机会,这可以说是智吗?”(孔子回答)说:“也不可以。”(阳货)说:“时间一天天过去了,年岁是不等人的。”孔子说:“好吧,我将考虑去做官。”

17.2

【原文】

子曰:“性相近也,习相远也。”

【译文】

孔子说:“人的本性是相近的,但后天的习惯却相差很远。”

17.3

【原文】

子曰:“唯上① 知(zhì)与下② 愚不移。”

【注释】

①上:努力向上。

②下:不求上进。

【译文】

孔子说:“有一点是肯定无疑的:人如果努力向上就会变得聪明,如果不求上进就会变得愚蠢。”

17.4

【原文】

子之武城①,闻弦歌② 之声。夫子莞尔而笑,曰:“割鸡焉用牛刀?”子游对曰:“昔者偃也闻诸夫子曰:‘君子学道则爱人,小人学道则易使也。’”子曰:“二三子!偃之言是也。前言戏之耳。”

【注释】

①武城：鲁国的一个小城。

②弦歌：以琴瑟伴奏歌唱。弦，指琴瑟。

【译文】

孔子到了武城，听见弹琴弹瑟唱歌的声音。孔子微笑着说："杀鸡何必用宰牛的刀呢？"子游回答说："以前我听夫子说过：'君子学了道就能爱人，小人学了道就容易支使。'"孔子说："弟子们，言偃的话是对的。我刚才说的话，不过是开个玩笑而已。"

17.5

【原文】

公山弗扰[①]以费（bì）畔，召，子欲往。子路不悦（yuè），曰："末之[②]也已，何必公山氏之之[③]也？"子曰："夫召我者，而岂徒[④]哉？如有用我者，吾其为东周乎[⑤]！"

【注释】

①公山弗扰：复姓公山，名不狃（也作"弗扰""不扰"），字子泄。春秋时期鲁国人。他和阳虎同时，都是鲁国当政者季桓子的家臣。季桓子非常器重公山弗扰，派他担任季氏的私邑——费邑的邑宰。

②末之：无处去。末，无。之，到、往。

③之之：前一个"之"字是助词；后一个"之"字是动词，去。

④徒：徒然，空无所据。

⑤吾其为东周乎：我将在东方复兴周礼（或周公之道）。周，周公之礼（或周公之道）。

【译文】

公山弗扰据费邑反叛，来召孔子，孔子准备前去。子路不高兴地说："没有地方去就算了，为什么一定要去公山弗扰那里呢？"孔子说："他来召我，难道是白忙活吗？如果有人用我，我想利用这个机会，在东方复兴周礼（或周公之道）。"

17.6

【原文】

子张问仁于孔子。孔子曰："能行五者于天下，为仁矣。""请问之。"曰："恭、宽、信、敏、惠。恭则不侮，宽则得众，信则人任焉，敏则有功，惠则足以使人。"

【译文】

子张向孔子请教什么是仁。孔子说："能够处处实行五种品德的人就是仁人了。"子张说："请问哪五种？"孔子说："恭谨、宽厚、诚信、勤敏、恩惠。恭谨就不会招致侮辱，宽厚就会得到众人拥护，诚信就能得到别人任用，勤敏就会做出成绩，对人有恩惠才能够使唤别人。"

17.7

【原文】

佛(bì)肸(xī)①召，子欲往。子路曰："昔者由也闻诸夫子曰：'亲于其身为不善者，君子不入也。'佛肸以中牟(móu)②畔③，子之往也，如之何？"子曰："然，有是言也。不曰坚乎，磨而不磷④？不曰白乎，涅(niè)⑤而不缁(zī)⑥？吾岂匏(páo)瓜⑦也哉？焉能系(jì)⑧而不食？"

【注释】

①佛肸：晋国大夫范中行的家臣，中牟地方官。

②中牟：地名，在晋国，约在今河北邢台与邯郸之间。

③畔：通"叛"，叛乱。

④磷：损伤。

⑤涅：一种矿物质，可用作颜料染衣服。

⑥缁：黑色。

⑦匏瓜：葫芦中的一种，味苦，不能食用。

⑧系：结，扣。

【译文】

佛肸在中牟反叛，召孔子去，孔子打算前往。子路说："从前我听夫子说过：'亲自做坏事的人那里，君子是不去的。'现在佛肸据中牟反叛，您却要去，这如何解释呢？"孔子说："是的，我说过这样的话。(但是，)不是说坚硬的东西磨也磨不坏吗？不是说洁白的东西染也染不黑吗？我难道是个葫芦吗？怎么能只挂在那里而不能吃呢？"

17.8

【原文】

子曰："由也！女(rǔ)闻六言六蔽矣乎？"对曰："未也。""居[1]！吾语(yù)女(rǔ)。好仁不好学，其蔽也愚[2]；好知不好学，其蔽也荡[3]；好信不好学，其蔽也贼[4]；好直不好学，其蔽也绞[5]；好勇不好学，其蔽也乱；好刚不好学，其蔽也狂。"

【注释】

①居：坐。

②愚：受人愚弄。

③荡：放荡。

④贼：害。

⑤绞：说话尖刻。

【译文】

孔子说："由呀！你听说过六字说法(六种品德)和六种弊病吗？"子路回答说："没有。"孔子说："坐下！我告诉你。爱好仁德而不爱好学习，它的弊病是受人愚弄；爱好智慧而不爱好学习，它的弊病是行为放荡；爱好诚信而不爱好学习，它的弊病是(容易受人愚弄而)危害亲人；爱好直率而不爱好学习，它的弊病是说话尖刻；爱好勇敢而不爱好学习，它的弊病是犯上作乱；爱好刚强而不爱好学习，它的弊病是狂妄自大。"

17.9

【原文】

子曰："小子何莫学夫(fú)《诗》。《诗》，可以兴[①]，可以观[②]，可以群[③]，可以怨[④]。迩[⑤]之事父，远之事君；多识于鸟兽草木之名。"

【注释】

①兴：激发感情。

②观：观察了解天地万物与人间万象。

③群：合群。

④怨：恨。

⑤迩：近。

【译文】

孔子说："弟子们为什么不学习《诗》呢？学《诗》可以激发志气，可以从中了解天地万物及人间的盛衰得失，可以使人懂得合群的必要，可以使人学会表达不平。近可以用来侍奉父母，远可以用来侍奉君主；还可以多知道一些鸟兽草木的名字。"

17.10

【原文】

子谓伯鱼曰："女(rǔ)为《周南》[①]、《召南》[②]矣乎？人而不为《周南》《召南》，其犹正墙面而立[③]也与？"

【注释】

①《周南》：《诗经·国风》中的部分作品，周朝时期采集的诗篇，因在周王朝都城的南面而得名。同时，"南"又是方向之称。在周代习惯将江汉流域的一些小国统称为"南国"或"南土""南邦"(见《小雅·四月》《大雅·嵩高》)等，所以诗的编辑者便将采自江汉流域许多小国的歌词，连同受"南音"影响的周、召一些地

方采来的歌词，命名为"周南"。

②《召南》：《诗经·国风》中的部分作品，共有14首诗。

③正墙面而立：面向墙壁站立着。

【译文】

孔子对伯鱼说："你学习《周南》《召南》了吗？一个人如果不学习《周南》《召南》，那就像面对墙壁而站着那样(是没有前途的)。"

17.11

【原文】

子曰："礼云礼云，玉帛云乎哉？乐(yuè)云乐(yuè)云，钟鼓云乎哉？"

【译文】

孔子说："礼呀礼呀，只是说的玉帛吗？乐呀乐呀，只是说的钟鼓吗？"

17.12

【原文】

子曰："色厉而内荏(rěn)[①]，譬诸小人，其犹穿窬(yú)[②]之盗也与？"

【注释】

①色厉而内荏：外表严厉而内心虚弱。厉，威严。荏，虚弱。

②窬：洞。

【译文】

孔子说："外表严厉而内心虚弱的人，以小人作比喻，就像是挖墙洞的小偷吧？"

17.13

【原文】

子曰："乡原[①]，德之贼也。"

【注释】

①乡原：指乡中貌似谨厚，而实与流俗合污的伪善者。

【译文】

孔子说："没有原则到处讨好的人，对道德的危害特别大呀。"

17.14

【原文】

子曰："道听而涂说，德之弃也。"

【译文】

孔子说："在路上听到传言就到处去传播，有道德的人是不会这样做的。"

17.15

【原文】

子曰："鄙(bǐ)夫(fū)[①]！可与事君也与哉？其未得之也，患得之；既得之，患失之。苟患失之，无所不至矣。"

【注释】

①鄙夫：人品鄙陋、见识浅薄的人。

【译文】

孔子说："可以和粗俗的人一起侍奉君主吗？在没有得到官位时，他总担心得不到；已经得到了，又怕失去它。如果他担心失掉官职，那他就什么事也能做得出来。"

17.16

【原文】

子曰："古者民有三疾，今也或是之亡(wú)也。古之狂[①]也肆[②]，今之狂也荡[③]；古之矜也廉[④]，今之矜也忿戾[⑤]；古之愚也直，今之愚也诈而已矣。"

【注释】

①狂：狂妄自大。

②肆：放肆，不拘礼节。

③荡：放荡，不守礼。

④廉：正直。

⑤戾：火气太大，蛮横不讲理。

【译文】

孔子说："古代的人有三种毛病，现在恐怕连这三种毛病也变样了。古代的狂妄者不过是有些放肆，现在的狂妄者却是放荡不羁；古代矜持的人不过是难以接近，现在那些矜持的人却是凶恶蛮横；古代愚笨的人不过是直率一些，现在的愚笨者却是极不老实啊！"

17.17

【原文】

子曰："巧言令色，鲜矣仁。"①

【注释】

①本章系重出，见1.3章。

【译文】

孔子说："花言巧语、假装和善，这种人很少有仁德之心。"

17.18

【原文】

子曰："恶(wù)紫之夺朱也，恶(wù)郑声之乱雅乐(yuè)也，恶(wù)利口之覆邦家者。"

【译文】

孔子说："我憎恶用紫色压过红色，憎恶用郑国的音乐危害雅乐，憎恶伶牙俐齿的人把国家弄得乱七八糟。"

17.19

【原文】

子曰："予欲无言。"子贡曰："子如不言，则小子何述焉？"子曰："天何言哉？四时行焉，百物生焉。天何言哉？"

【译文】

孔子说："我不想说话了。"子贡说："夫子您如果不说话，那么我们这些做学生的还传述什么呢？"孔子说："天何尝说过话呢？还不是四季照常运行，百物照样生长。天说过什么话呢？"

17.20

【原文】

孺悲[①]欲见孔子，孔子辞以疾。将命者出户，取瑟而歌，使之闻之。

【注释】

①孺悲：鲁国人，有人说是孔子的学生。鲁哀公曾派他向孔子学礼。

【译文】

孺悲想见孔子，孔子以有病为由推辞不见。传话的人刚出门，(孔子)便取来瑟边弹边唱，(有意)让孺悲听到。

17.21

【原文】

宰我问："三年之丧，期已久矣。君子三年不为礼，礼必坏；三年不为乐(yuè)，乐(yuè)必崩。旧谷既没(mò)，新谷既升，钻(zuān)燧(suì)改火[①]，期(jī)[②]可已矣。"子曰："食夫(fú)稻[③]，衣(yì)夫(fú)锦，于女(rǔ)安乎？"曰："安。""女(rǔ)安，则为之！夫(fú)君子之居丧，食旨[④]不甘，闻乐(yuè)不乐，居处(chǔ)不安,故不为也。今女(rǔ)安,则为之!"宰我出。子曰:"予[5]之不仁也!子生三年,然后免于父母之怀。夫(fú)三年之丧,天下之通丧也。予也有三年之爱于其父母乎?"

【注释】

①改火:古人钻木取火,四季所用木头不同,每年轮一遍,叫"改火"。

②期:一年。

③食夫稻:吃大米。古代北方很少种稻米,故大米很珍贵。

④旨:甜美。指好吃的食物。

⑤予:宰我。

【译文】

宰我问:"服丧三年,时间太长了。君子三年不讲究礼仪,礼仪必然败坏;三年不演奏音乐,音乐就会荒废。旧谷吃完,新谷接上,钻燧取火的木头轮过了一遍,有一年的时间就可以了。"孔子说:"(父母去世才一年的时间)你就开始吃大米饭,穿锦缎衣,你心安吗?"宰我说:"我心安。"孔子说:"你心安,你就那样去做吧!君子守丧,吃美味不觉得香甜,听音乐不觉得快乐,住在家里不觉得舒服,所以不那样做。如今你既然觉得心安,你就那样去做吧!"宰我出去了。孔子说:"宰予真是不仁啊!小孩生下来,到3岁时才能离开父母的怀抱。服丧三年,这是天下通行的丧礼。难道宰予对他父母的爱连三年也维持不了吗?"

17.22

【原文】

子曰:"饱食终日,无所用心,难矣哉!不有博弈[1]者乎?为之,犹贤乎已。"

【注释】

①博弈:下棋。这里指下围棋。

【译文】

孔子说："整天吃饱了饭，什么心思也不用，这种人真难办啊！不是有博弈(下围棋)的吗？干这个，也比闲着好。"

17.23

【原文】

子路曰："君子尚勇乎？"子曰："君子义以为上①。君子有勇而无义为乱，小人有勇而无义为盗。"

【注释】

①义以为上：以义为最高尚的品德、最基本的行事原则。

【译文】

子路说："君子崇尚勇敢吗？"孔子答道："君子以义作为最高尚的品德、最基本的行事原则。君子有勇无义就会作乱，小人有勇无义就会偷盗。"

17.24

【原文】

子贡曰："君子亦有恶(wù)①乎？"子曰："有恶。恶称人之恶者，恶居下流②而讪(shàn)③上者，恶勇而无礼者，恶果敢而窒④者。"曰："赐也亦有恶(wù)乎？""恶徼(jiǎo)⑤以为知(zhì)⑥者，恶不孙(xùn)⑦以为勇者，恶讦(jié)⑧以为直者。"

【注释】

①恶：厌恶，讨厌。

②下流：下等的，在下的。

③讪：诽谤。

④窒：阻塞，不通事理，顽固不化。

⑤徼：窃取，抄袭。

⑥知：通"智"。

⑦孙：通"逊"。

⑧讦：攻击、揭发别人。

【译文】

子贡说："君子也有厌恶的事吗？"孔子说："有厌恶的事。厌恶宣扬别人坏处的人，厌恶身居下位而诽谤在上位的人的人，厌恶勇敢而不懂礼节的人，厌恶固执而又不通事理的人。"孔子又说："赐，你也有厌恶的事吗？"子贡说："厌恶抄袭（窃取）别人（成果）的人，厌恶把不谦虚当作勇敢的人，厌恶揭发别人的隐私（短处）而自以为直率的人。"

17.25

【原文】

子曰："唯女子[①]与小人[②]为难养也，近之则不孙（xùn）[③]，远之则怨。"

【注释】

①女子：未结婚的女性。女子结婚后为"妇"。

②小人：一是指品德低下之人，二是指小孩子（男）。

③孙：通"逊"。

【译文】

孔子说："只有女子（女孩子）和小人是难以教养的，亲近他们，他们就会无礼；疏远他们，他们就会怨恨。"

17.26

【原文】

子曰："年四十而见恶（wù）[①]焉，其终也已。"

【注释】

①见恶：被人嫌弃、厌恶。

【译文】

孔子说："到了40岁的时候还被人厌恶，这个人的一生也就算完了。"

微子第十八

18.1

【原文】

微子[①]去之，箕子[②]为之奴，比干[③]谏而死。孔子曰："殷有三仁焉。"

【注释】

①微子：周朝宋国的始祖。子姓，名启，殷商贵族，殷商帝乙的长子，商纣王的庶兄，封于宋国。他曾劝谏纣王，但纣王不听，于是离去。

②箕子：文丁的儿子，帝乙的弟弟，纣王的叔父。官太师，封于箕，名胥余。他劝谏纣王，纣王不听，他便装疯，被降为奴隶。

③比干：殷帝丁的次子，帝乙的弟弟，纣王的叔父，官少师（丞相）。幼年聪慧，勤奋好学，20岁就以太师高位辅佐帝乙，又受托孤重任辅佐纣王。从政40多年，主张减轻赋税徭役，鼓励发展农牧业，提倡冶炼铸造，富国强兵。因屡次劝谏纣王，被剖心而死。

【译文】

微子离开了纣王，箕子被降为纣王的奴隶，比干因进谏被纣王杀死。孔子说："殷朝就这三位仁人啊！"

18.2

【原文】

柳下惠为士师[①]，三黜（chù）[②]。人曰："子未可以去乎？"曰："直道而事人，焉往而不三黜？枉道而事人，何必去父母之邦？"

【注释】

①士师：典狱官，掌管刑狱。

②黜：罢免不用。

【译文】

柳下惠当典狱官，三次被罢免。有人说："先生您怎么不离开鲁国呢？"柳下惠说："按正道侍奉君主，到哪里不会被多次罢官呢？如果不按正道侍奉君主，何必一定要离开本国呢？"

18.3

【原文】

齐景公①待孔子曰："若季氏②，则吾不能；以季、孟之间待之。"曰："吾老矣，不能用也。"孔子行。

【注释】

①齐景公：当时的齐国国君。孔子曾经到齐国，谋求齐景公的重用，但未果。

②季氏：季桓子。当时鲁国的执政者。

【译文】

齐景公在讲到如何对待孔子时说："像鲁君对待季氏那样，我做不到；我可用介于季氏、孟氏之间的待遇对待他。"又说："我老了，不能用他了。"孔子于是离开了齐国。

18.4

【原文】

齐人归(kuì)①女乐(yuè)，季桓子②受之，三日不朝。孔子行。

【注释】

①归：通"馈"，赠送。

②季桓子：鲁国上卿季孙斯。

【译文】

齐国人赠送了一些歌女给鲁国，季桓子接受了，三天不上朝。孔子于是离开了鲁国。

18.5

【原文】

楚狂接舆[①]歌而过孔子曰："凤兮凤兮！何德之衰？往者不可谏，来者犹可追[②]。已而已而！今之从政者殆而！"孔子下，欲与之言。趋而辟(bì)之，不得与之言。

【注释】

①楚狂接舆：一说楚国的狂人迎接(相遇并经过)孔子之车；一说楚国叫接舆的狂人。本书采用第二种说法。

②往者不可谏，来者犹可追：过去的事就不说了，未来的事还可以去追求。

【译文】

楚国的狂人接舆唱着歌从孔子的车旁走过，他唱道："凤鸟啊，凤鸟啊，你的德运怎么这么衰弱呢？过去的已经无可挽回，未来的却还可以去追求(还来得及改正)。不说了，不说了！今天的执政者太糟糕了！"孔子下车，想同他谈话，(他)却赶快避开，(孔子)没能够和他交谈。

18.6

【原文】

长沮、桀溺[①]耦而耕[②]，孔子过之，使子路问津[③]焉。长沮曰："夫(fú)执舆[④]者为谁？"子路曰："为孔丘。"曰："是鲁孔丘与？"曰："是也。"曰："是知津矣。"问于桀溺。桀溺曰："子为谁？"曰："为仲由。"曰："是孔丘之徒与？"对曰："然。"曰："滔滔者天下皆是也，而谁以易之？且而与其从辟(bì)[⑤]人之士也，岂若从辟(bì)世之士哉？"耰(yōu)[⑥]而不辍。子路行以告。夫子怃(wǔ)然[⑦]曰："鸟兽不可与[⑧]同群，吾非斯人之徒与而谁与？天下有道，丘不与易也。"

【注释】

①长沮、桀溺：两位隐士，真实姓名和身世不详。

②耦而耕：两个人合力耕作。

③问津：询问渡口。津，渡口。

④执舆：即执辔，拉着缰绳。

⑤辟：通“避”。

⑥耰：用土覆盖种子。

⑦怃然：怅然，失意。

⑧与：和。

【译文】

长沮、桀溺在一起耕种，孔子路过那里，让子路去询问渡口在哪里。长沮问子路：“那个拽着缰绳的是谁？”子路说：“是孔丘。”长沮说：“是鲁国的孔丘吗？”子路说：“是的。”长沮说：“那他应该知道渡口在哪里。”子路再去问桀溺。桀溺说：“你是谁？”子路说：“我是仲由。”桀溺说：“是鲁国孔丘的门徒吗？”子路说：“是的。”桀溺说：“现在不合理的事像洪水一样到处都是，你们同谁去改变它们呢？而且你们与其跟着躲避人的人，为什么不跟着我们这些逃避社会的人呢？”说完，仍旧不停地做田里的农活。子路回来后把情况告诉了孔子。孔子很失望地说：“人是不能只与飞禽走兽一起生活的，如果不同世上的人群打交道，还与谁打交道呢？如果天下清明有道，我也不赞成变革。”

18.7

【原文】

子路从而后，遇丈人[①]，以杖荷(hè)蓧(diào)[②]。子路问曰：“子见夫子乎？”丈人曰：“四体不勤，五谷不分[③]。孰为夫子？”植其杖而芸[④]。子路拱而立。止子路宿[⑤]，杀鸡为黍(shǔ)[⑥]而食(sì)[⑦]之，见其二子焉。明日，子路行以告。子曰：“隐者也。”使子路反见之。

至则行矣。子路曰:“不仕无义[8]。长(zhǎng)幼之节,不可废也;君臣之义,如之何其废之?欲洁其身,而乱大伦。君子之仕也,行其义也。道之不行,已知之矣。”

【注释】

①丈人:拄拐杖的人。形容年纪大的人。

②蓧:古代锄草用的农具。

③四体不勤,五谷不分:手脚不勤快,五谷分不清。意指既懒惰又没有农业常识。

④芸:通“耘”,锄草。

⑤止子路宿:留子路住下。

⑥黍:黏小米。

⑦食:拿东西给人吃。

⑧不仕无义:不出来做官,就是该做的事没有做。

【译文】

子路跟随孔子出行,落在了后面,遇到一位老汉,用担杖挑着锄草的工具。子路问道:“您看到我的老师了吗?”老汉说:“若四体不勤,则五谷不分。哪知道你的老师是谁?”说完,便继续去锄草。子路拱着手恭敬地站在一旁。(锄完草后,)老汉留子路到他家住宿,并杀了鸡,做了小米饭给他吃,又叫两个儿子出来与子路见面。第二天,子路赶上孔子,把这件事告诉了孔子。孔子说:“这是个隐士啊。”叫子路回去再看看他。子路回到那里,老汉已经走了。子路说:“不出来做官,就是该做的事没有做。长幼间的关系礼节,尚且不能废弃;君臣之间的义,怎么能废弃呢?这人自身清白,却破坏了根本的君臣之道与伦理关系。君子做官,是为了实行君臣之义。道之不行,从这一点上看已经很清楚了。”

18.8

【原文】

逸民[①]：伯夷、叔齐、虞仲、夷逸、朱张、柳下惠、少连[②]。子曰："不降其志，不辱其身，伯夷、叔齐与？"谓柳下惠、少连："降志辱身矣，言中(zhòng)伦，行中(zhòng)虑，其斯而已矣。"谓虞仲、夷逸："隐居放[③]言，身中清，废中权。""我则异于是，无可无不可。"

【注释】

①逸民：避世隐居的人才。逸，通"佚"，散失、遗弃。

②伯夷……少连：除伯夷、叔齐、柳下惠外，虞仲、夷逸、朱张、少连四人身世无从考。从文中意思看，这些人当是没落贵族。

③放：放置。

【译文】

避世隐居的人有：伯夷、叔齐、虞仲、夷逸、朱张、柳下惠、少连。孔子说："既没有降低自己的志向，又没有屈辱自己的身份，做到的只有伯夷、叔齐吧？"孔子这样评价柳下惠、少连："被迫降低自己的志向，辱没身份，但说话合乎伦理，行为合乎人心。"又评价虞仲、夷逸说："过着隐居的生活，不谈世事，洁身自爱，主动辞官。""我同这些人不同，可以这样，也可以那样。"

18.9

【原文】

大师挚[①]适齐，亚饭干适楚，三饭缭适蔡，四饭缺适秦[②]，鼓方叔[③]入于河，播鼗(táo)[④]武入于汉，少师[⑤]阳、击磬(qìng)襄[⑥]入于海。

【注释】

①大师挚：大，通"太"。太师是鲁国乐官之长，挚是人名。

②亚饭干适楚，三饭缭适蔡，四饭缺适秦：亚饭、三饭、四饭，

都是乐官名。干、缭、缺，是人名。古代天子、诸侯吃饭时都要奏乐，因此有“亚饭”“三饭”“四饭”之称。

③鼓方叔：击鼓的乐师，名方叔。

④鼗：小鼓。

⑤少师：乐官名，副乐师。

⑥击磬襄：击磬的乐师，名襄。

【译文】

（鲁国）太师挚到齐国去了，亚饭干到楚国去了，三饭缭到蔡国去了，四饭缺到秦国去了，打鼓的方叔到了黄河边，敲小鼓的武到了汉水边，少师阳和击磬的襄到了海滨。

18.10

【原文】

周公谓鲁公[①]曰：“君子不施（chí）[②]其亲，不使大臣怨乎不以[③]。故旧无大故，则不弃也。无求备于一人。”

【注释】

①鲁公：指周公的儿子伯禽，封于鲁。

②施：通“弛”，弃置、疏远。

③以：用。

【译文】

周公对鲁公（伯禽）说：“君主不疏远他的亲属，不使大臣们抱怨不用他们。旧友老臣没有大的过失，就不要抛弃他们。不要对人求全责备。”

18.11

【原文】

周有八士[①]：伯达、伯适（kuò）；仲突、仲忽；叔夜、叔夏；季随、季騧（guā）。

【注释】

①八士:本章中所说八士已不可考。须注意人名中有伯、仲、叔、季四字。据说这八位为一母所生,且是四对双胞胎。

【译文】

周代有八位名士:伯达、伯适;仲突、仲忽;叔夜、叔夏;季随、季騧。

子张第十九

19.1

【原文】

子张曰:“士见危致命,见得思义,祭思敬,丧思哀。其可已矣。”

【译文】

子张说:“士遇见危险时敢于献身,看见有利可图时能考虑是否符合义的要求,祭祀时能想到是否严肃恭敬,居丧时能想到是否哀伤。这样才能算是士。”

19.2

【原文】

子张曰:“执德不弘,信道不笃,焉能为有?焉能为亡(wú)?”

【译文】

子张说:“执守道德却不能发扬光大,信仰道义却不能忠实坚定,(这样的人)算是有道德呢,还是没有道德呢?”

19.3

【原文】

子夏之门人问交于子张。子张曰:“子夏云何?”对曰:“子夏曰:‘可者与之,其不可者拒之。’”子张曰:“异乎吾所闻:君子尊贤而容众,嘉善而矜不能。我之大贤与,于人何所不容?我之不贤与,人将拒我,如之何其拒人也?”

【译文】

子夏的学生向子张询问怎样结交朋友。子张说:“子夏是怎么说的?”答道:“子夏说:‘可以相交的就和他交朋友,不可以相交的就拒绝他。’”子张说:“我所听到的和这不一样:君子尊重贤人且能容纳众人,赞美善人又同情能力不够的人。如果我是十分贤良的人,那我对别人有什么不能容纳的呢?如果我不贤良,那别人就会拒绝我,我又怎么能拒绝别人呢?”

19.4

【原文】

子夏曰:“虽小道①,必有可观者焉,致远恐泥(nì)②,是以君子不为也。”

【注释】

①小道:指农、工、商、医、卜之类的技能。

②泥:阻滞,不通,妨碍。

【译文】

子夏说:“即使都是些小的技艺,也一定有可取的地方,但在这上面用功多了,恐怕要为其所累,所以君子不做这样的事。”

19.5

【原文】

子夏曰:“日知其所亡(wú),月无忘其所能,可谓好学也已矣。”

【译文】

子夏说:“每天都能学到一些过去所不知道的东西,每月都不忘记已经学过的东西,这就可以叫作好学了。”

19.6

【原文】

子夏曰:“博学而笃志①,切问②而近思,仁在其中矣。”

【注释】

①志：有两种解释，一是记忆在心，二是志向。

②切问：问与自身有关的问题。

【译文】

子夏说："博学且记得牢（或译：博学且志向坚定），多问且勤于思考与自身密切相关的问题，这是达到仁的理想途径。"

19.7

【原文】

子夏曰："百工[①]居肆[②]以成其事，君子学以致其道。"

【注释】

①百工：各行各业的工匠。

②肆：古代社会制作物品的作坊，如酒肆就是制造酒的作坊。

【译文】

子夏说："各行各业的工匠要在作坊里才能完成工作，君子通过学习来掌握（治国）大道。"

19.8

【原文】

子夏曰："小人之过也，必文[①]。"

【注释】

①文：掩饰。

【译文】

子夏说："小人有了过错，必定会（千方百计）掩饰。"

19.9

【原文】

子夏曰："君子有三变：望之俨（yǎn）然，即（jí）之也温，听其言也厉。"

【译文】

子夏说："与君子相处会体会到三种变化：从远处看，样子庄重严肃；接近他，会感到温和可亲；听他说话，会感觉其说话直接且一语中的。"

19.10

【原文】

子夏曰："君子信而后劳其民；未信，则以为厉己[①]也。信而后谏；未信，则以为谤己[②]也。"

【注释】

①厉己：对自己严厉。

②谤己：诽谤自己。

【译文】

子夏说："君子(君主)只有在得到百姓信任的情况下才能去役使百姓；未取信于人，百姓就会以为这是(君主)在虐待他们。(作为臣下，)要先取得(君主)信任，然后才能去规劝；未取得(君主)信任而去进谏，(君主)就会以为(臣下)在诽谤他。"

19.11

【原文】

子夏曰："大德[①]不逾闲[②]，小德[③]出入可也。"

【注释】

①大德：大节。

②闲：木栏，这里指界限。

③小德：小节。

【译文】

子夏说："人在大是大非面前不能马虎，要坚持原则；而在小事小节上可以有所出入，不必那么讲究。"

19.12

【原文】

子游曰："子夏之门人小子，当洒扫、应对、进退，则可矣，抑[①]末也。本之则无，如之何？"子夏闻之，曰："噫！言游过矣！君子之道，孰先传(chuán)焉？孰后倦[②]焉？譬诸草木，区以别矣。君子之道，焉可诬[③]也？有始有卒者，其惟圣人乎？"

【注释】

①抑：但是，不过。

②倦：倦怠。

③诬：欺骗。

【译文】

子游说："子夏教学生，尽教些洒扫和迎来送往的事，但这些不过是末节小事。根本的东西却没有教，这怎么行呢？"子夏听后，说："噫！言游说话过头了！君子之道，(各有各的教法，)先传授什么，后传授什么，这就像草木有别一样，也是有区别的。君子之道，怎么可以随便诬蔑呢？也许只有圣人才能以整体全面的方式教育学生吧？"

19.13

【原文】

子夏曰："仕而优[①]则学，学而优则仕。"

【注释】

①优：有余力。另解释为优秀、好。

【译文】

子夏说："做官还有余力的人，就可以去学习；学习后仍有余力的人，就可以去做官(或译：官做得好了，应当去搞学问；学问做得好了，也可以去做官)。"

19.14

【原文】

子游曰:“丧致[①]乎哀而止。”

【注释】

①致:达到。

【译文】

子游说:“居丧时能够表现出悲伤就可以了,不要过度。”

19.15

【原文】

子游曰:“吾友张也,为难能也,然而未仁。”

【译文】

子游说:“我的朋友子张,可以说是难得的能人了,然而还不能算是个仁者。”

19.16

【原文】

曾子曰:“堂堂乎张也,难与并[①]为仁矣。”

【注释】

①并:合并,归类。

【译文】

曾子说:“子张器宇轩昂,但还不能并入仁者之列。”

19.17

【原文】

曾子曰:“吾闻诸夫子,人未有自致[①]者也,必也亲丧乎!”

【注释】

①致：尽，极。指尽情、尽心等。

【译文】

曾子说："我听夫子说过，人一般不会轻易彻底流露感情，（如果有，）那一定是在父母去世的时候。"

19.18

【原文】

曾子曰："吾闻诸夫子，孟庄子[①]之孝也，其它可能也；其不改父之臣与父之政，是难能也。"

【注释】

①孟庄子：即孟孙速，鲁国大夫。

【译文】

曾子说："我听夫子说过，孟庄子的孝，其他方面别人也可以做到；但他不更换父亲的旧臣并且不改变父亲的行事方式，这是别人难以做到的。"

19.19

【原文】

孟氏[①]使阳肤[②]为士师。问于曾子。曾子曰："上失其道，民散久矣。如得其情，则哀矜[③]而勿喜。"

【注释】

①孟氏：当时的鲁国下卿。

②阳肤：曾子的学生。

③矜：怜悯。

【译文】

孟氏任命阳肤做典狱官。阳肤向曾子请教。曾子说："执政者离开正道已很长时间，百姓早就离心离德了。如果有人犯事，应当怜悯他们，而不要因为终于有了惩罚他们的机会而感到高兴。”

19.20

【原文】

子贡曰：“纣[①]之不善，不如是之甚也。是以君子恶(wù)居下流[②]，天下之恶皆归焉。”

【注释】

①纣：商代最后一位君主，名辛，“纣”是他的谥号。纣是一位暴君。

②下流：即地形低洼、各处来水汇集的地方。

【译文】

子贡说：“纣王的不善，不像传说的那样厉害。所以君子讨厌被别人认为下流，因为一旦如此，天下一切坏名声都有可能归到他的身上。”

19.21

【原文】

子贡曰：“君子之过也，如日月之食焉。过也，人皆见之；更也，人皆仰之。”

【译文】

子贡说：“君子的过错好比日食、月食。他犯了错，人们都能看得见；他把错改了，人们也都能看得见。”

19.22

【原文】

卫公孙朝[①]问于子贡曰：“仲尼[②]焉学？”子贡曰：“文武之道，未坠于地，在人。贤者识其大者，不贤者识其小者。莫不有文武之道焉。夫子焉不学？而亦何常师之有？”

【注释】

①卫公孙朝：卫国的大夫公孙朝。

②仲尼：孔子的字。

【译文】

卫国的公孙朝问子贡说：“仲尼的学问是从哪里学来的？”子贡说：“周文王、周武王的道，并没有失传，是因为有人在传承它们。贤能的人可以了解它的根本，不贤能的人只能了解它的末节。到处都有文武之道存在。夫子在哪里不能学？又何必要有固定的老师呢？”

19.23

【原文】

叔孙武叔[①]语(yù)大夫于朝曰：“子贡贤于仲尼。”子服景伯[②]以告子贡。子贡曰：“譬之宫墙[③]，赐之墙也及肩，窥见室家之好(hǎo)。夫子[④]之墙数仞(rèn)[⑤]，不得其门而入，不见宗庙之美，百官[⑥]之富。得其门者或寡矣。夫子[⑦]之云，不亦宜乎！”

【注释】

①叔孙武叔：名州仇，鲁国大夫，“三桓”之一。

②子服景伯：鲁国大夫。

③宫墙：宫外之墙。

④夫子：这里指孔子。

⑤仞：古时七尺(一说八尺或五尺六寸)为一仞。

⑥官：这里指房舍。

⑦夫子：这里指叔孙武叔。

【译文】

叔孙武叔在朝廷上对大夫们说：“子贡比仲尼强。”子服景伯把这一番话告诉了子贡。子贡说：“拿宫墙来作比喻，如我之墙只有齐肩高，家里的东西一目了然；而如老师之墙却有几仞高，如果找不到门进去，你就看不见里面宗庙的富丽堂皇和房屋的绚丽多彩。能够找到门进去的人并不多。叔孙武叔（不了解情况，）那么讲，不是很自然吗？”

19.24

【原文】

叔孙武叔毁[①]仲尼。子贡曰：“无以为也！仲尼不可毁也。他人之贤者，丘陵也，犹可逾也；仲尼，日月也，无得而逾焉。人虽欲自绝[②]，其何伤于日月乎？多[③]见其不知量也。”

【注释】

①毁：诽谤，诋毁。

②自绝：自己抛弃自己。

③多：用作副词，只是。

【译文】

叔孙武叔诽谤仲尼。子贡说：“（这样做）是没有用的！仲尼是被诽谤不了的。别人的贤德，好比丘陵，还可超越过去；仲尼的贤德，好比太阳和月亮，是无法超越的。有人要自绝于日月，但对日月又有什么损害呢？这只是表明他不自量力而已。”

19.25

【原文】

陈子禽谓子贡曰：“子为恭也，仲尼岂贤于子乎？”子贡曰：“君子一言[①]以为知，一言以为不知，言不可不慎也。夫子之不可及也，犹天之不可阶而升也。夫子之得邦家者，所谓立之斯立，道之斯行，绥之斯来，动之斯和。其生也荣，其死也哀。如之何其可及也？”

【注释】

①言：一句话。

【译文】

陈子禽对子贡说："您太谦恭了，难道仲尼能比您更贤良吗？"子贡说："从君子的一句话中，就可以知道他是睿智还是愚蠢，所以说话不可不慎重。夫子(我的老师)高不可及，正像天不能够顺着台阶爬上去一样。夫子如果为诸侯或为卿大夫治理国家，教百姓立，百姓就立；引导百姓走，百姓就会跟着走；安抚百姓，百姓就会来归顺；动员百姓，百姓就会同心协力。夫子活着的时候十分荣耀，去世时又让人们非常悲痛。照这样看来，谁又能赶得上他呢？"

尧曰第二十

20.1

【原文】

尧曰[①]："咨[②]！尔舜！天之历数在尔躬，允[③]执其中。四海困穷，天禄永终。"

舜亦以命禹。

曰："予小子履[④]，敢用玄牡[⑤]，敢昭告于皇皇后帝：有罪不敢赦。帝臣不蔽，简[⑥]在帝心。朕[⑦]躬有罪，无以万方；万方有罪，罪在朕躬。"

周有大赉（lài）[⑧]，善人是富。"虽有周亲[⑨]，不如仁人。百姓有过，在予一人。"

谨权量（liáng）[⑩]，审法度[⑪]，修废官，四方之政行焉。兴灭国，继绝世，举逸民，天下之民归心焉。

所重：民、食、丧、祭。

宽则得众，信则民任焉，敏则有功，公则说（yuè）。

【注释】

①尧曰：下面引号内的话是尧禅让帝位时对舜说的话。

②咨：即"啧"，感叹词，表示赞誉。

③允：真诚，诚信。

④履：商汤的名字。

⑤玄牡：黑色的公牛。玄，黑色。牡，公牛。

⑥简：阅，知道。

⑦朕：我。从秦始皇起专用作帝王自称。

⑧赉：赏赐。

⑨周亲：至亲。

⑩权量：权，秤锤，指量轻重的标准。量，斗斛，指量容积的标准。

⑪法度：测量长度的标准。

【译文】

尧说："啧啧！你啊你，舜！治理天下的大任已经落在你的身上了。诚实地保持那中道吧！假如天下百姓陷于困苦和贫穷，上天赐给你的禄位也就会永远终止了。"

舜也这样告诫过禹。

（商汤）说："我这个后辈小子履，谨用黑色的公牛来祭祀，向伟大的天帝祷告：对有罪的人我不敢擅自赦免。作为天帝臣仆的我也不敢向您隐瞒，因为天帝您明辨一切。如果我有罪，不要牵连天下万方百姓；天下万方百姓若有罪，都由我一个人承担。"

周朝大封诸侯，使善人都富贵起来。（周武王说：）"即使有至亲，不如有仁德之人。百姓有过错，都在我一人身上。"

认真检查度量衡器，周密制定礼法制度，重新修立已经废弃的官职，全国的政令就会通行了。复兴灭亡了的国家，接续已经中断的世族，提拔被遗落的人才，天下百姓就会真心归服了。

应重视四件事：百姓、粮食、丧礼、祭祀。

宽厚就能得到众人的拥护，诚信就能得到别人的任用，勤敏就能取得成绩，公平就会使百姓高兴。

20.2

【原文】

子张问于孔子曰："何如[①]斯可以从政[②]矣？"子曰："尊[③]五美，屏（bǐng）[④]四恶，斯可以从政矣。"

子张曰："何谓五美？"子曰："君子惠而不费[⑤]，劳而不怨[⑥]，欲而不贪[⑦]，泰而不骄[⑧]，威而不猛[⑨]。"

子张曰："何谓惠而不费？"子曰："因民之所利而利之，斯不亦惠而不费乎？择可劳而劳之，又谁怨？欲仁而得仁，又焉贪？君子无众寡，无小大，无敢慢，斯不亦泰而不骄乎？君子正其衣冠，尊其瞻视，俨然人望而畏之，斯不亦威而不猛乎？”

子张曰：“何谓四恶？”子曰：“不教而杀谓之虐；不戒视成谓之暴；慢令致期谓之贼；犹之与人也，出纳之吝谓之有司。”

【注释】

①何如：如何。

②从政：做官，治理国家。

③尊：尊重，遵照。

④屏：摒弃，抛弃。

⑤惠而不费：给人恩惠，但不过度。

⑥劳而不怨：让人劳动，但不让人产生怨恨。

⑦欲而不贪：满足人的正常欲望，但不让人产生贪婪之心。

⑧泰而不骄：泰然自若，但不让人感到骄傲。

⑨威而不猛：让人觉得有威严，但不让人感到害怕。

【译文】

子张问孔子说：“怎样才可以从政呢？”孔子说：“尊崇五种美德，屏除四种恶习，这样就可以从政了。”

子张问：“什么是五种美德？”孔子说：“君子要给百姓恩惠，但注意不要浪费；让百姓劳作，但不要引起他们的怨恨；满足官员的欲望，但不使他们贪婪；要庄重而不让人觉得傲慢；要威严而不让人感到凶猛。”

子张说：“怎样叫给百姓恩惠而不浪费呢？”孔子说：“让百姓们去做对他们有利的事，这不就是对百姓有利而不浪费吗？选择合适的时间和适合的事情让百姓去做，这又有谁会怨恨呢？官员自己想要仁而他得到了仁，他还贪什么呢？君子不管人多人少，不管大事小事，从不怠慢，这不就是庄重而不傲慢吗？君子衣冠整齐，目不斜视，使人见了就生敬畏之心，这不也是威严而不凶猛吗？”

子张问："什么是四种恶习呢？"孔子说："不经教化便加以杀戮叫作虐，不加告诫便要求成功叫作暴，不加督促而突然限期完成任务叫作贼，给人财物像有司那样（出手吝啬）叫作小气。"

20.3

【原文】

孔子曰："不知命，无以为君子也；不知礼，无以立也；不知言，无以知人也。"

【译文】

孔子说："不懂得天命，就做不成君子；不知道礼仪，就不能立身处世；不善于分辨别人话语的真实含义，就不能真正了解别人。"

第二编　人物类编

一、孔子弟子

1. 仲由(子路)41章

2.17

【原文】

子曰:“由[①],诲女(rǔ)[②]!知之乎?知之为知之,不知为不知,是知(zhì)也!”

【注释】

①由:即仲由(前542~?),姓仲,名由,字子路,春秋末期鲁国人。因为在季氏(季康子)家做过事,又称季路。孔子得意门生,以政事见称,为“孔门十哲”之一。是孔子“堕三都”最主要的支持者。后为卫大夫孔悝家宰,在卫国内讧中被杀,先孔子去世。

②女:通“汝”,你。

【译文】

孔子说:“由,告诉你!你知道吗?知道就是知道,不知道就是不知道,这样做才明智啊!”

5.7

【原文】

子曰:“道不行,乘桴(fú)[①]浮于海,从[②]我者,其由与!”子路闻之喜。子曰:“由也,好(hào)勇过我,无所取材。”

【注释】

①桴:木筏子。

②从：跟随，随从。

【译文】

孔子说："如果我的主张得不到推行，我就乘木筏子到海外去。能跟从我的人大概只有仲由吧！"子路听到这话很高兴。孔子说："仲由的勇敢超过了我，可惜找不到能于海上漂浮的木筏子。"

5.8

【原文】

孟武伯问："子路仁乎？"子曰："不知也。"又问。子曰："由也，千乘（shèng）之国，可使治其赋也①，不知其仁也。""求也何如？"子曰："求也，千室之邑②，百乘之家③，可使为之宰④也，不知其仁也。""赤⑤也何如？"子曰："赤也，束带立于朝⑥，可使与宾客⑦言也，不知其仁也。"

【注释】

①可使治其赋也：可让子路管理军务。赋，兵赋，征收的军事费用。

②千室之邑：有千户人家的公邑（直辖于诸侯）。邑，古代居民的聚居点，大致相当于城镇，古分公邑、采邑（卿大夫领地）。

③百乘之家：指卿大夫的属地（采邑）。当时大夫有车百乘，是采邑中的较大者。

④宰：家臣，总管。

⑤赤：姓公西，名赤，字子华。孔子的学生。

⑥束带立于朝：指穿着礼服立于朝廷。

⑦宾客：客人，来宾。

【译文】

孟武伯问孔子:“子路可称为仁德之人吧?”孔子说:“我不知道。”孟武伯又问了一遍,孔子说:“仲由嘛,在拥有千辆兵车的国家里,可以让他管理军事,但他是不是做到了仁,我不知道。”孟武伯又问:“冉求这个人怎么样?”孔子说:“冉求这个人,可以让他在一个有千户人家的公邑或有百辆兵车的采邑里当总管,但他是不是做到了仁,我不知道。”孟武伯又问:“公西赤又怎么样呢?”孔子说:“公西赤嘛,可以让他穿着礼服,在朝廷上接待贵宾,但他是不是做到了仁,我也不知道。”

5.14

【原文】

子路有闻,未之能行,唯恐有闻。

【译文】

子路听到(做人处世的道理)后就做。怕还没有做,就又听到新的(做人处世的道理)。

5.26

【原文】

颜渊、季路侍①。子曰:“盍②各言尔志?”子路曰:“愿车马、衣③轻裘,与朋友共,敝④之而无憾。”颜渊曰:“愿无伐⑤善,无施劳⑥。”子路曰:“愿闻子之志。”子曰:“老者安之,朋友信之,少者怀之⑦。”

【注释】

①侍:服侍,站在旁边陪着叫“侍”。

②盍:何不。

③衣:身上穿的衣服。

④敝:破旧,用坏。

⑤伐：夸耀。

⑥施劳：表白功劳。施，表白。劳，功劳。

⑦少者怀之：让少者（年轻人）怀念，或让少者（年轻人）得到关怀。

【译文】

颜渊、子路两人侍立在孔子身边。孔子说："你们何不各自说说自己的志向？"子路说："愿意自己的车马、身上穿的皮袍，同朋友共同使用，用坏了也不抱怨。"颜渊说："我不愿意夸耀自己的长处，也不愿意表白自己的功劳。"子路（对孔子）说："希望听听夫子的志向。"孔子说："（我的志向是）让老年人安心，让朋友们信任，让年轻人记挂我（或让年轻人得到关怀）。"

6.8

【原文】

季康子[①]问："仲由，可使从政也与？"子曰："由也果[②]，于从政乎何有？"曰："赐也，可使从政也与？"曰："赐也达[③]，于从政乎何有？"曰："求也，可使从政也与？"曰："求也艺[④]，于从政乎何有？"

【注释】

①季康子：公元前492年，季康子继其父为鲁国正卿，此时孔子正在各地游说。八年以后，孔子返回鲁国，冉求正在季康子那里做事，做季氏的管家。

②果：果断，不拖泥带水。

③达：通达，世事洞明。

④艺：才高，多才多艺。

【译文】

季康子问孔子："仲由这个人，可以让他从政吗？"孔子说："仲由做事果断，从政有什么困难呢？"季康子又问："赐这个人，可以让他从政吗？"孔子说："赐通达事理，从政有什么困难呢？"又问：

"求这个人,可以让他从政吗?"孔子说:"求多才多艺,从政有什么困难呢?"

6.28

【原文】

子见南子[①],子路不说(yuè)[②]。夫子矢(shì)[③]之曰:"予所否(pǐ)[④]者,天厌之!天厌之!"

【注释】

①南子:卫灵公夫人,受灵公宠爱,大权在握,行为失检、放荡,名声不好。

②说:通"悦"。

③矢:通"誓",发誓。

④否:坏,恶。

【译文】

孔子去见了南子,子路很不高兴。孔子发誓说:"如果我做了什么不正当的事,就让上天厌弃我吧!就让上天厌弃我吧!"

7.11

【原文】

子谓颜渊曰:"用之则行,舍之则藏[①],惟我与尔有是夫(fú)[②]!"子路曰:"子行三军[③],则谁与[④]?"子曰:"暴虎[⑤]冯(píng)河[⑥],死而无悔者,吾不与也。必也临事而惧[⑦],好(hào)谋而成者也。"

【注释】

①藏:隐藏。

②夫:语气词,相当于"吧"。

③三军:指当时大国所有的军队,每军约12500人。

④与:共事。

⑤暴虎:赤手空拳与老虎进行搏斗。暴,徒手搏击。

⑥冯河：不用舟楫，徒步过黄河。冯，涉水。河，在古语中专指黄河。

⑦临事而惧：遇到事情格外小心谨慎。惧，谨慎、警惕。

【译文】

孔子对颜渊说："有人用我，我就会实行我的主张；不用，我就隐退。只有我和你才能做到这样吧！"子路（听到此话后）问孔子："老师，假如您统帅三军，您喜欢什么样的人？"孔子说："赤手空拳和老虎搏斗，徒步涉水过河，连死都不在乎的人，我是不会与他共事的。我喜欢的，必须是临事谨慎、善于谋划而能做成事的人。"

7.19

【原文】

叶（shè）公[1]问孔子于子路，子路不对。子曰："女（rǔ）奚不曰，其为人也，发愤忘食，乐以忘忧，不知老之将至云尔[2]。"

【注释】

①叶公：姓沈，名诸梁，字子高，楚国大夫。因封地在叶城（今河南叶县南），所以叫叶公。

②云尔：如此而已。

【译文】

叶公向子路问孔子是个什么样的人，子路没有回答。孔子（对子路）说："你为什么不这样说，他这个人，用起功来忘了吃饭，快乐起来不知忧愁，甚至连自己老了都不知道。如此而已。"

7.35

【原文】

子疾病[1]，子路请祷[2]。子曰："有诸[3]？"子路对曰："有之。《诔（lěi）》[4]曰：'祷尔于上下神祇（qí）[5]。'"子曰："丘之祷久矣。"

【注释】

①疾病：疾，指有病。病，指病情严重。“疾”“病”连用，表示有病且病情严重。

②请祷：向鬼神请求和祷告，即祈祷。

③有诸：有这样的事吗。诸，“之于”的合音。

④《诔》：祈祷文。

⑤神祇：古代称天神为“神”，地神为“祇”。

【译文】

孔子得了很重的病，子路向鬼神祈祷。孔子说：“有这回事吗？”子路说：“有的。《诔》文上说：‘为您向天地神灵祈祷。’”孔子说：“我早就祷告过了。”

9.12

【原文】

子疾病，子路使门人为臣[①]。病间[②]，曰：“久矣哉，由之行诈也。无臣而为有臣，吾谁欺？欺天乎？且予与其死于臣之手也，无宁[③]死于二三子之手乎？且予纵不得大葬[④]，予死于道路乎？”

【注释】

①为臣：臣，家臣、总管。孔子当时已经不是大夫，没有家臣，但子路叫门人充当孔子的家臣，准备由此人负责安葬孔子之事。

②病间：病情减轻。也有的注解认为是病已好。

③无宁：宁可。“无”是发语词，没有意义。

④大葬：隆重的安葬，高规格的安葬。指按大夫的规格安葬。

【译文】

孔子患了重病，子路派（孔子的）门徒扮作家臣。孔子病好后，说：“仲由做这种弄虚作假的事情已经很久了。我明明没有家臣，却偏偏要装作有家臣，我骗谁呢？我骗天吗？与其在家臣的侍候下死去，我宁可在你们这些学生的侍候下死去！即使我不能以大夫之礼被安葬，难道我会死在路上没人管吗？”

9.27

【原文】

子曰："衣(yì)[①]敝缊(yùn)袍[②]，与衣(yì)狐貉(hé)[③]者立而不耻者，其由也与？""'不忮(zhì)不求，何用不臧？'[④]"子路终身诵之。子曰："是道也，何足以臧？"

【注释】

①衣：用作动词，穿。

②敝缊袍：破旧的丝袍。敝，坏。缊，旧的丝絮。

③狐貉：用狐和貉的皮做的裘皮衣服。

④不忮不求，何用不臧：不嫉妒，不贪欲，做什么事能不好呢。忮，忌妒。求，贪欲。这两句见《诗经・邶风・雄雉》。

【译文】

孔子说："穿着破旧的丝袍，与穿着狐貉皮袍的人站在一起而不觉得羞愧的人，大概只有仲由吧？""(《诗》上说：)'不忌妒，不贪欲，做什么事能不好呢？'"子路反复背诵这句诗。孔子说："这是做人的基本道理，还有比这更好的吗？"

10.27

【原文】

色[①]斯举[②]矣，翔而后集[③]。曰："山梁雌雉(zhì)[④]，时哉！时哉[⑤]！"子路共(gǒng)[⑥]之，三嗅[⑦]而作。

【注释】

①色：惊悚状。

②举：鸟飞起来。

③翔而后集：飞翔一阵，然后落到树上。鸟群停在树上叫"集"。

④山梁雌雉：聚集在山梁上的野母鸡。

⑤时哉！时哉：得其时呀！得其时呀！这是说野鸡自由自

在，想飞就飞，想落就落。

⑥共：通“拱”。

⑦嗅：应为“狊(jù)”字之误，指鸟张开双翅。一本作“戛”字，指鸟的长叫声。

【译文】

一群野鸡受到惊吓飞起来，在空中盘旋几圈后落下。孔子说：“这些山梁上的野母鸡呀，想飞就飞，想落就落，自由自在啊！”子路向那群野母鸡拱拱手，那群野母鸡展翅飞走了。

11.3

【原文】

德行[①]：颜渊、闵子骞、冉伯牛、仲弓。言语[②]：宰我、子贡。政事[③]：冉有、季路。文学[④]：子游、子夏。

【注释】

①德行：指能实行孝悌、忠恕等道德。

②言语：指善于辞令。

③政事：指能从事政治事务。

④文学：指通晓古代文献。

【译文】

（孔子的弟子中，）德行好的有：颜渊、闵子骞、冉伯牛、仲弓。善于辞令的有：宰我、子贡。擅长政事的有：冉有、季路。通晓文献知识的有：子游、子夏。

11.12

【原文】

季路问事鬼神。子曰：“未能事人，焉能事鬼？”曰：“敢[①]问死。”曰：“未知生，焉知死？”

【注释】

①敢:表示谦敬,意思是斗胆。

【译文】

季路问怎样去侍奉鬼神。孔子说:"人还没能侍奉好,怎么能侍奉鬼呢?"季路说:"敢问死是怎么回事?"(孔子回答)说:"活还没有弄清楚,怎么能明白死呢?"

11.13

【原文】

闵子[①]侍侧,訚(yín)訚[②]如也;子路,行(hàng)行[③]如也;冉有、子贡,侃侃[④]如也。子乐。"若由也,不得其死然。"

【注释】

①闵子:指闵子骞。

②訚訚:和悦而诚恳的样子。

③行行:刚强、气壮的样子。

④侃侃:说话流畅,轻松自如。

【译文】

闵子骞侍立在孔子身旁,和悦而诚恳;子路刚强而气壮;冉有、子贡则侃侃而谈。孔子非常高兴。(但孔子话锋一转说:)"像仲由这样(总是雄赳赳,气昂昂),恐怕会死于非命。"

11.15

【原文】

子曰:"由之瑟(sè)[①],奚[②]为[③]于丘之门?"门人不敬子路。子曰:"由也升堂[④]矣,未入于室[⑤]也。"

【注释】

①瑟:中国古代的拨弦乐器。

②奚:为什么。

③为：弹。

④堂：正厅，入室的必由之路。

⑤室：内室。

【译文】

孔子说："仲由将瑟弹成这样，为什么还在我这里弹呢？"孔子的弟子们因此不敬子路。孔子便说："仲由嘛，（弹瑟水平）已经升堂了，只是还没有入室。"

11.18

【原文】

柴[①]也愚[②]，参（shēn）也鲁[③]，师也辟[④]，由也喭（yàn）[⑤]。

【注释】

①柴：即高柴，字子羔。孔子的学生，比孔子小30岁。

②愚：不聪明，这里指愚而耿直。

③鲁：迟钝。

④辟：偏激。

⑤喭：鲁莽，粗鲁，刚猛。

【译文】

高柴愚直，曾参迟钝，颛孙师偏激，仲由鲁莽。

11.22

【原文】

子路问："闻斯行诸[①]？"子曰："有父兄在，如之何其闻斯行之？"冉有问："闻斯行诸？"子曰："闻斯行之。"公西华曰："由也问'闻斯行诸'，子曰，'有父兄在'；求也问'闻斯行诸'，子曰，'闻斯行之'。赤也惑，敢问。"子曰："求也退，故进之；由也兼人[②]，故退之。"

【注释】

①闻斯行诸：听到就行动。诸，"之乎"二字的合音。

②兼人：好勇过人，意即敢作敢为。

【译文】

子路问："听到了就行动如何？"孔子说："有父兄在，怎么能听到了就行动呢？"冉有问："听到了就行动如何？"孔子说："听到了就行动。"公西华说："仲由问'听到了就行动吗'，您回答说'有父兄在'；冉求问'听到了就行动吗'，您回答说'听到了就行动'。我被弄糊涂了，冒昧地问问。"孔子说："冉求总是退缩，我那样讲是为了鼓励他；仲由好勇过人，我那样讲是为了约束他。"

11.24

【原文】

季子然[①]问："仲由、冉求可谓大臣[②]与？"子曰："吾以子为异之问，曾[③]由与求之问。所谓大臣者，以道事君，不可则止。今由与求也，可谓具臣[④]矣。"曰："然则从之[⑤]者与？"子曰："弑父与君，亦不从也。"

【注释】

①季子然：姓季孙，名平子，字子然。也有注说其名襄，字子然。

②大臣：帮助天子与国君处理政事的人。天子与国君遇事时往往向大臣咨询。

③曾：乃，原来是。

④具臣：办理具体事务的官员，地位比大臣低。

⑤之：指季氏。当时冉求和子路都是季氏的家臣。

【译文】

季子然问："仲由和冉求可以算是大臣吗？"孔子说："我以为您是问别人，原来是问由和求呀。所谓大臣者，侍奉君主时办事讲原则，如大道不行，他宁肯不做。由和求这两个人，顶多也就是办理具体事务的具臣。”季子然说：“那么他们会完全服从吗？”孔子说：“杀父、弑君这样的事，他们是不会跟着干的。”

11.25

【原文】

子路使子羔[①]为费(bì)宰。子曰：“贼[②]夫(fú)人之子。”子路曰：“有民人焉，有社稷[③]焉，何必读书，然后为学？”子曰：“是故恶(wù)夫(fú)佞者。”

【注释】

①子羔：姓高，名柴，字子羔，齐国人，小孔子30岁(《家语》作40岁)。孔子以为愚，不怎么看重他。曾受子路提携，做了费郈宰。后来卫乱，子路死，高柴逃归，孔子赞他明大义、善保身。

②贼：害。

③社稷：指祭祀土地神和谷神的地方，即社稷坛。古代国都及各地都设立社稷坛，分别由国君和地方长官主祭，故社稷成为国家政权的象征。社，土地神。稷，谷神。

【译文】

子路让子羔去做费地的长官。孔子说：“这是在坑害人家的孩子。”子路说：“那个地方有老百姓，有社稷，(管理百姓、进行祭祀活动，不是很好吗？)何必读书，何必光做学问呢？”孔子说：“所以我讨厌强词夺理、善于狡辩的人。”

11.26

【原文】

子路、曾皙[①]、冉有、公西华侍坐。子曰：“以吾一日长(zhǎng)乎尔，毋吾以也[②]。居[③]则曰：‘不吾知也！’如或知尔，则何以哉[④]？”子路率尔[⑤]而对曰：“千乘(shèng)之国，摄[⑥]乎大国之间，加之以师旅,因之以饥馑,由也为之,比及三年,可使有勇,且知方也。”夫子哂[7]之。“求,尔何如?”对曰:“方六七十[8],如五六十,求也为之,比及三年,可使足民。如其礼乐(yuè),以俟(sì)君子。”“赤,尔何如?”对曰:“非曰能之,愿学焉。宗庙之事[9],如会同[10],端章甫(fǔ)[11],愿为小相(xiàng)[12]焉。”“点,尔何如?”鼓瑟希[13],铿(kēng)尔,舍瑟而作[14],对曰:“异乎三子者之撰(zhuàn)[15]。”子曰:“何伤乎?亦各言其志也。”曰:“莫(mù)[16]春者,春服既成,冠者[17]五六人,童子六七人,浴乎沂[18],风乎舞雩(yú)[19],咏而归。”夫子喟然叹曰:“吾与点也!”三子者出,曾皙后。曾皙曰:“夫(fú)三子者之言何如?”子曰:“亦各言其志也已矣。”曰:“夫子何哂由也?”曰:“为国以礼,其言不让,是故哂之。”“唯[20]求则非邦也与?”“安见方六七十如五六十而非邦也者?”“唯赤则非邦也与?”“宗庙会同,非诸侯而何?赤也为之小,孰能为之大?”

【注释】

①曾皙:姓曾,名点,字子皙,曾参的父亲,也是孔子的学生。

②以吾一日长乎尔,毋吾以也:不要因为我比你们年长而不敢说话。

③居:平日,平时。

④则何以哉:将会怎么样呢。

⑤率尔:轻率,急切。

⑥摄:迫于,夹于。

⑦哂:讥讽地微笑。

⑧方六七十:纵横各六七十里。

⑨宗庙之事:指祭祀之事。

⑩会同:诸侯会见。

⑪端章甫:端,古代礼服的名称。章甫,古代礼帽的名称。

⑫相:赞礼之人,司仪。

⑬希:通“稀”,指弹瑟的速度放慢,节奏逐渐稀疏。

⑭作：站起来。

⑮撰：撰述，说法。

⑯莫：通“暮”。

⑰冠者：成年人。古代子弟到20岁时行冠礼，表示已经成年。

⑱沂：水名，发源于山东南部，流经江苏北部入海。

⑲舞雩：地名，原是祭天求雨的地方，在今山东曲阜南。

⑳唯：语首词，无实义。

【译文】

子路、曾皙、冉有、公西华四个人陪孔子坐着。孔子说：“我年龄比你们大，不要因为我年长而不敢说话。你们平时总说：‘没人了解我呀！’假如有人了解你们，那你们会成为什么样的人？”子路率先回答：“一个拥有千辆兵车的国家，夹在大国中间，常常受到别国侵犯，且国内又闹饥荒，假若让我去治理，只要三年，就可以使人们勇敢善战，而且懂得如何去做。”孔子听了，微笑一下，似有讥讽之意。孔子又问：“冉求，你怎么样呢？”冉求答道：“国土有六七十里或五六十里见方的国家，让我去治理，三年以后，就可以使百姓富足。至于礼乐教化，就要等君子来施行了。”孔子又问：“公西赤，你怎么样？”公西赤答道：“我不敢说能做到，而是愿意学习，向这方面努力。在宗庙祭祀的活动中，或者在同别国的会盟中，我愿意穿着礼服，戴着礼帽，做个负责些具体工作的小司仪。”孔子又问：“曾点，你怎么样呢？”曾点正在弹瑟。听到孔子的问话，他放慢动作，接着“铿”的一声，离开瑟站起来，回答说：“我想的和他们三位说的不一样。”孔子说：“那有什么关系呢？也就是各人讲各自的志向罢了。”曾皙说：“春暮时，换上春装，和五六位成年人，带上六七个少年，去沂河里洗洗澡，在舞雩台上吹吹风，一路唱着歌走回来。”孔子长叹一声说：“我赞成曾点的想法。”子路、冉有、公西华三个人先出去了，曾皙后走。曾皙问孔子说：“他们三人的话怎么样?”孔子说:“也就是各自谈谈自己的志向罢了。”曾皙说:“夫子为什么要讥笑仲由呢?”孔子说:“治理国家要讲礼让,可是他说话一点也不谦让,所以我笑他。”曾皙又问:“那么是不是冉求讲的不是治理国家呢?”孔子说:“哪里见得六七十里或五六十里见方的地方就不是国家呢?”曾皙又问:“公西赤讲的是治理国家吗?”孔子说:“宗庙祭祀和诸侯会盟,这不是诸侯间的大事又是什么? 像公西赤这样的人如果只能做一个小司仪,那谁又能做大司仪呢?”

12.12

【原文】

子曰:“片言[①]可以折狱[②]者,其由也与[③]?”子路无宿诺[④]。

【注释】

①片言:诉讼双方中一方的言辞,即片面之词,古时也叫“单辞”。

②折狱:断案。狱,案件。

③其由也与:大概只有仲由吧。

④宿诺:拖了很久而没有兑现的诺言。宿,久。

【译文】

孔子说:“只听了单方面的供词就可以判决案件的,大概只有仲由吧?”子路对应诺的事总是马上去做,从不拖拉。

13.1

【原文】

子路问政。子曰:“先之,劳之[①]。”请益[②]。曰:“无倦[③]。”

【注释】

①先之,劳之:先之,做在下属或老百姓之前,率先垂范。劳之,动员下属或老百姓劳动。

②请益：请求多讲一点。

③无倦：不厌倦，不松懈。

【译文】

子路问怎样管理政事。孔子说："凡事做在下属（或老百姓）之前，使下属（或老百姓）勤劳。"子路请孔子多讲一些。孔子补充说："要勤勉，不要懈怠。"

13.3

【原文】

子路曰："卫君①待子而为政，子将奚②先？"子曰："必也正名③乎！"子路曰："有是哉？子之迂④也！奚其正？"子曰："野哉，由也！君子于其所不知，盖阙（quē）⑤如也。名不正则言不顺，言不顺则事不成，事不成则礼乐（yuè）不兴，礼乐（yuè）不兴则刑罚不中（zhòng）⑥，刑罚不中（zhòng）则民无所措手足。故君子名之必可言也，言之必可行也。君子于其言，无所苟⑦而已矣。"

【注释】

①卫君：卫出公，名辄，卫灵公之孙。其父蒯聩被卫灵公驱逐出国。卫灵公死后，蒯辄继位。蒯聩要回国争夺君位，遭到蒯辄拒绝。这里，孔子对此事提出了自己的看法。

②奚：为什么。

③正名：即正名分。

④迂：迂腐。

⑤阙：放在一旁。

⑥中：得当。

⑦苟：苟且，马马虎虎。

【译文】

子路（对孔子）说："如果卫国国君要您去治理国家，您打算先从什么地方做起呢？"孔子说："首先要正名啊。"子路说："有这样做的吗？老师真是迂腐！正什么名？”孔子说：“仲由，你真是胡搅蛮缠！君子对于他所不知道的事情，应放在一旁不表态。名分不正，说起话来就不顺当合理；说话不顺当合理，事情就办不成；事情办不成，礼乐也就不能兴盛；礼乐不能兴盛，刑罚的执行就不会得当；刑罚不得当，百姓就不知怎么办好。因此，君子做事一定要师出有名，此名必须能够说得通，说得通才能行得通。君子对于自己所说的话，是一点也不敢马虎的。”

13.28

【原文】

子路问曰：“何如斯可谓之士矣？”子曰：“切切偲（sī）偲[①]，怡（yí）怡[②]如也，可谓士矣。朋友切切偲偲，兄弟怡怡。”

【注释】

①切切偲偲：亲密无间，互相勉励、督促。切切，亲密无间的样子。偲偲，互相勉励、督促。

②怡怡：和气、亲切、顺从的样子。

【译文】

子路问孔子说：“怎样才可以称为士呢？”孔子说：“亲密无间，互相督促、勉励，相处和和气气，可以算是士了。（士之相处，）应似朋友那样亲密无间，相互督促、勉励，如兄弟间那样和和气气。”

14.12

【原文】

子路问成人[①]。子曰：“若臧武仲[②]之知（zhì）、公绰[③]之不欲、卞（biàn）庄子[④]之勇、冉求之艺，文之以礼乐（yuè），亦可以为成人矣。”曰：“今之成人者何必然？见利思义，见危授命，久要（yāo）[⑤]不忘平生之言，亦可以为成人矣。”

【注释】

①成人:人格完备的完人。

②臧武仲:鲁国大夫臧孙纥。

③公绰:指孟公绰。鲁国大夫,属于孟孙氏家族。

④卞庄子:鲁国卞邑大夫。

⑤久要:长久处于穷困中。

【译文】

子路问怎样做才是一个完美的人。孔子说:"如果具有臧武仲的智慧、孟公绰的廉洁、卞庄子的勇敢、冉求的才艺,再学习礼乐,也就可以算是一个完人了。"孔子又说:"现在的完人何必一定要这样呢?见到财利能想到义,遇到危险愿意献出生命,长久处于穷困仍不忘终生的诺言,这样也可以成为一个完美的人。"

14.16

【原文】

子路曰:"桓公杀公子纠[①],召忽[②]死之,管仲不死。"曰:"未仁乎?"子曰:"桓公九合诸侯[③],不以兵车[④],管仲之力也。如其仁[⑤],如其仁。"

【注释】

①公子纠:齐桓公的哥哥。他与齐桓公争王位,为齐桓公所杀。

②召忽:管仲和召忽都是公子纠的家臣。公子纠被杀后,召忽自杀,管仲归服于齐桓公,并当上了齐国的宰相。

③九合诸侯:指齐桓公多次召集诸侯会盟。

④不以兵车:不用武力。

⑤如其仁:这就是他的仁德。

【译文】

子路说:"齐桓公杀了公子纠,召忽自杀以殉,但管仲却没有自杀。"又说："管仲不能算是仁人吧?"孔子说："桓公多次召集诸侯会盟,且不用武力,这都是管仲的功劳。这就是仁,这就是仁。"

14.22

【原文】

子路问事君[①]。子曰："勿欺也,而犯之。"

【注释】

①君:君主。

【译文】

子路问怎样侍奉君主。孔子说："不能欺君,也不要犯颜(让君主下不了台)。"

14.36

【原文】

公伯寮[①]愬[②]子路于季孙[③]。子服景伯[④]以告,曰："夫子[⑤]固有惑志[⑥]于公伯寮,吾力犹能肆[⑦]诸市朝[⑧]。"子曰："道之将行也与,命也;道之将废也与,命也。公伯寮其如命何!"

【注释】

①公伯寮:姓公伯,名寮,字子周,又作公伯僚。孔子的学生,曾任季氏的家臣。

②愬:通"诉",告发、诽谤。

③季孙:这里指季康子。

④子服景伯:姓子服,名伯,谥号景。鲁国大夫。

⑤夫子:指季康子。

⑥惑志:惑乱人心。

⑦肆:古时处死罪人后陈尸示众。

⑧市朝:集市,街市。

【译文】

公伯寮向季孙告发子路。子服景伯把这件事告诉了孔子，并且说："季孙氏已经被公伯寮迷惑了，但我却能够把公伯寮杀了，把他陈尸于市。"孔子说："道能够得到推行，是天命决定的；道不能得到推行，也是天命决定的。公伯寮能把天命怎么样呢？"

14.38

【原文】

子路宿于石门[①]。晨门[②]曰："奚自？"子路曰："自孔氏。"曰："是知其不可而为之者与？"

【注释】

①石门：地名。鲁国都城的外门。

②门：看守城门的人。

【译文】

子路夜里住在石门，早上起来后，看门的人问："从哪里来？"子路说："从孔子那里来。"看门的人说："是那个明知做不到却还要去做的人吗？"

14.42

【原文】

子路问君子。子曰："修己以敬。"曰："如斯而已乎？"曰："修己以安人[①]。"曰："如斯而已乎？"曰："修己以安百姓[②]。修己以安百姓，尧舜其犹病诸？"

【注释】

①安人：使自己的下属安于工作。人，与"百姓"相对，在这里指官吏。

②百姓：人民大众。

【译文】

子路问怎样做才能成为君子。孔子说："以严肃恭敬的态度修养自己。"子路说："这样就够了吗？"孔子说："修养自己，使部下（下属的官吏）感到心安。"子路说："这样就够了吗？"孔子说："修养自己，使天下老百姓生活安乐。修养自己，使所有百姓都安乐，尧舜（这样的道德高尚、修养极高的圣人）犹恐难以做到，难道不是吗？"

15.2

【原文】

在陈[①]绝粮，从者病，莫能兴[②]。子路愠[③]见曰："君子亦有穷乎？"子曰："君子固穷[④]，小人穷斯滥矣。"

【注释】

①陈：周代诸侯国，在今河南淮阳一带。孔子周游列国时经过此国，在此住过。

②兴：站起来。

③愠：怒，怨恨。

④固穷：固守穷困，安守穷困。

【译文】

（孔子一行）在陈国断了粮食，随从的人都饿病了，站不起来。子路很不高兴地来见孔子，说道："君子也会走投无路吗？"孔子说："君子受困，但能坚持；小人受困，那就会无所不为。"

15.4

【原文】

子曰："由[①]！知德者鲜[②]矣。"

【注释】

①由：即仲由。姓仲，名由，字子路。老师一般称其弟子的名。

②鲜：少。

【译文】

孔子说："由啊！懂得仁德的人太少了。"

16.1

【原文】

季氏将伐颛(zhuān)臾(yú)[①]。冉有、季路见于孔子曰："季氏将有事[②]于颛臾。"孔子曰："求！无乃尔是过与？夫(fú)颛臾，昔者先王以为东蒙主[③]，且在邦域之中矣，是社稷之臣也。何以伐为？"冉有曰："夫子欲之，吾二臣者皆不欲也。"孔子曰："求！周任[④]有言曰：'陈力就列[⑤]，不能者止。'危而不持，颠而不扶，则将焉用彼相(xiàng)[⑥]矣？且尔言过矣，虎兕(sì)[⑦]出于柙(xiá)[⑧]，龟玉毁于椟[⑨]中，是谁之过与？"冉有曰："今夫(fú)颛臾，固而近于费(bì)[⑩]。今不取，后世必为子孙忧。"孔子曰："求！君子疾夫(fú)舍曰欲之[⑪]而必为之辞。丘也闻有国有家者，不患寡而患不均，不患贫而患不安。盖均无贫，和无寡，安无倾。夫(fú)如是，故远人不服，则修文德以来之。既来之，则安之。今由与求也，相(xiàng)夫子[⑫]，远人不服，而不能来也；邦分崩离析[⑬]，而不能守也；而谋动干戈于邦内。吾恐季孙之忧，不在颛臾，而在萧墙[⑭]之内也。"

【注释】

①颛臾：鲁国的附属国，在今山东费县西。

②有事：指有军事行动，用兵作战。

③东蒙主：东蒙，蒙山。主，主持祭祀的人。

④周任：人名，周代史官。

⑤陈力就列：发挥自己的能力，按才力担任适当的职务。

⑥相：搀扶盲人的人。此处是辅助的意思。

⑦兕：雌性犀牛。

⑧柙：用以关押野兽的木笼。

⑨椟:匣子。

⑩费:季氏的采邑。

⑪舍曰欲之:把丢掉说成是求之(说反话)。

⑫夫子:指季康子。

⑬分崩离析:崩塌解体,四分五裂。崩,倒塌。析,分开。

⑭萧墙:古代宫室内作为屏障的矮墙。萧,通“肃”。

【译文】

季氏将要攻打颛臾。冉有、子路去见孔子说:“季氏可能要找颛臾麻烦了。”孔子说:“冉求,这不就是你的过错吗?从前是周天子让颛臾主持东蒙祭祀的,且它在鲁国的疆域之内,是国家的臣属,为什么要攻打它呢?”冉有说:“是季孙大夫想这么做,我们两个人都不同意。”孔子说:“冉求,周任有句话说:‘尽自己的力量去履行你的职责,实在做不好就辞职。’有了危险不去扶助,跌倒了不去搀扶,那还用辅助的人干什么?而且你说的话错了。老虎、犀牛从笼子里跑出来,龟甲、玉器在匣子里毁坏了,这是谁的过错?”冉有说:“现在颛臾城墙坚固,而且离费邑很近。现在不把它夺过来,将来一定会成为子孙的忧患。”孔子说:“冉求,君子最讨厌你这种人,把不要说成要,并且还为此编造许多理由。我听说,对于诸侯和大夫,不怕贫穷,而怕财富不均;不怕人口少,而怕不安定。因为财富平均,也就没有所谓贫穷;大家和睦,就不会感到人少;安定了,也就没有倾覆的危险了。为此,如果远方的人还不归服,就用仁、义、礼、乐感召他们;已经来了,就让他们安心住下去。现在,仲由和冉求你们两个人辅助季氏,远方的人不归服,你们无法感召他们前来;国内民心离散,你们不能保全,反而策划在国内使用武力。我只怕季孙的忧患,不在颛臾,而在鲁国的宫廷之内啊!”

17.5

【原文】

公山弗扰[1]以费(bì)畔，召，子欲往。子路不悦(yuè)，曰："末之[2]也已，何必公山氏之之[3]也？"子曰："夫召我者，而岂徒[4]哉？如有用我者，吾其为东周乎[5]！"

【注释】

①公山弗扰：复姓公山，名不狃(也作"弗扰""不扰")，字子泄。春秋时期鲁国人。他和阳虎同时，都是鲁国当政者季桓子的家臣。季桓子非常器重公山弗扰，派他担任季氏的私邑——费邑的邑宰。

②末之：无处去。末，无。之，到、往。

③之之：前一个"之"字是助词；后一个"之"字是动词，去。

④徒：徒然，空无所据。

⑤吾其为东周乎：我将在东方复兴周礼(或周公之道)。周，周公之礼(或周公之道)。

【译文】

公山弗扰据费邑反叛，来召孔子，孔子准备前去。子路不高兴地说："没有地方去就算了，为什么一定要去公山弗扰那里呢？"孔子说："他来召我，难道是白忙活吗？如果有人用我，我想利用这个机会，在东方复兴周礼(或周公之道)。"

17.7

【原文】

佛(bì)肸(xī)[1]召，子欲往。子路曰："昔者由也闻诸夫子曰：'亲于其身为不善者，君子不入也。'佛肸以中牟(móu)[2]畔[3]，子之往也，如之何？"子曰："然，有是言也。不曰坚乎，磨而不磷[4]？不曰白乎，涅(niè)[5]而不缁(zī)[6]？吾岂匏(páo)瓜[7]也哉？焉能系(jì)[8]而不食？"

【注释】

①佛肸：晋国大夫范中行的家臣，中牟地方官。

②中牟：地名，在晋国，约在今河北邢台与邯郸之间。

③畔：通“叛”，叛乱。

④磷：损伤。

⑤涅：一种矿物质，可用作颜料染衣服。

⑥缁：黑色。

⑦匏瓜：葫芦中的一种，味苦，不能食用。

⑧系：结，扣。

【译文】

佛肸在中牟反叛，召孔子去，孔子打算前往。子路说：“从前我听夫子说过：‘亲自做坏事的人那里，君子是不去的。’现在佛肸据中牟反叛，您却要去，这如何解释呢？”孔子说：“是的，我说过这样的话。（但是，）不是说坚硬的东西磨也磨不坏吗？不是说洁白的东西染也染不黑吗？我难道是个葫芦吗？怎么能只挂在那里而不能吃呢？”

17.8

【原文】

子曰：“由也！女（rǔ）闻六言六蔽矣乎？”对曰：“未也。”“居[①]！吾语（yù）女（rǔ）。好仁不好学，其蔽也愚[②]；好知不好学，其蔽也荡[③]；好信不好学，其蔽也贼[④]；好直不好学，其蔽也绞[⑤]；好勇不好学，其蔽也乱；好刚不好学，其蔽也狂。”

【注释】

①居：坐。

②愚：受人愚弄。

③荡：放荡。

④贼：害。

⑤绞:说话尖刻。

【译文】

孔子说:"由呀!你听说过六字说法(六种品德)和六种弊病吗?"子路回答说:"没有。"孔子说:"坐下!我告诉你。爱好仁德而不爱好学习,它的弊病是受人愚弄;爱好智慧而不爱好学习,它的弊病是行为放荡;爱好诚信而不爱好学习,它的弊病是(容易受人愚弄而)危害亲人;爱好直率而不爱好学习,它的弊病是说话尖刻;爱好勇敢而不爱好学习,它的弊病是犯上作乱;爱好刚强而不爱好学习,它的弊病是狂妄自大。"

17.23

【原文】

子路曰:"君子尚勇乎?"子曰:"君子义以为上[①]。君子有勇而无义为乱,小人有勇而无义为盗。"

【注释】

①义以为上:以义为最高尚的品德、最基本的行事原则。

【译文】

子路说:"君子崇尚勇敢吗?"孔子答道:"君子以义作为最高尚的品德、最基本的行事原则。君子有勇无义就会作乱,小人有勇无义就会偷盗。"

18.6

【原文】

长沮、桀溺[①]耦而耕[②],孔子过之,使子路问津[③]焉。长沮曰:"夫(fú)执舆[④]者为谁?"子路曰:"为孔丘。"曰:"是鲁孔丘与?"曰:"是也。"曰:"是知津矣。"问于桀溺。桀溺曰:"子为谁?"曰:"为仲由。"曰:"是孔丘之徒与?"对曰:"然。"曰:"滔滔者天下皆是也,而谁以易之?且而与其从辟(bì)[⑤]人之士也,岂若从辟(bì)世之士哉?”耰(yōu)[⑥]而不辍。子路行以告。夫子怃(wǔ)然[⑦]曰:“鸟兽不可与[⑧]同群,吾非斯人之徒与而谁与?天下有道,丘不与易也。”

【注释】

①长沮、桀溺:两位隐士,真实姓名和身世不详。

②耦而耕:两个人合力耕作。

③问津:询问渡口。津,渡口。

④执舆:即执辔,拉着缰绳。

⑤辟:通“避”。

⑥耰:用土覆盖种子。

⑦怃然:怅然,失意。

⑧与:和。

【译文】

长沮、桀溺在一起耕种,孔子路过那里,让子路去询问渡口在哪里。长沮问子路:“那个拽着缰绳的是谁?”子路说:“是孔丘。”长沮说:“是鲁国的孔丘吗?”子路说:“是的。”长沮说:“那他应该知道渡口在哪里。”子路再去问桀溺。桀溺说:“你是谁?”子路说:“我是仲由。”桀溺说:“是鲁国孔丘的门徒吗?”子路说:“是的。”桀溺说:“现在不合理的事像洪水一样到处都是,你们同谁去改变它们呢?而且你们与其跟着躲避人的人,为什么不跟着我们这些逃避社会的人呢?”说完,仍旧不停地做田里的农活。子路回来后把情况告诉了孔子。孔子很失望地说:“人是不能只与飞禽走兽一起生活的,如果不同世上的人群打交道,还与谁打交道呢?如果天下清明有道,我也不赞成变革。”

18.7

【原文】

子路从而后，遇丈人[①]，以杖荷(hè)蓧(diào)[②]。子路问曰："子见夫子乎?"丈人曰："四体不勤，五谷不分[③]。孰为夫子?"植其杖而芸[④]。子路拱而立。止子路宿[⑤]，杀鸡为黍(shǔ)[⑥]而食(sì)[⑦]之，见其二子焉。明日，子路行以告。子曰："隐者也。"使子路反见之。至则行矣。子路曰："不仕无义[⑧]。长(zhǎng)幼之节，不可废也；君臣之义，如之何其废之？欲洁其身，而乱大伦。君子之仕也，行其义也。道之不行，已知之矣。"

【注释】

①丈人：拄拐杖的人。形容年纪大的人。

②蓧：古代锄草用的农具。

③四体不勤，五谷不分：手脚不勤快，五谷分不清。意指既懒惰又没有农业常识。

④芸：通"耘"，锄草。

⑤止子路宿：留子路住下。

⑥黍：黏小米。

⑦食：拿东西给人吃。

⑧不仕无义：不出来做官，就是该做的事没有做。

【译文】

子路跟随孔子出行，落在了后面，遇到一位老汉，用拐杖挑着锄草的工具。子路问道："您看到我的老师了吗?"老汉说："若四体不勤，则五谷不分。哪知道你的老师是谁?"说完，便继续去锄草。子路拱着手恭敬地站在一旁。(锄完草后，)老汉留子路到他家住宿，并杀了鸡，做了小米饭给他吃，又叫两个儿子出来与子路见面。第二天，子路赶上孔子，把这件事告诉了孔子。孔子说："这是个隐士啊。"叫子路回去再看看他。子路回到那里，老汉已经走了。子路说："不出来做官，就是该做的事没有做。长幼间的关系礼节，尚且不能废弃；君臣之间的义，怎么能废弃呢？这人自身清白，却破坏了根本的君臣之道与伦理关系。君子做官，是为了实行君臣之义。道之不行，从这一点上看已经很清楚了。"

2. 端木赐(子贡)38 章

1.10

【原文】

子禽[①]问于子贡[②]曰："夫子[③]至于是邦[④]也，必闻其政。求之与？抑[⑤]与之与？"子贡曰："夫子温、良、恭、俭、让[⑥]以得之。夫子之求之也，其诸[⑦]异乎人之求之与？"

【注释】

①子禽：姓陈，名亢，字子禽。郑玄注说他是孔子的学生，但《史记·仲尼弟子列传》未载此人，故一说子禽非孔子学生。

②子贡(前 520～?)：即端木赐，姓端木，名赐，字子贡。卫国人，比孔子小 31 岁，是孔子的学生。子贡善辩且通达。他的成就很大，是外交家，也是商人，还是政治家。子贡对孔子非常尊敬，孔子死后，子贡为孔子守墓六年。

③夫子：这是古代的一种敬称，凡是做过大夫的人都可以取得这一称谓。孔子曾担任过鲁国的司寇，所以他的学生们称他为"夫子"。

④邦：诸侯的封国。

⑤抑：表示选择的文言连词，有"还是"的意思。

⑥温、良、恭、俭、让：温和、善良、谦恭、俭朴、礼让。

⑦其诸：大概，或许。

【译文】

子禽问子贡说："夫子到了某个国家，总是能知道这个国家的政事。能做到这样，是他自己求得的，还是别人主动告诉他的呢？"子贡说："夫子性情温和，心地善良，态度谦恭，生活俭朴，行为礼让，他是靠这些得到的。夫子求得的方法，或许与别人的方法不一样吧？"

1.15

【原文】

子贡曰："贫而无谄(chǎn)①，富而无骄，何如②？"子曰："可也，未若贫而乐，富而好(hào)礼者也。"子贡曰："《诗》云，'如切如磋，如琢如磨'③，其斯之谓与？"子曰："赐④也，始可与言《诗》已矣，告诸往而知来者⑤。"

【注释】

①谄：巴结，奉承。

②何如：怎么样。

③如切如磋，如琢如磨：此二句见《诗经·卫风·淇澳》。有两种解释。一说切、磋、琢、磨分别指对骨、象牙、玉、石四种不同材料的加工，否则不能成器；一说加工象牙和骨切了还要磋，加工玉、石琢了还要磨，有精益求精之意。

④赐：子贡名。按当时礼仪，孔子呼其弟子时，呼其名而非称其字。

⑤告诸往而知来者：诸，同"之于"。往，过去的事情。来，未来的事情。全句的意思是，告诉你过去，你就知道未来了。

【译文】

子贡说："贫穷而不谄媚，富有而不骄奢，怎么样？"孔子说："可以了，但是不如贫而乐道，富而好礼。"子贡说："《诗》上说，'如切如磋，如琢如磨'，大概就是指我们这种逐渐深入讨论问题的情况吧?”孔子说:“赐呀,现在可以与你谈论《诗》了。告诉你过去,你就知道未来。”

2.13

【原文】

子贡问君子。子曰:“先行,其言而后从之。”

【译文】

子贡问什么是君子。孔子说:“做在前,说在后,先做后说。”

3.17

【原文】

子贡欲去告朔[①]之饩(xì)羊[②]。子曰:“赐也!尔爱[③]其羊,我爱其礼。”

【注释】

①告朔:夏历的每月初一叫“朔”。古代制度,每年秋冬之交,周天子会把下一年的历书颁给诸侯。诸侯接受历书后,藏于祖庙。以后每月初一,便杀一只活羊祭于祖庙,然后回到朝廷听政。祭祖庙叫作“告朔”。鲁国自文公开始(距子贡提建议时已有150年),国君已不去祖庙“告朔”,但每月初一,有司仍杀羊上供,所以子贡认为不必留此形式,不如干脆连羊也不杀。

②饩羊:祭祀用的活羊。

③爱:吝惜、舍不得,有珍爱之意。

【译文】

子贡想要撤掉每月初一告朔用的活羊。孔子说:“赐呀!你可惜的是羊,我珍爱的是礼。”

5.4

【原文】

子贡问曰："赐也何如？"子曰："女(rǔ)[1]，器也。"曰："何器也？"曰："瑚(hú)琏(liǎn)[2]也。"

【注释】

①女：通"汝"，你。

②瑚琏：古代祭祀时盛粮食用的器具，夏曰瑚，殷曰琏。到了孔子时代，瑚琏并用。在古代人看来，用作祭祀的器皿是高贵的器皿。

【译文】

子贡问孔子："我这个人怎么样？"孔子说："你呀，好比一个器具。"子贡又问："是什么器具呢？"孔子说："是瑚琏。"

5.9

【原文】

子谓子贡曰："女(rǔ)与回也，孰愈[1]？"对曰："赐也何敢望回？回也闻一以知十，赐也闻一以知二。"子曰："弗如也。吾与[2]女(rǔ)，弗如也。"

【注释】

①愈：胜过，超过。

②与：赞同，同意。

【译文】

孔子对子贡说："你和颜回相比，谁更强些？"子贡回答说："我怎么敢和颜回相比呢？颜回听到一件事就可以推知十件事；我呢，知道一件事，只能推知两件事。"孔子说："你是不如他呀。你说得对，你是不如他呀。"

5.12

【原文】

子贡曰："我不欲人之加诸我也，吾亦欲无加诸人。"子曰："赐也，非尔所及也。"

【译文】

子贡说："我不愿意别人强加于我，我也不愿意强加于别人。"孔子说："赐呀，这个你做不到啊。"

5.13

【原文】

子贡曰："夫子之文章①，可得而闻也；夫子之言性②与天道③，不可得而闻也。"

【注释】

①文章：这里指孔子传授的诗、书、礼、乐等知识。

②性：人性。

③天道：天命。《论语》中孔子多处讲到天和命，但不见孔子关于天道的言论。

【译文】

子贡说："老师关于礼、乐、诗、书的知识，听后便可以弄明白；老师关于人性和天道的言论，听后却往往弄不明白。"

5.15

【原文】

子贡问曰："孔文子①何以谓之'文'也？"子曰："敏②而好(hào)学，不耻下问，是以谓之'文'也。"

【注释】

①孔文子：卫国大夫孔圉(yǔ)，谥号文。"子"是对他的尊称。

②敏：敏捷，勤勉。

【译文】

子贡问道："孔文子死后为什么谥号是'文'呢？"孔子说："他聪敏勤勉而好学，不以向地位卑下的人请教为耻，所以谥号是'文'。"

6.8

【原文】

季康子[①]问："仲由，可使从政也与？"子曰："由也果[②]，于从政乎何有？"曰："赐也，可使从政也与？"曰："赐也达[③]，于从政乎何有？"曰："求也，可使从政也与？"曰："求也艺[④]，于从政乎何有？"

【注释】

①季康子：公元前492年，季康子继其父为鲁国正卿，此时孔子正在各地游说。八年以后，孔子返回鲁国，冉求正在季康子那里做事，做季氏的管家。

②果：果断，不拖泥带水。

③达：通达，世事洞明。

④艺：才高，多才多艺。

【译文】

季康子问孔子："仲由这个人，可以让他从政吗？"孔子说："仲由做事果断，从政有什么困难呢？"季康子又问："赐这个人，可以让他从政吗？"孔子说："赐通达事理，从政有什么困难呢？"又问："求这个人，可以让他从政吗？"孔子说："求多才多艺，从政有什么困难呢？"

6.30

【原文】

子贡曰："如有博施[①]于民而能济众[②]，何如？可谓仁乎？"子曰:“何事于仁,必也圣乎!尧舜[3]其犹病[4]诸。夫(fú)[5]仁者,己欲立而立人,己欲达而达人。能近取譬[6],可谓仁之方也已。”

【注释】

①施:给予。

②众:指众人。

③尧舜:上古时代的两位帝王,也是孔子心目中的榜样。儒家认为是“圣人”。

④病:担忧。

⑤夫:句首语气词。

⑥能近取譬:能够就自身打比方,即推己及人。

【译文】

子贡说:“假若有一个人,他能给老百姓好处又能周济大众,怎么样?可以算是仁人了吗?”孔子说:“岂止是仁人,简直是圣人了!就连尧、舜尚且担心自己做不到呢。何为仁者?仁者就是自己想立身,也要帮助别人立身;自己想通达,也要帮助别人通达。能就近以自己作比并推己及人,这就可以说是实施仁的方法了。”

7.15

【原文】

冉有曰:“夫子为[1]卫君[2]乎?”子贡曰:“诺[3],吾将问之。”入,曰:“伯夷、叔齐何人也?”曰:“古之贤人也。”曰:“怨乎?”曰:“求仁而得仁,又何怨?”出,曰:“夫子不为也。”

【注释】

①为:帮助。

②卫君:卫出公辄,是卫灵公的孙子。公元前492～前481年在位。他的父亲因谋杀南子被卫灵公驱逐出国。灵公死后,辄被立为国君,后来其父回国与他争位。

③诺:应答之语。

【译文】

冉有(问子贡)说:"老师会帮助卫国国君吗?"子贡说:"嗯,我去问问他。"于是就进去问孔子:"伯夷、叔齐是什么样的人呢?"(孔子)说:"古代的贤人。"(子贡又)问:"他们有怨恨吗?"(孔子)说:"他们求仁而得到了仁,会有什么怨恨呢?"(子贡)出来(对冉有)说:"夫子不会帮助卫君。"

9.6

【原文】

太宰①问于子贡曰:"夫子圣者与?何其多能也?"子贡曰:"固天纵②之将圣,又多能也。"子闻之,曰:"太宰知我乎?吾少也贱,故多能鄙事③。君子多乎哉?不多也。"

【注释】

①太宰:官名,掌管国君宫廷事务。当时吴、宋两国的上大夫也称"太宰"。

②纵:让,使。

③鄙事:卑贱的事。

【译文】

太宰问子贡说:"孔夫子是一位圣人吧?为什么这样多才多艺呢?"子贡说:"必定是上天让他成为圣人,而且使他多才多艺。"孔子听后说:"太宰怎么会了解我呢?我少年时地位低贱,所以学会许多卑贱的技艺。贵族会有这么多的技艺吗?不会的。"

9.13

【原文】

子贡曰:"有美玉于斯,韫(yùn)椟(dú)①而藏诸?求善贾(gǔ)②而沽(gū)③诸?"子曰:"沽之哉,沽之哉!我待贾者也。"

【注释】

①韫椟:收藏物件的柜子。

②善贾:识货的商人。

③沽:有时指“买”,有时指“卖”。这里是“卖”的意思。

【译文】

子贡说:“这里有一块美玉,是把它收藏在柜子里呢,还是找一个识货的商人卖掉呢?”孔子说:“卖掉吧,卖掉吧!若是我,就等着识货的人。”

11.3

【原文】

德行[①]:颜渊、闵子骞、冉伯牛、仲弓。言语[②]:宰我、子贡。政事[③]:冉有、季路。文学[④]:子游、子夏。

【注释】

①德行:指能实行孝悌、忠恕等道德。

②言语:指善于辞令。

③政事:指能从事政治事务。

④文学:指通晓古代文献。

【译文】

(孔子的弟子中,)德行好的有:颜渊、闵子骞、冉伯牛、仲弓。善于辞令的有:宰我、子贡。擅长政事的有:冉有、季路。通晓文献知识的有:子游、子夏。

11.13

【原文】

闵子[①]侍侧,訚(yín)訚[②]如也;子路,行(hàng)行[③]如也;冉有、子贡,侃侃[④]如也。子乐。“若由也,不得其死然。”

【注释】

①闵子：指闵子骞。

②訚訚：和悦而诚恳的样子。

③行行：刚强、气壮的样子。

④侃侃：说话流畅、轻松自如。

【译文】

闵子骞侍立在孔子身旁，和悦而诚恳；子路刚强而气壮；冉有、子贡则侃侃而谈。孔子非常高兴。（但孔子话锋一转说：）“像仲由这样（总是雄赳赳，气昂昂），恐怕会死于非命。”

11.16

【原文】

子贡问：“师[①]与商[②]也孰贤？”子曰：“师也过，商也不及。”曰：“然则师愈[③]与？”子曰：“过犹不及。”

【注释】

①师：颛孙师，即子张。

②商：卜商，即子夏。

③愈：胜过。

【译文】

子贡问孔子：“颛孙师和卜商二人谁更好一些呢？”孔子回答说：“颛孙师嘛，做得过头；卜商嘛，有些不足。”子贡说：“那么是颛孙师更好一些吗？”孔子说：“过头和不足是一样的。”

11.19

【原文】

子曰：“回也，其庶[①]乎！屡空[②]。赐不受命，而货殖[③]焉，亿[④]则屡中(zhòng)。”

【注释】

①庶：庶几、相近，一般多用于称赞的场合。这里指颜渊的学问道德接近于完善。

②空：贫困，匮乏。

③货殖：做买卖。

④亿：通“臆”，猜测、估计、预测行情。

【译文】

孔子说：“颜回的学问道德接近于完善了吧，可是他常常贫困。端木赐不服从命运的安排，去做买卖，对行情每猜必中。”

12.7

【原文】

子贡问政。子曰：“足食，足兵[①]，民信之矣。”子贡曰：“必不得已而去，于斯三者何先？”曰：“去兵。”子贡曰：“必不得已而去，于斯二者何先？”曰：“去食。自古皆有死，民无信不立。”

【注释】

①兵：兵器、武器。这里指军队、军备。

【译文】

子贡问怎样治理国家。孔子说：“粮食充足，军备充足，老百姓信任。”子贡说：“如果不得不去掉一项，那么在三项中先去掉哪一项呢？”孔子说：“去掉军备。”子贡说：“如果不得不再去掉一项，那么这两项中去掉哪一项呢？”孔子说：“去掉粮食。自古以来，什么东西都有灭亡的时候，如果老百姓对统治者不信任，那么国家就无法存在。”

12.8

【原文】

棘子成[①]曰：“君子质而已矣，何以文为？”子贡曰：“惜乎，夫子[②]之说君子也！驷不及舌[③]。文犹质也，质犹文也，虎豹之鞟(kuò)[④]犹犬羊之鞟。”

【注释】

①棘子成：卫国大夫。古代大夫都可以被尊称为“夫子”，所以子贡这样称呼他。

②夫子：这里指棘子成。

③驷不及舌：指话一说出口，就收不回来了。驷，拉一辆车的四匹马。

④鞟：去掉毛的兽皮。

【译文】

棘子成说：“君子只要本质好就行了，要那些形式干什么呢？”子贡说：“真遗憾，夫子您这样谈论君子！一言既出，驷马难追。本质就是文采，文采就是本质，二者是同等重要的。去掉了毛的虎皮、豹皮，就如同去掉了毛的狗皮、羊皮一样(是难以区分的)。”

12.23

【原文】

子贡问友。子曰：“忠告而善道之，不可则止，毋自辱焉。”

【译文】

子贡问怎样对待朋友。孔子说：“诚心诚意地劝告他，用恰如其分的方式引导他，如果不听也就罢了，不要自取其辱。”

13.20

【原文】

子贡问曰：“何如斯可谓之士[①]矣？”子曰：“行己有耻，使于四方，不辱君命，可谓士矣。”曰：“敢问其次。”曰：“宗族称孝焉，乡党称弟(tì)焉。”曰：“敢问其次。”曰：“言必信，行必果[②]，硁(kēng)硁[③]然小人哉！抑亦可以为次矣。”曰：“今之从政者何如？”子曰：“噫！斗筲(shāo)之人[④]，何足算也？”

【注释】

①士：上古掌刑狱之官。商、西周、春秋时为贵族阶层，多为卿大夫的家臣。士在周代贵族中位于最低层。春秋末年以后，逐渐成为统治阶级中知识分子的统称。

②果：果断，坚决。

③硁硁：象声词，敲击石头的声音。这里引申为像石块那样坚硬。

④斗筲之人：比喻器量狭小的人。斗，古代容量单位，十升为一斗。筲，竹器，盛一斗二升。

【译文】

子贡问道："怎样才可以叫作士呢？"孔子说："自己在做事时有知耻之心，出使外国各方，能够完成君主交付的使命，可以叫作士。"子贡说："请问次一等的呢？"孔子说："宗族中的人称赞他孝顺父母，乡党们称赞他尊敬兄长。"子贡又问："请问再次一等的呢？"孔子说："说到一定做到，做事一定坚持到底，不问是非地固执己见，那是小人啊！但也可以说是再次一等的士了。"子贡说："现在的执政者，您看怎么样？"孔子说："唉！都是些器量狭小的人，哪里能算得上是士呢？"

13.24

【原文】

子贡问曰："乡人[①]皆好(hào)[②]之，何如？"子曰："未可也。""乡人皆恶(wù)[③]之，何如？"子曰："未可也。不如乡人之善者好之，其不善者恶(wù)之。"

【注释】

①乡人：全乡的人。

②好：喜欢。

③恶：讨厌。

【译文】

子贡问孔子说:"全乡人都喜欢、赞扬他,这个人怎么样?"孔子说:"不好断定。"子贡又问孔子说:"全乡人都厌恶、憎恨他,这个人怎么样?"孔子说:"这也不好断定。最好的人是全乡的好人都喜欢他,全乡的坏人都厌恶他。"

14.17

【原文】

子贡曰:"管仲非仁者与?桓公杀公子纠,不能死,又相(xiàng)之。"子曰:"管仲相(xiàng)桓公,霸诸侯,一匡天下,民到于今受其赐。微[①]管仲,吾其被(pī)发(fà)左衽(rèn)[②]矣。岂若匹夫匹妇之为谅[③]也,自经[④]于沟渎[⑤]而莫之知也。"

【注释】

①微:无,没有。

②被发左衽:当时的夷狄之俗。被,通"披"。衽,衣襟。

③谅:遵守信用。这里指小节小信。

④自经:上吊自杀。

⑤渎:小沟渠。

【译文】

子贡问:"管仲不能算是仁人吧?桓公杀了公子纠,他不能为公子纠殉死,反而做了齐桓公的国相。"孔子说:"管仲辅佐桓公,称霸诸侯,匡正了天下,老百姓直到今天还蒙受他的恩惠。如果没有管仲,恐怕我们也要披散着头发、衣襟向左开了。哪能像普通百姓那样恪守小节,自缢于小山沟里,而谁也不知道呀。"

14.28

【原文】

子曰:"君子道者三,我无能焉:仁者不忧,知(zhì)者不惑,勇者不惧[①]。"子贡曰:"夫子自道也。"

【注释】

①仁者不忧,知者不惑,勇者不惧:此句系重出,见9.29章。

【译文】

孔子说:"君子之道有三个方面,我都未能做到:仁德的人不忧愁,聪明的人不迷惑,勇敢的人不畏惧。"子贡说:"这正是老师的自我表述啊!"

14.29

【原文】

子贡方(bàng)人[①]。子曰:"赐也贤乎哉?夫(fú)我则不暇。"

【注释】

①方人:评论、诽谤别人。方,诽谤。

【译文】

子贡评论别人的短处。孔子说:"赐啊,你真的就做得那么好吗?我就没有闲工夫去评论别人。"

14.35

【原文】

子曰:"莫我知也夫(fú)!"子贡曰:"何为其莫知子也?"子曰:"不怨天,不尤[①]人;下学而上达[②]。知我者其天乎!"

【注释】

①尤:责怪,怨恨。

②下学而上达:下学人事,上达天命。

【译文】

孔子说:"没有人了解我啊!"子贡说:"怎么能说没有人了解您呢?"孔子说:"我不埋怨天,也不责备人;学习人世间的常识,探索自然间的道理。了解我的只有天吧!"

15.3

【原文】

子曰:“赐也!女(rǔ)以予为多学而识(zhì)之者与?”对曰:“然。非与?”曰:“非也。予一以贯之①。”

【注释】

①贯之:用一个根本性的事理贯通事情的始末或全部的道理。贯,贯串。之,代词,指“道”。

【译文】

孔子说:“赐啊!你以为我是博学而强记的吗?”子贡答道:“是啊,难道不是吗?”孔子说:“不是的。我是用一个根本的道把所学贯串始终的。”

15.10

【原文】

子贡问为仁。子曰:“工欲善其事,必先利其器。居是邦也,事其大夫之贤者,友其士之仁者。”

【译文】

子贡问怎样实行仁德。孔子说:“做工的人想把活儿做好,必须首先使他的工具锋利。治理一个国家,就要侍奉大夫中的那些贤者,与士人中的仁者交朋友。”

15.24

【原文】

子贡问曰:“有一言①而可以终身行之者乎?”子曰:“其‘恕’②乎!己所不欲,勿施于人③。”

【注释】

①一言:有时指一个字,有时指一句话。这里指一个字。

②恕：有两层含义，一是原谅、宽容；二是以自己的心推想别人的心。

③己所不欲，勿施于人：自己不愿意做的，也不要勉强别人去做。

【译文】

子贡向孔子问道："有没有一个字可以终身奉行呢？"孔子回答说："大概是'恕'吧！自己不愿意做的，也不要强迫别人去做。"

17.19

【原文】

子曰："予欲无言。"子贡曰："子如不言，则小子何述焉？"子曰："天何言哉？四时行焉，百物生焉。天何言哉？"

【译文】

孔子说："我不想说话了。"子贡说："夫子您如果不说话，那么我们这些做学生的还传述什么呢？"孔子说："天何尝说过话呢？还不是四季照常运行，百物照样生长。天说过什么话呢？"

17.24

【原文】

子贡曰："君子亦有恶(wù)[①]乎？"子曰："有恶。恶称人之恶者，恶居下流[②]而讪(shàn)[③]上者，恶勇而无礼者，恶果敢而窒[④]者。"曰："赐也亦有恶(wù)乎？""恶徼(jiǎo)[⑤]以为知(zhì)[⑥]者，恶不孙(xùn)[⑦]以为勇者，恶讦(jié)[⑧]以为直者。"

【注释】

①恶：厌恶，讨厌。

②下流：下等的，在下的。

③讪：诽谤。

④窒：阻塞，不通事理，顽固不化。

⑤徼：窃取，抄袭。

⑥知：通“智”。

⑦孙：通“逊”。

⑧讦：攻击、揭发别人。

【译文】

子贡说：“君子也有厌恶的事吗？”孔子说：“有厌恶的事。厌恶宣扬别人坏处的人，厌恶身居下位而诽谤在上位的人的人，厌恶勇敢而不懂礼节的人，厌恶固执而又不通事理的人。”孔子又说：“赐，你也有厌恶的事吗？”子贡说：“厌恶抄袭（窃取）别人（成果）的人，厌恶把不谦虚当作勇敢的人，厌恶揭发别人的隐私（短处）而自以为直率的人。”

19.20

【原文】

子贡曰：“纣[①]之不善，不如是之甚也。是以君子恶（wù）居下流[②]，天下之恶皆归焉。”

【注释】

①纣：商代最后一位君主，名辛，“纣”是他的谥号。纣是一位暴君。

②下流：即地形低洼、各处来水汇集的地方。

【译文】

子贡说：“纣王的不善，不像传说的那样厉害。所以君子讨厌被别人认为下流，因为一旦如此，天下一切坏名声都有可能归到他的身上。”

19.21

【原文】

子贡曰：“君子之过也，如日月之食焉。过也，人皆见之；更也,人皆仰之。"

【译文】

子贡说:"君子的过错好比日食、月食。他犯了错,人们都能看得见;他把错改了,人们也都能看得见。"

19.22

【原文】

卫公孙朝[①]问于子贡曰:"仲尼[②]焉学?"子贡曰:"文武之道,未坠于地,在人。贤者识其大者,不贤者识其小者。莫不有文武之道焉。夫子焉不学?而亦何常师之有?"

【注释】

①卫公孙朝:卫国的大夫公孙朝。

②仲尼:孔子的字。

【译文】

卫国的公孙朝问子贡说:"仲尼的学问是从哪里学来的?"子贡说:"周文王、周武王的道,并没有失传,是因为有人在传承它们。贤能的人可以了解它的根本,不贤能的人只能了解它的末节。到处都有文武之道存在。夫子在哪里不能学?又何必要有固定的老师呢?"

19.23

【原文】

叔孙武叔[①]语(yù)大夫于朝曰:"子贡贤于仲尼。"子服景伯[②]以告子贡。子贡曰:"譬之宫墙[③],赐之墙也及肩,窥见室家之好(hǎo)。夫子[④]之墙数仞(rèn)[⑤],不得其门而入,不见宗庙之美,百官[⑥]之富。得其门者或寡矣。夫子[⑦]之云,不亦宜乎!"

【注释】

①叔孙武叔:名州仇,鲁国大夫,"三桓"之一。

②子服景伯：鲁国大夫。

③宫墙：宫外之墙。

④夫子：这里指孔子。

⑤仞：古时七尺（一说八尺或五尺六寸）为一仞。

⑥官：这里指房舍。

⑦夫子：这里指叔孙武叔。

【译文】

叔孙武叔在朝廷上对大夫们说："子贡比仲尼强。"子服景伯把这一番话告诉了子贡。子贡说："拿宫墙来作比喻，如我之墙只有齐肩高，家里的东西一目了然；而如老师之墙却有几仞高，如果找不到门进去，你就看不见里面宗庙的富丽堂皇和房屋的绚丽多彩。能够找到门进去的人并不多。叔孙武叔（不了解情况，）那么讲，不是很自然吗？"

19.24

【原文】

叔孙武叔毁[①]仲尼。子贡曰："无以为也！仲尼不可毁也。他人之贤者，丘陵也，犹可逾也；仲尼，日月也，无得而逾焉。人虽欲自绝[②]，其何伤于日月乎？多[③]见其不知量也。"

【注释】

①毁：诽谤，诋毁。

②自绝：自己抛弃自己。

③多：用作副词，只是。

【译文】

叔孙武叔诽谤仲尼。子贡说："（这样做）是没有用的！仲尼是被诽谤不了的。别人的贤德，好比丘陵，还可超越过去；仲尼的贤德，好比太阳和月亮，是无法超越的。有人要自绝于日月，但对日月又有什么损害呢？这只是表明他不自量力而已。"

19.25

【原文】

陈子禽谓子贡曰："子为恭也，仲尼岂贤于子乎？"子贡曰："君子一言[①]以为知，一言以为不知，言不可不慎也。夫子之不可及也，犹天之不可阶而升也。夫子之得邦家者，所谓立之斯立，道之斯行，绥之斯来，动之斯和。其生也荣，其死也哀。如之何其可及也？"

【注释】

①言：一句话。

【译文】

陈子禽对子贡说："您太谦恭了，难道仲尼能比您更贤良吗？"子贡说："从君子的一句话中，就可以知道他是睿智还是愚蠢，所以说话不可不慎重。夫子（我的老师）高不可及，正像天不能够顺着台阶爬上去一样。夫子如果为诸侯或为卿大夫治理国家，教百姓立，百姓就立；引导百姓走，百姓就会跟着走；安抚百姓，百姓就会来归顺；动员百姓，百姓就会同心协力。夫子活着的时候十分荣耀，去世时又让人们非常悲痛。照这样看来，谁又能赶得上他呢？"

3. 颜回（子渊）21 章

2.9

【原文】

子曰："吾与回[①]言终日，不违[②]，如愚。退而省（xǐng）其私[③]，亦足以发。回也不愚。"

【注释】

①回：即颜回（前 521～前 481），姓颜，名回，字子渊，春秋末

期鲁国人，是孔子最得意的学生。享年 40 岁（据熊赐履：《学统》）。他 14 岁即拜孔子为师，此后终生师事之。

②不违：不提相反的意见和问题。

③省其私：考察颜回私下里与其他学生讨论学问的言行。

【译文】

孔子说："（有时）我跟颜回说一天的话，他不违背我，像个笨人。等他退下以后，我观察他私下的言论，发现他（对我讲的）阐述发挥得很好。颜回并不笨。"

5.9

【原文】

子谓子贡曰："女（rǔ）与回也，孰愈[①]？"对曰："赐也何敢望回？回也闻一以知十，赐也闻一以知二。"子曰："弗如也。吾与[②]女（rǔ），弗如也。"

【注释】

①愈：胜过，超过。

②与：赞同，同意。

【译文】

孔子对子贡说："你和颜回相比，谁更强些？"子贡回答说："我怎么敢和颜回相比呢？颜回听到一件事就可以推知十件事；我呢，知道一件事，只能推知两件事。"孔子说："你是不如他呀。你说得对，你是不如他呀。"

5.26

【原文】

颜渊、季路侍[①]。子曰："盍[②]各言尔志？"子路曰："愿车马、衣[③]轻裘，与朋友共，敝[④]之而无憾。"颜渊曰："愿无伐[⑤]善，无施劳[⑥]。"子路曰："愿闻子之志。"子曰："老者安之，朋友信之，少者怀之[⑦]。"

【注释】

①侍:服侍,站在旁边陪着叫"侍"。

②盍:何不。

③衣:身上穿的衣服。

④敝:破旧,用坏。

⑤伐:夸耀。

⑥施劳:表白功劳。施,表白。劳,功劳。

⑦少者怀之:让少者(年轻人)怀念,或让少者(年轻人)得到关怀。

【译文】

颜渊、子路两人侍立在孔子身边。孔子说:"你们何不各自说说自己的志向?"子路说:"愿意自己的车马、身上穿的皮袍,同朋友共同使用,用坏了也不抱怨。"颜渊说:"我不愿意夸耀自己的长处,也不愿意表白自己的功劳。"子路(对孔子)说:"希望听听夫子的志向。"孔子说:"(我的志向是)让老年人安心,让朋友们信任,让年轻人记挂我(或让年轻人得到关怀)。"

6.3

【原文】

哀公问:"弟子孰为好(hào)学?"孔子对曰:"有颜回者好(hào)学。不迁怒①,不贰过②,不幸短命死矣③。今也则亡(wú)④,未闻好(hào)学者也。"

【注释】

①不迁怒:不把对此人的怒气发泄到他人身上。

②不贰过:不犯同样的错误。贰,重复、一再。

③短命死矣:颜回小孔子31岁。颜回死于鲁哀公十三年,比孔子早两年去世。

④亡:通"无"。

【译文】

鲁哀公问孔子："您的学生中，谁是好学的？"孔子回答说："有一个叫颜回的学生好学。他从不迁怒于别人，也从不犯同样的错误，不幸的是短命死了。(自他死后)没有好学的人了，再也没有听说谁是好学的。"

6.7

【原文】

子曰："回也，其心三月[①]不违仁；其余，则日月[②]至焉而已矣。"

【注释】

①三月：可指3个月，也可指较长的时间。

②日月：一个月之内为日月，也指较短的时间。

【译文】

孔子说："颜回这个人，可以做到三个月(长久)不离开仁德；其他的学生，能够坚持一个月就不错了。"

6.11

【原文】

子曰："贤哉，回也！一箪(dān)[①]食(sì)，一瓢饮，在陋巷[②]。人不堪其忧，回也不改其乐。贤哉，回也！"

【注释】

①箪：古代盛饭用的竹器。

②巷：小房子。

【译文】

孔子说："颜回真是个贤德之人！吃一箪淡饭，喝一瓢冷水，住在简陋的房子里。别人都为他担忧，他却自得其乐。颜回真是个贤德之人！"

7.11

【原文】

子谓颜渊曰："用之则行，舍之则藏[①]，惟我与尔有是夫(fú)[②]！"子路曰："子行三军[③]，则谁与[④]？"子曰："暴虎[⑤]冯(píng)河[⑥]，死而无悔者，吾不与也。必也临事而惧[⑦]，好(hào)谋而成者也。"

【注释】

①藏：隐藏。

②夫：语气词，相当于"吧"。

③三军：指当时大国所有的军队，每军约12500人。

④与：共事。

⑤暴虎：赤手空拳与老虎进行搏斗。暴，徒手搏击。

⑥冯河：不用舟楫，徒步过黄河。冯，涉水。河，在古语中专指黄河。

⑦临事而惧：遇到事情格外小心谨慎。惧，谨慎、警惕。

【译文】

孔子对颜渊说："有人用我，我就会实行我的主张；不用，我就隐退。只有我和你才能做到这样吧！"子路(听到此话后)问孔子："老师，假如您统帅三军，您喜欢什么样的人？"孔子说："赤手空拳和老虎搏斗，徒步涉水过河，连死都不在乎的人，我是不会与他共事的。我喜欢的，必须是临事谨慎、善于谋划而能做成事的人。"

9.11

【原文】

颜渊喟[①]然叹曰："仰之弥[②]高，钻[③]之弥坚[④]，瞻[⑤]之在前，忽焉在后。夫子循循然[⑥]善诱[⑦]人，博我以文，约我以礼。欲罢[⑧]不能，既竭吾才。如有所立卓尔[⑨]。虽欲从之，末由[⑩]也已。"

【注释】

①喟：叹息。

②弥：更加，越发。

③钻：往地下打孔。

④坚：硬，牢固，结实。

⑤瞻：视，看。

⑥循循然：有次序地。

⑦诱：劝导，引导。

⑧罢：穷尽。

⑨卓尔：高大、超群的样子。

⑩末由：指没有办法。末，无、没有。由，途径、路径。

【译文】

颜渊感叹说："抬头仰望（老师的学问与道德），越仰望越觉得高不可攀；低头钻研，越钻研越觉得深厚无比。看着它好像在前面，忽然又觉得像是在后面。老师善于一步一步地诱导我，用各种典籍来丰富我的知识，又用各种礼节来约束我。在各方面教育我，开发我的潜能与才气。（老师的学问与道德）如高山一样耸立在我面前。虽然我想上去，却找不到攀登的路。"

9.20

【原文】

子曰："语之而不惰（duò）者，其回也与！"

【译文】

孔子说："听我说话而一点也不倦怠的，只有颜回一个人吧！"

9.21

【原文】

子谓颜渊曰："惜乎！吾见其进也，未见其止也。"

【译文】

孔子评论颜渊说："可惜呀（他死得太早）！我只看见他不断前进，从来没有看见他停下脚步。"

11.3

【原文】

德行[①]：颜渊、闵子骞、冉伯牛、仲弓。言语[②]：宰我、子贡。政事[③]：冉有、季路。文学[④]：子游、子夏。

【注释】

①德行：指能实行孝悌、忠恕等道德。

②言语：指善于辞令。

③政事：指能从事政治事务。

④文学：指通晓古代文献。

【译文】

（孔子的弟子中，）德行好的有：颜渊、闵子骞、冉伯牛、仲弓。善于辞令的有：宰我、子贡。擅长政事的有：冉有、季路。通晓文献知识的有：子游、子夏。

11.4

【原文】

子曰："回也，非助我者也，于吾言无所不说（yuè）。"

【译文】

孔子说："颜回，是对我没有什么帮助的人呀，他对我说的话没有不好好听的。"

11.7

【原文】

季康子问："弟子孰为好学？"孔子对曰："有颜回者好学，不幸短命死矣，今也则亡（wú）。"

【译文】

季康子问孔子："您的学生中，谁是好学的？"孔子回答说："有一个叫颜回的学生很好学，不幸短命死了，现在再也没有像他那样好学的人了。"

11.8

【原文】

颜渊死，颜路[①]请子之车以为之椁（guǒ）[②]。子曰："才不才，亦各言其子也。鲤[③]也死，有棺而无椁。吾不徒行以为之椁，以吾从大夫之后[④]，不可徒行也。"

【注释】

①颜路：即颜无繇（yóu），字路，颜渊的父亲，也是孔子的学生。

②椁：古人（有身份地位者）所用棺材有两层，内层为棺，外层为椁。

③鲤：孔子的儿子，字伯鱼，早孔子两年去世，死时50岁。

④从大夫之后：这是谦虚的说法。孔子做官时，地位相当于下大夫。从大夫之后，意即当过大夫。孔子在鲁国曾任大司寇，是大夫一级的官员。

【译文】

颜渊去世时，（他的父亲）颜路请求孔子把车子改装成椁。孔子说："（虽然颜渊和孔鲤）一个有才一个无才，但对你我来说都是儿子。孔鲤死的时候，也是有棺无椁。我没有把自己的车子改装成椁，是因为我跟随在大夫们之后，是不可以徒步而行的（必须有车才行）。"

11.9

【原文】

颜渊死，子曰："噫！天丧（sàng）予！天丧（sàng）予！"

【译文】

颜渊死的时候，孔子说："噫！是老天爷要我的命呀！是老天爷要我的命呀！"

11.10

【原文】

颜渊死，子哭之恸(tòng)[①]。从者曰："子恸矣。"曰："有恸乎？非夫(fú)[②]人之为恸而谁为？"

【注释】

①恸：本义大哭，指过于悲痛以至于大哭。

②夫：指示代词，此处指颜渊。

【译文】

颜渊死后，孔子极为悲痛，大哭。跟随孔子的人说："您悲痛过度了！"孔子说："是悲痛过度了吗？我不为这个人悲痛过度，又为谁悲痛过度呢？"

11.11

【原文】

颜渊死，门人[①]欲厚葬[②]之。子曰："不可。"门人厚葬之。子曰："回也，视予犹父也，予不得视犹子也[③]。非我也，夫(fú)[④]二三子[⑤]也。"

【注释】

①门人：孔子的弟子。

②厚葬：隆重地安葬。

③予不得视犹子也：我不能把他当儿子一样看待。

④夫：语助词。

⑤二三子：两三个弟子。

【译文】

颜渊死后，孔子的弟子们想要隆重地安葬他。孔子说："不能这样做。"弟子们仍然隆重地安葬了他。孔子说："颜回把我当父亲一样看待，我却不能把他当儿子一样看待。这不是我的本意，是那些弟子们要强行这样做呀。"

11.19

【原文】

子曰："回也，其庶[①]乎！屡空[②]。赐不受命，而货殖[③]焉，亿[④]则屡中(zhòng)。"

【注释】

①庶：庶几、相近，一般多用于称赞的场合。这里指颜渊的学问道德接近于完善。

②空：贫困，匮乏。

③货殖：做买卖。

④亿：通"臆"，猜测、估计、预测行情。

【译文】

孔子说："颜回的学问道德接近于完善了吧，可是他常常贫困。端木赐不服从命运的安排，去做买卖，对行情每猜必中。"

11.23

【原文】

子畏[①]于匡，颜渊后。子曰："吾以女(rǔ)为死矣。"曰："子在，回何敢死？"

【注释】

①畏：难。这里指受难、蒙难。另解释为受到威胁。

【译文】

孔子在匡地受到当地人围困，颜渊最后才逃出来。孔子说："我以为你已经死了呢。"颜渊说："夫子活着，我怎么敢死呢？"

12.1

【原文】

颜渊问仁。子曰:“克己复礼[1]为仁。一日[2]克己复礼,天下归仁[3]焉。为仁由己,而由人乎哉?”颜渊曰:“请问其目[4]。”子曰:“非礼勿视,非礼勿听,非礼勿言,非礼勿动。”颜渊曰:“回虽不敏,请事[5]斯语矣。”

【注释】

①克己复礼:克己,克制自己。复礼,使自己的言行符合礼的要求。

②一日:一旦,假如有一天。

③归仁:归顺仁道。归,归顺。仁,仁道。

④目:与“纲”相对,指孔眼、网眼,如“举一纲而万目张”。后引申为条目、细目。

⑤事:从事,照着去做。

【译文】

颜渊问怎样做才是仁。孔子说:“克制自己,一切都照着礼的要求去做,这就是仁。假如某一天,天下人都做到了克己复礼,那么天下就会变成一个仁爱的世界。实行仁德,完全在于自己,难道还在于别人吗?”颜渊说:“请问实行仁的细则。”孔子说:“不合于礼的不要看,不合于礼的不要听,不合于礼的不要说,不合于礼的不要做。”颜渊说:“弟子我虽然愚笨,但会照您说的去做。”

15.11

【原文】

颜渊问为邦。子曰:“行夏之时[1],乘殷之辂(lù)[2],服周之冕(miǎn)[3],乐(yuè)则《韶》舞[4]。放[5]郑声[6],远[7]佞人。郑声淫,佞人殆[8]。”

【注释】

①夏之时：夏代的历法，就是所谓的夏历，也称“农历”。

②殷之辂：殷时的车。辂，古代车辕上用来挽车的横木，后代指车。

③周之冕：周代的帽子。周朝对穿衣戴帽特别讲究。

④《韶》舞：舜时的舞乐，孔子认为其尽善尽美。

⑤放：禁绝，排斥，抛弃。

⑥郑声：郑国的乐曲。孔子认为是淫声。

⑦远：远离。

⑧殆：危险。

【译文】

颜渊问怎样治理国家。孔子说：“用夏代的历法，乘殷代的车子，戴周代的礼帽，奏《韶》乐，起《韶》舞。禁奏郑国乐曲，疏远奸佞之人。郑曲浮靡容易使人变坏，花言巧语的人太危险。”

4. 卜商(子夏)20章

1.7

【原文】

子夏[①]曰：“贤贤[②]易[③]色[④]；事父母，能竭其力；事君，能致其身[⑤]；与朋友交，言而有信。虽曰未学，吾必谓之学矣。”

【注释】

①子夏(前507～?)：即卜商，字子夏。孔子的学生，比孔子小44岁。孔子死后，他在魏国宣传孔子的思想主张。子夏是继孔子之后系统传授儒家经典的第一人，对儒家文献的流传和学术思想的发展做出了重大贡献，被后世誉为“传经之鼻祖”。他晚年时到魏国西河一带教学，开创“西河学派”，培育出大批经国治世

的良材，并成为前期法家成长的摇篮。

②贤贤：尊重贤者。第一个“贤”用作动词，尊重的意思。第二个“贤”用作名词，指贤者。

③易：有两种解释，一是改变，二是轻视。

④色：可解释为脸色，也可解释为女色。

⑤致其身：奉献生命。致，意为献纳、尽力。

【译文】

子夏说：“一个人，如果他见到贤者脸色就庄重（或译：如果他尊重贤者而轻视女色），侍奉父母能够竭尽全力，服侍君主愿意献出生命，同朋友交往时说话算数，虽说他没有受过教育，但我会说他已经是一个有学问的人了。”

2.8

【原文】

子夏问孝。子曰：“色难①。有事，弟子服其劳②；有酒食，先生③馔（zhuàn）④，曾（zēng）⑤是以为孝乎？”

【注释】

①色难：在父母面前保持和颜悦色不容易。色，脸色。难，困难。

②服其劳：服侍父母，为父母做事。服，从事、担负。

③先生：长者或父母。这里指父母。

④馔：饮食，吃喝。

⑤曾：乃，竟。

【译文】

子夏问什么是孝。孔子说：“最难的就是对父母和颜悦色。有了事情儿女做，有了酒饭让父母先吃，你认为这就是孝吗？”

3.8

【原文】

子夏问曰："'巧笑倩(qiàn)兮，美目盼兮，素以为绚兮。'①何谓也？"子曰："绘事后素②。"曰："礼后乎？"子曰："起③予④者商⑤也，始可与言《诗》已矣。"

【注释】

①巧笑倩兮，美目盼兮，素以为绚兮：前两句见《诗经·卫风·硕人》，后一句不知出自何处，可能是逸诗。倩，笑得好看。兮，语气助词，相当于"啊"。盼，眼睛黑白分明。绚，有神采。

②绘事后素：先打好底子再绘画。绘，画。素，白底。

③起：启发。

④予：我，孔子自指。

⑤商：即子夏，姓卜，名商。古时，师称弟子名而不称字。

【译文】

子夏问孔子："'盈盈笑容多么美好啊，频频顾盼、黑白分明的眼睛多么妩媚啊，洁白的素粉打扮得多么有神采啊！'这几句话是什么意思呢？"孔子说："知道绘画吧，是说先有白色的底子，再加以色彩。"子夏又问："那么，是不是说礼产生于仁之后呢？"孔子说："商，你真是能启发我的人，现在可以同你谈论《诗》了。"

6.13

【原文】

子谓子夏曰："女(rǔ)为君子儒，无为小人儒。"

【译文】

孔子对子夏说："你要做君子儒(大儒，君子式的学者)，不要做小人儒(小儒，只会主持祭祀的人)。"

11.3

【原文】

德行[①]:颜渊、闵子骞、冉伯牛、仲弓。言语[②]:宰我、子贡。政事[③]:冉有、季路。文学[④]:子游、子夏。

【注释】

①德行:指能实行孝悌、忠恕等道德。

②言语:指善于辞令。

③政事:指能从事政治事务。

④文学:指通晓古代文献。

【译文】

(孔子的弟子中,)德行好的有:颜渊、闵子骞、冉伯牛、仲弓。善于辞令的有:宰我、子贡。擅长政事的有:冉有、季路。通晓文献知识的有:子游、子夏。

11.16

【原文】

子贡问:"师[①]与商[②]也孰贤?"子曰:"师也过,商也不及。"曰:"然则师愈[③]与?"子曰:"过犹不及。"

【注释】

①师:颛孙师,即子张。

②商:卜商,即子夏。

③愈:胜过。

【译文】

子贡问孔子:"颛孙师和卜商二人谁更好一些呢?"孔子回答说:"颛孙师嘛,做得过头;卜商嘛,有些不足。"子贡说:"那么是颛孙师更好一些吗?"孔子说:"过头和不足是一样的。"

12.5

【原文】

司马牛忧曰："人皆有兄弟，我独亡(wú)。"子夏曰："商闻之矣，'死生有命，富贵在天'。君子敬而无失，与人恭而有礼，四海之内，皆兄弟也。君子何患乎无兄弟也？"

【译文】

司马牛忧愁地说："别人都有兄弟，唯独我没有。"子夏说："我听说过，'死生有命，富贵在天'。君子只要对待所做的事情严肃认真，不出差错，对人恭敬而合乎礼的规定，那么，天下人就都是他的兄弟了。作为君子，怎么会担忧自己没有兄弟呢？"

12.22

【原文】

樊迟问仁。子曰："爱人。"问知(zhì)。子曰："知人。"樊迟未达。子曰："举直错诸枉①，能使枉者直。"樊迟退，见子夏，曰："乡(xiàng)②也，吾见于夫子而问知(zhì)，子曰：'举直错诸枉，能使枉者直'，何谓也？"子夏曰："富哉言乎！舜有天下，选于众，举皋(gāo)陶(yáo)③，不仁者远④矣。汤⑤有天下，选于众，举伊尹⑥，不仁者远矣。"

【注释】

①举直错诸枉：选拔直者，罢黜枉者。错，通"措"，放置。枉，不正直、邪恶。

②乡：通"向"，刚才。

③皋陶：姓嬴，名聩，出生地为山东曲阜，逝世地为皋城(今安徽六安)。他是舜、禹时期的士、士师、大理官，是中国历史上第一位大法官。

④远：用作动词，远离、远去。

⑤汤：商朝的第一个君主，名履。

⑥伊尹：一说名挚，商初大臣，曾辅助汤灭夏兴商。生于伊洛流域古有莘国的空桑涧(今山东曹县)。因为其母亲在伊水居住，以伊为氏。尹为官名。甲骨卜辞中称伊尹为“伊”，金文则称其为“伊小臣”。

【译文】

樊迟问什么是仁。孔子说：“爱人。”樊迟问什么是智。孔子说：“知人。”樊迟还不明白。孔子说：“选拔正直的人，罢黜邪恶的人，这样就能使邪者归正。”樊迟退出来，见到子夏说：“刚才我见到老师，问他什么是智，他说：‘选拔正直的人，罢黜邪恶的人，这样就能使邪者归正。’这是什么意思？”子夏说：“这话说得多么深刻呀！舜之所以有天下，是因为在众人中把皋陶选拔出来，不仁的人就远去了。汤之所以有天下，是因为在众人中把伊尹选拔出来，不仁的人就远去了。”

13.17

【原文】

子夏为莒(jǔ)父[①]宰[②]，问政。子曰：“无欲速，无见小利。欲速则不达，见小利则大事不成。”

【注释】

①莒父：鲁国的一个城邑，在今山东莒县境内。

②宰：先秦时代君主或诸侯等贵族的副官，在内管家称“宰”，在外理事称“相”。

【译文】

子夏做了莒父的宰，问孔子怎样处理政事。孔子说：“不要求快，不要贪求小利。求快反而达不到目的，贪求小利就做不成大事。”

19.3

【原文】

子夏之门人问交于子张。子张曰:“子夏云何?”对曰:“子夏曰:‘可者与之,其不可者拒之。’”子张曰:“异乎吾所闻:君子尊贤而容众,嘉善而矜不能。我之大贤与,于人何所不容?我之不贤与,人将拒我,如之何其拒人也?”

【译文】

子夏的学生向子张询问怎样结交朋友。子张说:“子夏是怎么说的?”答道:“子夏说:‘可以相交的就和他交朋友,不可以相交的就拒绝他。’”子张说:“我所听到的和这不一样:君子尊重贤人且能容纳众人,赞美善人又同情能力不够的人。如果我是十分贤良的人,那我对别人有什么不能容纳的呢?如果我不贤良,那别人就会拒绝我,我又怎么能拒绝别人呢?”

19.4

【原文】

子夏曰:“虽小道①,必有可观者焉,致远恐泥(nì)②,是以君子不为也。”

【注释】

①小道:指农、工、商、医、卜之类的技能。

②泥:阻滞,不通,妨碍。

【译文】

子夏说:“即使都是些小的技艺,也一定有可取的地方,但在这上面用功多了,恐怕要为其所累,所以君子不做这样的事。”

19.5

【原文】

子夏曰:“日知其所亡(wú),月无忘其所能,可谓好学也已矣。”

【译文】

子夏说:“每天都能学到一些过去所不知道的东西,每月都不忘记已经学过的东西,这就可以叫作好学了。”

19.6

【原文】

子夏曰;“博学而笃志①,切问②而近思,仁在其中矣。”

【注释】

①志:有两种解释,一是记忆在心,二是志向。

②切问:问与自身有关的问题。

【译文】

子夏说:“博学且记得牢(或译:博学且志向坚定),多问且勤于思考与自身密切相关的问题,这是达到仁的理想途径。”

19.7

【原文】

子夏曰:“百工①居肆②以成其事,君子学以致其道。”

【注释】

①百工:各行各业的工匠。

②肆:古代社会制作物品的作坊,如酒肆就是制造酒的作坊。

【译文】

子夏说:“各行各业的工匠要在作坊里才能完成工作,君子通过学习来掌握(治国)大道。”

19.8

【原文】

子夏曰:“小人之过也,必文[1]。”

【注释】

①文:掩饰。

【译文】

子夏说:“小人有了过错,必定会(千方百计)掩饰。”

19.9

【原文】

子夏曰:“君子有三变:望之俨(yǎn)然,即(jí)之也温,听其言也厉。”

【译文】

子夏说:“与君子相处会体会到三种变化:从远处看,样子庄重严肃;接近他,会感到温和可亲;听他说话,会感觉其说话直接且一语中的。”

19.10

【原文】

子夏曰:“君子信而后劳其民;未信,则以为厉己[1]也。信而后谏;未信,则以为谤己[2]也。”

【注释】

①厉己:对自己严厉。

②谤己:诽谤自己。

【译文】

子夏说:“君子(君主)只有在得到百姓信任的情况下才能去役使百姓;未取信于人,百姓就会以为这是(君主)在虐待他们。

（作为臣下，）要先取得（君主）信任，然后才能去规劝；未取得（君主）信任而去进谏，（君主）就会以为（臣下）在诽谤他。"

19.11

【原文】

子夏曰："大德[1]不逾闲[2]，小德[3]出入可也。"

【注释】

①大德：大节。

④闲：木栏，这里指界限。

⑤小德：小节。

【译文】

子夏说："人在大是大非面前不能马虎，要坚持原则；而在小事小节上可以有所出入，不必那么讲究。"

19.12

【原文】

子游曰："子夏之门人小子，当洒扫、应对、进退，则可矣，抑[1]末也。本之则无，如之何？"子夏闻之，曰："噫！言游过矣！君子之道，孰先传(chuán)焉？孰后倦[2]焉？譬诸草木，区以别矣。君子之道，焉可诬[3]也？有始有卒者，其惟圣人乎？"

【注释】

①抑：但是，不过。

②倦：倦怠。

③诬：欺骗。

【译文】

子游说："子夏教学生，尽教些洒扫和迎来送往的事，但这些不过是末节小事。根本的东西却没有教，这怎么行呢？"子夏听后，说："噫！言游说话过头了！君子之道，（各有各的教法，）先传授什么，后传授什么，这就像草木有别一样，也是有区别的。君子之道，怎么可以随便诬蔑呢？也许只有圣人才能以整体全面的方式教育学生吧？”

19.13

【原文】

子夏曰：“仕而优[①]则学，学而优则仕。”

【注释】

①优：有余力。另解释为优秀、好。

【译文】

子夏说：“做官还有余力的人，就可以去学习；学习后仍有余力的人，就可以去做官（或译：官做得好了，应当去搞学问；学问做得好了，也可以去做官）。”

5. 颛孙师（子张）20 章

2.18

【原文】

子张[①]学干（gān）禄[②]。子曰：“多闻阙（quē）[③]疑[④]，慎言其余，则寡尤[⑤]；多见阙殆，慎行其余，则寡悔。言寡尤，行寡悔，禄在其中矣。”

【注释】

①子张（前503～?）：即颛孙师，姓颛孙，名师，字子张，孔子的弟子。春秋末期陈国阳城（今河南登封）人。出身微贱，性格狂傲，后经孔子教育成为“显士”。《论语》中，子张多次向孔子请教为政之学，但并未从政。孔子死后，子张独立招收弟子，宣扬儒家学说，是“子张之儒”的创始人。子张之儒列儒家八派之首。

②干禄：求取官职。干，求。禄，古代官吏的俸禄。

③阙：此处意为放置在一旁。

④疑：怀疑。

⑤寡尤：少犯错误。寡，少。尤，过错。

【译文】

子张问孔子如何为官。孔子说："要多听，不明白的不说；对于自己认为明白的，也要说话谨慎，这样就可以少犯错误。要多看，危险的事不做；对于自己认为没有危险的，也要谨慎从事，这样就能减少后悔。说话少过失，做事少后悔，官就可以做好了。"

2.23

【原文】

子张问："十世[①]可知也？"子曰："殷因[②]于夏礼，所损益[③]，可知也；周因于殷礼，所损益，可知也。其或继周者，虽百世，可知也。"

【注释】

①世：古时称30年为一世。

②因：因袭，沿用，继承。

③损益：减少与增加。

【译文】

子张问孔子："今后十世（的礼仪制度）可以知道吗？"孔子回答说："商朝继承了夏朝的礼仪制度，所减少和所增加的，是可以知道的；周朝又继承商朝的礼仪制度，所废除的和所增加的，也是可以知道的。将来有继承周朝的，即使传到一百世，（其礼仪制度）也是可以知道的。"

5.19

【原文】

子张问曰:“令尹子文[①]三仕为令尹,无喜色;三已[②]之,无愠色。旧令尹之政,必以告新令尹。何如?”子曰:“忠矣。”曰:“仁矣乎?”曰:“未知。焉得仁?”“崔子[③]弑[④]齐君[⑤],陈文子[⑥]有马十乘(shèng),弃而违[⑦]之。至于他邦,则曰:‘犹吾大夫崔子也。’违之。之一邦,则又曰:‘犹吾大夫崔子也。’违之。何如?”子曰:“清矣。”曰:“仁矣乎?”曰:“未知。焉得仁?”

【注释】

①令尹子文:东周时各国的相名称不一,楚国的相叫“令尹”。子文是楚国著名的国相。

②三已:三次罢免。

③崔子:齐国大夫崔杼(zhù)。齐庄公为其所杀。

④弑:地位在下的人杀了居上位者,指臣子杀君主,儿子杀父亲或母亲。

⑤齐君:即被崔杼所杀的齐庄公。

⑥陈文子:陈国的大夫,名须无。

⑦违:离开。

【译文】

子张问孔子说:“令尹子文三次做楚国相国,没有显出高兴的样子;三次被免职,也没有显出怨恨的样子。他每次被免职,交接时一定把政事全部告诉接任的新相国。这个人怎么样?”孔子说:“算得上是忠了。”子张问:“算得上仁了吗?”孔子说:“不知道。这怎么能算得上仁呢?”子张又问:“崔杼杀了他的君主齐庄公,陈文子有40匹马,都舍弃不要,离开齐国到别国去了。到了别国,他说:‘这里的执政者也和我们齐国的大夫崔子差不多。’于是又离开这个国家。到了另一个国家,又说:‘这里的执政者也和我们的大夫崔子差不多。'又离开了。这个人怎么样呢?"孔子说:"算得上是清高了。"子张说:"可说是仁了吗?"孔子说:"不知道。这怎么能算得上是仁呢?"

11.16

【原文】

子贡问:"师[①]与商[②]也孰贤?"子曰:"师也过,商也不及。"曰:"然则师愈[③]与?"子曰:"过犹不及。"

【注释】

①师:颛孙师,即子张。

②商:卜商,即子夏。

③愈:胜过。

【译文】

子贡问孔子:"颛孙师和卜商二人谁更好一些呢?"孔子回答说:"颛孙师嘛,做得过头;卜商嘛,有些不足。"子贡说:"那么是颛孙师更好一些吗?"孔子说:"过头和不足是一样的。"

11.18

【原文】

柴[①]也愚[②],参(shēn)也鲁[③],师也辟[④],由也喭(yàn)[⑤]。

【注释】

①柴:即高柴,字子羔。孔子的学生,比孔子小30岁。

②愚:不聪明,这里指愚而耿直。

③鲁:迟钝。

④辟:偏激。

⑤喭:鲁莽,粗鲁,刚猛。

【译文】

高柴愚直,曾参迟钝,颛孙师偏激,仲由鲁莽。

11.20

【原文】

子张问善人[①]之道，子曰："不践迹[②]，亦不入于室[③]。"

【注释】

①善人：好官。人，官员。

②践迹：踩着前人的脚印走。迹，脚印。

③入于室：进入内室。比喻学问和修养达到了精深地步。

【译文】

子张问如何才能成为一个好官。孔子说："如同走路，如果不沿着前人的脚印走，其学问和修养就不到家"。

12.6

【原文】

子张问明。子曰："浸润之谮(zèn)[①]，肤受之愬(sù)[②]，不行焉，可谓明也已矣。浸润之谮，肤受之愬，不行焉，可谓远[③]也已矣。"

【注释】

①浸润之谮：像水那样一点一滴地渗进来的谗言。这种谗言不易觉察。谮，谗言。

②肤受之愬：像皮肤感觉到疼痛那样的诬告，即恶毒的诽谤。这种诽谤容易激怒人。愬，诬告。

③远：明之至，明智的最高境界。

【译文】

子张问怎样才算是明智。孔子说："像水润物那样暗中挑拨的坏话，像切肤之痛那样直接的诽谤，在你那里行不通，那你可以算是明智的了。像水润物那样暗中挑拨的坏话，像切肤之痛那样直接的诽谤，在你那里行不通，那你可以算是有远见的了。"

12.10

【原文】

子张问崇德[①]、辨惑[②]。子曰："主忠信，徙(xǐ)义[③]，崇德也。爱之欲其生，恶(wù)之欲其死。既欲其生，又欲其死，是惑也。'诚不以富，亦祗以异。'[④]"

【注释】

①崇德：尊崇道德。

②惑：迷惑，不分是非。

③徙义：向义靠拢。徙，迁移。

④诚不以富，亦祗以异：语出《诗经·小雅·我行其野》。意思是说，这样做即使不是嫌贫爱富，也是喜新厌旧。此诗表现了一个被遗弃的女子对其丈夫喜新厌旧的愤怒情绪。(这里有此句，令人费解)

【译文】

子张问怎样提高道德修养和辨别是非的能力。孔子说："以忠信为主，使自己的思想合于义，这就是提高道德修养水平了。爱一个人，就希望他活下去；厌恶起来，就恨不得他立刻死去。既要他活，又要他死，这就是迷惑。(正如《诗》所说的：)'即使不是嫌贫爱富，也是喜新厌旧。'"

12.14

【原文】

子张问政。子曰："居之无倦，行之以忠。"

【译文】

子张问如何治理政事。孔子说："恪尽职守不懈怠，执行政令要忠诚。"

12.20

【原文】

子张问："士何如斯可谓之达[①]矣？"子曰："何哉，尔所谓达者？"子张对曰："在邦必闻[②]，在家必闻。"子曰："是闻也，非达也。夫(fú)达也者，质[③]直而好义，察言而观色，虑以下人[④]。在邦必达，在家必达。夫(fú)闻也者，色取仁而行违，居之不疑。在邦必闻，在家必闻。"

【注释】

①达：通达。

②闻：有名声。

③质：本质，本色。

④下人：地位低的人。

【译文】

子张问："士怎样才可以叫作达？"孔子说："你说的达是什么意思？"子张答道："在诸侯的国家里有名望，在大夫的封地里也有名声。"孔子说："这只是虚假的名声，不是通达。所谓达，要为人正直，见义勇为，善于揣摩别人的话语，善于察看别人的脸色，从下位人的角度考虑问题。这样的人，就可以在诸侯的国家里行得开，在大夫的封地里行得通。至于那些有虚假名声的人，只是外表上装出仁的样子，而行动上却正是违背了仁，自己还以仁人自居不惭愧。这种人在诸侯的国家里追求的是出名，在大夫的封地里追求的也是出名。"

14.40

【原文】

子张曰："《书》[①]云：'高宗[②]谅阴[③]，三年不言。'何谓也？"子曰："何必高宗？古之人皆然。君薨(hōng)[④]，百官总己[⑤]以听于家宰[⑥]三年。”

【注释】

①《书》:指《尚书》,是一部多体裁文献汇编,长期被认为是中国现存最早的史书。该书分为《虞书》《夏书》《商书》《周书》。战国时期总称《书》,汉代改称《尚书》,即“上古之书”。是儒家“五经”之一,又称《书经》。

②高宗:这里指商王武宗。

③谅阴:古时天子守丧之称。

④薨:古时诸侯国君之死叫“薨”。

⑤总己:自己管理自己。

⑥冢宰:官名,相当于后世的宰相。

【译文】

子张说:“《书》上说:‘殷高宗守丧,三年不议政事。’这是什么意思?”孔子说:“不仅是高宗,古人都是这样。国君死了,继位的国君不问政事,朝廷百官各自管理自己的职事,听命于冢宰三年。”

15.6

【原文】

子张问行[①]。子曰:“言忠信,行笃敬[②],虽蛮貊[③]之邦,行矣。言不忠信,行不笃敬,虽州里[④],行乎哉?立,则见其参(cān)[⑤]于前也;在舆,则见其倚于衡[⑥]也。夫(fú)然后行。”子张书诸绅[⑦]。

【注释】

①行:行动,如何行动,怎么做。

②笃敬:笃厚敬肃。《尚书·盘庚下》:“朕及笃敬,恭承民命,用永地于新邑。”

③蛮貊:古人对少数民族的贬称。蛮在南,貊在北。

④州里:近处,本乡本土。5家为邻,5邻为里,500家为党,5党为州。

⑤参：列，显现。

⑥衡：车辕前面的横木。

⑦绅：古代士大夫系在腰间的大带子。

【译文】

子张问如何才能使自己无论走到何处都能行得通。孔子说："说话忠信，行事笃敬，就算到了蛮貊地区，也可以行得通。说话不忠信，行事不笃敬，就是在本乡本土，能行得通吗？站着，就仿佛看到'忠信笃敬'这几个字显现在面前；坐车，就好像看到这几个字刻在车辕前的横木上。这样才能使自己到处行得通。"子张把这些话写在腰间的大带子上。

15.42

【原文】

师冕[①]见，及阶[②]，子曰："阶也。"及席[③]，子曰："席也。"皆坐，子告之曰："某在斯，某在斯。"师冕出。子张问曰："与师言[④]之道与？"子曰："然，固相(xiàng)[⑤]师之道也。"

【注释】

①师冕：名冕，是位盲人乐师。

②阶：台阶。

③席：用草或苇子等编成的成片的东西。古人用以坐、卧，现通常用来铺床或炕等。

④言：主动与人说话。

⑤相：帮助，辅助。

【译文】

乐师冕来见孔子，走到台阶，孔子说："这儿是台阶。"走到座席旁，孔子说："这是座席。"等大家都坐下来，孔子告诉他："某某在这里，某某在这里。"师冕走了。子张问孔子："这就是与乐师谈话的方式吗？"孔子说："对，这就是与乐师相处的方式。"

17.6

【原文】

子张问仁于孔子。孔子曰:“能行五者于天下,为仁矣。”“请问之。”曰:“恭、宽、信、敏、惠。恭则不侮,宽则得众,信则人任焉,敏则有功,惠则足以使人。”

【译文】

子张向孔子请教什么是仁。孔子说:“能够处处实行五种品德的人就是仁人了。”子张说:“请问哪五种?”孔子说:“恭谨、宽厚、诚信、勤敏、恩惠。恭谨就不会招致侮辱,宽厚就会得到众人拥护,诚信就能得到别人任用,勤敏就会做出成绩,对人有恩惠才能够使唤别人。”

19.1

【原文】

子张曰:“士见危致命,见得思义,祭思敬,丧思哀。其可已矣。”

【译文】

子张说:“士遇见危险时敢于献身,看见有利可图时能考虑是否符合义的要求,祭祀时能想到是否严肃恭敬,居丧时能想到是否哀伤。这样才能算是士。”

19.2

【原文】

子张曰:“执德不弘,信道不笃,焉能为有?焉能为亡(wú)?”

【译文】

子张说:“执守道德却不能发扬光大,信仰道义却不能忠实坚定,(这样的人)算是有道德呢,还是没有道德呢?”

19.3

【原文】

子夏之门人问交于子张。子张曰："子夏云何？"对曰："子夏曰：'可者与之，其不可者拒之。'"子张曰："异乎吾所闻：君子尊贤而容众，嘉善而矜不能。我之大贤与，于人何所不容？我之不贤与，人将拒我，如之何其拒人也？"

【译文】

子夏的学生向子张询问怎样结交朋友。子张说："子夏是怎么说的？"答道："子夏说：'可以相交的就和他交朋友，不可以相交的就拒绝他。'"子张说："我所听到的和这不一样：君子尊重贤人且能容纳众人，赞美善人又同情能力不够的人。如果我是十分贤良的人，那我对别人有什么不能容纳的呢？如果我不贤良，那别人就会拒绝我，我又怎么能拒绝别人呢？"

19.15

【原文】

子游曰："吾友张也，为难能也，然而未仁。"

【译文】

子游说："我的朋友子张，可以说是难得的能人了，然而还不能算是个仁者。"

19.16

【原文】

曾子曰："堂堂乎张也，难与并[①]为仁矣。"

【注释】

①并：合并，归类。

【译文】

曾子说:“子张器宇轩昂,但还不能并入仁者之列。”

20.2

【原文】

子张问于孔子曰:“何如[①]斯可以从政[②]矣?”子曰:“尊[③]五美,屏(bǐng)[④]四恶,斯可以从政矣。”

子张曰:“何谓五美?”子曰:“君子惠而不费[⑤],劳而不怨[⑥],欲而不贪[⑦],泰而不骄[⑧],威而不猛[⑨]。”

子张曰:“何谓惠而不费?”子曰:“因民之所利而利之,斯不亦惠而不费乎?择可劳而劳之,又谁怨?欲仁而得仁,又焉贪?君子无众寡,无小大,无敢慢,斯不亦泰而不骄乎?君子正其衣冠,尊其瞻视,俨然人望而畏之,斯不亦威而不猛乎?”

子张曰:“何谓四恶?”子曰:“不教而杀谓之虐;不戒视成谓之暴;慢令致期谓之贼;犹之与人也,出纳之吝谓之有司。”

【注释】

①何如:如何。

②从政:做官,治理国家。

③尊:尊重,遵照。

④屏:摒弃,抛弃。

⑤惠而不费:给人恩惠,但不过度。

⑥劳而不怨:让人劳动,但不让人产生怨恨。

⑦欲而不贪:满足人的正常欲望,但不让人产生贪婪之心。

⑧泰而不骄:泰然自若,但不让人感到骄傲。

⑨威而不猛:让人觉得有威严,但不让人感到害怕。

【译文】

子张问孔子说:“怎样才可以从政呢?”孔子说:“尊崇五种美德,屏除四种恶习,这样就可以从政了。”

子张问："什么是五种美德？"孔子说："君子要给百姓恩惠，但注意不要浪费；让百姓劳作，但不要引起他们的怨恨；满足官员的欲望，但不使他们贪婪；要庄重而不让人觉得傲慢；要威严而不让人感到凶猛。"

子张说："怎样叫给百姓恩惠而不浪费呢？"孔子说："让百姓们去做对他们有利的事，这不就是对百姓有利而不浪费吗？选择合适的时间和适合的事情让百姓去做，这又有谁会怨恨呢？官员自己想要仁而他得到了仁，他还贪什么呢？君子不管人多人少，不管大事小事，从不怠慢，这不就是庄重而不傲慢吗？君子衣冠整齐，目不斜视，使人见了就生敬畏之心，这不也是威严而不凶猛吗？"

子张问："什么是四种恶习呢？"孔子说："不经教化便加以杀戮叫作虐，不加告诫便要求成功叫作暴，不加督促而突然限期完成任务叫作贼，给人财物像有司那样（出手吝啬）叫作小气。"

6. 冉求（子有）16 章

3.6

【原文】

季氏旅[①]于泰山。子谓冉有[②]曰："女（rǔ）[③]弗能救[④]与？"对曰："不能。"子曰："呜呼！曾（zēng）谓泰山不如林放[⑤]乎？"

【注释】

①旅：祭名，祭祀山川为旅。按古代礼制，只有天子和诸侯才有资格祭祀名山大川。

②冉有（前 522～前 489）：即冉求，字子有（通称"冉有"），春秋末年鲁国人，孔子的弟子，以政事见称，是"孔门十哲"之一。多才多艺，尤擅长理财，曾担任季氏家宰。公元前 487 年，冉有率左师抵抗入侵齐军，并身先士卒，以步兵执长矛的突击战术取得胜

利，趁机说服季康子迎回了在外流亡14年的孔子。后因帮助季氏进行田赋改革，使季氏富于周公，受到孔子的严厉批评。

③女：通“汝”，你。

④救：劝阻。这里指谏止。

⑤林放：孔子的学生。

【译文】

季孙氏（这里指季孙肥）去祭祀泰山。孔子对冉有说：“你不能劝阻他吗？”冉有说：“不能。”孔子说：“唉！难道泰山神还不如林放懂礼吗？”

5.8

【原文】

孟武伯问：“子路仁乎？”子曰：“不知也。”又问。子曰：“由也，千乘（shèng）之国，可使治其赋也①，不知其仁也。”“求也何如？”子曰：“求也，千室之邑②，百乘之家③，可使为之宰④也，不知其仁也。”“赤⑤也何如？”子曰：“赤也，束带立于朝⑥，可使与宾客⑦言也，不知其仁也。”

【注释】

①可使治其赋也：可让子路管理军务。赋，兵赋，征收的军事费用。

②千室之邑：有千户人家的公邑（直辖于诸侯）。邑，古代居民的聚居点，大致相当于城镇，古分公邑、采邑（卿大夫领地）。

③百乘之家：指卿大夫的属地（采邑）。当时大夫有车百乘，是采邑中的较大者。

④宰：家臣，总管。

⑤赤：姓公西，名赤，字子华。孔子的学生。

⑥束带立于朝：指穿着礼服立于朝廷。

⑦宾客：客人，来宾。

【译文】

孟武伯问孔子："子路可称为仁德之人吧?"孔子说："我不知道。"孟武伯又问了一遍，孔子说："仲由嘛，在拥有千辆兵车的国家里，可以让他管理军事，但他是不是做到了仁，我不知道。"孟武伯又问："冉求这个人怎么样?"孔子说："冉求这个人，可以让他在一个有千户人家的公邑或有百辆兵车的采邑里当总管，但他是不是做到了仁，我不知道。"孟武伯又问："公西赤又怎么样呢?"孔子说："公西赤嘛，可以让他穿着礼服，在朝廷上接待贵宾，但他是不是做到了仁，我也不知道。"

6.4

【原文】

子华[①]使于齐，冉子[②]为其母请粟[③]。子曰："与之釜(fǔ)[④]。"请益。曰："与之庾(yǔ)[⑤]。"冉子与之粟五秉[⑥]。子曰："赤之适齐也，乘肥马，衣轻裘。吾闻之也，君子周[⑦]急不继富。"

【注释】

①子华：姓公西，名赤，字子华。孔子的学生，比孔子小42岁，春秋末年鲁国人。在孔子弟子中，以长于祭祀之礼、宾客之礼著称，且善于交际，曾出使齐国。

②冉子：即冉有。在《论语》中，孔子弟子被称为"子"的只有四五个人，冉有即其中之一。

③粟：在古文中，"粟"与米连用时，指带壳的谷粒(去壳以后叫作"米")；"粟"字单用时，就是指米。

④釜：古代量器名，容积为当时的六斗四升。

⑤庾：古代量器名，容积为当时的二斗四升。

⑥秉：古代量器名，容积为当时的一百六十斗。

⑦周：周济，救济。

【译文】

子华出使齐国，冉求替他的母亲向孔子请求补助一些谷米。孔子说："给她一釜。"冉求请求再增加一些。孔子说："再给她加一庾。"冉求却给她五秉。孔子说："公西赤到齐国去，乘坐着肥马拉的车子，穿着又暖和又轻便的皮袍。我听说过，君子只周济急需救济的人，而不使富人更富。"

6.8

【原文】

季康子[①]问："仲由，可使从政也与？"子曰："由也果[②]，于从政乎何有？"曰："赐也，可使从政也与？"曰："赐也达[③]，于从政乎何有？"曰："求也，可使从政也与？"曰："求也艺[④]，于从政乎何有？"

【注释】

①季康子：公元前492年，季康子继其父为鲁国正卿，此时孔子正在各地游说。八年以后，孔子返回鲁国，冉求正在季康子那里做事，做季氏的管家。

②果：果断，不拖泥带水。

③达：通达，世事洞明。

④艺：才高，多才多艺。

【译文】

季康子问孔子："仲由这个人，可以让他从政吗？"孔子说："仲由做事果断，从政有什么困难呢？"季康子又问："赐这个人，可以让他从政吗？"孔子说："赐通达事理，从政有什么困难呢？"又问："求这个人，可以让他从政吗？"孔子说："求多才多艺，从政有什么困难呢？"

6.12

【原文】

冉求曰:“非不说(yuè)[①]子之道,力不足也。”子曰:“力不足者,中道而废。今女(rǔ)画[②]。”

【注释】

①说:通“悦”,内心喜欢。

②画:划定界限,停止前进。

【译文】

冉求说:“我不是不喜欢老师您推行的道,而是我的力量不够啊。”孔子说:“如果真的是力量不够,那应该走到半路就走不动了。现在你原地不动,是不想前进呀!”

7.15

【原文】

冉有曰:“夫子为[①]卫君[②]乎?”子贡曰:“诺[③],吾将问之。”入,曰:“伯夷、叔齐何人也?”曰:“古之贤人也。”曰:“怨乎?”曰:“求仁而得仁,又何怨?”出,曰:“夫子不为也。”

【注释】

①为:帮助。

②卫君:卫出公辄,是卫灵公的孙子。公元前492～前481年在位。他的父亲因谋杀南子被卫灵公驱逐出国。灵公死后,辄被立为国君,后来其父回国与他争位。

③诺:应答之语。

【译文】

冉有(问子贡)说:“老师会帮助卫国国君吗?”子贡说:“嗯,我去问问他。”于是就进去问孔子:“伯夷、叔齐是什么样的人呢?”(孔子)说:“古代的贤人。”(子贡又)问:“他们有怨恨吗?”(孔子)

说:“他们求仁而得到了仁,会有什么怨恨呢?”(子贡)出来(对冉有)说:“夫子不会帮助卫君。”

11.3

【原文】

德行[①]:颜渊、闵子骞、冉伯牛、仲弓。言语[②]:宰我、子贡。政事[③]:冉有、季路。文学[④]:子游、子夏。

【注释】

①德行:指能实行孝悌、忠恕等道德。

②言语:指善于辞令。

③政事:指能从事政治事务。

④文学:指通晓古代文献。

【译文】

(孔子的弟子中,)德行好的有:颜渊、闵子骞、冉伯牛、仲弓。善于辞令的有:宰我、子贡。擅长政事的有:冉有、季路。通晓文献知识的有:子游、子夏。

11.13

【原文】

闵子[①]侍侧,訚(yín)訚[②]如也;子路,行(hàng)行[③]如也;冉有、子贡,侃侃[④]如也。子乐。“若由也,不得其死然。”

【注释】

①闵子:指闵子骞。

②訚訚:和悦而诚恳的样子。

③行行:刚强、气壮的样子。

④侃侃:说话流畅,轻松自如。

【译文】

闵子骞侍立在孔子身旁,和悦而诚恳;子路刚强而气壮;冉有、子贡则侃侃而谈。孔子非常高兴。(但孔子话锋一转说:)“像仲由这样(总是雄赳赳,气昂昂),恐怕会死于非命。”

11.17

【原文】

季氏富于周公[①],而求也为之聚敛(liǎn)[②]而附益[③]之。子曰:“非吾徒也。小子鸣鼓[④]而攻之可也。”

【注释】

①周公:一说是周公旦,一说是在周朝天子旁边做公卿的人。后者的可能性大些。

②聚敛:积聚和收集钱财。

③益:增加。

④鸣鼓:过去打仗进攻时鸣鼓,退兵时敲锣。

【译文】

季氏比周公还富有,而冉求还继续帮他积聚和搜刮钱财。孔子说:“他不是我的学生了。你们可以大张旗鼓地轰他出去。”

11.22

【原文】

子路问:“闻斯行诸[①]?”子曰:“有父兄在,如之何其闻斯行之?”冉有问:“闻斯行诸?”子曰:“闻斯行之。”公西华曰:“由也问‘闻斯行诸’,子曰,‘有父兄在’;求也问‘闻斯行诸’,子曰,‘闻斯行之’。赤也惑,敢问。”子曰:“求也退,故进之;由也兼人[②],故退之。”

【注释】

①闻斯行诸:听到就行动。诸,“之乎”二字的合音。

②兼人:好勇过人,意即敢作敢为。

【译文】

子路问:“听到了就行动如何?”孔子说:“有父兄在,怎么能听到了就行动呢?"冉有问:"听到了就行动如何?"孔子说:"听到了就行动。"公西华说:"仲由问'听到了就行动吗',您回答说'有父兄在';冉求问'听到了就行动吗',您回答说'听到了就行动'。我被弄糊涂了,冒昧地问问。"孔子说:"冉求总是退缩,我那样讲是为了鼓励他;仲由好勇过人,我那样讲是为了约束他。"

11.24

【原文】

季子然[①]问:"仲由、冉求可谓大臣[②]与?"子曰:"吾以子为异之问,曾[③]由与求之问。所谓大臣者,以道事君,不可则止。今由与求也,可谓具臣[④]矣。"曰:"然则从之[⑤]者与?"子曰:"弑父与君,亦不从也。"

【注释】

①季子然:姓季孙,名平子,字子然。也有注说其名襄,字子然。

②大臣:帮助天子与国君处理政事的人。天子与国君遇事时往往向大臣咨询。

③曾:乃,原来是。

④具臣:办理具体事务的官员,地位比大臣低。

⑤之:指季氏。当时冉求和子路都是季氏的家臣。

【译文】

季子然问:"仲由和冉求可以算是大臣吗?"孔子说:"我以为您是问别人,原来是问由和求呀。所谓大臣者,侍奉君主时办事讲原则,如大道不行,他宁肯不做。由和求这两个人,顶多也就是办理具体事务的具臣。"季子然说:"那么他们会完全服从吗?"孔子说:"杀父、弑君这样的事,他们是不会跟着干的。"

11.26

【原文】

子路、曾皙[①]、冉有、公西华侍坐。子曰:“以吾一日长(zhǎng)乎尔,毋吾以也[②]。居[③]则曰:‘不吾知也!’如或知尔,则何以哉[④]?”子路率尔[⑤]而对曰:“千乘(shèng)之国,摄[⑥]乎大国之间,加之以师旅,因之以饥馑,由也为之,比及三年,可使有勇,且知方也。”夫子哂[⑦]之。“求,尔何如?”对曰:“方六七十[⑧],如五六十,求也为之,比及三年,可使足民。如其礼乐(yuè),以俟(sì)君子。”“赤,尔何如?”对曰:“非曰能之,愿学焉。宗庙之事[⑨],如会同[⑩],端章甫(fǔ)[⑪],愿为小相(xiàng)[⑫]焉。”“点,尔何如?”鼓瑟希[⑬],铿(kēng)尔,舍瑟而作[⑭],对曰:“异乎三子者之撰(zhuàn)[⑮]。”子曰:“何伤乎?亦各言其志也。”曰:“莫(mù)[⑯]春者,春服既成,冠者[⑰]五六人,童子六七人,浴乎沂[⑱],风乎舞雩(yú)[⑲],咏而归。”夫子喟然叹曰:“吾与点也!”三子者出,曾皙后。曾皙曰:“夫(fú)三子者之言何如?”子曰:“亦各言其志也已矣。”曰:“夫子何哂由也?”曰:“为国以礼,其言不让,是故哂之。”“唯[⑳]求则非邦也与?”“安见方六七十如五六十而非邦也者?”“唯赤则非邦也与?”“宗庙会同,非诸侯而何?赤也为之小,孰能为之大?”

【注释】

①曾皙:姓曾,名点,字子皙,曾参的父亲,也是孔子的学生。

②以吾一日长乎尔,毋吾以也:不要因为我比你们年长而不敢说话。

③居:平日,平时。

④则何以哉:将会怎么样呢。

⑤率尔:轻率,急切。

⑥摄:迫于,夹于。

⑦哂:讥讽地微笑。

⑧方六七十：纵横各六七十里。

⑨宗庙之事：指祭祀之事。

⑩会同：诸侯会见。

⑪端章甫：端，古代礼服的名称。章甫，古代礼帽的名称。

⑫相：赞礼之人，司仪。

⑬希：通“稀”，指弹瑟的速度放慢，节奏逐渐稀疏。

⑭作：站起来。

⑮撰：撰述，说法。

⑯莫：通“暮”。

⑰冠者：成年人。古代子弟到20岁时行冠礼，表示已经成年。

⑱沂：水名，发源于山东南部，流经江苏北部入海。

⑲舞雩：地名，原是祭天求雨的地方，在今山东曲阜南。

⑳唯：语首词，无实义。

【译文】

子路、曾皙、冉有、公西华四个人陪孔子坐着。孔子说：“我年龄比你们大，不要因为我年长而不敢说话。你们平时总说：‘没人了解我呀！’假如有人了解你们，那你们会成为什么样的人？”子路率先回答：“一个拥有千辆兵车的国家，夹在大国中间，常常受到别国侵犯，且国内又闹饥荒，假若让我去治理，只要三年，就可以使人们勇敢善战，而且懂得如何去做。”孔子听了，微笑一下，似有讥讽之意。孔子又问：“冉求，你怎么样呢？”冉求答道：“国土有六七十里或五六十里见方的国家，让我去治理，三年以后，就可以使百姓富足。至于礼乐教化，就要等君子来施行了。”孔子又问：“公西赤，你怎么样？”公西赤答道：“我不敢说能做到，而是愿意学习，向这方面努力。在宗庙祭祀的活动中，或者在同别国的会盟中，我愿意穿着礼服，戴着礼帽，做个负责些具体工作的小司仪。”孔子又问：“曾点，你怎么样呢？”曾点正在弹瑟。听到孔子的问话，他放慢动作，接着“铿”的一声，离开瑟站起来，回答说：“我想的和他们三位说的不一样。”孔子说：“那有什么关系呢？也就是各人讲各自的志向罢了。”曾皙说：“春暮时，换上春装，和五六位成年人，带上六七个少年，去沂河里洗洗澡，在舞雩台上吹吹风，一路唱着歌走回来。”孔子长叹一声说：“我赞成曾点的想法。”子路、冉有、公西华三个人先出去了，曾皙后走。曾皙问孔子说：“他们三人的话怎么样？”孔子说：“也就是各自谈谈自己的志向罢了。”曾皙说：“夫子为什么要讥笑仲由呢？”孔子说：“治理国家要讲礼让，可是他说话一点也不谦让，所以我笑他。”曾皙又问：“那么是不是冉求讲的不是治理国家呢？”孔子说：“哪里见得六七十里或五六十里见方的地方就不是国家呢？”曾皙又问：“公西赤讲的是治理国家吗？”孔子说：“宗庙祭祀和诸侯会盟，这不是诸侯间的大事又是什么？像公西赤这样的人如果只能做一个小司仪，那谁又能做大司仪呢？”

13.9

【原文】

子适卫，冉有仆(pú)①。子曰：“庶②矣哉！”冉有曰：“既庶矣，又何加焉？”曰：“富之。”曰：“既富矣，又何加焉？”曰：“教之。”

【注释】

①仆：驾车。

②庶：众多，这里指人口众多。

【译文】

孔子到卫国去，冉有为他驾车。孔子说：“人口真多呀！”冉有说：“人口已经够多了，还要再做什么呢？”孔子说：“使他们富起来。”冉有说：“富了以后还要做些什么？”孔子说：“对他们进行教化。”

13.14

【原文】

冉子[1]退朝。子曰："何晏[2]也？"对曰："有政[3]。"子曰："其事也。如有政，虽不吾以，吾其与闻之。"

【注释】

①冉子：冉有。在孔子的弟子中，称"子"的不多，冉有是其中之一。

②晏：晚。

③政：政事，国家大事。

【译文】

冉求退朝回来。孔子说："为什么回来得这么晚呀？"冉求说："有大事。"孔子说："只是一般的事务吧。如果有大事，即使我没有参与，我也会听说的。"

14.12

【原文】

子路问成人[1]。子曰："若臧武仲[2]之知(zhì)、公绰[3]之不欲、卞(biàn)庄子[4]之勇、冉求之艺，文之以礼乐(yuè)，亦可以为成人矣。"曰："今之成人者何必然？见利思义，见危授命，久要(yāo)[5]不忘平生之言，亦可以为成人矣。"

【注释】

①成人：人格完备的完人。

②臧武仲：鲁国大夫臧孙纥。

③公绰：指孟公绰。鲁国大夫，属于孟孙氏家族。

④卞庄子：鲁国卞邑大夫。

⑤久要：长久处于穷困中。

【译文】

子路问怎样做才是一个完美的人。孔子说："如果具有臧武仲的智慧、孟公绰的廉洁、卞庄子的勇敢、冉求的才艺，再学习礼乐，也就可以算是一个完人了。"孔子又说："现在的完人何必一定要这样呢？见到财利能想到义，遇到危险愿意献出生命，长久处于穷困仍不忘终生的诺言，这样也可以成为一个完美的人。"

16.1

【原文】

季氏将伐颛(zhuān)臾(yú)①。冉有、季路见于孔子曰："季氏将有事②于颛臾。"孔子曰："求！无乃尔是过与？夫(fú)颛臾，昔者先王以为东蒙主③，且在邦域之中矣，是社稷之臣也。何以伐为？"冉有曰："夫子欲之，吾二臣者皆不欲也。"孔子曰："求！周任④有言曰：'陈力就列⑤，不能者止。'危而不持，颠而不扶，则将焉用彼相(xiàng)⑥矣？且尔言过矣，虎兕(sì)⑦出于柙(xiá)⑧，龟玉毁于椟⑨中，是谁之过与？"冉有曰："今夫(fú)颛臾，固而近于费(bì)⑩。今不取，后世必为子孙忧。"孔子曰："求！君子疾夫(fú)舍曰欲之⑪而必为之辞。丘也闻有国有家者，不患寡而患不均，不患贫而患不安。盖均无贫，和无寡，安无倾。夫(fú)如是，故远人不服，则修文德以来之。既来之，则安之。今由与求也，相(xiàng)夫子⑫，远人不服，而不能来也；邦分崩离析⑬，而不能守也；而谋动干戈于邦内。吾恐季孙之忧，不在颛臾，而在萧墙⑭之内也。"

【注释】

①颛臾：鲁国的附属国，在今山东费县西。

②有事：指有军事行动，用兵作战。

③东蒙主：东蒙，蒙山。主，主持祭祀的人。

④周任：人名，周代史官。

⑤陈力就列：发挥自己的能力，按才力担任适当的职务。

⑥相：搀扶盲人的人。此处是辅助的意思。

⑦兕：雌性犀牛。

⑧柙：用以关押野兽的木笼。

⑨椟：匣子。

⑩费：季氏的采邑。

⑪舍曰欲之：把丢掉说成是求之（说反话）。

⑫夫子：指季康子。

⑬分崩离析：崩塌解体，四分五裂。崩，倒塌。析，分开。

⑭萧墙：古代宫室内作为屏障的矮墙。萧，通"肃"。

【译文】

季氏将要攻打颛臾。冉有、子路去见孔子说："季氏可能要找颛臾麻烦了。"孔子说："冉求，这不就是你的过错吗？从前是周天子让颛臾主持东蒙祭祀的，且它在鲁国的疆域之内，是国家的臣属，为什么要攻打它呢？"冉有说："是季孙大夫想这么做，我们两个人都不同意。"孔子说："冉求，周任有句话说：'尽自己的力量去履行你的职责，实在做不好就辞职。'有了危险不去扶助，跌倒了不去搀扶，那还用辅助的人干什么？而且你说的话错了。老虎、犀牛从笼子里跑出来，龟甲、玉器在匣子里毁坏了，这是谁的过错？"冉有说："现在颛臾城墙坚固，而且离费邑很近。现在不把它夺过来，将来一定会成为子孙的忧患。"孔子说："冉求，君子最讨厌你这种人，把不要说成要，并且还为此编造许多理由。我听说，对于诸侯和大夫，不怕贫穷，而怕财富不均；不怕人口少，而怕不安定。因为财富平均，也就没有所谓贫穷；大家和睦，就不会感到人少；安定了，也就没有倾覆的危险了。为此，如果远方的人还不归服，就用仁、义、礼、乐感召他们；已经来了，就让他们安心住下去。现在，仲由和冉求你们两个人辅助季氏，远方的人不归服，你们无法感召他们前来；国内民心离散，你们不能保全，反而策划在国内使用武力。我只怕季孙的忧患,不在颛臾,而在鲁国的宫廷之内啊!"

7. 曾参(子舆)15 章

1.4

【原文】

曾子[①]曰:"吾日三省(xǐng)[②]吾身:为人谋而不忠[③]乎?与朋友交而不信[④]乎?传(chuán)不习乎?"

【注释】

①曾子(前 505～前 435):即曾参,字子舆,春秋末年鲁国南武城(今山东平邑)人。他 16 岁拜孔子为师,勤奋好学,颇得孔子真传。他积极推行儒家主张,传播儒家思想。他的"修齐治平"的政治观,省身、慎独的修养观,以孝为本的孝道观,影响中国两千多年。著有《大学》《孝经》等。后世儒家尊他为"宗圣"。

②三省:对"三省"一词的解释有三种,一是三次检查,二是多次检查,三是从三个方面检查。省,检查、察看。

③忠:此处指为别人做事时应当尽心竭力。

④信:说话算数。

【译文】

曾子说:"我每天三次(多次或从三个方面)反省自己:为别人办事是不是尽心竭力了呢?同朋友交往是不是做到诚实可信了呢?老师传授给我的课业是不是复习了呢(或译:我传授给学生的课业是不是备课了呢)?"

1.9

【原文】

曾子曰："慎终[①]，追远[②]，民德归厚矣。"

【注释】

①慎终：人死为终。这里指父母去世时谨慎对待。

②追远：指通过祭祀缅怀祖先。远，祖先。

【译文】

曾子说："父母去世时一定要严肃、认真地对待，要经常祭奠祖先，这样做，百姓的道德风尚便会越来越淳厚。"

4.15

【原文】

子曰："参(shēn)[①]乎，吾道一以贯之[②]。"曾子曰："唯。"子出，门人问曰："何谓也？"曾子曰："夫子之道，忠恕[③]而已矣。"

【注释】

①参：即曾参，姓曾，名参，字子舆。孔子晚年弟子，小孔子46岁。

②一以贯之：用一个基本思想贯串。

③忠恕：尽己之谓忠，推己及人谓之恕。恕，孔子解释为"己所不欲，勿施于人"(见15.24章)。

【译文】

孔子说："参呀！我的道是由一个基本的思想贯串起来的。"曾子说："是。"孔子出去之后，别的弟子便问曾子："这是什么意思？"曾子说："先生的道(学说)，就是忠恕罢了。"

8.3

【原文】

曾子有疾，召门弟子曰："启[1]予足！启予手！《诗》云：'战战兢兢，如临深渊，如履薄冰。'而今而后，吾知免[2]夫(fú)，小子[3]！"

【注释】

①启：开启。曾子让学生掀开被子看自己的手脚。

②免：指身体免于损伤。

③小子：对弟子的称呼。

【译文】

曾子有病，把他的学生召集到身边来，说道："看看我的脚！看看我的手！《诗》上说：'小心谨慎呀，好像站在深渊旁边，好像踩在薄冰上面。'从今以后，我知道我的身体是不会再受到损伤了，弟子们！"

8.4

【原文】

曾子有疾，孟敬子[1]问[2]之。曾子言曰："鸟之将死，其鸣也哀；人之将死，其言也善。君子所贵乎道者三：动容貌[3]，斯远暴慢[4]矣；正颜色[5]，斯近信矣；出辞气[6]，斯远鄙(bǐ)倍[7]矣。笾豆[8]之事，则有司[9]存。"

【注释】

①孟敬子：即鲁国大夫仲孙捷。

②问：探望，探视。

③动容貌：使自己的内心感情表现于面容。

④暴慢：粗暴，放肆。

⑤正颜色：使自己的脸色庄重严肃。

⑥出辞气：指说话的言辞和口气。出，说话。

⑦鄙倍：鄙，粗野。倍，通“背”，悖理。

⑧笾豆：笾、豆均是古代祭祀和典礼中的用具。

⑨有司：指主管某一方面事务的官吏，这里指主管祭祀、礼仪事务的官吏。

【译文】

曾子有病，孟敬子去看望他。曾子对他说：“鸟快死的时候，它的叫声是悲哀的；人快死的时候，他说的话是善意的。君子重视的道有三个方面：容貌一定要庄重严肃，这样可以避免粗鲁、傲慢；态度一定要一本正经，这样就接近于诚信、无欺；言辞和语气不能粗俗、悖理。祭祀之事（不可荒废），要有专人负责。”

8.5

【原文】

曾子曰：“以能问于不能，以多问于寡；有若无，实若虚；犯而不校（jiào）[①]。昔者吾友[②]尝从事于斯矣。”

【注释】

①校：通“较”，计较。

②吾友：我的朋友。此指颜渊。

【译文】

曾子说：“自己有才能却向没有才能的人请教，自己知识多却向知识少的人请教；有学问却像没学问一样，知识很充实却好像很空虚；被人冒犯也不计较。从前我的朋友（颜回）曾这样做过。”

8.6

【原文】

曾子曰：“可以托六尺[①]之孤[②]，可以寄百里之命[③]，临大节而不可夺也。君子人与？君子人也。”

【注释】

①六尺：古代尺短，一尺相当于现在的6寸9分(合0.23米)。六尺，指未成年。

②孤：指丧父的小孩。

③寄百里之命：寄，寄托、委托。百里之命，指掌握国家政权和命运。

【译文】

曾子说："可以把年幼的君主托付给他，可以把国家的政权交付给他，(他)面临生死存亡的紧急关头而不动摇屈服。这样的人是不是君子？是真正的君子！"

8.7

【原文】

曾子曰："士不可以不弘毅[①]，任重而道远。仁以为己任，不亦重乎？死而后已，不亦远乎？"

【注释】

①弘毅：志向坚定而不动摇。弘，广大。毅，果决。

【译文】

曾子说："士不可以不志向远大，也不可以没有毅力，士责任重大，路途遥远。把实现仁作为自己的责任，难道还不重大吗？奋斗终生，难道路途还不遥远吗？"

11.18

【原文】

柴[①]也愚[②]，参(shēn)也鲁[③]，师也辟[④]，由也喭(yàn)[⑤]。

【注释】

①柴：即高柴，字子羔。孔子的学生，比孔子小30岁。

②愚：不聪明，这里指愚而耿直。

③鲁：迟钝。

④辟：偏激。

⑤喭：鲁莽，粗鲁，刚猛。

【译文】

高柴愚直，曾参迟钝，颛孙师偏激，仲由鲁莽。

12.24

【原文】

曾子曰："君子以文会友，以友辅仁。"

【译文】

曾子说："君子以文章学问来结交朋友，依靠朋友(帮助自己)提高仁德。"

14.26

【原文】

子曰："不在其位，不谋其政。"[①]曾子曰："君子思不出其位。"

【注释】

①本章前一部分系重出，见8.14章。

【译文】

孔子说："不在那个职位，就不要考虑那个职位上的事情。"曾子说："君子考虑问题，从来不超出自己的职权范围。"

19.16

【原文】

曾子曰："堂堂乎张也，难与并[①]为仁矣。"

【注释】

①并：合并，归类。

【译文】

曾子说："子张器宇轩昂，但还不能并入仁者之列。"

19.17

【原文】

曾子曰："吾闻诸夫子，人未有自致[1]者也，必也亲丧乎！"

【注释】

①致：尽，极。指尽情、尽心等。

【译文】

曾子说："我听夫子说过，人一般不会轻易彻底流露感情，（如果有，）那一定是在父母去世的时候。"

19.18

【原文】

曾子曰："吾闻诸夫子，孟庄子[1]之孝也，其它可能也；其不改父之臣与父之政，是难能也。"

【注释】

①孟庄子：即孟孙速，鲁国大夫。

【译文】

曾子说："我听夫子说过，孟庄子的孝，其他方面别人也可以做到；但他不更换父亲的旧臣并且不改变父亲的行事方式，这是别人难以做到的。"

19.19

【原文】

孟氏[1]使阳肤[2]为士师。问于曾子。曾子曰："上失其道，民散久矣。如得其情，则哀矜[3]而勿喜。"

【注释】

①孟氏：当时的鲁国下卿。

②阳肤：曾子的学生。

③矜：怜悯。

【译文】

孟氏任命阳肤做典狱官。阳肤向曾子请教。曾子说："执政者离开正道已很长时间，百姓早就离心离德了。如果有人犯事，应当怜悯他们，而不要因为终于有了惩罚他们的机会而感到高兴。"

8. 言偃(子游)8 章

2.7

【原文】

子游[①]问孝。子曰："今之孝者，是谓能养(yǎng)[②]。至于犬马，皆能有养，不敬，何以别乎？"

【注释】

①子游(前 506～?)：姓言，名偃，字子游，亦称言游、叔氏，春秋末年吴国人，曾为武城宰。与子夏、子张齐名，"孔门十哲"之一，小孔子 45 岁。

②养：供给。

【译文】

子游问什么是孝。孔子说："如今所谓的孝，是说能够养活父母(有吃有喝)。我们对狗、马，也能供给它们吃喝，如果对父母不敬，这两者有什么不同？"

4.26

【原文】

子游曰："事君数(shuò)[①]，斯[②]辱矣；朋友数(shuò)，斯疏矣。"

【注释】

①数：屡次，多次。

②斯：就。

【译文】

子游说："侍奉君主太过于巴结，就会受到(君主)侮辱；与朋友相交太过于亲密，朋友之间就可能疏远。"

6.14

【原文】

子游为武城[①]宰。子曰："女(rǔ)得人焉尔乎[②]？"曰："有澹台灭明[③]者，行不由径[④]，非公事，未尝至于偃(yǎn)[⑤]之室也。"

【注释】

①武城：鲁国的小城邑，在今山东费县境内。

②焉尔乎：焉，在那里。"尔""乎"二字都是语气助词。

③澹台灭明：姓澹台，名灭明，字子羽，武城人，孔子的弟子。

④径：小路，引申为近路。

⑤偃：言偃，即子游，这是他自称其名。依礼，名可以自称，字不可以自称。

【译文】

子游做了武城的长官。孔子说："你在那里得到什么人才没有？"子游回答说："有一个叫澹台灭明的人，从不走捷径抄近路，一切都按规矩办事，没有公事，也从不到我办公的地方来。"

11.3

【原文】

德行[①]:颜渊、闵子骞、冉伯牛、仲弓。言语[②]:宰我、子贡。政事[③]:冉有、季路。文学[④]:子游、子夏。

【注释】

①德行:指能实行孝悌、忠恕等道德。

②言语:指善于辞令。

③政事:指能从事政治事务。

④文学:指通晓古代文献。

【译文】

(孔子的弟子中,)德行好的有:颜渊、闵子骞、冉伯牛、仲弓。善于辞令的有:宰我、子贡。擅长政事的有:冉有、季路。通晓文献知识的有:子游、子夏。

17.4

【原文】

子之武城[①],闻弦歌[②]之声。夫子莞尔而笑,曰:"割鸡焉用牛刀?"子游对曰:"昔者偃也闻诸夫子曰:'君子学道则爱人,小人学道则易使也。'"子曰:"二三子!偃之言是也。前言戏之耳。"

【注释】

①武城:鲁国的一个小城。

②弦歌:以琴瑟伴奏歌唱。弦,指琴瑟。

【译文】

孔子到了武城,听见弹琴弹瑟唱歌的声音。孔子微笑着说:"杀鸡何必用宰牛的刀呢?"子游回答说:"以前我听夫子说过:'君子学了道就能爱人,小人学了道就容易支使。'"孔子说:"弟子们,言偃的话是对的。我刚才说的话,不过是开个玩笑而已。"

19.12

【原文】

子游曰："子夏之门人小子，当洒扫、应对、进退，则可矣，抑[①]末也。本之则无，如之何？"子夏闻之，曰："噫！言游过矣！君子之道，孰先传(chuán)焉？孰后倦[②]焉？譬诸草木，区以别矣。君子之道，焉可诬[③]也？有始有卒者，其惟圣人乎？"

【注释】

①抑：但是，不过。

②倦：倦怠。

③诬：欺骗。

【译文】

子游说："子夏教学生，尽教些洒扫和迎来送往的事，但这些不过是末节小事。根本的东西却没有教，这怎么行呢？"子夏听后，说："噫！言游说话过头了！君子之道，(各有各的教法，)先传授什么，后传授什么，这就像草木有别一样，也是有区别的。君子之道，怎么可以随便诬蔑呢？也许只有圣人才能以整体全面的方式教育学生吧？"

19.14

【原文】

子游曰："丧致[①]乎哀而止。"

【注释】

①致：达到。

【译文】

子游说："居丧时能够表现出悲伤就可以了，不要过度。"

19.15

【原文】

子游曰:“吾友张也,为难能也,然而未仁。”

【译文】

子游说:“我的朋友子张,可以说是难得的能人了,然而还不能算是个仁者。”

9. 冉雍(仲弓)7章

5.5

【原文】

或曰:“雍[①]也,仁而不佞[②]。”子曰:“焉用佞?御人[③]以口给(jǐ)[④],屡憎于人,不知其仁。焉用佞?”

【注释】

①雍:即冉雍(前522~?),姓冉,名雍,字仲弓,孔子的学生,今山东菏泽冉贤集人。与冉耕(伯牛)、冉求(子有)皆在“孔门十哲”之列,世称“一门三贤”,当地人称为“三冉”。《冉氏族谱》称冉离娶颜氏,生长子耕,次子雍。颜氏死,又娶公西氏,生求。后公西氏闻孔子设教阙里,“命三子往从学焉”。

②佞:能言善辩,有口才。

③御人:回答人的话。御,应答。

④口给:言辞滔滔,嘴快话多。

【译文】

有人说:“冉雍这个人有仁德,但不善辩。”孔子说:“何必要能言善辩呢?靠伶牙俐齿和人辩论,常常招致别人的讨厌,这样的人我不知道他是不是仁者。人何必要耍嘴皮子呢?”

6.1

【原文】

子曰："雍也，可使南面[①]。"

【注释】

①南面：古时以坐北朝南的位置为尊位。天子、诸侯、卿大夫听政时都是坐北朝南。孔子的意思是冉雍有做官的才能。

【译文】

孔子说："冉雍这个人，可以让他去做官。"

6.2

【原文】

仲弓问子桑伯子[①]。子曰："可也，简[②]。"仲弓曰："居敬[③]而行简[④]，以临[⑤]其民，不亦可乎？居简[⑥]而行简，无乃[⑦]大[⑧]简乎？"子曰："雍之言然。"

【注释】

①子桑伯子：人名。《说苑·修文》中曾有记载。

②简：简要，不烦琐。

③居敬：为人做事严肃认真，依礼严格要求自己。

④行简：指推行政事简而不繁。

⑤临：面临，面对。此处有"治理"的意思。

⑥居简：为人做事怠慢懒惰，马马虎虎。

⑦无乃：岂不是。

⑧大：通"太"。

【译文】

仲弓问子桑伯子这个人怎么样。孔子说："此人还可以，办事简要。"仲弓说："态度恭敬严肃而行事简要，像这样来治理百姓，不是也可以吗？但为人怠慢又做事简率，这岂不是太简单了吗？"孔子说："冉雍，你说得对。"

6.6

【原文】

子谓仲弓曰："犁牛[1]之子，骍(xīng)且角[2]。虽欲勿用[3]，山川[4]其舍诸[5]？"

【注释】

①犁牛：犁田的牛，即耕牛。古代祭祀用的牛不能用耕牛代替。祭祀用的牛红毛长角，是专门饲养的。在那个时候的人看来，祭祀用的牛的地位比耕牛高贵。

②骍且角：祭祀用的牛，毛色为红，角长得端正。骍，红色。

③用：用于祭祀。

④山川：山川之神。此喻上层统治者。

⑤其舍诸：其，有"怎么会"的意思。舍，舍弃。诸，"之乎"二字的合音。

【译文】

孔子评论仲弓时说："耕牛生下的牛犊长着红色的毛，角也长得整齐端正。人们虽不想用它做祭品，但山川之神难道会舍弃它吗？"

11.3

【原文】

德行[1]：颜渊、闵子骞、冉伯牛、仲弓。言语[2]：宰我、子贡。政事[3]：冉有、季路。文学[4]：子游、子夏。

【注释】

①德行：指能实行孝悌、忠恕等道德。

②言语：指善于辞令。

③政事：指能从事政治事务。

④文学：指通晓古代文献。

【译文】

（孔子的弟子中，）德行好的有：颜渊、闵子骞、冉伯牛、仲弓。善于辞令的有：宰我、子贡。擅长政事的有：冉有、季路。通晓文献知识的有：子游、子夏。

12.20

【原文】

子张问："士何如斯可谓之达[①]矣？"子曰："何哉，尔所谓达者？"子张对曰："在邦必闻[②]，在家必闻。"子曰："是闻也，非达也。夫(fú)达也者，质[③]直而好义，察言而观色，虑以下人[④]。在邦必达，在家必达。夫(fú)闻也者，色取仁而行违，居之不疑。在邦必闻，在家必闻。"

【注释】

①达：通达。

②闻：有名声。

③质：本质，本色。

④下人：地位低的人。

【译文】

子张问："士怎样才可以叫作达？"孔子说："你说的达是什么意思？"子张答道："在诸侯的国家里有名望，在大夫的封地里也有名声。"孔子说："这只是虚假的名声，不是通达。所谓达，要为人正直，见义勇为，善于揣摩别人的话语，善于察看别人的脸色，从下位人的角度考虑问题。这样的人，就可以在诸侯的国家里行得开，在大夫的封地里行得通。至于那些有虚假名声的人，只是外表上装出仁的样子，而行动上却正是违背了仁，自己还以仁人自居不惭愧。这种人在诸侯的国家里追求的是出名，在大夫的封地里追求的也是出名。"

13.2

【原文】

仲弓为季氏宰，问政。子曰："先[1]有司[2]，赦小过，举贤才。"曰："焉知贤才而举之？"曰："举尔所知。尔所不知，人其舍诸[3]？"

【注释】

①先：做在前。

②有司：古代负责具体事务的官吏。

③诸："之乎"二字的合音。

【译文】

仲弓做了季氏的家臣，问怎样管理政事。孔子说："做在负责具体事务的官吏前面，赦免手下人的小过错，选拔贤才来任职。"仲弓又问："怎样知道是贤才而把他们选拔出来呢？"孔子说："选拔你所知道的。至于你不知道的贤才，别人难道会埋没他们吗？"

10. 樊须（子迟）6 章

2.5

【原文】

孟懿子[1]问孝。子曰："无违[2]。"樊迟[3]御[4]，子告之曰："孟孙[5]问孝于我，我对曰'无违'。"樊迟曰："何谓也？"子曰："生，事之以礼；死，葬之以礼，祭之以礼。"

【注释】

①孟懿子：鲁国大夫。姓仲孙，名何忌，谥号懿。

②无违：不违礼。无，通"毋"。

③樊迟：姓樊，名须，字子迟，亦称樊迟，比孔子小 36 岁，齐国人（一说是鲁国人）。鲁哀公十一年（前 484），齐师伐鲁，冉求率

“左师”御敌，以樊迟为车右。鲁军不敢过沟迎战，樊迟建议冉求带头，冉求纳之，鲁军大获全胜。

④御：驾车。

⑤孟孙：孟逊，指孟懿子。

【译文】

孟懿子向孔子请教什么是孝。孔子回答说：“不要违礼。”樊迟恰好给孔子驾车，孔子就告诉他：“孟逊问我什么是孝，我回答他说‘不要违礼’。”樊迟说：“（‘不要违礼’）是什么意思呢？”孔子说：“父母活着的时候，要按礼侍奉；父母去世后，要按礼埋葬，按礼祭祀。”

6.22

【原文】

樊迟问知（zhì）[①]。子曰：“务[②]民之义[③]，敬鬼神而远之，可谓知（zhì）矣。”问仁。曰：“仁者先难而后获，可谓仁矣。”

【注释】

①知：通“智”。

②务：从事，致力于，治理。

③义：宜。合理、适宜的事称“义”。

【译文】

樊迟问什么是智慧。孔子说：“致力于做符合人民利益的事情，敬奉鬼神，但离它们远一些，这样可以说是有智慧。”樊迟又问什么是仁。孔子说：“仁者，吃苦在前，享受（收获）在后。若这样，才可算仁。”

12.21

【原文】

樊迟从游于舞雩之下，曰："敢问崇德、修慝(tè)[①]、辨惑。"子曰："善哉问！先事后得[②]，非崇德与？攻其恶，无攻人之恶，非修慝与？一朝之忿[③]，忘其身，以及其亲，非惑与？"

【注释】

①修慝：改正邪恶的念头。修，改正。慝，邪恶的念头。

②先事后得：先致力于做事，把利禄放在后面。

③忿：愤怒，气愤。

【译文】

樊迟陪着孔子在舞雩台下散步，说："请问怎样提高品德修养？怎样改正自己的邪念？怎样辨别迷惑？"孔子说："问得好！先致力于做事，后说报酬的事，这不就是提高品德了吗？检讨自己的错误，而不是只攻击别人的错误，这不就是改邪为正吗？由于一时气愤，就忘记了自身的安危，以至于牵连自己的亲人，这不就是迷惑吗？"

12.22

【原文】

樊迟问仁。子曰："爱人。"问知(zhì)。子曰："知人。"樊迟未达。子曰："举直错诸枉[①]，能使枉者直。"樊迟退，见子夏，曰："乡(xiàng)[②]也，吾见于夫子而问知(zhì)，子曰：'举直错诸枉，能使枉者直。'何谓也？"子夏曰："富哉言乎！舜有天下，选于众，举皋(gāo)陶(yáo)[③]，不仁者远[④]矣。汤[⑤]有天下，选于众，举伊尹[⑥]，不仁者远矣。"

【注释】

①举直错诸枉：选拔直者，罢黜枉者。错，通"措"，放置。枉，

不正直、邪恶。

②乡：通“向”，刚才。

③皋陶：姓嬴，名聩，出生地为山东曲阜，逝世地为皋城（今安徽六安）。他是舜、禹时期的士、士师、大理官，是中国历史上第一位大法官。

④远：用作动词，远离、远去。

⑤汤：商朝的第一个君主，名履。

⑥伊尹：一说名挚，商初大臣，曾辅助汤灭夏兴商。生于伊洛流域古有莘国的空桑涧（今山东曹县）。因为其母亲在伊水居住，以伊为氏。尹为官名。甲骨卜辞中称伊尹为“伊”，金文则称其为“伊小臣”。

【译文】

樊迟问什么是仁。孔子说：“爱人。”樊迟问什么是智。孔子说：“知人。”樊迟还不明白。孔子说：“选拔正直的人，罢黜邪恶的人，这样就能使邪者归正。”樊迟退出来，见到子夏说：“刚才我见到老师，问他什么是智，他说：‘选拔正直的人，罢黜邪恶的人，这样就能使邪者归正。’这是什么意思？”子夏说：“这话说得多么深刻呀！舜之所以有天下，是因为在众人中把皋陶选拔出来，不仁的人就远去了。汤之所以有天下，是因为在众人中把伊尹选拔出来，不仁的人就远去了。”

13.4

【原文】

樊迟请学稼。子曰：“吾不如老农。”请学为圃（pǔ）[①]。曰：“吾不如老圃。”樊迟出。子曰：“小人哉，樊须也！上好礼，则民莫敢不敬；上好义，则民莫敢不服；上好信，则民莫敢不用情[②]。夫（fú）如是，则四方之民襁[③]负其子而至矣，焉用稼？”

【注释】

①圃：菜地，引申为种菜。

②用情：以真心实意来对待。

③襁：又称“背单”，背小孩子的布、布带。这里用作动词。

【译文】

樊迟（向孔子）请教如何种庄稼。孔子说：“我不如老农。”樊迟又请教如何种菜。孔子说：“我不如老菜农。”樊迟退出以后，孔子说：“樊迟，真是小人！在上位的人只要重视礼，老百姓就不敢不敬畏；在上位的人只要重视义，老百姓就不敢不服从；在上位的人只要重视信，老百姓就不敢不用真心实情来对待。要是做到这样，四面八方的老百姓就会背着自己的小孩来投奔，哪里用得着自己去种庄稼呢？”

13.19

【原文】

樊迟问仁。子曰：“居处（chǔ）恭，执事敬，与人忠。虽之夷狄[①]，不可弃也。”

【注释】

①夷狄：古代中原地区对少数民族的称呼。居于东部者称为“夷”，居于北部者称为“狄”。

【译文】

樊迟问怎样才是仁。孔子说：“平常在家规规矩矩，办事严肃认真，待人忠心诚意。即使到了夷狄，也不可背弃。”

11. 闵损(子骞)5章

6.9

【原文】

季氏[①]使闵子骞[②]为费(bì)[③]宰。闵子骞曰:"善为我辞焉!如有复我[④]者,则吾必在汶(wèn)上[⑤]矣。"

【注释】

①季氏:指季康子。

②闵子骞(前536~前487):即闵损,名损,字子骞,春秋末期鲁国(今山东济宁鱼台大闵村)人,孔子高徒,在孔门中德行与颜回并称,为"七十二贤人"之一。他以孝行为人称道。孔子称赞说:"孝哉,闵子骞!人不间于其父母昆弟之言。"

③费:季氏的封邑,在今山东费县西北一带。

④复我:再来召我。

⑤在汶上:要离开鲁国到齐国去。汶,水名,即今山东大汶河,自东向西流。当时是齐、鲁两国的界河。

【译文】

季康子派人请闵子骞去做费邑的长官。闵子骞(对来请他的人)说:"好好替我推辞掉吧!如果再来召我,那我一定跑到汶水之北那边(齐国)去了。"

11.3

【原文】

德行[①]:颜渊、闵子骞、冉伯牛、仲弓。言语[②]:宰我、子贡。政事[③]:冉有、季路。文学[④]:子游、子夏。

【注释】

①德行：指能实行孝悌、忠恕等道德。

②言语：指善于辞令。

③政事：指能从事政治事务。

④文学：指通晓古代文献。

【译文】

（孔子的弟子中，）德行好的有：颜渊、闵子骞、冉伯牛、仲弓。善于辞令的有：宰我、子贡。擅长政事的有：冉有、季路。通晓文献知识的有：子游、子夏。

11.5

【原文】

子曰："孝哉闵子骞！人不间（jiàn）[①]于其父母昆[②]弟之言。"

【注释】

①间：非难，批评，挑剔。

②昆：哥哥，兄长。

【译文】

孔子说："闵子骞真是孝顺呀！人们对于他的父母兄弟赞扬他的话，从没有什么异议。"

11.13

【原文】

闵子[①]侍侧，訚（yín）訚[②]如也；子路，行（hàng）行[③]如也；冉有、子贡，侃侃[④]如也。子乐。"若由也，不得其死然。"

【注释】

①闵子：指闵子骞。

②訚訚：和悦而诚恳的样子。

③行行：刚强、气壮的样子。

④侃侃：说话流畅，轻松自如。

【译文】

闵子骞侍立在孔子身旁，和悦而诚恳；子路刚强而气壮；冉有、子贡则侃侃而谈。孔子非常高兴。（但孔子话锋一转说：）“像仲由这样（总是雄赳赳，气昂昂），恐怕会死于非命。”

11.14

【原文】

鲁人[①]为长府[②]。闵子骞曰：“仍旧贯[③]，如之何？何必改作？”子曰：“夫（fú）人[④]不言，言必有中（zhòng）。”

【注释】

①鲁人：这里指鲁国的当权者。在当时，“人”与“民”是两个完全不同的概念。人指官员，民指百姓。

②为长府：改建鲁国的国库。为，改建。长府，鲁国的国库。

③旧贯：盛钱的旧房子。贯，古代串钱的绳索（把方孔钱串在绳子上，每 1000 个为一贯）。

④夫人：夫，语气词。人，指闵子骞。

【译文】

鲁国当政者翻修仓库。闵子骞道：“保持原样，不是很好吗？何必改建呢？”孔子道：“这个人（指闵子骞）平日不大开口，一开口就说到点子上。”

12. 公西赤（子华）5 章

5.8

【原文】

孟武伯问：“子路仁乎？”子曰：“不知也。”又问。子曰：“由也，千乘(shèng)之国,可使治其赋也[①],不知其仁也。""求也何如?"子曰:"求也,千室之邑[②],百乘之家[③],可使为之宰[④]也,不知其仁也。""赤[⑤]也何如?"子曰:"赤也,束带立于朝[⑥],可使与宾客[⑦]言也,不知其仁也。"

【注释】

①可使治其赋也:可让子路管理军务。赋,兵赋,征收的军事费用。

②千室之邑:有千户人家的公邑(直辖于诸侯)。邑,古代居民的聚居点,大致相当于城镇,古分公邑、采邑(卿大夫领地)。

③百乘之家:指卿大夫的属地(采邑)。当时大夫有车百乘,是采邑中的较大者。

④宰:家臣,总管。

⑤赤:姓公西,名赤,字子华。孔子的学生。

⑥束带立于朝:指穿着礼服立于朝廷。

⑦宾客:客人,来宾。

【译文】

孟武伯问孔子:"子路可称为仁德之人吧?"孔子说:"我不知道。"孟武伯又问了一遍,孔子说:"仲由嘛,在拥有千辆兵车的国家里,可以让他管理军事,但他是不是做到了仁,我不知道。"孟武伯又问:"冉求这个人怎么样?"孔子说:"冉求这个人,可以让他在一个有千户人家的公邑或有百辆兵车的采邑里当总管,但他是不是做到了仁,我不知道。"孟武伯又问:"公西赤又怎么样呢?"孔子说:"公西赤嘛,可以让他穿着礼服,在朝廷上接待贵宾,但他是不是做到了仁,我也不知道。"

6.4

【原文】

子华[①]使于齐,冉子[②]为其母请粟[③]。子曰:"与之釜(fǔ)[④]。"

请益。曰："与之庾(yǔ)[5]。"冉子与之粟五秉[6]。子曰："赤之适齐也，乘肥马，衣轻裘。吾闻之也，君子周[7]急不继富。"

【注释】

①子华：姓公西，名赤，字子华。孔子的学生，比孔子小42岁，春秋末年鲁国人。在孔子弟子中，以长于祭祀之礼、宾客之礼著称，且善于交际，曾出使齐国。

②冉子：即冉有。在《论语》中，孔子弟子被称为"子"的只有四五个人，冉有即其中之一。

③粟：在古文中，"粟"与米连用时，指带壳的谷粒（去壳以后叫作"米"）；"粟"字单用时，就是指米。

④釜：古代量器名，容积为当时的六斗四升。

⑤庾：古代量器名，容积为当时的二斗四升。

⑥秉：古代量器名，容积为当时的一百六十斗。

⑦周：周济，救济。

【译文】

子华出使齐国，冉求替他的母亲向孔子请求补助一些谷米。孔子说："给她一釜。"冉求请求再增加一些。孔子说："再给她加一庾。"冉求却给她五秉。孔子说："公西赤到齐国去，乘坐着肥马拉的车子，穿着又暖和又轻便的皮袍。我听说过，君子只周济急需救济的人，而不使富人更富。"

7.34

【原文】

子曰："若圣与仁，则吾岂敢？抑[1]为之[2]不厌，诲(huì)人不倦，则可谓云尔[3]已矣。"公西华曰："正唯弟子不能学也。"

【注释】

①抑：不过。

②为之：指追求圣与仁。

③云尔：这样说。

【译文】

孔子说："如果说我是圣者与仁者，那我岂敢当！说我（不过是）朝这方面努力而不感觉厌烦，教育别人也从不感觉疲倦，这还差不多。"公西华说："这正是我们这些做弟子的学不会的。"

11.22

【原文】

子路问："闻斯行诸[①]？"子曰："有父兄在，如之何其闻斯行之？"冉有问："闻斯行诸？"子曰："闻斯行之。"公西华曰："由也问'闻斯行诸'，子曰，'有父兄在'；求也问'闻斯行诸'，子曰，'闻斯行之'。赤也惑，敢问。"子曰："求也退，故进之；由也兼人[②]，故退之。"

【注释】

①闻斯行诸：听到就行动。诸，"之乎"二字的合音。

②兼人：好勇过人，意即敢作敢为。

【译文】

子路问："听到了就行动如何？"孔子说："有父兄在，怎么能听到了就行动呢？"冉有问："听到了就行动如何？"孔子说："听到了就行动。"公西华说："仲由问'听到了就行动吗'，您回答说'有父兄在'；冉求问'听到了就行动吗'，您回答说'听到了就行动'。我被弄糊涂了，冒昧地问问。"孔子说："冉求总是退缩，我那样讲是为了鼓励他；仲由好勇过人，我那样讲是为了约束他。"

11.26

【原文】

子路、曾皙[①]、冉有、公西华侍坐。子曰："以吾一日长（zhǎng）乎尔，毋吾以也[②]。居[③]则曰：'不吾知也！'如或知尔，则何以哉[④]？"子路率尔[5]而对曰："千乘(shèng)之国，摄[6]乎大国之间，加之以师旅，因之以饥馑，由也为之，比及三年，可使有勇，且知方也。"夫子哂[7]之。"求，尔何如？"对曰："方六七十[8]，如五六十，求也为之，比及三年，可使足民。如其礼乐(yuè)，以俟(sì)君子。""赤，尔何如？"对曰："非曰能之，愿学焉。宗庙之事[9]，如会同[10]，端章甫(fǔ)[11]，愿为小相(xiàng)[12]焉。""点，尔何如？"鼓瑟希[13]，铿(kēng)尔，舍瑟而作[14]，对曰："异乎三子者之撰(zhuàn)[15]。"子曰："何伤乎？亦各言其志也。"曰："莫(mù)[16]春者，春服既成，冠者[17]五六人，童子六七人，浴乎沂[18]，风乎舞雩(yú)[19]，咏而归。"夫子喟然叹曰："吾与点也！"三子者出，曾皙后。曾皙曰："夫(fú)三子者之言何如？"子曰："亦各言其志也已矣。"曰："夫子何哂由也？"曰："为国以礼，其言不让，是故哂之。""唯[20]求则非邦也与？""安见方六七十如五六十而非邦也者？""唯赤则非邦也与？""宗庙会同，非诸侯而何？赤也为之小，孰能为之大？"

【注释】

①曾皙：姓曾，名点，字子皙，曾参的父亲，也是孔子的学生。

②以吾一日长乎尔，毋吾以也：不要因为我比你们年长而不敢说话。

③居：平日，平时。

④则何以哉：将会怎么样呢。

⑤率尔：轻率，急切。

⑥摄：迫于，夹于。

⑦哂：讥讽地微笑。

⑧方六七十：纵横各六七十里。

⑨宗庙之事：指祭祀之事。

⑩会同：诸侯会见。

⑪端章甫：端，古代礼服的名称。章甫，古代礼帽的名称。

⑫相：赞礼之人，司仪。

⑬希：通“稀”，指弹瑟的速度放慢，节奏逐渐稀疏。

⑭作：站起来。

⑮撰：撰述，说法。

⑯莫：通“暮”。

⑰冠者：成年人。古代子弟到20岁时行冠礼，表示已经成年。

⑱沂：水名，发源于山东南部，流经江苏北部入海。

⑲舞雩：地名，原是祭天求雨的地方，在今山东曲阜南。

⑳唯：语首词，无实义。

【译文】

子路、曾皙、冉有、公西华四个人陪孔子坐着。孔子说：“我年龄比你们大，不要因为我年长而不敢说话。你们平时总说：‘没人了解我呀！’假如有人了解你们，那你们会成为什么样的人？”子路率先回答：“一个拥有千辆兵车的国家，夹在大国中间，常常受到别国侵犯，且国内又闹饥荒，假若让我去治理，只要三年，就可以使人们勇敢善战，而且懂得如何去做。”孔子听了，微笑一下，似有讥讽之意。孔子又问：“冉求，你怎么样呢？”冉求答道：“国土有六七十里或五六十里见方的国家，让我去治理，三年以后，就可以使百姓富足。至于礼乐教化，就要等君子来施行了。”孔子又问：“公西赤，你怎么样？”公西赤答道：“我不敢说能做到，而是愿意学习，向这方面努力。在宗庙祭祀的活动中，或者在同别国的会盟中，我愿意穿着礼服，戴着礼帽，做个负责些具体工作的小司仪。”孔子又问：“曾点，你怎么样呢？”曾点正在弹瑟。听到孔子的问话，他放慢动作，接着“铿”的一声，离开瑟站起来，回答说：“我想的和他们三位说的不一样。”孔子说：“那有什么关系呢？也就是各人讲各自的志向罢了。”曾皙说：“春暮时，换上春装，和五六位成年人，带上六七个少年，去沂河里洗洗澡，在舞雩台上吹吹风，一路唱着歌走回来。”孔子长叹一声说：“我赞成曾点的想法。”子路、冉有、公西华三个人先出去了，曾皙后走。曾皙问孔子说："他们三人的话怎么样？"孔子说："也就是各自谈谈自己的志向罢了。"曾皙说："夫子为什么要讥笑仲由呢？"孔子说："治理国家要讲礼让，可是他说话一点也不谦让，所以我笑他。"曾皙又问："那么是不是冉求讲的不是治理国家呢？"孔子说："哪里见得六七十里或五六十里见方的地方就不是国家呢？"曾皙又问："公西赤讲的是治理国家吗？"孔子说："宗庙祭祀和诸侯会盟，这不是诸侯间的大事又是什么？像公西赤这样的人如果只能做一个小司仪，那谁又能做大司仪呢？"

13. 宰予(子我)5章

3.21

【原文】

哀公问社[①]于宰我。宰我[②]对曰："夏后氏以松，殷人以柏，周人以栗，曰：使民战栗[③]。"子闻之，曰："成事不说，遂事不谏，既往不咎。"

【注释】

①社：土地神。另外，祭祀土地神的庙也称"社"。这里的"社"有多种解释，有人解释为土地庙中的木制牌位，有人解释为土地庙中栽种的树木。

②宰我：名予，字子我，孔子的学生，小孔子29岁。为"孔门十哲"之一，善言辞，给孔子提了很多难以回答的问题。宰予曾因昼寝，被孔子大骂一通（见5.10章）。

③战栗：恐惧，发抖。

【译文】

鲁哀公问宰我祭祀土地神用什么树木制作牌位。宰我回答：

"夏朝用松树,商朝用柏树,周朝用栗子树。用栗子树的意思是说:让老百姓战栗。"(以上或可译为:鲁哀公问宰我土地庙栽种什么树。宰我回答:"夏朝栽的是松树,商朝栽的是柏树,周朝栽的是栗子树。栽栗子树的意思是说:让老百姓战栗。")孔子听到后说:"事成定局不用再提,事情已过不用再劝,过往之事不必追究。"

5.10

【原文】

宰予昼寝。子曰:"朽木不可雕也,粪土[①]之墙不可杇(wū)[②]也,于予与何诛[③]!"子曰:"始吾于人也,听其言而信其行;今吾于人也,听其言而观其行。于予与[④]改是。"

【注释】

①粪土:腐土。

②杇:抹墙用的抹子。这里指用抹子粉刷墙壁。

③诛:责备,批评。

④与:语气词。

【译文】

宰予白天睡觉(不学习)。孔子说:"腐朽的木头是无法雕刻的,已成粪土的墙是无法粉刷的。对于宰予这个人,责备还有什么用呢?"孔子说:"起初我对于人,是听了他说的话便相信了他的行为;现在我对于人,听了他讲的话却还要观察他的行为。这都是宰予使我改变的呀。"

6.26

【原文】

宰我问曰:"仁者,虽告之曰,'井有仁[①]焉',其从之也?"子曰:"何为其然也?君子可逝[②]也,不可陷[③]也;可欺也,不可罔[④]也。"

【注释】

①仁：这里指仁者。

②逝：往。这里指到井边去看并设法救之。

③陷：陷入。

④罔：迷糊，受迷惑。

【译文】

宰我问道："对于有仁德的人，如果别人告诉他，'井里有仁者掉下去了'，他会跟着下去吗？"孔子说："为什么要这样做呢？君子可以到井边去救，却不可以陷入井中；可能被人欺骗，但自己不可迷糊。"

11.3

【原文】

德行[①]：颜渊、闵子骞、冉伯牛、仲弓。言语[②]：宰我、子贡。政事[③]：冉有、季路。文学[④]：子游、子夏。

【注释】

①德行：指能实行孝悌、忠恕等道德。

②言语：指善于辞令。

③政事：指能从事政治事务。

④文学：指通晓古代文献。

【译文】

（孔子的弟子中，）德行好的有：颜渊、闵子骞、冉伯牛、仲弓。善于辞令的有：宰我、子贡。擅长政事的有：冉有、季路。通晓文献知识的有：子游、子夏。

17.21

【原文】

宰我问："三年之丧，期已久矣。君子三年不为礼，礼必坏；三年不为乐(yuè),乐(yuè)必崩。旧谷既没(mò),新谷既升,钻(zuān)燧(suì)改火①,期(jī)②可已矣。”子曰:“食夫(fú)稻③,衣(yì)夫(fú)锦,于女(rǔ)安乎?”曰:“安。”“女(rǔ)安,则为之!夫(fú)君子之居丧,食旨④不甘,闻乐(yuè)不乐,居处(chǔ)不安,故不为也。今女(rǔ)安,则为之!”宰我出。子曰:“予⑤之不仁也!子生三年,然后免于父母之怀。夫(fú)三年之丧,天下之通丧也。予也有三年之爱于其父母乎?”

【注释】

①改火:古人钻木取火,四季所用木头不同,每年轮一遍,叫“改火”。

②期:一年。

③食夫稻:吃大米。古代北方很少种稻米,故大米很珍贵。

④旨:甜美。指好吃的食物。

⑤予:宰我。

【译文】

宰我问:“服丧三年,时间太长了。君子三年不讲究礼仪,礼仪必然败坏;三年不演奏音乐,音乐就会荒废。旧谷吃完,新谷接上,钻燧取火的木头轮过了一遍,有一年的时间就可以了。”孔子说:“(父母去世才一年的时间)你就开始吃大米饭,穿锦缎衣,你心安吗?”宰我说:“我心安。”孔子说:“你心安,你就那样去做吧!君子守丧,吃美味不觉得香甜,听音乐不觉得快乐,住在家里不觉得舒服,所以不那样做。如今你既然觉得心安,你就那样去做吧!”宰我出去了。孔子说:“宰予真是不仁啊!小孩生下来,到3岁时才能离开父母的怀抱。服丧三年,这是天下通行的丧礼。难道宰予对他父母的爱连三年也维持不了吗?”

14. 有若(子有)4 章

1.2

【原文】

有子[①]曰："其为人也孝弟(tì)[②]，而好(hào)犯上[③]者，鲜(xiǎn)[④]矣；不好犯上，而好作乱者，未之有也[⑤]。君子务本[⑥]，本立而道[⑦]生。孝弟也者，其为仁之本[⑧]与！"

【注释】

①有子：即有若，字子有，春秋末年鲁国人。因他品学兼优，且"状似孔子"，孔子死后，曾一度被孔门弟子推举为"师"。有人说《论语》即为有若的学生编辑而成，有一定道理。《论语》中对孔子的其他学生或称名，或称字，唯独对有若、曾参、冉求、闵子骞称"子"。

②孝弟：善事父母曰"孝"，善事兄长曰"弟"。弟，现在多写作"悌"。

③犯上：犯，冒犯。上，指在上位的人。

④鲜：少。

⑤未之有也："未有之也"的倒装句型。古代汉语的句法有一条规律，否定句的宾语若为代词，一般置于动词之前。

⑥务本：务，专心、致力于。本，根本。

⑦道：在中国古代思想里，道有多种含义。此处的道，指孔子提倡的仁道，即以仁为核心的整个道德思想体系，简单讲，就是"仁者爱人"。

⑧为仁之本：即以孝悌作为仁的根本。还有一种解释，认为古代的"仁"就是"人"，为仁之本即做人的根本。仁，孔子哲学思想的最高范畴，也是伦理道德准则。其主要含义为"爱人"。

【译文】

有子说："孝顺父母，顺从兄长，却喜好冒犯处于上位的人，这样的人是很少见的；不喜好冒犯上位，却喜好作乱的人，是没有的。君子致力于道，道树立了，做人的原则也就有了。孝顺父母，顺从兄长，这就是为仁（或做人）的根本啊！"

1.12

【原文】

有子曰："礼①之用，和②为贵。先王之道③，斯④为美。小大由之，有所不行。知和而和，不以礼节之⑤，亦不可行也。"

【注释】

①礼：春秋时代的典章制度和道德规范，有时指"周礼"或"礼节、礼仪"等。

②和：调和，和谐，协调。

③先王之道：指尧、舜、禹、汤、文、武、周公等古代帝王的治世之道。

④斯：这，此。

⑤不以礼节之：不用礼来节制。节，用作动词，节制、制约。

【译文】

有子说："礼的应用，以和谐为贵。这也是古代先王治国之道中最宝贵的。但不论大事小事，只顾按和谐的办法去做，有的时候就行不通。为和谐而和谐，不以礼来节制，也是行不通的。"

1.13

【原文】

有子曰："信近①于义②，言可复③也；恭近于礼，远④耻辱也；因⑤不失其亲⑥，亦可宗⑦也。"

【注释】

①近：接近，符合，差不多。

②义：儒家的伦理。

③复：实践。朱熹《论语集注》云："复，践言也。"

④远：形容词，使动用法，使之远离。此外亦可译为"避免"。

⑤因：依靠，凭借。

⑥亲：态度和善。有时也指关系近，感情好。

⑦宗：这里指为众人所师法的人物。

【译文】

有子说："信与义差不多，说了就得做；恭与礼差不多，谦恭了便可远离羞辱。与人亲近，态度和善，就会赢得众人的尊敬，就会有大的成就。"

12.9

【原文】

哀公问于有若曰："年饥，用不足，如之何？"有若对曰："盍彻[①]乎？"曰："二[②]，吾犹不足，如之何其彻也？"对曰："百姓足，君孰与不足？百姓不足，君孰与足？"

【注释】

①彻：西周时的一种田税制度，"什一而税谓之彻"。

②二：抽取十分之二的税。

【译文】

鲁哀公问有若说："遭了饥荒，用度困难，怎么办？"有若回答说："为什么不实行彻法，抽十分之一的税呢？"哀公说："现在抽十分之二，我还不够，怎么能实行彻法呢？"有若说："如果百姓的用度够，您怎么会用度不够呢？如果百姓的用度不够，您用度够又有什么意思呢？"

15. 孔鲤(伯鱼)3 章

11.8

【原文】

颜渊死,颜路[①]请子之车以为之椁(guǒ)[②]。子曰:“才不才,亦各言其子也。鲤[③]也死,有棺而无椁。吾不徒行以为之椁,以吾从大夫之后[④],不可徒行也。”

【注释】

①颜路:即颜无繇(yóu),字路,颜渊的父亲,也是孔子的学生。

②椁:古人(有身份地位者)所用棺材有两层,内层为棺,外层为椁。

③鲤:孔子的儿子,字伯鱼,早孔子两年去世,死时 50 岁。

④从大夫之后:这是谦虚的说法。孔子做官时,地位相当于下大夫。从大夫之后,意即当过大夫。孔子在鲁国曾任大司寇,是大夫一级的官员。

【译文】

颜渊去世时,(他的父亲)颜路请求孔子把车子改装成椁。孔子说:“(虽然颜渊和孔鲤)一个有才一个无才,但对你我来说都是儿子。孔鲤死的时候,也是有棺无椁。我没有把自己的车子改装成椁,是因为我跟随在大夫们之后,是不可以徒步而行的(必须有车才行)。”

16.13

【原文】

陈亢(kàng)[①]问于伯鱼[②]曰:“子亦有异闻[③]乎?”对曰:“未

也。尝独立，鲤趋而过庭[④]。曰：'学《诗》乎？'对曰：'未也。''不学《诗》，无以言。'鲤退而学《诗》。他日，又独立，鲤趋而过庭。曰：'学礼乎？'对曰：'未也。''不学礼，无以立。'鲤退而学礼。闻斯二者。"陈亢退而喜曰："问一得三。闻《诗》，闻礼，又闻君子之远[⑤]其子也。"

【注释】

①陈亢：即陈子禽。

②伯鱼：姓孔，名鲤，字伯鱼。孔子的儿子。

③异闻：不同的听闻。这里陈亢怀疑孔子对孔鲤有偏私，对他教授的比弟子们多。

④庭：堂阶前的院子。

⑤远：不亲近，不偏爱。

【译文】

陈亢问伯鱼："您在夫子（孔子）那里听到过什么特别的教诲吗？"伯鱼回答说："没有呀。有一次他（指孔子）独自站在堂上，我快步从庭里走过。他问：'学《诗》了吗？'我回答说：'没有。'他说：'不学《诗》，就不懂得怎么说话。'我回去后就开始学《诗》。又有一天，他又独自站在堂上，我快步从庭里走过。他问：'学礼了吗？'我回答说：'没有。'他说：'不学礼，就不懂得怎样立身。'我回去后就开始学礼。我就听到过这两件事。"陈亢回去后高兴地说："我提一个问题，得到三方面的收获。知道了《诗》，知道了礼，知道了夫子不偏爱自己的儿子。"

17.10

【原文】

子谓伯鱼曰："女（rǔ）为《周南》[①]、《召南》[②]矣乎？人而不为《周南》《召南》，其犹正墙面而立[③]也与？"

【注释】

①《周南》:《诗经·国风》中的部分作品,周朝时期采集的诗篇,因在周王朝都城的南面而得名。同时,“南”又是方向之称。在周代习惯将江汉流域的一些小国统称为“南国”或“南土”“南邦”(见《小雅·四月》《大雅·嵩高》)等,所以诗的编辑者便将采自江汉流域许多小国的歌词,连同受“南音”影响的周、召一些地方采来的歌词,命名为“周南”。

②《召南》:《诗经·国风》中的部分作品,共有14首诗。

③正墙面而立:面向墙壁站立着。

【译文】

孔子对伯鱼说:“你学习《周南》《召南》了吗?一个人如果不学习《周南》《召南》,那就像面对墙壁而站着那样(是没有前途的)。”

16. 陈亢(子禽)3章

1.10

【原文】

子禽[①]问于子贡[②]曰:“夫子[③]至于是邦[④]也,必闻其政。求之与?抑[⑤]与之与?”子贡曰:“夫子温、良、恭、俭、让[⑥]以得之。夫子之求之也,其诸[⑦]异乎人之求之与?”

【注释】

①子禽:姓陈,名亢,字子禽。郑玄注说他是孔子的学生,但《史记·仲尼弟子列传》未载此人,故一说子禽非孔子学生。

②子贡(前520~?):即端木赐,姓端木,名赐,字子贡。卫国人,比孔子小31岁,是孔子的学生。子贡善辩且通达。他的成就很大,是外交家,也是商人,还是政治家。子贡对孔子非常尊敬,孔子死后,子贡为孔子守墓六年。

③夫子：这是古代的一种敬称，凡是做过大夫的人都可以取得这一称谓。孔子曾担任过鲁国的司寇，所以他的学生们称他为“夫子”。

④邦：诸侯的封国。

⑤抑：表示选择的文言连词，有“还是”的意思。

⑥温、良、恭、俭、让：温和、善良、谦恭、俭朴、礼让。

⑦其诸：大概，或许。

【译文】

子禽问子贡说：“夫子到了某个国家，总是能知道这个国家的政事。能做到这样，是他自己求得的，还是别人主动告诉他的呢？”子贡说：“夫子性情温和，心地善良，态度谦恭，生活俭朴，行为礼让，他是靠这些得到的。夫子求得的方法，或许与别人的方法不一样吧？”

16.13

【原文】

陈亢(kàng)[①]问于伯鱼[②]曰：“子亦有异闻[③]乎？”对曰：“未也。尝独立，鲤趋而过庭[④]。曰：‘学《诗》乎？’对曰：‘未也。’‘不学《诗》，无以言。’鲤退而学《诗》。他日，又独立，鲤趋而过庭。曰：‘学礼乎？’对曰：‘未也。’‘不学礼，无以立。’鲤退而学礼。闻斯二者。”陈亢退而喜曰：“问一得三。闻《诗》，闻礼，又闻君子之远[⑤]其子也。”

【注释】

①陈亢：即陈子禽。

②伯鱼：姓孔，名鲤，字伯鱼。孔子的儿子。

③异闻：不同的听闻。这里陈亢怀疑孔子对孔鲤有偏私，对他教授的比弟子们多。

④庭：堂阶前的院子。

⑤远：不亲近，不偏爱。

【译文】

陈亢问伯鱼："您在夫子(孔子)那里听到过什么特别的教诲吗?"伯鱼回答说："没有呀。有一次他(指孔子)独自站在堂上,我快步从庭里走过。他问:'学《诗》了吗?'我回答说:'没有。'他说:'不学《诗》,就不懂得怎么说话。'我回去后就开始学《诗》。又有一天,他又独自站在堂上,我快步从庭里走过。他问:'学礼了吗?'我回答说:'没有。'他说:'不学礼,就不懂得怎样立身。'我回去后就开始学礼。我就听到过这两件事。"陈亢回去后高兴地说:"我提一个问题,得到三方面的收获。知道了《诗》,知道了礼,知道了夫子不偏爱自己的儿子。"

19.25

【原文】

陈子禽谓子贡曰:"子为恭也,仲尼岂贤于子乎?"子贡曰:"君子一言①以为知,一言以为不知,言不可不慎也。夫子之不可及也,犹天之不可阶而升也。夫子之得邦家者,所谓立之斯立,道之斯行,绥之斯来,动之斯和。其生也荣,其死也哀。如之何其可及也?"

【注释】

①言:一句话。

【译文】

陈子禽对子贡说:"您太谦恭了,难道仲尼能比您更贤良吗?"子贡说:"从君子的一句话中,就可以知道他是睿智还是愚蠢,所以说话不可不慎重。夫子(我的老师)高不可及,正像天不能够顺着台阶爬上去一样。夫子如果为诸侯或为卿大夫治理国家,教百姓立,百姓就立;引导百姓走,百姓就会跟着走;安抚百姓,百姓就会来归顺;动员百姓,百姓就会同心协力。夫子活着的时候十分荣耀,去世时又让人们非常悲痛。照这样看来,谁又能赶得上他呢?"

17. 南容(子容)3章

5.2

【原文】

子谓南容[①]:“邦有道[②],不废[③];邦无道,免于刑戮[④]。”以其兄[⑤]之子妻(qì)之。

【注释】

①南容:姓南宫,名适(kuò),字子容。春秋末年鲁国人。他言语谨慎,崇尚道德。孔子称赞他是“君子”“尚德之人”,并把侄女嫁给他。

②道:指政治清明,人民安居乐业。

③废:废置,不任用。

④刑戮:刑罚。

⑤其兄:孔子之兄孟皮,长孔子多岁,与孔子同父异母,腿有疾。

【译文】

孔子评论南容说:“国家有道时,他出来做事;国家无道时,他也能够平安过日子。”于是就把自己的侄女嫁给了他。

11.6

【原文】

南容三复白圭(guī)[①],孔子以其兄之子妻(qì)之。

【注释】

①白圭:指《诗经·大雅·抑》的诗句:“白圭之玷,尚可磨也;斯言之玷,不可为也。”意思是白玉上的污点还可以磨掉,我们言论中有毛病,就无法挽回了。

【译文】

南容反复诵读“白圭之玷，尚可磨也；斯言之玷，不可为也”，孔子就把哥哥的女儿（侄女）嫁给了他。

14.5

【原文】

南宫适（kuò）[①]问于孔子曰：“羿（yì）[②]善射，奡（ào）[③]荡舟[④]，俱不得其死然。禹、稷[⑤]躬稼而有天下。”夫子不答。南宫适（kuò）出。子曰：“君子哉若人！尚德哉若人！”

【注释】

①南宫适：即南容，孔子的学生，也是孔子的侄女婿。适，通“括”。

②羿：古代传说中叫羿的人有三个，都是射箭能手。一是帝喾的射师，见于《说文》；二是传说当时有十个太阳，射落了其中九个的羿，见《淮南子·本经训》；三是传说中夏代有穷国的国君，善于射箭，曾夺夏太康的王位，后被其臣寒浞所杀。这里指后者。

③奡：传说中寒浞的儿子，后来为夏少康所杀。

④荡舟：用手推船。传说奡力大，善于水战。

⑤禹、稷：禹，善于治水，注重发展农业。稷，传说是周朝的祖先，又为谷神，教民种植庄稼。

【译文】

南宫适问孔子：“羿善于射箭，奡善于水战，最后都不得好死。禹和稷都亲自种植庄稼，却得到了天下。”孔子没有回答。南宫适出去后，孔子说：“君子就是这个样啊！崇尚道德的人就是这个样啊！”

18. 司马牛(子牛)3 章

12.3

【原文】

司马牛[①]问仁。子曰:“仁者,其言也讱(rèn)[②]。”曰:“其言也讱,斯[③]谓之仁已乎?”子曰:“为之难,言之得无讱乎?”

【注释】

①司马牛:姓司马,名耕,又名犁,字子牛。孔子的弟子,宋国人。《史记·仲尼弟子列传》提到过他,说他“多言而躁”。

②讱:话难说出口,这里引申为说话谨慎。

③斯:就。

【译文】

司马牛问怎样做才是仁。孔子说:“仁人说话是谨慎的。”司马牛说:“说话慎重,这就叫作仁了吗?”孔子说:“做起来困难,说话能不谨慎吗?”

12.4

【原文】

司马牛问君子。子曰:“君子不忧不惧。”曰:“不忧不惧,斯谓之君子已乎?”子曰:“内省(xǐng)不疚,夫(fú)何忧何惧?”

【译文】

司马牛问怎样做一个君子。孔子说:“君子不忧愁、不恐惧。”司马牛说:“不忧愁,不恐惧,就可以叫作‘君子’了吗?”孔子说:“自己问心无愧,那还有什么忧愁和恐惧呢?”

12.5

【原文】

司马牛忧曰："人皆有兄弟，我独亡(wú)。"子夏曰："商闻之矣，'死生有命，富贵在天'。君子敬而无失，与人恭而有礼，四海之内，皆兄弟也。君子何患乎无兄弟也？"

【译文】

司马牛忧愁地说："别人都有兄弟，唯独我没有。"子夏说："我听说过，'死生有命，富贵在天'。君子只要对待所做的事情严肃认真，不出差错，对人恭敬而合乎礼的规定，那么，天下人就都是他的兄弟了。作为君子，怎么会担忧自己没有兄弟呢？"

19. 冉耕(伯牛)2章

6.10

【原文】

伯牛[1]有疾，子问之，自牖(yǒu)[2]执其手。曰："亡之[3]，命矣夫(fú)[4]！斯人也而有斯疾也，斯人也而有斯疾也！"

【注释】

①伯牛：姓冉，名耕，字伯牛，鲁国人，孔子的学生，"孔门十哲"之一。孔子认为他的德行较好。

②牖：窗户。

③亡之：一作"丧失"解，一作"死亡"解。

④夫：语气词，相当于"吧"。

【译文】

伯牛病了，孔子前去探望他，从窗户外面握着他的手。(后来)孔子说："快不行了，这是命啊！这么好的人怎么会得这种病，这么好的人怎么会得这种病！"

11.3

【原文】

德行[①]：颜渊、闵子骞、冉伯牛、仲弓。言语[②]：宰我、子贡。政事[③]：冉有、季路。文学[④]：子游、子夏。

【注释】

①德行：指能实行孝悌、忠恕等道德。

②言语：指善于辞令。

③政事：指能从事政治事务。

④文学：指通晓古代文献。

【译文】

（孔子的弟子中，）德行好的有：颜渊、闵子骞、冉伯牛、仲弓。善于辞令的有：宰我、子贡。擅长政事的有：冉有、季路。通晓文献知识的有：子游、子夏。

20. 林放（子丘）2 章

3.4

【原文】

林放[①]问礼之本。子曰："大哉问！礼，与其奢也，宁（nìng）俭；丧，与其易[②]也，宁（nìng）戚[③]。"

【注释】

①林放：姓林，名放，字子丘，春秋时期鲁国人，为比干27世孙，传为孔子弟子中的"七十二贤人"之一，为孔子的得意门生。林放在周敬王时担任鲁国的大夫，拜为太傅，去世后与夫人芋氏合葬在今河南开封东岩山一带。

②易：本义是把土地平整好。这里指礼仪周全，办事完备周到。

③戚：悲伤，忧愁。

【译文】

林放问什么是礼的根本。孔子说："问得好，问到点子上了！就礼仪而言，与其奢侈铺张，不如节俭省约；就丧事而言，与其仪式治办周备，不如内心真正哀伤。"

3.6

【原文】

季氏旅[①]于泰山。子谓冉有[②]曰："女(rǔ)[③]弗能救[④]与？"对曰："不能。"子曰："呜呼！曾(zēng)谓泰山不如林放[⑤]乎？"

【注释】

①旅：祭名，祭祀山川为旅。按古代礼制，只有天子和诸侯才有资格祭祀名山大川。

②冉有(前522～前489)：即冉求，字子有(通称"冉有")，春秋末年鲁国人，孔子的弟子，以政事见称，是"孔门十哲"之一。多才多艺，尤擅长理财，曾担任季氏家宰。公元前487年，冉有率左师抵抗入侵齐军，并身先士卒，以步兵执长矛的突击战术取得胜利，趁机说服季康子迎回了在外流亡14年的孔子。后因帮助季氏进行田赋改革，使季氏富于周公，受到孔子的严厉批评。

③女：通"汝"，你。

④救：劝阻。这里指谏止。

⑤林放：孔子的学生。

【译文】

季孙氏(这里指季孙肥)去祭祀泰山。孔子对冉有说："你不能劝阻他吗？"冉有说："不能。"孔子说："唉！难道泰山神还不如林放懂礼吗？"

21. 原宪(子思)2 章

6.5

【原文】

原思[①]为之宰[②]，与之粟九百[③]，辞。子曰："毋！以与尔邻里乡党[④]乎！"

【注释】

①原思：姓原，名宪，字子思，生于公元前515年，鲁国人，孔子的学生。孔子在鲁国任大司寇的时候，原思曾做孔子家的家宰（管家）。

②宰：家宰，管家。

③九百：没有说明单位是什么，有说900斗的，有说900斛的，无可考。

④邻里乡党：古代以5家为邻，25家为里，500家为党，12500家为乡。此处指原思的同乡或家乡周围的百姓。

【译文】

原思给孔子家当总管，孔子给他俸米九百，他推辞不要。孔子说："不要推辞。你不需要，可以把它给你的邻居和乡亲们。"

14.1

【原文】

宪[①]问耻。子曰："邦有道，谷(gǔ)[②]；邦无道，谷，耻也。""克、伐[③]、怨、欲不行焉，可以为仁矣？"子曰："可以为难矣，仁则吾不知也。"

【注释】

①宪：姓原，名宪，字子思。孔子的学生。

②谷：俸禄。

③伐：自夸。

【译文】

原宪问孔子什么是可耻。孔子说："国家政治清明，做官拿俸禄（不为耻）；国家政治混乱，还做官拿俸禄，这就是可耻。"原宪又问："好胜、自夸、怨恨、贪欲都没有的人，可以算做到仁了吧？"孔子说："这可以说是很难得的，但至于是不是做到了仁，我就不知道了。"

22. 高柴（子羔）2 章

11.18

【原文】

柴[①]也愚[②]，参（shēn）也鲁[③]，师也辟[④]，由也喭（yàn）[⑤]。

【注释】

①柴：即高柴，字子羔。孔子的学生，比孔子小 30 岁。

②愚：不聪明，这里指愚而耿直。

③鲁：迟钝。

④辟：偏激。

⑤喭：鲁莽，粗鲁，刚猛。

【译文】

高柴愚直，曾参迟钝，颛孙师偏激，仲由鲁莽。

11.25

【原文】

子路使子羔[①]为费（bì）宰。子曰："贼[②]夫（fú）人之子。"子路曰："有民人焉，有社稷[③]焉，何必读书，然后为学？"子曰："是故恶（wù）夫（fú）佞者。"

【注释】

①子羔：姓高，名柴，字子羔，齐国人，小孔子30岁(《家语》作40岁)。孔子以为愚，不怎么看重他。曾受子路提携，做了费郈宰。后来卫乱，子路死，高柴逃归，孔子赞他明大义、善保身。

②贼：害。

③社稷：指祭祀土地神和谷神的地方，即社稷坛。古代国都及各地都设立社稷坛，分别由国君和地方长官主祭，故社稷成为国家政权的象征。社，土地神。稷，谷神。

【译文】

子路让子羔去做费地的长官。孔子说："这是在坑害人家的孩子。"子路说："那个地方有老百姓，有社稷，(管理百姓、进行祭祀活动，不是很好吗？)何必读书，何必光做学问呢？"孔子说："所以我讨厌强词夺理、善于狡辩的人。"

23. 公冶长(子长)1章

5.1

【原文】

子谓公冶长[①]："可妻(qì)[②]也。虽在缧(léi)绁(xiè)[③]之中，非其罪也。"以其子[④]妻(qì)之。

【注释】

①公冶长：姓公冶，名长，字子长、子芝，春秋时齐国人，孔子的学生，后成为孔子的女婿。自幼家贫，勤俭节约，聪颖好学，博通书礼，德才兼备，终生治学而不仕。相传通鸟语，并因此获罪。

②妻：用作动词，可使为妻，或作嫁给某人做妻子解。

③缧绁：原指拴牛马物，用丝制成。也可作捆绑犯人用的绳索。这里借指牢狱。

④子：古时无论儿、女均称“子”。这里指孔子的女儿。

【译文】

孔子评论公冶长说：“可以把女儿嫁给他。他虽然被关在牢狱里，但这并不是他的罪过呀。”于是就把女儿嫁给了他。

24. 漆雕开(子开)1章

5.6

【原文】

子使漆雕开[①]仕。对曰：“吾斯之未能信。”子说(yuè)。

【注释】

①漆雕开：姓漆雕，名开，字子开。孔子的弟子。

【译文】

孔子让漆雕开去做官。漆雕开回答说：“我对做官这件事信心不足(还没有准备好)。”孔子听了很高兴。

25. 宓不齐(子贱)1章

5.3

【原文】

子谓子贱[①]：“君子哉若人[②]！鲁无君子者，斯焉取斯[③]？”

【注释】

①子贱：姓宓(fú)，名不齐，字子贱。比孔子小49岁。春秋末期鲁国人，孔子的弟子，鲁哀公时任单父宰，为政三年，善于用人，功绩卓著，单父大治。

②若人：这个人。

③斯：此。第一个“斯”指子贱，第二个“斯”指子贱的品德。

【译文】

孔子评论子贱说：“这个人真是个君子呀！如果鲁国没有君子，他的好品德是从哪里学的呢？”

26. 申枨(子周)1章

5. 11

【原文】

子曰：“吾未见刚者。”或对曰：“申枨(chéng)[①]。”子曰：“枨也欲，焉得刚？”

【注释】

①申枨：姓申，名枨，字子周。鲁国人，孔子的学生。

【译文】

孔子说：“我没有见过刚强的人。”有人回答说：“申枨就很刚强。”孔子说：“申枨这个人欲望太多，怎么能算刚强呢？”

27. 澹台灭明(子羽)1章

6. 14

【原文】

子游为武城[①]宰。子曰：“女(rǔ)得人焉尔乎[②]？”曰：“有澹台灭明[③]者，行不由径[④]，非公事，未尝至于偃(yǎn)[⑤]之室也。”

【注释】

①武城：鲁国的小城邑，在今山东费县境内。

②焉尔乎:焉,在那里。"尔""乎"二字都是语气助词。

③澹台灭明:姓澹台,名灭明,字子羽,武城人,孔子的弟子。

④径:小路,引申为近路。

⑤偃:言偃,即子游,这是他自称其名。依礼,名可以自称,字不可以自称。

【译文】

子游做了武城的长官。孔子说:"你在那里得到什么人才没有?"子游回答说:"有一个叫澹台灭明的人,从不走捷径抄近路,一切都按规矩办事,没有公事,也从不到我办公的地方来。"

28. 巫马期(子期)1章

7.31

【原文】

陈司败[①]问:"昭公[②]知礼乎?"孔子曰:"知礼。"孔子退,揖[③]巫马期[④]而进之曰:"吾闻君子不党[⑤],君子亦党乎?君取[⑥]于吴,为同姓[⑦],谓之吴孟子[⑧]。君而知礼,孰不知礼?"巫马期以告。子曰:"丘也幸,苟有过,人必知之。"

【注释】

①陈司败:陈国主管司法的官,在鲁国称"司寇"。

②昭公:鲁国的君主,名裯(chóu),公元前541～前510年在位。"昭"是谥号。

③揖:作揖,行拱手礼。

④巫马期:姓巫马,名施,字子期。孔子的学生,比孔子小30岁。

⑤党:偏袒,包庇。

⑥取:通"娶"。

⑦为同姓:鲁国和吴国的国君同姓"姬"。周礼规定同姓不

婚，昭公娶同姓女，是违礼的行为。

⑧吴孟子：鲁昭公夫人。春秋时代，国君夫人的称号一般是出生国的国名加上她的姓。鲁昭公娶于吴，夫人姓姬，应当称吴姬。但鲁昭公为了掩饰自己的违礼行为，不称她吴姬而称她为吴孟子。

【译文】

陈司败问："鲁昭公懂礼吗？"孔子说："懂礼。"孔子出来后，陈司败向巫马期作了个揖，走近他说："我听说君子没有偏袒，难道君子也包庇别人的错误吗？鲁君娶了一个吴国的同姓女子为夫人，称她吴孟子。如果鲁君算是知礼，还有谁不知礼呢？"巫马期把这话告诉了孔子。孔子说："我真是幸运，如果有错，别人一定会知道的。"

29. 颜无繇(路)1 章

11.8

【原文】

颜渊死，颜路[①]请子之车以为之椁(guǒ)[②]。子曰："才不才，亦各言其子也。鲤[③]也死，有棺而无椁。吾不徒行以为之椁，以吾从大夫之后[④]，不可徒行也。"

【注释】

①颜路：即颜无繇(yóu)，字路，颜渊的父亲，也是孔子的学生。

②椁：古人(有身份地位者)所用棺材有两层，内层为棺，外层为椁。

③鲤：孔子的儿子，字伯鱼，早孔子两年去世，死时50岁。

④从大夫之后：这是谦虚的说法。孔子做官时，地位相当于

下大夫。从大夫之后，意即当过大夫。孔子在鲁国曾任大司寇，是大夫一级的官员。

【译文】

颜渊去世时，（他的父亲）颜路请求孔子把车子改装成椁。孔子说："（虽然颜渊和孔鲤）一个有才一个无才，但对你我来说都是儿子。孔鲤死的时候，也是有棺无椁。我没有把自己的车子改装成椁，是因为我跟随在大夫们之后，是不可以徒步而行的（必须有车才行）。"

30. 曾点（子皙）1章

11.26

【原文】

子路、曾皙[①]、冉有、公西华侍坐。子曰："以吾一日长（zhǎng）乎尔，毋吾以也[②]。居[③]则曰：'不吾知也！'如或知尔，则何以哉[④]？"子路率尔[⑤]而对曰："千乘（shèng）之国，摄[⑥]乎大国之间，加之以师旅，因之以饥馑，由也为之，比及三年，可使有勇，且知方也。"夫子哂[⑦]之。"求，尔何如？"对曰："方六七十[⑧]，如五六十，求也为之，比及三年，可使足民。如其礼乐（yuè），以俟（sì）君子。""赤，尔何如？"对曰："非曰能之，愿学焉。宗庙之事[⑨]，如会同[⑩]，端章甫（fǔ）[⑪]，愿为小相（xiàng）[⑫]焉。""点，尔何如？"鼓瑟希[⑬]，铿（kēng）尔，舍瑟而作[⑭]，对曰："异乎三子者之撰（zhuàn）[⑮]。"子曰："何伤乎？亦各言其志也。"曰："莫（mù）[⑯]春者，春服既成，冠者[⑰]五六人，童子六七人，浴乎沂[⑱]，风乎舞雩（yú）[⑲]，咏而归。"夫子喟然叹曰："吾与点也！"三子者出，曾皙后。曾皙曰："夫（fú）三子者之言何如？"子曰："亦各言其志也已矣。"曰："夫子何哂由也？"曰："为国以礼，其言不让，是故哂之。""唯[⑳]求则非邦也与？""安见方六七十如五六十而非邦也者？""唯赤则非邦也与？""宗庙会同，非诸侯而何？赤也为之小，孰能为之大？”

【注释】

①曾皙：姓曾，名点，字子皙，曾参的父亲，也是孔子的学生。

②以吾一日长乎尔，毋吾以也：不要因为我比你们年长而不敢说话。

③居：平日，平时。

④则何以哉：将会怎么样呢。

⑤率尔：轻率，急切。

⑥摄：迫于，夹于。

⑦哂：讥讽地微笑。

⑧方六七十：纵横各六七十里。

⑨宗庙之事：指祭祀之事。

⑩会同：诸侯会见。

⑪端章甫：端，古代礼服的名称。章甫，古代礼帽的名称。

⑫相：赞礼之人，司仪。

⑬希：通“稀”，指弹瑟的速度放慢，节奏逐渐稀疏。

⑭作：站起来。

⑮撰：撰述，说法。

⑯莫：通“暮”。

⑰冠者：成年人。古代子弟到 20 岁时行冠礼，表示已经成年。

⑱沂：水名，发源于山东南部，流经江苏北部入海。

⑲舞雩：地名，原是祭天求雨的地方，在今山东曲阜南。

⑳唯：语首词，无实义。

【译文】

子路、曾皙、冉有、公西华四个人陪孔子坐着。孔子说：“我年龄比你们大，不要因为我年长而不敢说话。你们平时总说：‘没人了解我呀！’假如有人了解你们，那你们会成为什么样的人？”子路率先回答:“一个拥有千辆兵车的国家,夹在大国中间,常常受到别国侵犯,且国内又闹饥荒,假若让我去治理,只要三年,就可以使人们勇敢善战,而且懂得如何去做。”孔子听了,微笑一下,似有讥讽之意。孔子又问:“冉求,你怎么样呢?”冉求答道:“国土有六七十里或五六十里见方的国家,让我去治理,三年以后,就可以使百姓富足。至于礼乐教化,就要等君子来施行了。”孔子又问:“公西赤,你怎么样?”公西赤答道:“我不敢说能做到,而是愿意学习,向这方面努力。在宗庙祭祀的活动中,或者在同别国的会盟中,我愿意穿着礼服,戴着礼帽,做个负责些具体工作的小司仪。”孔子又问:“曾点,你怎么样呢?”曾点正在弹瑟。听到孔子的问话,他放慢动作,接着“铿”的一声,离开瑟站起来,回答说:“我想的和他们三位说的不一样。”孔子说:“那有什么关系呢? 也就是各人讲各自的志向罢了。”曾皙说:“春暮时,换上春装,和五六位成年人,带上六七个少年,去沂河里洗洗澡,在舞雩台上吹吹风,一路唱着歌走回来。”孔子长叹一声说:“我赞成曾点的想法。”子路、冉有、公西华三个人先出去了,曾皙后走。曾皙问孔子说:“他们三人的话怎么样?”孔子说:“也就是各自谈谈自己的志向罢了。”曾皙说:“夫子为什么要讥笑仲由呢?”孔子说:“治理国家要讲礼让,可是他说话一点也不谦让,所以我笑他。”曾皙又问:“那么是不是冉求讲的不是治理国家呢?”孔子说:“哪里见得六七十里或五六十里见方的地方就不是国家呢?”曾皙又问:“公西赤讲的是治理国家吗?”孔子说:“宗庙祭祀和诸侯会盟,这不是诸侯间的大事又是什么? 像公西赤这样的人如果只能做一个小司仪,那谁又能做大司仪呢?”

31. 孺悲 1 章

17.20

【原文】

孺悲[①]欲见孔子，孔子辞以疾。将命者出户，取瑟而歌，使之闻之。

【注释】

①孺悲：鲁国人，有人说是孔子的学生。鲁哀公曾派他向孔子学礼。

【译文】

孺悲想见孔子，孔子以有病为由推辞不见。传话的人刚出门，(孔子)便取来瑟边弹边唱，(有意)让孺悲听到。

32. 琴牢(子开)1 章

9.7

【原文】

牢[①]曰："子云，'吾不试[②]，故艺'。"

【注释】

①牢：姓琴，字子开。郑玄说此人系孔子的学生，但在《史记·仲尼弟子列传》中未见此人。

②试：用，被任用，做官。

【译文】

牢说："孔子说过，'我(年轻时)没有去做官，所以会许多技艺'。"

二、历史人物

33. 尧 4 章

6.30

【原文】

子贡曰："如有博施[①]于民而能济众[②]，何如？可谓仁乎？"子曰："何事于仁，必也圣乎！尧舜[③]其犹病[④]诸。夫(fú)[⑤]仁者，己欲立而立人，己欲达而达人。能近取譬[⑥]，可谓仁之方也已。"

【注释】

①施：给予。

②众：指众人。

③尧舜：上古时代的两位帝王，也是孔子心目中的榜样。儒家认为是"圣人"。

④病：担忧。

⑤夫：句首语气词。

⑥能近取譬：能够就自身打比方，即推己及人。

【译文】

子贡说："假若有一个人，他能给老百姓好处又能周济大众，怎么样？可以算是仁人了吗？"孔子说："岂止是仁人，简直是圣人了！就连尧、舜尚且担心自己做不到呢。何为仁者？仁者就是自己想立身，也要帮助别人立身；自己想通达，也要帮助别人通达。能就近以自己作比并推己及人，这就可以说是实施仁的方法了。"

8.19

【原文】

子曰:“大哉!尧[①]之为君也!巍巍乎,唯天为大,唯尧则[②]之。荡荡[③]乎,民无能名[④]焉。巍巍乎,其有成功也!焕[⑤]乎,其有文章!”

【注释】

①尧:中国古代传说中的圣君。

②则:效法,准则。

③荡荡:广大的样子。

④名:称说,称赞。

⑤焕:光辉。

【译文】

孔子说:“真伟大啊!尧这样的君主!多么崇高啊,只有天最高大,只有尧才能效法天的高大。(他的恩德)多么广大啊,百姓们真不知道该用什么语言来表达对他的称赞。他的功绩多么崇高啊!他制定的礼仪制度多么完善啊!”

14.42

【原文】

子路问君子。子曰:“修己以敬。”曰:“如斯而已乎?”曰:“修己以安人[①]。”曰:“如斯而已乎?”曰:“修己以安百姓[②]。修己以安百姓,尧舜其犹病诸?”

【注释】

①安人:使自己的下属安于工作。人,与“百姓”相对,在这里指官吏。

②百姓:人民大众。

【译文】

子路问怎样做才能成为君子。孔子说："以严肃恭敬的态度修养自己。"子路说："这样就够了吗？"孔子说："修养自己，使部下(下属的官吏)感到心安。"子路说："这样就够了吗？"孔子说："修养自己，使天下老百姓生活安乐。修养自己，使所有百姓都安乐，尧舜(这样的道德高尚、修养极高的圣人)犹恐难以做到，难道不是吗？"

20.1

【原文】

尧曰①："咨②！尔舜！天之历数在尔躬，允③执其中。四海困穷，天禄永终。"

舜亦以命禹。

曰："予小子履④，敢用玄牡⑤，敢昭告于皇皇后帝：有罪不敢赦。帝臣不蔽，简⑥在帝心。朕⑦躬有罪，无以万方；万方有罪，罪在朕躬。"

周有大赉(lài)⑧，善人是富。"虽有周亲⑨，不如仁人。百姓有过，在予一人。"

谨权量(liáng)⑩，审法度⑪，修废官，四方之政行焉。兴灭国，继绝世，举逸民，天下之民归心焉。

所重：民、食、丧、祭。

宽则得众，信则民任焉，敏则有功，公则说(yuè)。

【注释】

①尧曰：下面引号内的话是尧禅让帝位时对舜说的话。

②咨：即"啧"，感叹词，表示赞誉。

③允：真诚，诚信。

④履：商汤的名字。

⑤玄牡：黑色的公牛。玄，黑色。牡，公牛。

⑥简：阅，知道。

⑦朕：我。从秦始皇起专用作帝王自称。

⑧赉：赏赐。

⑨周亲：至亲。

⑩权量：权，秤锤，指量轻重的标准。量，斗斛，指量容积的标准。

⑪法度：测量长度的标准。

【译文】

尧说："啧啧！你啊你，舜！治理天下的大任已经落在你的身上了。诚实地保持那中道吧！假如天下百姓陷于困苦和贫穷，上天赐给你的禄位也就会永远终止了。"

舜也这样告诫过禹。

（商汤）说："我这个后辈小子履，谨用黑色的公牛来祭祀，向伟大的天帝祷告：对有罪的人我不敢擅自赦免。作为天帝臣仆的我也不敢向您隐瞒，因为天帝您明辨一切。如果我有罪，不要牵连天下万方百姓；天下万方百姓若有罪，都由我一个人承担。"

周朝大封诸侯，使善人都富贵起来。（周武王说：）"即使有至亲，不如有仁德之人。百姓有过错，都在我一人身上。"

认真检查度量衡器，周密制定礼法制度，重新修立已经废弃的官职，全国的政令就会通行了。复兴灭亡了的国家，接续已经中断的世族，提拔被遗落的人才，天下百姓就会真心归服了。

应重视四件事：百姓、粮食、丧礼、祭祀。

宽厚就能得到众人的拥护，诚信就能得到别人的任用，勤敏就能取得成绩，公平就会使百姓高兴。

34. 舜 7 章

6.30

【原文】

子贡曰:“如有博施[1]于民而能济众[2],何如?可谓仁乎?”子曰:“何事于仁,必也圣乎!尧舜[3]其犹病[4]诸。夫(fú)[5]仁者,己欲立而立人,己欲达而达人。能近取譬[6],可谓仁之方也已。”

【注释】

①施:给予。

②众:指众人。

③尧舜:上古时代的两位帝王,也是孔子心目中的榜样。儒家认为是“圣人”。

④病:担忧。

⑤夫:句首语气词。

⑥能近取譬:能够就自身打比方,即推己及人。

【译文】

子贡说:“假若有一个人,他能给老百姓好处又能周济大众,怎么样?可以算是仁人了吗?”孔子说:“岂止是仁人,简直是圣人了!就连尧、舜尚且担心自己做不到呢。何为仁者?仁者就是自己想立身,也要帮助别人立身;自己想通达,也要帮助别人通达。能就近以自己作比并推己及人,这就可以说是实施仁的方法了。”

8.18

【原文】

子曰:“巍巍[1]乎!舜禹[2]之有天下也,而不与[3]焉!”

【注释】

①巍巍：崇高、高大的样子。

②舜禹：舜是传说中的圣君明主，禹是夏朝的第一个国君。尧禅位给舜，舜后来又禅位给禹。

③与：吹嘘，自夸。

【译文】

孔子说："多么崇高啊！舜和禹为天下之主，从不炫耀、自夸。"

8.20

【原文】

舜有臣五人[①]而天下治。武王曰："予有乱臣[②]十人。"孔子曰："才难，不其然乎？唐虞[③]之际，于斯[④]为盛。有妇人焉[⑤]，九人而已。三分天下有其二[⑥]，以服事殷。周之德，其可谓至德也已矣。"

【注释】

①五人：传说是禹、稷、契(xiè)、皋陶(yáo)、伯益。

②乱臣：治乱之臣。据《说文》："乱，治也。"

③唐虞：传说尧在位的时代叫"唐"，舜在位的时代叫"虞"。

④斯：指周武王时期。

⑤有妇人焉：指武王的"乱臣十人"中有武王之妻邑姜。

⑥三分天下有其二：《逸周书·程典篇》说："文王令九州之侯，奉勤于商。"相传商分为九州(荆、凉、雍、豫、徐、扬、青、兖、冀)，文王得六州(荆、凉、雍、豫、徐、扬)，占三分之二。

【译文】

舜有五位贤臣，就能治理好天下。周武王也说过："我有十个帮助我治理国家的臣子。"孔子说："人才难得，难道不是这样吗？唐尧和虞舜之间，更是这样。周武王时，十个大臣当中有一个是女性，实际上只有九人而已。周文王得了天下的三分之二，仍然侍奉殷朝。周文王的德，可以说是至高无上的了。"

12.22

【原文】

樊迟问仁。子曰:“爱人。”问知(zhì)。子曰:“知人。”樊迟未达。子曰:“举直错诸枉[①],能使枉者直。”樊迟退,见子夏,曰:“乡(xiàng)[②]也,吾见于夫子而问知(zhì),子曰:‘举直错诸枉,能使枉者直。’何谓也?”子夏曰:“富哉言乎!舜有天下,选于众,举皋(gāo)陶(yáo)[③],不仁者远[④]矣。汤[⑤]有天下,选于众,举伊尹[⑥],不仁者远矣。”

【注释】

①举直错诸枉:选拔直者,罢黜枉者。错,通“措”,放置。枉,不正直、邪恶。

②乡:通“向”,刚才。

③皋陶:姓嬴,名聩,出生地为山东曲阜,逝世地为皋城(今安徽六安)。他是舜、禹时期的士、士师、大理官,是中国历史上第一位大法官。

④远:用作动词,远离、远去。

⑤汤:商朝的第一个君主,名履。

⑥伊尹:一说名挚,商初大臣,曾辅助汤灭夏兴商。生于伊洛流域古有莘国的空桑涧(今山东曹县)。因为其母亲在伊水居住,以伊为氏。尹为官名。甲骨卜辞中称伊尹为“伊”,金文则称其为“伊小臣”。

【译文】

樊迟问什么是仁。孔子说:“爱人。”樊迟问什么是智。孔子说:“知人。”樊迟还不明白。孔子说:“选拔正直的人,罢黜邪恶的人,这样就能使邪者归正。”樊迟退出来,见到子夏说:“刚才我见到老师,问他什么是智,他说:‘选拔正直的人,罢黜邪恶的人,这样就能使邪者归正。’这是什么意思?”子夏说:“这话说得多么深刻呀！舜之所以有天下，是因为在众人中把皋陶选拔出来，不仁的人就远去了。汤之所以有天下，是因为在众人中把伊尹选拔出来，不仁的人就远去了。"

14.42

【原文】

子路问君子。子曰："修己以敬。"曰："如斯而已乎？"曰："修己以安人[①]。"曰："如斯而已乎？"曰："修己以安百姓[②]。修己以安百姓，尧舜其犹病诸？"

【注释】

①安人：使自己的下属安于工作。人，与"百姓"相对，在这里指官吏。

②百姓：人民大众。

【译文】

子路问怎样做才能成为君子。孔子说："以严肃恭敬的态度修养自己。"子路说："这样就够了吗？"孔子说："修养自己，使部下（下属的官吏）感到心安。"子路说："这样就够了吗？"孔子说："修养自己，使天下老百姓生活安乐。修养自己，使所有百姓都安乐，尧舜（这样的道德高尚、修养极高的圣人）犹恐难以做到，难道不是吗？"

15.5

【原文】

子曰："无为而治[①]者，其舜也与？夫（fú）何为哉？恭己正南面[②]而已矣。"

【注释】

①无为而治：国家的统治者不必非在政刑上有所作为，便可以治理国家。

②南面：坐北朝南。朝廷上的君位都是坐北朝南。

【译文】

孔子说："能够看似无为而治理天下的人，大概只有舜吧？他做了些什么呢？只是庄严端正地坐在王位上罢了。"

20.1

【原文】

尧曰①："咨②！尔舜！天之历数在尔躬，允③执其中。四海困穷，天禄永终。"

舜亦以命禹。

曰："予小子履④，敢用玄牡⑤，敢昭告于皇皇后帝：有罪不敢赦。帝臣不蔽，简⑥在帝心。朕⑦躬有罪，无以万方；万方有罪，罪在朕躬。"

周有大赉(lài)⑧，善人是富。"虽有周亲⑨，不如仁人。百姓有过，在予一人。"

谨权量(liáng)⑩，审法度⑪，修废官，四方之政行焉。兴灭国，继绝世，举逸民，天下之民归心焉。

所重：民、食、丧、祭。

宽则得众，信则民任焉，敏则有功，公则说(yuè)。

【注释】

①尧曰：下面引号内的话是尧禅让帝位时对舜说的话。

②咨：即"啧"，感叹词，表示赞誉。

③允：真诚，诚信。

④履：商汤的名字。

⑤玄牡：黑色的公牛。玄，黑色。牡，公牛。

⑥简：阅，知道。

⑦朕：我。从秦始皇起专用作帝王自称。

⑧赉：赏赐。

⑨周亲：至亲。

⑩权量：权，秤锤，指量轻重的标准。量，斗斛，指量容积的标准。

⑪法度：测量长度的标准。

【译文】

尧说："啧啧！你啊你，舜！治理天下的大任已经落在你的身上了。诚实地保持那中道吧！假如天下百姓陷于困苦和贫穷，上天赐给你的禄位也就会永远终止了。"

舜也这样告诫过禹。

（商汤）说："我这个后辈小子履，谨用黑色的公牛来祭祀，向伟大的天帝祷告：对有罪的人我不敢擅自赦免。作为天帝臣仆的我也不敢向您隐瞒，因为天帝您明辨一切。如果我有罪，不要牵连天下万方百姓；天下万方百姓若有罪，都由我一个人承担。"

周朝大封诸侯，使善人都富贵起来。（周武王说：）"即使有至亲，不如有仁德之人。百姓有过错，都在我一人身上。"

认真检查度量衡器，周密制定礼法制度，重新修立已经废弃的官职，全国的政令就会通行了。复兴灭亡了的国家，接续已经中断的世族，提拔被遗落的人才，天下百姓就会真心归服了。

应重视四件事：百姓、粮食、丧礼、祭祀。

宽厚就能得到众人的拥护，诚信就能得到别人的任用，勤敏就能取得成绩，公平就会使百姓高兴。

35. 禹 4 章

8.18

【原文】

子曰："巍巍[①]乎！舜禹[②]之有天下也，而不与[③]焉！"

【注释】

①巍巍：崇高、高大的样子。

②舜禹：舜是传说中的圣君明主，禹是夏朝的第一个国君。尧禅位给舜，舜后来又禅位给禹。

③与：吹嘘，自夸。

【译文】

孔子说："多么崇高啊！舜和禹为天下之主，从不炫耀、自夸。"

8.21

【原文】

子曰："禹，吾无间(jiàn)然[①]矣。菲[②]饮食而致[③]孝乎鬼神，恶衣服而致美乎黻(fú)冕(miǎn)[④]，卑[⑤]宫室而尽力乎沟洫(xù)[⑥]。禹，吾无间(jiàn)然矣。"

【注释】

①无间然：无缺点可说。间，空隙。

②菲：薄，不丰厚。

③致：致力，努力。

④黻冕：祭祀时穿的礼服叫"黻"，戴的帽子叫"冕"。

⑤卑：低矮。

⑥沟洫：沟渠。

【译文】

孔子说："对于禹，我找不出他任何缺点。他饮食简单，但祭祀先祖时非常丰盛；他平时衣着朴素，但祭祀时尽量穿得华美；他自己住的宫室很低矮，但修治水利不遗余力。对于禹，我实在是挑不出什么毛病。"

14.5

【原文】

南宫适(kuò)[①]问于孔子曰:“羿(yì)[②]善射,奡(ào)[③]荡舟[④],俱不得其死然。禹、稷[⑤]躬稼而有天下。”夫子不答。南宫适(kuò)出。子曰:“君子哉若人!尚德哉若人!”

【注释】

①南宫适:即南容,孔子的学生,也是孔子的侄女婿。适,通“括”。

②羿:古代传说中叫羿的人有三个,都是射箭能手。一是帝喾的射师,见于《说文》;二是传说当时有十个太阳,射落了其中九个的羿,见《淮南子·本经训》;三是传说中夏代有穷国的国君,善于射箭,曾夺夏太康的王位,后被其臣寒浞所杀。这里指后者。

③奡:传说中寒浞的儿子,后来为夏少康所杀。

④荡舟:用手推船。传说奡力大,善于水战。

⑤禹、稷:禹,善于治水,注重发展农业。稷,传说是周朝的祖先,又为谷神,教民种植庄稼。

【译文】

南宫适问孔子:“羿善于射箭,奡善于水战,最后都不得好死。禹和稷都亲自种植庄稼,却得到了天下。”孔子没有回答。南宫适出去后,孔子说:“君子就是这个样啊!崇尚道德的人就是这个样啊!”

20.1

【原文】

尧曰[①]:“咨[②]!尔舜!天之历数在尔躬,允[③]执其中。四海困穷,天禄永终。”

舜亦以命禹。

曰："予小子履[④]，敢用玄牡[⑤]，敢昭告于皇皇后帝：有罪不敢赦。帝臣不蔽，简[⑥]在帝心。朕[⑦]躬有罪，无以万方；万方有罪，罪在朕躬。"

周有大赉(lài)[⑧]，善人是富。"虽有周亲[⑨]，不如仁人。百姓有过，在予一人。"

谨权量(liáng)[⑩]，审法度[⑪]，修废官，四方之政行焉。兴灭国，继绝世，举逸民，天下之民归心焉。

所重：民、食、丧、祭。

宽则得众，信则民任焉，敏则有功，公则说(yuè)。

【注释】

①尧曰：下面引号内的话是尧禅让帝位时对舜说的话。

②咨：即"啧"，感叹词，表示赞誉。

③允：真诚，诚信。

④履：商汤的名字。

⑤玄牡：黑色的公牛。玄，黑色。牡，公牛。

⑥简：阅，知道。

⑦朕：我。从秦始皇起专用作帝王自称。

⑧赉：赏赐。

⑨周亲：至亲。

⑩权量：权，秤锤，指量轻重的标准。量，斗斛，指量容积的标准。

⑪法度：测量长度的标准。

【译文】

尧说："啧啧！你啊你，舜！治理天下的大任已经落在你的身上了。诚实地保持那中道吧！假如天下百姓陷于困苦和贫穷，上天赐给你的禄位也就会永远终止了。"

舜也这样告诫过禹。

(商汤)说："我这个后辈小子履，谨用黑色的公牛来祭祀，向伟大的天帝祷告：对有罪的人我不敢擅自赦免。作为天帝臣仆的我也不敢向您隐瞒，因为天帝您明辨一切。如果我有罪，不要牵连天下万方百姓；天下万方百姓若有罪，都由我一个人承担。”

周朝大封诸侯，使善人都富贵起来。（周武王说：）“即使有至亲，不如有仁德之人。百姓有过错，都在我一人身上。”

认真检查度量衡器，周密制定礼法制度，重新修立已经废弃的官职，全国的政令就会通行了。复兴灭亡了的国家，接续已经中断的世族，提拔被遗落的人才，天下百姓就会真心归服了。

应重视四件事：百姓、粮食、丧礼、祭祀。

宽厚就能得到众人的拥护，诚信就能得到别人的任用，勤敏就能取得成绩，公平就会使百姓高兴。

36. 羿1章

14.5

【原文】

南宫适（kuò）①问于孔子曰：“羿（yì）②善射，奡（ào）③荡舟④，俱不得其死然。禹、稷⑤躬稼而有天下。”夫子不答。南宫适（kuò）出。子曰：“君子哉若人！尚德哉若人！”

【注释】

①南宫适：即南容，孔子的学生，也是孔子的侄女婿。适，通“括”。

②羿：古代传说中叫羿的人有三个，都是射箭能手。一是帝喾的射师，见于《说文》；二是传说当时有十个太阳，射落了其中九个的羿，见《淮南子·本经训》；三是传说中夏代有穷国的国君，善于射箭，曾夺夏太康的王位，后被其臣寒浞所杀。这里指后者。

③奡：传说中寒浞的儿子，后来为夏少康所杀。

④荡舟：用手推船。传说奡力大，善于水战。

⑤禹、稷：禹，善于治水，注重发展农业。稷，传说是周朝的祖先，又为谷神，教民种植庄稼。

【译文】

南宫适问孔子："羿善于射箭，奡善于水战，最后都不得好死。禹和稷都亲自种植庄稼，却得到了天下。"孔子没有回答。南宫适出去后，孔子说："君子就是这个样啊！崇尚道德的人就是这个样啊！"

37. 奡1章

14.5

【原文】

南宫适(kuò)[①]问于孔子曰："羿(yì)[②]善射，奡(ào)[③]荡舟[④]，俱不得其死然。禹、稷[⑤]躬稼而有天下。"夫子不答。南宫适(kuò)出。子曰："君子哉若人！尚德哉若人！"

【注释】

①南宫适：即南容，孔子的学生，也是孔子的侄女婿。适，通"括"。

②羿：古代传说中叫羿的人有三个，都是射箭能手。一是帝喾的射师，见于《说文》；二是传说当时有十个太阳，射落了其中九个的羿，见《淮南子·本经训》；三是传说中夏代有穷国的国君，善于射箭，曾夺夏太康的王位，后被其臣寒浞所杀。这里指后者。

③奡：传说中寒浞的儿子，后来为夏少康所杀。

④荡舟：用手推船。传说奡力大，善于水战。

⑤禹、稷：禹，善于治水，注重发展农业。稷，传说是周朝的祖先，又为谷神，教民种植庄稼。

【译文】

南宫适问孔子："羿善于射箭，奡善于水战，最后都不得好死。禹和稷都亲自种植庄稼，却得到了天下。"孔子没有回答。南宫适出去后，孔子说："君子就是这个样啊！崇尚道德的人就是这个样啊！"

38. 稷 1 章

14.5

【原文】

南宫适（kuò）[①]问于孔子曰："羿（yì）[②]善射，奡（ào）[③]荡舟[④]，俱不得其死然。禹、稷[⑤]躬稼而有天下。"夫子不答。南宫适（kuò）出。子曰："君子哉若人！尚德哉若人！"

【注释】

①南宫适：即南容，孔子的学生，也是孔子的侄女婿。适，通"括"。

②羿：古代传说中叫羿的人有三个，都是射箭能手。一是帝喾的射师，见于《说文》；二是传说当时有十个太阳，射落了其中九个的羿，见《淮南子·本经训》；三是传说中夏代有穷国的国君，善于射箭，曾夺夏太康的王位，后被其臣寒浞所杀。这里指后者。

③奡：传说中寒浞的儿子，后来为夏少康所杀。

④荡舟：用手推船。传说奡力大，善于水战。

⑤禹、稷：禹，善于治水，注重发展农业。稷，传说是周朝的祖先，又为谷神，教民种植庄稼。

【译文】

南宫适问孔子："羿善于射箭，奡善于水战，最后都不得好死。禹和稷都亲自种植庄稼，却得到了天下。"孔子没有回答。南宫适出去后，孔子说：“君子就是这个样啊！崇尚道德的人就是这个样啊！”

39. 纣 1 章

19.20

【原文】

子贡曰：“纣[1]之不善，不如是之甚也。是以君子恶(wù)居下流[2]，天下之恶皆归焉。”

【注释】

①纣：商代最后一位君主，名辛，“纣”是他的谥号。纣是一位暴君。

②下流：即地形低洼、各处来水汇集的地方。

【译文】

子贡说：“纣王的不善，不像传说的那样厉害。所以君子讨厌被别人认为下流，因为一旦如此，天下一切坏名声都有可能归到他的身上。”

40. 微子 1 章

18.1

【原文】

微子[1]去之，箕子[2]为之奴，比干[3]谏而死。孔子曰：“殷有三仁焉。”

【注释】

①微子：周朝宋国的始祖。子姓，名启，殷商贵族，殷商帝乙的长子，商纣王的庶兄，封于宋国。他曾劝谏纣王，但纣王不听，于是离去。

②箕子：文丁的儿子，帝乙的弟弟，纣王的叔父。官太师，封于箕，名胥余。他劝谏纣王，纣王不听，他便装疯，被降为奴隶。

③比干：殷帝丁的次子，帝乙的弟弟，纣王的叔父，官少师（丞相）。幼年聪慧，勤奋好学，20岁就以太师高位辅佐帝乙，又受托孤重任辅佐纣王。从政40多年，主张减轻赋税徭役，鼓励发展农牧业，提倡冶炼铸造，富国强兵。因屡次劝谏纣王，被剖心而死。

【译文】

微子离开了纣王，箕子被降为纣王的奴隶，比干因进谏被纣王杀死。孔子说："殷朝就这三位仁人啊！"

41. 箕子1章

18.1

【原文】

微子①去之，箕子②为之奴，比干③谏而死。孔子曰："殷有三仁焉。"

【注释】

①微子：周朝宋国的始祖。子姓，名启，殷商贵族，殷商帝乙的长子，商纣王的庶兄，封于宋国。他曾劝谏纣王，但纣王不听，于是离去。

②箕子：文丁的儿子，帝乙的弟弟，纣王的叔父。官太师，封于箕，名胥余。他劝谏纣王，纣王不听，他便装疯，被降为奴隶。

③比干：殷帝丁的次子，帝乙的弟弟，纣王的叔父，官少师（丞

相)。幼年聪慧,勤奋好学,20岁就以太师高位辅佐帝乙,又受托孤重任辅佐纣王。从政40多年,主张减轻赋税徭役,鼓励发展农牧业,提倡冶炼铸造,富国强兵。因屡次劝谏纣王,被剖心而死。

【译文】

微子离开了纣王,箕子被降为纣王的奴隶,比干因进谏被纣王杀死。孔子说:"殷朝就这三位仁人啊!"

42. 比干1章

18.1

【原文】

微子[①]去之,箕子[②]为之奴,比干[③]谏而死。孔子曰:"殷有三仁焉。"

【注释】

①微子:周朝宋国的始祖。子姓,名启,殷商贵族,殷商帝乙的长子,商纣王的庶兄,封于宋国。他曾劝谏纣王,但纣王不听,于是离去。

②箕子:文丁的儿子,帝乙的弟弟,纣王的叔父。官太师,封于箕,名胥余。他劝谏纣王,纣王不听,他便装疯,被降为奴隶。

③比干:殷帝丁的次子,帝乙的弟弟,纣王的叔父,官少师(丞相)。幼年聪慧,勤奋好学,20岁就以太师高位辅佐帝乙,又受托孤重任辅佐纣王。从政40多年,主张减轻赋税徭役,鼓励发展农牧业,提倡冶炼铸造,富国强兵。因屡次劝谏纣王,被剖心而死。

【译文】

微子离开了纣王,箕子被降为纣王的奴隶,比干因进谏被纣王杀死。孔子说:"殷朝就这三位仁人啊!"

43. 伯夷4章

5.23

【原文】

子曰:“伯夷、叔齐[1]不念旧恶,怨是用希[2]。”

【注释】

①伯夷、叔齐:商朝末年孤竹君的两个儿子。周灭商统一天下后,他们以吃周朝的粮食为耻,逃进深山,以野草充饥,饿死在首阳山中。

②希:通“稀”。

【译文】

孔子说:“伯夷、叔齐不记人家过去对他们的恶行,别人对他们的怨恨自然也就少了。”

7.15

【原文】

冉有曰:“夫子为[1]卫君[2]乎?”子贡曰:“诺[3],吾将问之。”入,曰:“伯夷、叔齐何人也?”曰:“古之贤人也。”曰:“怨乎?”曰:“求仁而得仁,又何怨?”出,曰:“夫子不为也。”

【注释】

①为:帮助。

②卫君:卫出公辄,是卫灵公的孙子。公元前492～前481年在位。他的父亲因谋杀南子被卫灵公驱逐出国。灵公死后,辄被立为国君,后来其父回国与他争位。

③诺:应答之语。

【译文】

冉有(问子贡)说:"老师会帮助卫国国君吗?"子贡说:"嗯,我去问问他。"于是就进去问孔子:"伯夷、叔齐是什么样的人呢?"(孔子)说:"古代的贤人。"(子贡又)问:"他们有怨恨吗?"(孔子)说:"他们求仁而得到了仁,会有什么怨恨呢?"(子贡)出来(对冉有)说:"夫子不会帮助卫君。"

16.12

【原文】

齐景公有马千驷,死之日,民无德而称焉。伯夷、叔齐饿于首阳之下,民到于今称之。("诚不以富,亦祇以异。")其斯之谓与?

【译文】

齐景公有4000匹马,他死的时候,百姓们觉得他没有什么德行可以称颂。伯夷、叔齐饿死在首阳山下,百姓们到现在还在称颂他们。("诚不以富,亦祇以异。")说的就是这个意思吧?

18.8

【原文】

逸民[①]:伯夷、叔齐、虞仲、夷逸、朱张、柳下惠、少连[②]。子曰:"不降其志,不辱其身,伯夷、叔齐与?"谓柳下惠、少连:"降志辱身矣,言中(zhòng)伦,行中(zhòng)虑,其斯而已矣。"谓虞仲、夷逸:"隐居放[③]言,身中清,废中权。""我则异于是,无可无不可。"

【注释】

①逸民:避世隐居的人才。逸,通"佚",散失、遗弃。

②伯夷……少连:除伯夷、叔齐、柳下惠外,虞仲、夷逸、朱张、少连四人身世无从考。从文中意思看,这些人当是没落贵族。

③放:放置。

【译文】

避世隐居的人有：伯夷、叔齐、虞仲、夷逸、朱张、柳下惠、少连。孔子说："既没有降低自己的志向，又没有屈辱自己的身份，做到的只有伯夷、叔齐吧？"孔子这样评价柳下惠、少连："被迫降低自己的志向，辱没身份，但说话合乎伦理，行为合乎人心。"又评价虞仲、夷逸说："过着隐居的生活，不谈世事，洁身自爱，主动辞官。""我同这些人不同，可以这样，也可以那样。"

44. 叔齐4章

5.23

【原文】

子曰："伯夷、叔齐[①]不念旧恶，怨是用希[②]。"

【注释】

①伯夷、叔齐：商朝末年孤竹君的两个儿子。周灭商统一天下后，他们以吃周朝的粮食为耻，逃进深山，以野草充饥，饿死在首阳山中。

②希：通"稀"。

【译文】

孔子说："伯夷、叔齐不记人家过去对他们的恶行，别人对他们的怨恨自然也就少了。"

7.15

【原文】

冉有曰："夫子为[①]卫君[②]乎？"子贡曰："诺[③]，吾将问之。"入，曰："伯夷、叔齐何人也？"曰："古之贤人也。"曰："怨乎？"曰："求仁而得仁，又何怨？"出，曰："夫子不为也。"

【注释】

①为:帮助。

②卫君:卫出公辄,是卫灵公的孙子。公元前 492～前 481 年在位。他的父亲因谋杀南子被卫灵公驱逐出国。灵公死后,辄被立为国君,后来其父回国与他争位。

③诺:应答之语。

【译文】

冉有(问子贡)说:"老师会帮助卫国国君吗?"子贡说:"嗯,我去问问他。"于是就进去问孔子:"伯夷、叔齐是什么样的人呢?"(孔子)说:"古代的贤人。"(子贡又)问:"他们有怨恨吗?"(孔子)说:"他们求仁而得到了仁,会有什么怨恨呢?"(子贡)出来(对冉有)说:"夫子不会帮助卫君。"

16.12

【原文】

齐景公有马千驷,死之日,民无德而称焉。伯夷、叔齐饿于首阳之下,民到于今称之。("诚不以富,亦衹以异。")其斯之谓与?

【译文】

齐景公有 4000 匹马,他死的时候,百姓们觉得他没有什么德行可以称颂。伯夷、叔齐饿死在首阳山下,百姓们到现在还在称颂他们。("诚不以富,亦衹以异。")说的就是这个意思吧?

18.8

【原文】

逸民[1]:伯夷、叔齐、虞仲、夷逸、朱张、柳下惠、少连[2]。子曰:"不降其志,不辱其身,伯夷、叔齐与?"谓柳下惠、少连:"降志辱身矣,言中(zhòng)伦,行中(zhòng)虑,其斯而已矣。"谓虞仲、夷逸:"隐居放[3]言,身中清,废中权。""我则异于是,无可无不可。"

【注释】

①逸民：避世隐居的人才。逸，通“佚”，散失、遗弃。

②伯夷……少连：除伯夷、叔齐、柳下惠外，虞仲、夷逸、朱张、少连四人身世无从考。从文中意思看，这些人当是没落贵族。

③放：放置。

【译文】

避世隐居的人有：伯夷、叔齐、虞仲、夷逸、朱张、柳下惠、少连。孔子说：“既没有降低自己的志向，又没有屈辱自己的身份，做到的只有伯夷、叔齐吧？”孔子这样评价柳下惠、少连：“被迫降低自己的志向，辱没身份，但说话合乎伦理，行为合乎人心。”又评价虞仲、夷逸说：“过着隐居的生活，不谈世事，洁身自爱，主动辞官。”“我同这些人不同，可以这样，也可以那样。”

45. 老彭1章

7.1

【原文】

子曰：“述而不作[①]，信而好(hào)古。窃[②]比于我老彭[③]。”

【注释】

①述而不作：传述而不创作新的东西。述，传述。作，创造。

②窃：私自，私下。

③老彭：解释不一。一般指殷商时代的彭祖。据说彭祖信而好古，善养生，活了800岁。也有的认为，老彭是两个人，指老子与彭祖。两人都曾做过史官。于史官而言，传述比创作重要。

【译文】

孔子说：“传述而不是新创，相信而且喜好古代的东西。我私下里把自己比作老彭。”

46. 高宗 1 章

14.40

【原文】

子张曰："《书》①云：'高宗②谅阴③，三年不言。'何谓也？"子曰："何必高宗？古之人皆然。君薨（hōng）④，百官总己⑤以听于冢宰⑥三年。"

【注释】

①《书》：指《尚书》，是一部多体裁文献汇编，长期被认为是中国现存最早的史书。该书分为《虞书》《夏书》《商书》《周书》。战国时期总称《书》，汉代改称《尚书》，即"上古之书"。是儒家"五经"之一，又称《书经》。

②高宗：这里指商王武宗。

③谅阴：古时天子守丧之称。

④薨：古时诸侯国君之死叫"薨"。

⑤总己：自己管理自己。

⑥冢宰：官名，相当于后世的宰相。

【译文】

子张说："《书》上说：'殷高宗守丧，三年不议政事。'这是什么意思？"孔子说："不仅是高宗，古人都是这样。国君死了，继位的国君不问政事，朝廷百官各自管理自己的职事，听命于冢宰三年。"

47. 周文王 1 章

9.5

【原文】

子畏于匡[①]，曰："文王[②]既没（mò），文不在兹[③]乎？天之将丧（sàng）斯文也，后死者[④]不得与[⑤]于斯文也；天之未丧（sàng）斯文也，匡人其如予何[⑥]？"

【注释】

①畏于匡：公元前496年，孔子从卫国到陈国，途经匡地。匡人曾受到鲁国阳虎的掠夺和残杀，而孔子的相貌与阳虎相像，匡人误以为孔子就是阳虎，将他围困。匡，地名，在今河南长垣西南。畏，受到威胁。

②文王：即周文王。姓姬，名昌，西周开国之君周武王的父亲，是孔子认为的古代圣贤之一。

③兹：这里，指孔子自己。

④后死者：自我之后的人。

⑤与：通"举"，掌握。

⑥如予何：奈我何，把我怎么样。

【译文】

孔子被匡地的人围困时说："文王死了以后，周代的礼乐文化不都体现在我的身上吗？上天如果要灭绝这种文化，那我死后，就不会有人掌握这种文化了；上天如果不灭绝这种文化，那么匡人又能把我怎么样呢？"

48. 周公4章

7.5

【原文】

子曰:“甚矣,吾衰也!久矣,吾不复梦见周公[①]。”

【注释】

①周公:姓姬,名旦,周文王的儿子,周武王的弟弟,周成王的叔父,鲁国国君的始祖,传说是西周典章制度的制定者。他是孔子所崇拜的人之一。

【译文】

孔子说:“我已经老得不行了,我有很长时间没有梦见过周公了。”

8.11

【原文】

子曰:“如有周公之才之美,使骄且吝(lìn),其余不足观也已。”

【译文】

孔子说:“(一个人)即使如周公那样能干且品德高尚,但如果骄傲自大而又吝啬小气,那其他方面也就不值得一看了。”

11.17

【原文】

季氏富于周公[①],而求也为之聚敛(liǎn)[②]而附益[③]之。子曰:“非吾徒也。小子鸣鼓[④]而攻之可也。”

【注释】

①周公：一说是周公旦，一说是在周朝天子旁边做公卿的人。后者的可能性大些。

②聚敛：积聚和收集钱财。

③益：增加。

④鸣鼓：过去打仗进攻时鸣鼓，退兵时敲锣。

【译文】

季氏比周公还富有，而冉求还继续帮他积聚和搜刮钱财。孔子说："他不是我的学生了。你们可以大张旗鼓地轰他出去。"

18.10

【原文】

周公谓鲁公[1]曰："君子不施(chí)[2]其亲，不使大臣怨乎不以[3]。故旧无大故，则不弃也。无求备于一人。"

【注释】

①鲁公：指周公的儿子伯禽，封于鲁。

②施：通"弛"，弃置、疏远。

③以：用。

【译文】

周公对鲁公(伯禽)说："君主不疏远他的亲属，不使大臣们抱怨不用他们。旧友老臣没有大的过失，就不要抛弃他们。不要对人求全责备。"

49. 周任1章

16.1

【原文】

季氏将伐颛(zhuān)臾(yú)[①]。冉有、季路见于孔子曰:"季氏将有事[②]于颛臾。"孔子曰:"求!无乃尔是过与?夫(fú)颛臾,昔者先王以为东蒙主[③],且在邦域之中矣,是社稷之臣也。何以伐为?"冉有曰:"夫子欲之,吾二臣者皆不欲也。"孔子曰:"求!周任[④]有言曰:'陈力就列[⑤],不能者止。'危而不持,颠而不扶,则将焉用彼相(xiàng)[⑥]矣?且尔言过矣,虎兕(sì)[⑦]出于柙(xiá)[⑧],龟玉毁于椟[⑨]中,是谁之过与?"冉有曰:"今夫(fú)颛臾,固而近于费(bì)[⑩]。今不取,后世必为子孙忧。"孔子曰:"求!君子疾夫(fú)舍曰欲之[⑪]而必为之辞。丘也闻有国有家者,不患寡而患不均,不患贫而患不安。盖均无贫,和无寡,安无倾。夫(fú)如是,故远人不服,则修文德以来之。既来之,则安之。今由与求也,相(xiàng)夫子[⑫],远人不服,而不能来也;邦分崩离析[⑬],而不能守也;而谋动干戈于邦内。吾恐季孙之忧,不在颛臾,而在萧墙[⑭]之内也。"

【注释】

①颛臾:鲁国的附属国,在今山东费县西。

②有事:指有军事行动,用兵作战。

③东蒙主:东蒙,蒙山。主,主持祭祀的人。

④周任:人名,周代史官。

⑤陈力就列:发挥自己的能力,按才力担任适当的职务。

⑥相:搀扶盲人的人。此处是辅助的意思。

⑦兕:雌性犀牛。

⑧柙:用以关押野兽的木笼。

⑨椟:匣子。

⑩费:季氏的采邑。

⑪舍曰欲之:把丢掉说成是求之(说反话)。

⑫夫子:指季康子。

⑬分崩离析:崩塌解体,四分五裂。崩,倒塌。析,分开。

⑭萧墙:古代宫室内作为屏障的矮墙。萧,通"肃"。

【译文】

季氏将要攻打颛臾。冉有、子路去见孔子说:"季氏可能要找颛臾麻烦了。"孔子说:"冉求,这不就是你的过错吗?从前是周天子让颛臾主持东蒙祭祀的,且它在鲁国的疆域之内,是国家的臣属,为什么要攻打它呢?"冉有说:"是季孙大夫想这么做,我们两个人都不同意。"孔子说:"冉求,周任有句话说:'尽自己的力量去履行你的职责,实在做不好就辞职。'有了危险不去扶助,跌倒了不去搀扶,那还用辅助的人干什么?而且你说的话错了。老虎、犀牛从笼子里跑出来,龟甲、玉器在匣子里毁坏了,这是谁的过错?"冉有说:"现在颛臾城墙坚固,而且离费邑很近。现在不把它夺过来,将来一定会成为子孙的忧患。"孔子说:"冉求,君子最讨厌你这种人,把不要说成要,并且还为此编造许多理由。我听说,对于诸侯和大夫,不怕贫穷,而怕财富不均;不怕人口少,而怕不安定。因为财富平均,也就没有所谓贫穷;大家和睦,就不会感到人少;安定了,也就没有倾覆的危险了。为此,如果远方的人还不归服,就用仁、义、礼、乐感召他们;已经来了,就让他们安心住下去。现在,仲由和冉求你们两个人辅助季氏,远方的人不归服,你们无法感召他们前来;国内民心离散,你们不能保全,反而策划在国内使用武力。我只怕季孙的忧患,不在颛臾,而在鲁国的宫廷之内啊!"

50. 周武王 2 章

8.20

【原文】

舜有臣五人[①]而天下治。武王曰:“予有乱臣[②]十人。”孔子曰:“才难,不其然乎? 唐虞[③]之际,于斯[④]为盛。有妇人焉[⑤],九人而已。三分天下有其二[⑥],以服事殷。周之德,其可谓至德也已矣。”

【注释】

①五人:传说是禹、稷、契(xiè)、皋陶(yáo)、伯益。

②乱臣:治乱之臣。据《说文》:“乱,治也。”

③唐虞:传说尧在位的时代叫“唐”,舜在位的时代叫“虞”。

④斯:指周武王时期。

⑤有妇人焉:指武王的“乱臣十人”中有武王之妻邑姜。

⑥三分天下有其二:《逸周书·程典篇》说:“文王令九州之侯,奉勤于商。”相传商分为九州(荆、凉、雍、豫、徐、扬、青、兖、冀),文王得六州(荆、凉、雍、豫、徐、扬),占三分之二。

【译文】

舜有五位贤臣,就能治理好天下。周武王也说过:“我有十个帮助我治理国家的臣子。”孔子说:“人才难得,难道不是这样吗? 唐尧和虞舜之间,更是这样。周武王时,十个大臣当中有一个是女性,实际上只有九人而已。周文王得了天下的三分之二,仍然侍奉殷朝。周文王的德,可以说是至高无上的了。”

20.1

【原文】

尧曰[①]："咨[②]！尔舜！天之历数在尔躬，允[③]执其中。四海困穷，天禄永终。"

舜亦以命禹。

曰："予小子履[④]，敢用玄牡[⑤]，敢昭告于皇皇后帝：有罪不敢赦。帝臣不蔽，简[⑥]在帝心。朕[⑦]躬有罪，无以万方；万方有罪，罪在朕躬。"

周有大赉(lài)[⑧]，善人是富。"虽有周亲[⑨]，不如仁人。百姓有过，在予一人。"

谨权量(liáng)[⑩]，审法度[⑪]，修废官，四方之政行焉。兴灭国，继绝世，举逸民，天下之民归心焉。

所重：民、食、丧、祭。

宽则得众，信则民任焉，敏则有功，公则说(yuè)。

【注释】

①尧曰：下面引号内的话是尧禅让帝位时对舜说的话。

②咨：即"啧"，感叹词，表示赞誉。

③允：真诚，诚信。

④履：商汤的名字。

⑤玄牡：黑色的公牛。玄，黑色。牡，公牛。

⑥简：阅，知道。

⑦朕：我。从秦始皇起专用作帝王自称。

⑧赉：赏赐。

⑨周亲：至亲。

⑩权量：权，秤锤，指量轻重的标准。量，斗斛，指量容积的标准。

⑪法度：测量长度的标准。

【译文】

尧说:“啧啧!你啊你,舜!治理天下的大任已经落在你的身上了。诚实地保持那中道吧!假如天下百姓陷于困苦和贫穷,上天赐给你的禄位也就会永远终止了。”

舜也这样告诫过禹。

(商汤)说:“我这个后辈小子履,谨用黑色的公牛来祭祀,向伟大的天帝祷告:对有罪的人我不敢擅自赦免。作为天帝臣仆的我也不敢向您隐瞒,因为天帝您明辨一切。如果我有罪,不要牵连天下万方百姓;天下万方百姓若有罪,都由我一个人承担。”

周朝大封诸侯,使善人都富贵起来。(周武王说:)“即使有至亲,不如有仁德之人。百姓有过错,都在我一人身上。”

认真检查度量衡器,周密制定礼法制度,重新修立已经废弃的官职,全国的政令就会通行了。复兴灭亡了的国家,接续已经中断的世族,提拔被遗落的人才,天下百姓就会真心归服了。

应重视四件事:百姓、粮食、丧礼、祭祀。

宽厚就能得到众人的拥护,诚信就能得到别人的任用,勤敏就能取得成绩,公平就会使百姓高兴。

51. 泰伯1章

8.1

【原文】

子曰:“泰伯[①],其可谓至德也已矣。三以天下让[②],民无得而称焉[③]。”

【注释】

①泰伯:姓姬,名泰伯。商末岐山(在今陕西)周部落首领古公亶父(即周太王)长子,吴国第一代君主。太王欲传位其孙子

昌，而传位昌，须传位季历。泰伯乃与仲雍让位三弟季历而出逃至荆蛮。

②三以天下让：把王位让给三弟季历。

③民无得而称焉：百姓找不到合适的话来赞扬他。

【译文】

孔子说："泰伯，可以说是品德最高尚的人了。（他）曾把王位让给三弟季历，老百姓都找不到合适的语言去赞美他。"

52. 伯达1章

18.11

【原文】

周有八士[①]：伯达、伯适（kuò）；仲突、仲忽；叔夜、叔夏；季随、季騧（guā）。

【注释】

①八士：本章中所说八士已不可考。须注意人名中有伯、仲、叔、季四字。据说这八位为一母所生，且是四对双胞胎。

【译文】

周代有八位名士：伯达、伯适；仲突、仲忽；叔夜、叔夏；季随、季騧。

53. 伯适 1 章

18.11

【原文】

周有八士[①]:伯达、伯适(kuò);仲突、仲忽;叔夜、叔夏;季随、季騧(guā)。

【注释】

①八士:本章中所说八士已不可考。须注意人名中有伯、仲、叔、季四字。据说这八位为一母所生,且是四对双胞胎。

【译文】

周代有八位名士:伯达、伯适;仲突、仲忽;叔夜、叔夏;季随、季騧。

54. 仲突 1 章

18.11

【原文】

周有八士[①]:伯达、伯适(kuò);仲突、仲忽;叔夜、叔夏;季随、季騧(guā)。

【注释】

①八士:本章中所说八士已不可考。须注意人名中有伯、仲、叔、季四字。据说这八位为一母所生,且是四对双胞胎。

【译文】

周代有八位名士:伯达、伯适;仲突、仲忽;叔夜、叔夏;季随、季騧。

55. 仲忽1章

18.11

【原文】

周有八士[①]：伯达、伯适(kuò)；仲突、仲忽；叔夜、叔夏；季随、季騧(guā)。

【注释】

①八士：本章中所说八士已不可考。须注意人名中有伯、仲、叔、季四字。据说这八位为一母所生，且是四对双胞胎。

【译文】

周代有八位名士：伯达、伯适；仲突、仲忽；叔夜、叔夏；季随、季騧。

56. 叔夜1章

18.11

【原文】

周有八士[①]：伯达、伯适(kuò)；仲突、仲忽；叔夜、叔夏；季随、季騧(guā)。

【注释】

①八士：本章中所说八士已不可考。须注意人名中有伯、仲、叔、季四字。据说这八位为一母所生，且是四对双胞胎。

【译文】

周代有八位名士：伯达、伯适；仲突、仲忽；叔夜、叔夏；季随、季騧。

57. 叔夏 1 章

18.11

【原文】

周有八士[①]：伯达、伯适(kuò)；仲突、仲忽；叔夜、叔夏；季随、季騧(guā)。

【注释】

①八士：本章中所说八士已不可考。须注意人名中有伯、仲、叔、季四字。据说这八位为一母所生，且是四对双胞胎。

【译文】

周代有八位名士：伯达、伯适；仲突、仲忽；叔夜、叔夏；季随、季騧。

58. 季随 1 章

18.11

【原文】

周有八士[①]：伯达、伯适(kuò)；仲突、仲忽；叔夜、叔夏；季随、季騧(guā)。

【注释】

①八士：本章中所说八士已不可考。须注意人名中有伯、仲、叔、季四字。据说这八位为一母所生，且是四对双胞胎。

【译文】

周代有八位名士：伯达、伯适；仲突、仲忽；叔夜、叔夏；季随、季騧。

59. 季騧 1 章

18.11

【原文】

周有八士[①]：伯达、伯适(kuò)；仲突、仲忽；叔夜、叔夏；季随、季騧(guā)。

【注释】

①八士：本章中所说八士已不可考。须注意人名中有伯、仲、叔、季四字。据说这八位为一母所生，且是四对双胞胎。

【译文】

周代有八位名士：伯达、伯适；仲突、仲忽；叔夜、叔夏；季随、季騧。

60. 晋文公 1 章

14.15

【原文】

子曰："晋文公[①]谲(jué)[②]而不正，齐桓公[③]正而不谲。"

【注释】

①晋文公(前 697～前 628)：姓姬，名重耳，春秋时期有作为的政治家，著名的霸主之一。公元前 636～前 628 年在位，开创

晋国长达百年的霸业，与齐桓公并称“齐桓晋文”，为后世儒家、法家等学派称道。晋文公在处事时善于玩弄权术。

②谲：欺诈，玩弄手段，玩弄权术。

③齐桓公（前716～前643）：姓姜，名小白，春秋时期有作为的政治家，著名的霸主之一。公元前685～前643年在位，是历史上第一个充当盟主的诸侯。但其晚年昏庸，最终在内乱中饿死。齐桓公在处事时往往直接说出自己的想法。

【译文】

孔子说：“晋文公诡诈而不正派，齐桓公正派而不诡诈。”

61. 齐桓公3章

14.15

【原文】

子曰：“晋文公[①]谲(jué)[②]而不正，齐桓公[③]正而不谲。”

【注释】

①晋文公（前697～前628）：姓姬，名重耳，春秋时期有作为的政治家，著名的霸主之一。公元前636～前628年在位，开创晋国长达百年的霸业，与齐桓公并称“齐桓晋文”，为后世儒家、法家等学派称道。晋文公在处事时善于玩弄权术。

②谲：欺诈，玩弄手段，玩弄权术。

③齐桓公（前716～前643）：姓姜，名小白，春秋时期有作为的政治家，著名的霸主之一。公元前685～前643年在位，是历史上第一个充当盟主的诸侯。但其晚年昏庸，最终在内乱中饿死。齐桓公在处事时往往直接说出自己的想法。

【译文】

孔子说：“晋文公诡诈而不正派，齐桓公正派而不诡诈。”

14.16

【原文】

子路曰："桓公杀公子纠[1]，召忽[2]死之，管仲不死。"曰："未仁乎？"子曰："桓公九合诸侯[3]，不以兵车[4]，管仲之力也。如其仁[5]，如其仁。"

【注释】

①公子纠：齐桓公的哥哥。他与齐桓公争王位，为齐桓公所杀。

②召忽：管仲和召忽都是公子纠的家臣。公子纠被杀后，召忽自杀，管仲归服于齐桓公，并当上了齐国的宰相。

③九合诸侯：指齐桓公多次召集诸侯会盟。

④不以兵车：不用武力。

⑤如其仁：这就是他的仁德。

【译文】

子路说："齐桓公杀了公子纠，召忽自杀以殉，但管仲却没有自杀。"又说："管仲不能算是仁人吧？"孔子说："桓公多次召集诸侯会盟，且不用武力，这都是管仲的功劳。这就是仁，这就是仁。"

14.17

【原文】

子贡曰："管仲非仁者与？桓公杀公子纠，不能死，又相(xiàng)之。"子曰："管仲相(xiàng)桓公，霸诸侯，一匡天下，民到于今受其赐。微[1]管仲，吾其被(pī)发(fà)左衽(rèn)[2]矣。岂若匹夫匹妇之为谅[3]也，自经[4]于沟渎[5]而莫之知也。"

【注释】

①微：无，没有。

②被发左衽：当时的夷狄之俗。被，通"披"。衽，衣襟。

③谅：遵守信用。这里指小节小信。

④自经：上吊自杀。

⑤渎：小沟渠。

【译文】

子贡问："管仲不能算是仁人吧？桓公杀了公子纠，他不能为公子纠殉死，反而做了齐桓公的国相。"孔子说："管仲辅佐桓公，称霸诸侯，匡正了天下，老百姓直到今天还蒙受他的恩惠。如果没有管仲，恐怕我们也要披散着头发、衣襟向左开了。哪能像普通百姓那样恪守小节，自缢于小山沟里，而谁也不知道呀。"

62. 子产2章

5.16

【原文】

子谓子产①："有君子之道四焉：其行己也恭，其事上也敬，其养民也惠，其使民也义。"

【注释】

①子产：姓公孙，名侨，字子产。郑国大夫，做过正卿，是郑穆公的孙子，为春秋时郑国贤相。

【译文】

孔子评论子产说："他有君子的四种品德：为人谦恭，侍奉君主恭敬，使老百姓得到实惠，役使百姓时合乎时宜（该役使时则役使，不该役使时则不役使）。"

14.9

【原文】

或问子产①。子曰："惠人也。"问子西②。曰："彼哉！彼哉！"问管仲。曰："人也③。夺伯氏④骈(pián)邑⑤三百，饭疏食，没(mò)齿⑥无怨言。"

【注释】

①子产(？～前 522)：即姬侨，字子产，又字子美，又称公孙侨、郑子产，春秋后期郑国(今河南新郑)人，是孔子最尊敬的人之一。公元前 543～前 522 年执掌郑国国政，是当时著名的政治家、思想家。

②子西：楚国的令尹，名申。

③人也：此人。

④伯氏：齐国的大夫。

⑤骈邑：地名，伯氏的采邑。

⑥没齿：一辈子，终身。

【译文】

有人问子产是个怎样的人。孔子说："是个施惠于人的人。"又问子西。孔子说："他呀！他呀！"又问管仲。孔子说："他是个有能力的人。他曾剥夺伯氏骈邑三百户的采地，使伯氏只能吃粗茶淡饭，但直到老死，伯氏也没有怨言。"

63. 子西 1 章

14.9

【原文】

或问子产①。子曰："惠人也。"问子西②。曰："彼哉！彼哉！"问管仲。曰："人也③。夺伯氏④骈(pián)邑⑤三百，饭疏食，没(mò)齿⑥无怨言。"

【注释】

①子产(？～前 522)：即姬侨，字子产，又字子美，又称公孙

侨、郑子产，春秋后期郑国(今河南新郑)人，是孔子最尊敬的人之一。公元前543～前522年执掌郑国国政，是当时著名的政治家、思想家。

②子西：楚国的令尹，名申。

③人也：此人。

④伯氏：齐国的大夫。

⑤骈邑：地名，伯氏的采邑。

⑥没齿：一辈子，终身。

【译文】

有人问子产是个怎样的人。孔子说："是个施惠于人的人。"又问子西。孔子说："他呀！他呀！"又问管仲。孔子说："他是个有能力的人。他曾剥夺伯氏骈邑三百户的采地，使伯氏只能吃粗茶淡饭，但直到老死，伯氏也没有怨言。"

64. 管仲4章

3.22

【原文】

子曰："管仲[①]之器小哉！"或曰："管仲俭乎？"曰："管氏有三归[②]，官事不摄[③]，焉得俭？""然则管仲知礼乎？"曰："邦君树塞(sài)门[④]，管氏亦树塞(sài)门；邦君为两君之好(hǎo)有反坫(diàn)[⑤]，管氏亦有反坫。管氏而知礼，孰不知礼？"

【注释】

①管仲(约前723～前645)：姓管，名夷吾，齐国人。春秋时期齐桓公的宰相，辅助齐桓公成为诸侯霸主，为一代名相。有《管子》一书传世。

②三归：相传是三处藏钱币的府库，也有的解释为三处居所，

另有人认为是指三份俸禄。这里指三处居所。

③摄：兼职。

④树塞门：树，树立。塞门，筑在大门外的矮墙，以别内外，相当于照壁。

⑤反坫：古代君主招待别国国君时放置献过酒的空杯子的土台。

【译文】

孔子说："管仲的器量小得很呀！"有人便问："那管仲节俭吗？"孔子说："他有三处居所，他家里的各项职事也都设有专人而不兼任，怎么谈得上节俭呢？"那人又问："那么管仲知礼吗？"孔子回答："国君在大门前设立屏壁，管仲也设立屏壁；国君宴请别国国君，会见时在堂上有放置酒杯的台子，管仲也有这样的台子。如果说管仲知礼，那么还有谁不知礼呢？"

14.9

【原文】

或问子产[①]。子曰："惠人也。"问子西[②]。曰："彼哉！彼哉！"问管仲。曰："人也[③]。夺伯氏[④]骈(pián)邑[⑤]三百，饭疏食，没(mò)齿[⑥]无怨言。"

【注释】

①子产(？～前 522)：即姬侨，字子产，又字子美，又称公孙侨、郑子产，春秋后期郑国(今河南新郑)人，是孔子最尊敬的人之一。公元前 543～前 522 年执掌郑国国政，是当时著名的政治家、思想家。

②子西：楚国的令尹，名申。

③人也：此人。

④伯氏：齐国的大夫。

⑤骈邑：地名，伯氏的采邑。

⑥没齿：一辈子，终身。

【译文】

有人问子产是个怎样的人。孔子说："是个施惠于人的人。"又问子西。孔子说："他呀！他呀！"又问管仲。孔子说："他是个有能力的人。他曾剥夺伯氏骈邑三百户的采地，使伯氏只能吃粗茶淡饭，但直到老死，伯氏也没有怨言。"

14.16

【原文】

子路曰："桓公杀公子纠[①]，召忽[②]死之，管仲不死。"曰："未仁乎？"子曰："桓公九合诸侯[③]，不以兵车[④]，管仲之力也。如其仁[⑤]，如其仁。"

【注释】

①公子纠：齐桓公的哥哥。他与齐桓公争王位，为齐桓公所杀。

②召忽：管仲和召忽都是公子纠的家臣。公子纠被杀后，召忽自杀，管仲归服于齐桓公，并当上了齐国的宰相。

③九合诸侯：指齐桓公多次召集诸侯会盟。

④不以兵车：不用武力。

⑤如其仁：这就是他的仁德。

【译文】

子路说："齐桓公杀了公子纠，召忽自杀以殉，但管仲却没有自杀。"又说："管仲不能算是仁人吧？"孔子说："桓公多次召集诸侯会盟，且不用武力，这都是管仲的功劳。这就是仁，这就是仁。"

14.17

【原文】

子贡曰："管仲非仁者与？桓公杀公子纠，不能死，又相(xiàng)之。"子曰："管仲相(xiàng)桓公，霸诸侯，一匡天下，民到于今受其赐。微[1]管仲,吾其被(pī)发(fà)左衽(rèn)[2]矣。岂若匹夫匹妇之为谅[3]也,自经[4]于沟渎[5]而莫之知也。"

【注释】

①微:无,没有。

②被发左衽:当时的夷狄之俗。被,通"披"。衽,衣襟。

③谅:遵守信用。这里指小节小信。

④自经:上吊自杀。

⑤渎:小沟渠。

【译文】

子贡问:"管仲不能算是仁人吧?桓公杀了公子纠,他不能为公子纠殉死,反而做了齐桓公的国相。"孔子说:"管仲辅佐桓公,称霸诸侯,匡正了天下,老百姓直到今天还蒙受他的恩惠。如果没有管仲,恐怕我们也要披散着头发、衣襟向左开了。哪能像普通百姓那样恪守小节,自缢于小山沟里,而谁也不知道呀。"

65. 伯氏 1 章

14.9

【原文】

或问子产[1]。子曰:"惠人也。"问子西[2]。曰:"彼哉!彼哉!"问管仲。曰:"人也[3]。夺伯氏[4]骈(pián)邑[5]三百,饭疏食,没(mò)齿[6]无怨言。"

【注释】

①子产(?～前 522):即姬侨,字子产,又字子美,又称公孙侨、郑子产,春秋后期郑国(今河南新郑)人,是孔子最尊敬的人之一。公元前 543～前 522 年执掌郑国国政,是当时著名的政治家、思想家。

②子西:楚国的令尹,名申。

③人也:此人。

④伯氏:齐国的大夫。

⑤骈邑:地名,伯氏的采邑。

⑥没齿:一辈子,终身。

【译文】

有人问子产是个怎样的人。孔子说:"是个施惠于人的人。"又问子西。孔子说:"他呀!他呀!"又问管仲。孔子说:"他是个有能力的人。他曾剥夺伯氏骈邑三百户的采地,使伯氏只能吃粗茶淡饭,但直到老死,伯氏也没有怨言。"

66. 晏平仲1章

5.17

【原文】

子曰:"晏平仲①善与人交,久而敬之②。"

【注释】

①晏平仲:春秋时齐国的贤大夫,名婴,谥号平。

②之:指代晏平仲。也有人说指晏平仲的朋友。

【译文】

孔子说:"晏平仲善于与人交朋友,即使相识很久,他仍像初识那样尊敬朋友(或译:相识越久,朋友们越尊敬他)。"

67. 令尹子文 1 章

5.19

【原文】

子张问曰："令尹子文[①]三仕为令尹，无喜色；三已[②]之，无愠色。旧令尹之政，必以告新令尹。何如？"子曰："忠矣。"曰："仁矣乎？"曰："未知。焉得仁？""崔子[③]弑[④]齐君[⑤]，陈文子[⑥]有马十乘(shèng)，弃而违[⑦]之。至于他邦，则曰：'犹吾大夫崔子也。'违之。之一邦，则又曰：'犹吾大夫崔子也。'违之。何如？"子曰："清矣。"曰："仁矣乎？"曰："未知。焉得仁？"

【注释】

①令尹子文：东周时各国的相名称不一，楚国的相叫"令尹"。子文是楚国著名的国相。

②三已：三次罢免。

③崔子：齐国大夫崔杼(zhù)。齐庄公为其所杀。

④弑：地位在下的人杀了居上位者，指臣子杀君主，儿子杀父亲或母亲。

⑤齐君：即被崔杼所杀的齐庄公。

⑥陈文子：陈国的大夫，名须无。

⑦违：离开。

【译文】

子张问孔子说："令尹子文三次做楚国相国，没有显出高兴的样子；三次被免职，也没有显出怨恨的样子。他每次被免职，交接时一定把政事全部告诉接任的新相国。这个人怎么样？"孔子说："算得上是忠了。"子张问："算得上仁了吗？"孔子说："不知道。这怎么能算得上仁呢？"子张又问："崔杼杀了他的君主齐庄公，陈文子有40匹马,都舍弃不要,离开齐国到别国去了。到了别国,他说:'这里的执政者也和我们齐国的大夫崔子差不多。'于是又离开这个国家。到了另一个国家,又说:'这里的执政者也和我们的大夫崔子差不多。'又离开了。这个人怎么样呢?"孔子说:"算得上是清高了。"子张说:"可说是仁了吗?"孔子说:"不知道。这怎么能算得上是仁呢?"

68. 皋陶1章

12.22

【原文】

樊迟问仁。子曰:"爱人。"问知(zhì)。子曰:"知人。"樊迟未达。子曰:"举直错诸枉①,能使枉者直。"樊迟退,见子夏,曰:"乡(xiàng)②也,吾见于夫子而问知(zhì),子曰:'举直错诸枉,能使枉者直。'何谓也?"子夏曰:"富哉言乎!舜有天下,选于众,举皋(gāo)陶(yáo)③,不仁者远④矣。汤⑤有天下,选于众,举伊尹⑥,不仁者远矣。"

【注释】

①举直错诸枉:选拔直者,罢黜枉者。错,通"措",放置。枉,不正直、邪恶。

②乡:通"向",刚才。

③皋陶:姓赢,名睛,出生地为山东曲阜,逝世地为皋城(今安徽六安)。他是舜、禹时期的士、士师、大理官,是中国历史上第一位大法官。

④远:用作动词,远离、远去。

⑤汤:商朝的第一个君主,名履。

⑥伊尹:一说名挚,商初大臣,曾辅助汤灭夏兴商。生于伊洛

流域古有莘国的空桑涧(今山东曹县)。因为其母亲在伊水居住,以伊为氏。尹为官名。甲骨卜辞中称伊尹为“伊”,金文则称其为“伊小臣”。

【译文】

樊迟问什么是仁。孔子说:“爱人。”樊迟问什么是智。孔子说:“知人。”樊迟还不明白。孔子说:“选拔正直的人,罢黜邪恶的人,这样就能使邪者归正。”樊迟退出来,见到子夏说:“刚才我见到老师,问他什么是智,他说:‘选拔正直的人,罢黜邪恶的人,这样就能使邪者归正。’这是什么意思?”子夏说:“这话说得多么深刻呀!舜之所以有天下,是因为在众人中把皋陶选拔出来,不仁的人就远去了。汤之所以有天下,是因为在众人中把伊尹选拔出来,不仁的人就远去了。”

69. 伊尹1章

12.22

【原文】

樊迟问仁。子曰:“爱人。”问知(zhì)。子曰:“知人。”樊迟未达。子曰:“举直错诸枉①,能使枉者直。”樊迟退,见子夏,曰:“乡(xiàng)②也,吾见于夫子而问知(zhì),子曰:‘举直错诸枉,能使枉者直。’何谓也?”子夏曰:“富哉言乎!舜有天下,选于众,举皋(gāo)陶(yáo)③,不仁者远④矣。汤⑤有天下,选于众,举伊尹⑥,不仁者远矣。”

【注释】

①举直错诸枉:选拔直者,罢黜枉者。错,通“措”,放置。枉,不正直、邪恶。

②乡:通“向”,刚才。

③皋陶:姓嬴,名聩,出生地为山东曲阜,逝世地为皋城(今安

徽六安)。他是舜、禹时期的士、士师、大理官,是中国历史上第一位大法官。

④远:用作动词,远离、远去。

⑤汤:商朝的第一个君主,名履。

⑥伊尹:一说名挚,商初大臣,曾辅助汤灭夏兴商。生于伊洛流域古有莘国的空桑涧(今山东曹县)。因为其母亲在伊水居住,以伊为氏。尹为官名。甲骨卜辞中称伊尹为“伊”,金文则称其为“伊小臣”。

【译文】

樊迟问什么是仁。孔子说:“爱人。”樊迟问什么是智。孔子说:“知人。”樊迟还不明白。孔子说:“选拔正直的人,罢黜邪恶的人,这样就能使邪者归正。”樊迟退出来,见到子夏说:“刚才我见到老师,问他什么是智,他说:‘选拔正直的人,罢黜邪恶的人,这样就能使邪者归正。’这是什么意思?”子夏说:“这话说得多么深刻呀!舜之所以有天下,是因为在众人中把皋陶选拔出来,不仁的人就远去了。汤之所以有天下,是因为在众人中把伊尹选拔出来,不仁的人就远去了。”

70. 柳下惠3章

15.14

【原文】

子曰:“臧文仲其窃位[①]者与!知柳下惠[②]之贤而不与立也。”

【注释】

①窃位:通过不正当的手段获得官位。

②柳下惠:姓展,名获,又名禽,春秋中期鲁国大夫。因他受封于柳下,谥号惠,所以人称柳下惠。传说他坐怀不乱。

【译文】

孔子说："臧文仲是一个窃居官位的人！他明知道柳下惠是个贤人，却不举荐他。"

18.2

【原文】

柳下惠为士师[①]，三黜(chù)[②]。人曰："子未可以去乎？"曰："直道而事人，焉往而不三黜？枉道而事人，何必去父母之邦？"

【注释】

①士师：典狱官，掌管刑狱。

②黜：罢免不用。

【译文】

柳下惠当典狱官，三次被罢免。有人说："先生您怎么不离开鲁国呢？"柳下惠说："按正道侍奉君主，到哪里不会被多次罢官呢？如果不按正道侍奉君主，何必一定要离开本国呢？"

18.8

【原文】

逸民[①]：伯夷、叔齐、虞仲、夷逸、朱张、柳下惠、少连[②]。子曰："不降其志，不辱其身，伯夷、叔齐与？"谓柳下惠、少连："降志辱身矣，言中(zhòng)伦，行中(zhòng)虑，其斯而已矣。"谓虞仲、夷逸："隐居放[③]言，身中清，废中权。""我则异于是，无可无不可。"

【注释】

①逸民：避世隐居的人才。逸，通"佚"，散失、遗弃。

②伯夷……少连：除伯夷、叔齐、柳下惠外，虞仲、夷逸、朱张、少连四人身世无从考。从文中意思看，这些人当是没落贵族。

③放：放置。

【译文】

避世隐居的人有：伯夷、叔齐、虞仲、夷逸、朱张、柳下惠、少连。孔子说:“既没有降低自己的志向,又没有屈辱自己的身份,做到的只有伯夷、叔齐吧?”孔子这样评价柳下惠、少连:“被迫降低自己的志向,辱没身份,但说话合乎伦理,行为合乎人心。”又评价虞仲、夷逸说:“过着隐居的生活,不谈世事,洁身自爱,主动辞官。”“我同这些人不同,可以这样,也可以那样。”

三、鲁国人物

71. 昭公1章

7.31

【原文】

陈司败[①]问:"昭公[②]知礼乎?"孔子曰:"知礼。"孔子退,揖[③]巫马期[④]而进之曰:"吾闻君子不党[⑤],君子亦党乎?君取[⑥]于吴,为同姓[⑦],谓之吴孟子[⑧]。君而知礼,孰不知礼?"巫马期以告。子曰:"丘也幸,苟有过,人必知之。"

【注释】

①陈司败:陈国主管司法的官,在鲁国称"司寇"。

②昭公:鲁国的君主,名裯(chóu),公元前541~前510年在位。"昭"是谥号。

③揖:作揖,行拱手礼。

④巫马期:姓巫马,名施,字子期。孔子的学生,比孔子小30岁。

⑤党:偏袒,包庇。

⑥取:通"娶"。

⑦为同姓:鲁国和吴国的国君同姓"姬"。周礼规定同姓不婚,昭公娶同姓女,是违礼的行为。

⑧吴孟子:鲁昭公夫人。春秋时代,国君夫人的称号一般是出生国的国名加上她的姓。鲁昭公娶于吴,夫人姓姬,应当称吴姬。但鲁昭公为了掩饰自己的违礼行为,不称她吴姬而称她为吴孟子。

【译文】

陈司败问："鲁昭公懂礼吗？"孔子说："懂礼。"孔子出来后，陈司败向巫马期作了个揖，走近他说："我听说君子没有偏袒，难道君子也包庇别人的错误吗？鲁君娶了一个吴国的同姓女子为夫人，称她吴孟子。如果鲁君算是知礼，还有谁不知礼呢？"巫马期把这话告诉了孔子。孔子说："我真是幸运，如果有错，别人一定会知道的。"

72. 吴孟子1章

7.31

【原文】

陈司败[①]问："昭公[②]知礼乎？"孔子曰："知礼。"孔子退，揖[③]巫马期[④]而进之曰："吾闻君子不党[⑤]，君子亦党乎？君取[⑥]于吴，为同姓[⑦]，谓之吴孟子[⑧]。君而知礼，孰不知礼？"巫马期以告。子曰："丘也幸，苟有过，人必知之。"

【注释】

①陈司败：陈国主管司法的官，在鲁国称"司寇"。

②昭公：鲁国的君主，名裯（chóu），公元前541～前510年在位。"昭"是谥号。

③揖：作揖，行拱手礼。

④巫马期：姓巫马，名施，字子期。孔子的学生，比孔子小30岁。

⑤党：偏袒，包庇。

⑥取：通"娶"。

⑦为同姓：鲁国和吴国的国君同姓"姬"。周礼规定同姓不婚，昭公娶同姓女，是违礼的行为。

⑧吴孟子：鲁昭公夫人。春秋时代，国君夫人的称号一般是出生国的国名加上她的姓。鲁昭公娶于吴，夫人姓姬，应当称吴姬。但鲁昭公为了掩饰自己的违礼行为，不称她吴姬而称她为吴孟子。

【译文】

陈司败问："鲁昭公懂礼吗？"孔子说："懂礼。"孔子出来后，陈司败向巫马期作了个揖，走近他说："我听说君子没有偏袒，难道君子也包庇别人的错误吗？鲁君娶了一个吴国的同姓女子为夫人，称她吴孟子。如果鲁君算是知礼，还有谁不知礼呢？"巫马期把这话告诉了孔子。孔子说："我真是幸运，如果有错，别人一定会知道的。"

73. 定公 2 章

3.19

【原文】

定公[①]问："君使臣，臣事君，如之何？"孔子对曰："君使臣以礼，臣事君以忠。"

【注释】

①定公：鲁国国君，姓姬，名宋，谥号定。公元前 509～前 495 年在位，是鲁国第 24 任君主。为鲁昭公之子，承袭鲁昭公担任君主，在位 15 年。正是鲁定公担任国君时启用孔子，使孔子官至鲁国大司寇。

【译文】

鲁定公问："君主怎样使唤臣子，臣子怎样侍奉君主呢？"孔子回答说："君主使唤臣子时要依礼而行，臣子侍奉君主时要对君主尽忠。"

13.15

【原文】

定公[①]问："一言[②]而可以兴邦，有诸？"孔子对曰："言不可以若是，其几(jī)[③]也。人之言曰：'为君难，为臣不易。'如知为君之难也，不几(jī)乎一言而兴邦乎？"曰："一言而丧(sàng)邦，有诸？"孔子对曰："言不可以若是，其几(jī)也。人之言曰：'予无乐乎为君，唯其言而莫予违[④]也。'如其善而莫之违也，不亦善乎？如不善而莫之违也，不几(jī)乎一言而丧(sàng)邦乎？"

【注释】

①定公：名宋，鲁国国君，鲁昭公之子。

②一言：有时指一个字，有时指一句话。这里指一句话。

③几：差不多。

④莫予违：不违背我。

【译文】

鲁定公问："一句话就可以使国家兴盛，有这样的话吗？"孔子答道："不可能有这样的话，但有近似的话。有人说：'做君主难，做臣下也不容易。'做国君的如果明白了这句话，不几乎是一言兴邦吗？"鲁定公又问："一句话可以亡国，有这样的话吗？"孔子回答说："不可能有这样的话，但有近似的话。有人说过：'我做君主并没有什么可高兴的，我所高兴的只在于我所说的话没有人敢于违抗。'如果说得对而没有人违抗，不也是很好的吗？但如果说得不对而没有人违抗，那不就近乎一言丧邦吗？"

74. 哀公 5 章

2.19

【原文】

哀公[①]问曰："何为则民服？"孔子对[②]曰："举直错诸枉[③]，则民服；举枉错诸直，则民不服。"

【注释】

①哀公：姓姬，名蒋，谥号哀，鲁国第 25 位君主，公元前494～前 468 年在位。他是鲁定公的儿子，承袭鲁定公之位，在位期间执政者为季孙斯、叔孙州仇、仲孙何忌、季孙肥、叔孙舒、仲孙彘。孔子生前，鲁哀公曾多次向孔子请教。孔子去世于鲁哀公十五年，哀公曾写诔文悼念。

②对：处下位者回答上位者的话为"对"。

③举直错诸枉：把正直的人提拔起来，把不正直的人置于一旁。举，选拔。直，正直、公平，这里指正直公正之人。错，通"措"，放置。枉，与"直"相对，不正直，这里指奸佞小人。

【译文】

鲁哀公问："怎样做才能使百姓信服呢？"孔子回答说："把正直的人提拔起来，把不正直的人置于一旁，老百姓就会信服；把邪恶的人提拔起来，把正直的人置于一旁，老百姓就不信服。"

3.21

【原文】

哀公问社[①]于宰我。宰我[②]对曰："夏后氏[③]以松，殷人以柏，周人以栗，曰：使民战栗[④]。"子闻之，曰："成事不说，遂事不谏，既往不咎。"

【注释】

①社：土地神。另外，祭祀土地神的庙也称"社"。这里的"社"有多种解释，有人解释为土地庙中的木制牌位，有人解释为土地庙中栽种的树木。

②宰我：名予，字子我，孔子的学生，小孔子29岁。为"孔门十哲"之一，善言辞，给孔子提了很多难以回答的问题。宰予曾因昼寝，被孔子大骂一通（见5.10章）。

③战栗：恐惧，发抖。

【译文】

鲁哀公问宰我祭祀土地神用什么树木制作牌位。宰我回答："夏朝用松树，商朝用柏树，周朝用栗子树。用栗子树的意思是说：让老百姓战栗。"（以上或可译为：鲁哀公问宰我土地庙栽种什么树。宰我回答："夏朝栽的是松树，商朝栽的是柏树，周朝栽的是栗子树。栽栗子树的意思是说：让老百姓战栗。"）孔子听到后说："事成定局不用再提，事情已过不用再劝，过往之事不必追究。"

6.3

【原文】

哀公问："弟子孰为好(hào)学？"孔子对曰："有颜回者好(hào)学。不迁怒①，不贰过②，不幸短命死矣③。今也则亡(wú)④，未闻好(hào)学者也。"

【注释】

①不迁怒：不把对此人的怒气发泄到他人身上。

②不贰过：不犯同样的错误。贰，重复、一再。

③短命死矣：颜回小孔子31岁。颜回死于鲁哀公十三年，比孔子早两年去世。

④亡：通"无"。

【译文】

鲁哀公问孔子："您的学生中，谁是好学的？"孔子回答说："有一个叫颜回的学生好学。他从不迁怒于别人，也从不犯同样的错误，不幸的是短命死了。（自他死后）没有好学的人了，再也没有听说谁是好学的。"

12.9

【原文】

哀公问于有若曰："年饥，用不足，如之何？"有若对曰："盍彻[①]乎？"曰："二[②]，吾犹不足，如之何其彻也？"对曰："百姓足，君孰与不足？百姓不足，君孰与足？"

【注释】

①彻：西周时的一种田税制度，"什一而税谓之彻"。

②二：抽取十分之二的税。

【译文】

鲁哀公问有若说："遭了饥荒，用度困难，怎么办？"有若回答说："为什么不实行彻法，抽十分之一的税呢？"哀公说："现在抽十分之二，我还不够，怎么能实行彻法呢？"有若说："如果百姓的用度够，您怎么会用度不够呢？如果百姓的用度不够，您用度够又有什么意思呢？"

14.21

【原文】

陈成子[①]弑简公[②]。孔子沐浴而朝，告于哀公曰："陈恒弑其君，请讨之。"公曰："告夫（fú）三子[③]。"孔子曰："以吾从大夫之后[④]，不敢不告也。君曰'告夫（fú）三子'者。"之[⑤]三子告，不可。孔子曰："以吾从大夫之后，不敢不告也。"

【注释】

①陈成子：即陈恒，齐国大夫，又叫田成子。他以大斗借出、小斗收进的方法得到百姓拥护。公元前481年，他杀死齐简公，夺取了政权。这个时候孔子已经70岁了。

②简公：即齐简公，姓姜，名壬。公元前484～前481年在位。

③三子：指季孙、孟孙、叔孙三家。

④从大夫之后：孔子曾任过大夫职，但此时已经去官，所以说“从大夫之后”。

⑤之：往。

【译文】

陈成子杀了齐简公。孔子斋戒沐浴以后，随即上朝去见鲁哀公，报告说：“陈恒把他的君主杀了，请您出兵讨伐他。”哀公说：“你去报告那三位大夫吧。”孔子退朝后说：“因为我曾经做过大夫，所以不敢不来报告，君主却说‘你去告诉那三位大夫吧’！”孔子去向三位大夫报告，但三位大夫不愿派兵讨伐。孔子说：“因为我曾经做过大夫，所以不敢不来报告呀！”

75. 季桓子2章

18.3

【原文】

齐景公[①]待孔子曰：“若季氏[②]，则吾不能；以季、孟之间待之。”曰：“吾老矣，不能用也。”孔子行。

【注释】

①齐景公：当时的齐国国君。孔子曾经到齐国，谋求齐景公的重用，但未果。

②季氏：季桓子。当时鲁国的执政者。

【译文】

齐景公在讲到如何对待孔子时说："像鲁君对待季氏那样，我做不到；我可用介于季氏、孟氏之间的待遇对待他。"又说："我老了，不能用他了。"孔子于是离开了齐国。

18.4

【原文】

齐人归（kuì）[①]女乐（yuè），季桓子[②]受之，三日不朝。孔子行。

【注释】

①归：通"馈"，赠送。

②季桓子：鲁国上卿季孙斯。

【译文】

齐国人赠送了一些歌女给鲁国，季桓子接受了，三天不上朝。孔子于是离开了鲁国。

76. 季康子 11 章

2.20

【原文】

季康子[①]问："使民敬、忠以劝[②]，如之何？"子曰："临[③]之以庄，则敬；孝慈[④]，则忠；举善而教不能，则劝。"

【注释】

①季康子：即季孙肥，谥号康。鲁哀公时任正卿，是当时政治上最有权势的人。季平子生季桓子，季桓子生季康子。其任正卿时迎孔子回鲁国，并拜孔子为国老。冉有、季路均在季孙肥手下

为官，为季氏家臣。

②劝：努力工作。

③临：对待。

④孝慈：一说当政者自己孝慈，一说当政者引导老百姓孝慈。

【译文】

季康子问道："要使老百姓保持尊敬且尽忠，该怎样做呢？"孔子说："您用庄重的态度对待老百姓，百姓就会尊敬您；您对父母孝顺、对子弟慈爱，百姓就会尽忠于您；您选用善良的人，又教导能力不足的人，百姓就会互相勉励、努力工作。"

6.8

【原文】

季康子[①]问："仲由，可使从政也与？"子曰："由也果[②]，于从政乎何有？"曰："赐也，可使从政也与？"曰："赐也达[③]，于从政乎何有？"曰："求也，可使从政也与？"曰："求也艺[④]，于从政乎何有？"

【注释】

①季康子：公元前 492 年，季康子继其父为鲁国正卿，此时孔子正在各地游说。八年以后，孔子返回鲁国，冉求正在季康子那里做事，做季氏的管家。

②果：果断，不拖泥带水。

③达：通达，世事洞明。

④艺：才高，多才多艺。

【译文】

季康子问孔子："仲由这个人，可以让他从政吗？"孔子说："仲由做事果断，从政有什么困难呢？"季康子又问："赐这个人，可以让他从政吗？"孔子说："赐通达事理，从政有什么困难呢？"又问："求这个人，可以让他从政吗？"孔子说："求多才多艺，从政有什么困难呢？"

6.9

【原文】

季氏[①]使闵子骞[②]为费(bì)[③]宰。闵子骞曰:“善为我辞焉!如有复我[④]者,则吾必在汶(wèn)上[⑤]矣。”

【注释】

①季氏:指季康子。

②闵子骞(前536～前487):即闵损,名损,字子骞,春秋末期鲁国(今山东济宁鱼台大闵村)人,孔子高徒,在孔门中德行与颜回并称,为“七十二贤人”之一。他以孝行为人称道。孔子称赞说:“孝哉,闵子骞!人不间于其父母昆弟之言。”

③费:季氏的封邑,在今山东费县西北一带。

④复我:再来召我。

⑤在汶上:要离开鲁国到齐国去。汶,水名,即今山东大汶河,自东向西流。当时是齐、鲁两国的界河。

【译文】

季康子派人请闵子骞去做费邑的长官。闵子骞(对来请他的人)说:“好好替我推辞掉吧!如果再来召我,那我一定跑到汶水之北那边(齐国)去了。”

11.7

【原文】

季康子问:“弟子孰为好学?”孔子对曰:“有颜回者好学,不幸短命死矣,今也则亡(wú)。”

【译文】

季康子问孔子:“您的学生中,谁是好学的?”孔子回答说:“有一个叫颜回的学生很好学,不幸短命死了,现在再也没有像他那样好学的人了。”

11.17

【原文】

季氏富于周公[①]，而求也为之聚敛（liǎn）[②]而附益[③]之。子曰："非吾徒也。小子鸣鼓[④]而攻之可也。"

【注释】

①周公：一说是周公旦，一说是在周朝天子旁边做公卿的人。后者的可能性大些。

②聚敛：积聚和收集钱财。

③益：增加。

④鸣鼓：过去打仗进攻时鸣鼓，退兵时敲锣。

【译文】

季氏比周公还富有，而冉求还继续帮他积聚和搜刮钱财。孔子说："他不是我的学生了。你们可以大张旗鼓地轰他出去。"

12.17

【原文】

季康子问政于孔子。孔子对曰："政者正也。子帅以正，孰敢不正？"

【译文】

季康子问孔子如何治理国家。孔子回答说："政的本义就是正。假如您本人行得正，那还有谁敢不正呢？"

12.18

【原文】

季康子患盗，问于孔子。孔子对曰："苟子之不欲，虽赏之不窃。"

【译文】

季康子担忧被盗，问孔子怎么办。孔子回答说："假如你自己不贪图钱财，即使奖励偷窃，也没有人偷盗。"

12.19

【原文】

季康子问政于孔子曰："如杀无道[1]，以就有道[2]，何如？"孔子对曰："子为政，焉用杀？子欲善而民善矣。君子之德风，小人之德草。草上之风[3]，必偃[4]。"

【注释】

①无道：指无道的人。

②有道：指有道的人。

③草上之风：吹草的风。

④偃：仆，倒。

【译文】

季康子问政，说："如果杀掉无道的人，留下有道的人，怎么样？"孔子说："您治理国家，怎么能用杀戮的手段呢？您只要行善，老百姓也会跟着行善。在上位的人的品德好比风，在下位的人的品德好比草。风吹到草上，风向什么方向吹，草就向什么方向倒（草是随风倒的）。"

14.19

【原文】

子言卫灵公[1]之无道也，康子[2]曰："夫（fú）如是，奚而不丧（sàng）？"孔子曰："仲叔圉（yǔ）[3]治宾客，祝鮀（tuó）[4]治宗庙，王孙贾（gǔ）[5]治军旅。夫（fú）如是，奚其丧（sàng）？"

【注释】

①卫灵公：卫国国君。孔子周游列国到卫国时，卫灵公在位。

②康子：即季康子。

③仲叔圉：即孔文子，卫国大夫。

④祝鮀：卫国大夫。

⑤王孙贾：卫国大夫，负责军事。

【译文】

孔子讲到卫灵公的无道，季康子说："既然如此，为什么他没有败亡呢？"孔子说："仲叔圉管理外交，祝鮀管理宗庙祭祀，王孙贾统率军队。像这样，怎么会败亡呢？"

14.36

【原文】

公伯寮[①]愬[②]子路于季孙[③]。子服景伯[④]以告，曰："夫子[⑤]固有惑志[⑥]于公伯寮，吾力犹能肆[⑦]诸市朝[⑧]。"子曰："道之将行也与，命也；道之将废也与，命也。公伯寮其如命何！"

【注释】

①公伯寮：姓公伯，名寮，字子周，又作公伯僚。孔子的学生，曾任季氏的家臣。

②愬：通"诉"，告发、诽谤。

③季孙：这里指季康子。

④子服景伯：姓子服，名伯，谥号景。鲁国大夫。

⑤夫子：指季康子。

⑥惑志：惑乱人心。

⑦肆：古时处死罪人后陈尸示众。

⑧市朝：集市，街市。

【译文】

公伯寮向季孙告发子路。子服景伯把这件事告诉了孔子，并且说："季孙氏已经被公伯寮迷惑了，但我却能够把公伯寮杀了，把他陈尸于市。"孔子说："道能够得到推行，是天命决定的；道不能得到推行，也是天命决定的。公伯寮能把天命怎么样呢？"

16.1

【原文】

季氏将伐颛(zhuān)臾(yú)[①]。冉有、季路见于孔子曰："季氏将有事[②]于颛臾。"孔子曰："求！无乃尔是过与？夫(fú)颛臾，昔者先王以为东蒙主[③]，且在邦域之中矣，是社稷之臣也。何以伐为？"冉有曰："夫子欲之，吾二臣者皆不欲也。"孔子曰："求！周任[④]有言曰：'陈力就列[⑤]，不能者止。'危而不持，颠而不扶，则将焉用彼相(xiàng)[⑥]矣？且尔言过矣，虎兕(sì)[⑦]出于柙(xiá)[⑧]，龟玉毁于椟[⑨]中，是谁之过与？"冉有曰："今夫(fú)颛臾，固而近于费(bì)[⑩]。今不取，后世必为子孙忧。"孔子曰："求！君子疾夫(fú)舍曰欲之[⑪]而必为之辞。丘也闻有国有家者，不患寡而患不均，不患贫而患不安。盖均无贫，和无寡，安无倾。夫(fú)如是，故远人不服，则修文德以来之。既来之，则安之。今由与求也，相(xiàng)夫子[⑫]，远人不服，而不能来也；邦分崩离析[⑬]，而不能守也；而谋动干戈于邦内。吾恐季孙之忧，不在颛臾，而在萧墙[⑭]之内也。"

【注释】

①颛臾：鲁国的附属国，在今山东费县西。

②有事：指有军事行动，用兵作战。

③东蒙主：东蒙，蒙山。主，主持祭祀的人。

④周任：人名，周代史官。

⑤陈力就列：发挥自己的能力，按才力担任适当的职务。

⑥相：搀扶盲人的人。此处是辅助的意思。

⑦兕：雌性犀牛。

⑧柙：用以关押野兽的木笼。

⑨椟：匣子。

⑩费：季氏的采邑。

⑪舍曰欲之:把丢掉说成是求之(说反话)。

⑫夫子:指季康子。

⑬分崩离析:崩塌解体,四分五裂。崩,倒塌。析,分开。

⑭萧墙:古代宫室内作为屏障的矮墙。萧,通“肃”。

【译文】

季氏将要攻打颛臾。冉有、子路去见孔子说:“季氏可能要找颛臾麻烦了。”孔子说:“冉求,这不就是你的过错吗?从前是周天子让颛臾主持东蒙祭祀的,且它在鲁国的疆域之内,是国家的臣属,为什么要攻打它呢?”冉有说:“是季孙大夫想这么做,我们两个人都不同意。”孔子说:“冉求,周任有句话说:‘尽自己的力量去履行你的职责,实在做不好就辞职。’有了危险不去扶助,跌倒了不去搀扶,那还用辅助的人干什么?而且你说的话错了。老虎、犀牛从笼子里跑出来,龟甲、玉器在匣子里毁坏了,这是谁的过错?”冉有说:“现在颛臾城墙坚固,而且离费邑很近。现在不把它夺过来,将来一定会成为子孙的忧患。”孔子说:“冉求,君子最讨厌你这种人,把不要说成要,并且还为此编造许多理由。我听说,对于诸侯和大夫,不怕贫穷,而怕财富不均;不怕人口少,而怕不安定。因为财富平均,也就没有所谓贫穷;大家和睦,就不会感到人少;安定了,也就没有倾覆的危险了。为此,如果远方的人还不归服,就用仁、义、礼、乐感召他们;已经来了,就让他们安心住下去。现在,仲由和冉求你们两个人辅助季氏,远方的人不归服,你们无法感召他们前来;国内民心离散,你们不能保全,反而策划在国内使用武力。我只怕季孙的忧患,不在颛臾,而在鲁国的宫廷之内啊!”

77. 孟懿子 1 章

2.5

【原文】

孟懿子[①]问孝。子曰："无违[②]。"樊迟[③]御[④]，子告之曰："孟孙[⑤]问孝于我，我对曰'无违'。"樊迟曰："何谓也？"子曰："生，事之以礼；死，葬之以礼，祭之以礼。"

【注释】

①孟懿子：鲁国大夫。姓仲孙，名何忌，谥号懿。

②无违：不违礼。无，通"毋"。

③樊迟：姓樊，名须，字子迟，亦称樊迟，比孔子小 36 岁，齐国人（一说是鲁国人）。鲁哀公十一年（前 484），齐师伐鲁，冉求率"左师"御敌，以樊迟为车右。鲁军不敢过沟迎战，樊迟建议冉求带头，冉求纳之，鲁军大获全胜。

④御：驾车。

⑤孟孙：孟逊，指孟懿子。

【译文】

孟懿子向孔子请教什么是孝。孔子回答说："不要违礼。"樊迟恰好给孔子驾车，孔子就告诉他："孟逊问我什么是孝，我回答他说'不要违礼'。"樊迟说："（'不要违礼'）是什么意思呢？"孔子说："父母活着的时候，要按礼侍奉；父母去世后，要按礼埋葬，按礼祭祀。"

78. 孟武伯 2 章

2.6

【原文】

孟武伯[1]问孝。子曰:“父母,唯其疾之忧。”

【注释】

①孟武伯:名彘,谥号武。孟懿子的儿子。

【译文】

孟武伯问(孔子)什么是孝。孔子说:“做儿女的要特别关心父母的身体状况(或译:做儿女的做到了让父母只担心自己的身体健康而不担心别的)。”

5.8

【原文】

孟武伯问:“子路仁乎?”子曰:“不知也。”又问。子曰:“由也,千乘(shèng)之国,可使治其赋也[1],不知其仁也。”“求也何如?”子曰:“求也,千室之邑[2],百乘之家[3],可使为之宰[4]也,不知其仁也。”“赤[5]也何如?”子曰:“赤也,束带立于朝[6],可使与宾客[7]言也,不知其仁也。”

【注释】

①可使治其赋也:可让子路管理军务。赋,兵赋,征收的军事费用。

②千室之邑:有千户人家的公邑(直辖于诸侯)。邑,古代居民的聚居点,大致相当于城镇,古分公邑、采邑(卿大夫领地)。

③百乘之家:指卿大夫的属地(采邑)。当时大夫有车百乘,是采邑中的较大者。

④宰：家臣，总管。

⑤赤：姓公西，名赤，字子华。孔子的学生。

⑥束带立于朝：指穿着礼服立于朝廷。

⑦宾客：客人，来宾。

【译文】

孟武伯问孔子："子路可称为仁德之人吧？"孔子说："我不知道。"孟武伯又问了一遍，孔子说："仲由嘛，在拥有千辆兵车的国家里，可以让他管理军事，但他是不是做到了仁，我不知道。"孟武伯又问："冉求这个人怎么样？"孔子说："冉求这个人，可以让他在一个有千户人家的公邑或有百辆兵车的采邑里当总管，但他是不是做到了仁，我不知道。"孟武伯又问："公西赤又怎么样呢？"孔子说："公西赤嘛，可以让他穿着礼服，在朝廷上接待贵宾，但他是不是做到了仁，我也不知道。"

79. 师挚(太师挚)3 章

3.23

【原文】

子语(yù)[①]鲁大(tài)师[②]乐(yuè)，曰："乐(yuè)其可知也：始作，翕(xī)[③]如也；从(zòng)[④]之，纯[⑤]如也，皦(jiǎo)[⑥]如也，绎(yì)[⑦]如也。以成。"

【注释】

①语：告诉。

②鲁大师：名挚，鲁国乐官之长。大师，乐官名。

③翕：合聚，协调。

④从：放纵，展开。

⑤纯：美好，和谐。

⑥皦：清晰，音节分明。

⑦绎：连续不断。

【译文】

孔子与鲁国的乐师长谈论音乐的演奏："奏乐是有规律可循的：开始时，乐器合奏，热烈奔放；继而悠扬悦耳，音节分明；再后来和谐委婉，余音不绝。最后是结束。"

8.15

【原文】

子曰："师挚（zhì）①之始②，《关雎》之乱③，洋洋乎盈耳哉！"

【注释】

①师挚：乐师。有人说这里指太师挚。

②始：乐曲的开端，即序曲。古代奏乐，开端叫"升歌"，一般由太师演奏。挚是太师，所以这里说"师挚之始"。

③乱：乐曲终了。

【译文】

孔子说："开始时，由太师挚演奏；结束时，以《关雎》结尾。丰富而优美的音乐，仍在我耳边回荡。"

18.9

【原文】

大师挚①适齐，亚饭干适楚，三饭缭适蔡，四饭缺适秦②，鼓方叔③入于河，播鼗（táo）④武入于汉，少师⑤阳、击磬（qìng）襄⑥入于海。

【注释】

①大师挚：大，通"太"。太师是鲁国乐官之长，挚是人名。

②亚饭干适楚，三饭缭适蔡，四饭缺适秦：亚饭、三饭、四饭，都是乐官名。干、缭、缺，是人名。古代天子、诸侯吃饭时都要奏

乐，因此有“亚饭”“三饭”“四饭”之称。

③鼓方叔：击鼓的乐师，名方叔。

④鼗：小鼓。

⑤少师：乐官名，副乐师。

⑥击磬襄：击磬的乐师，名襄。

【译文】

（鲁国）太师挚到齐国去了，亚饭干到楚国去了，三饭缭到蔡国去了，四饭缺到秦国去了，打鼓的方叔到了黄河边，敲小鼓的武到了汉水边，少师阳和击磬的襄到了海滨。

80. 臧文仲 2 章

5.18

【原文】

子曰：“臧文仲[①]居蔡[②]，山节藻棁(zhuō)[③]，何如其知(zhì)也？”

【注释】

①臧文仲：姓臧孙，名辰，谥号文。曾因不遵守周礼，受到孔子指责。

②蔡：国君用以占卜的大龟。蔡这个地方产龟，所以把大龟叫作“蔡”。

③山节藻棁：把斗拱雕成山形，在棁上绘花草图案，是古时装饰天子宗庙的做法。节，柱上的斗拱。棁，房梁上的短柱。

【译文】

孔子说：“臧文仲造了间房子给大龟住，柱子上的斗拱雕成山形，梁上的短柱画着藻纹，这样做明智吗？”

15.14

【原文】

子曰："臧文仲其窃位[1]者与！知柳下惠[2]之贤而不与立也。"

【注释】

①窃位：通过不正当的手段获得官位。

②柳下惠：姓展，名获，又名禽，春秋中期鲁国大夫。因他受封于柳下，谥号惠，所以人称柳下惠。传说他坐怀不乱。

【译文】

孔子说："臧文仲是一个窃居官位的人！他明知道柳下惠是个贤人，却不举荐他。"

81. 臧武仲 2 章

14.12

【原文】

子路问成人[1]。子曰："若臧武仲[2]之知(zhì)、公绰[3]之不欲、卞(biàn)庄子[4]之勇、冉求之艺，文之以礼乐(yuè)，亦可以为成人矣。"曰："今之成人者何必然？见利思义，见危授命，久要(yāo)[5]不忘平生之言，亦可以为成人矣。"

【注释】

①成人：人格完备的完人。

②臧武仲：鲁国大夫臧孙纥。

③公绰：指孟公绰。鲁国大夫，属于孟孙氏家族。

④卞庄子：鲁国卞邑大夫。

⑤久要：长久处于穷困中。

【译文】

子路问怎样做才是一个完美的人。孔子说："如果具有臧武仲的智慧、孟公绰的廉洁、卞庄子的勇敢、冉求的才艺，再学习礼乐，也就可以算是一个完人了。"孔子又说："现在的完人何必一定要这样呢？见到财利能想到义，遇到危险愿意献出生命，长久处于穷困仍不忘终生的诺言，这样也可以成为一个完美的人。"

14.14

【原文】

子曰："臧武仲以防求为后于鲁[①]，虽曰不要(yāo)[②]君，吾不信也。"

【注释】

①"臧武仲"句：防，臧武仲的封邑，在今山东费县东北60里的华城，紧靠齐国边境。公元前550年，臧武仲因帮助季氏废长立少，得罪了孟孙氏，逃到邻近的邾国(见《左传·襄公二十三年》)。不久又回到他的封邑防城，请求鲁襄公为臧氏立后代于防，继承他的封邑。

②要：要挟，胁迫。

【译文】

孔子说："臧武仲凭借防邑请求鲁君在鲁国为臧氏立后代，虽自己说这样做不是要挟君主，但我不相信。"

82. 季文子1章

5.20

【原文】

季文子[①]三思而后行。子闻之，曰："再，斯[②]可矣。"

【注释】

①季文子：即季孙行父，谥号文。鲁成公、鲁襄公时任正卿。

②斯：这样。

【译文】

季文子每做一件事都要考虑三次（多次）才付诸行动。孔子听后，说："考虑两次就够了。"

83. 微生高1章

5.24

【原文】

子曰："孰谓微生高[①]直？或乞醯（xī）[②]焉，乞诸其邻而与之。"

【注释】

①微生高：姓微生，名高，鲁国人。当时的人们认为他很直率。

②醯：醋。

【译文】

孔子说："谁说微生高这个人直率啊？有人向他借醋，他（不直说没有，却暗地）到邻居家借了后再转借给那人。"

84. 左丘明1章

5.25

【原文】

子曰："巧言、令色、足恭[①]，左丘明[②]耻之，丘亦耻之。匿怨而友其人，左丘明耻之，丘亦耻之。"

【注释】

①足恭：一说是两只脚做出恭敬逢迎的姿态来讨好别人；一说是过分恭敬。

②左丘明：姓丘，名明，因其父任左史官，故称左丘明。也有人说其复姓左丘，名明；还有人说其单姓左，名丘明。春秋末期鲁国都君庄人。史学家，曾任鲁国史官，为解析《春秋》而作《左传》（又称《左氏春秋》）；又作《国语》，作《国语》时已双目失明。

【译文】

孔子说："花言巧语、容貌伪善、过分恭敬，左丘明认为这种人可耻，我也认为可耻。本来对那人有怨恨，却不表现出来，而表面上装出友好的样子，左丘明认为这种人可耻，我也认为可耻。"

85. 子桑伯子 1 章

6.2

【原文】

仲弓问子桑伯子[①]。子曰："可也，简[②]。"仲弓曰："居敬[③]而行简[④]，以临[⑤]其民，不亦可乎？居简[⑥]而行简，无乃[⑦]大[⑧]简乎？"子曰："雍之言然。"

【注释】

①子桑伯子：人名。《说苑·修文》中曾有记载。

②简：简要，不烦琐。

③居敬：为人做事严肃认真，依礼严格要求自己。

④行简：指推行政事简而不繁。

⑤临：面临，面对。此处有"治理"的意思。

⑥居简：为人做事怠慢懒惰，马马虎虎。

⑦无乃：岂不是。

⑧大：通“太”。

【译文】

仲弓问子桑伯子这个人怎么样。孔子说：“此人还可以，办事简要。”仲弓说：“态度恭敬严肃而行事简要，像这样来治理百姓，不是也可以吗？但为人怠慢又做事简率，这岂不是太简单了吗？”孔子说：“冉雍，你说得对。”

86. 孟之反1章

6.15

【原文】

子曰：“孟之反[①]不伐[②]，奔[③]而殿[④]，将入门，策其马曰：‘非敢后也，马不进也。’”

【注释】

①孟之反：名侧，鲁国大夫。

②伐：夸耀。

③奔：败走。

④殿：殿后，在全军最后作掩护。

【译文】

孔子说：“孟之反不喜欢夸耀自己。打仗撤退的时候，他留在最后掩护全军。快进城门的时候，他鞭打着自己的马说：‘不是我愿意走在最后（殿后）啊，是马跑不动啊。’”

87. 亚饭干 1 章

18.9

【原文】

大师挚[①]适齐，亚饭干适楚，三饭缭适蔡，四饭缺适秦[②]，鼓方叔[③]入于河，播鼗（táo）[④]武入于汉，少师[⑤]阳、击磬（qìng）襄[⑥]入于海。

【注释】

①大师挚：大，通“太”。太师是鲁国乐官之长，挚是人名。

②亚饭干适楚，三饭缭适蔡，四饭缺适秦：亚饭、三饭、四饭，都是乐官名。干、缭、缺，是人名。古代天子、诸侯吃饭时都要奏乐，因此有“亚饭”“三饭”“四饭”之称。

③鼓方叔：击鼓的乐师，名方叔。

④鼗：小鼓。

⑤少师：乐官名，副乐师。

⑥击磬襄：击磬的乐师，名襄。

【译文】

（鲁国）太师挚到齐国去了，亚饭干到楚国去了，三饭缭到蔡国去了，四饭缺到秦国去了，打鼓的方叔到了黄河边，敲小鼓的武到了汉水边，少师阳和击磬的襄到了海滨。

88. 三饭缭1章

18.9

【原文】

大师挚[①]适齐，亚饭干适楚，三饭缭适蔡，四饭缺适秦[②]，鼓方叔[③]入于河，播鼗（táo）[④]武入于汉，少师[⑤]阳、击磬（qìng）襄[⑥]入于海。

【注释】

①大师挚：大，通“太”。太师是鲁国乐官之长，挚是人名。

②亚饭干适楚，三饭缭适蔡，四饭缺适秦：亚饭、三饭、四饭，都是乐官名。干、缭、缺，是人名。古代天子、诸侯吃饭时都要奏乐，因此有“亚饭”“三饭”“四饭”之称。

③鼓方叔：击鼓的乐师，名方叔。

④鼗：小鼓。

⑤少师：乐官名，副乐师。

⑥击磬襄：击磬的乐师，名襄。

【译文】

（鲁国）太师挚到齐国去了，亚饭干到楚国去了，三饭缭到蔡国去了，四饭缺到秦国去了，打鼓的方叔到了黄河边，敲小鼓的武到了汉水边，少师阳和击磬的襄到了海滨。

89. 四饭缺1章

18.9

【原文】

大师挚[①]适齐，亚饭干适楚，三饭缭适蔡，四饭缺适秦[②]，鼓方叔[③]入于河，播鼗（táo）[④]武入于汉，少师[⑤]阳、击磬（qìng）襄[⑥]入于海。

【注释】

①大师挚：大，通“太”。太师是鲁国乐官之长，挚是人名。

②亚饭干适楚，三饭缭适蔡，四饭缺适秦：亚饭、三饭、四饭，都是乐官名。干、缭、缺，是人名。古代天子、诸侯吃饭时都要奏乐，因此有“亚饭”“三饭”“四饭”之称。

③鼓方叔：击鼓的乐师，名方叔。

④鼗：小鼓。

⑤少师：乐官名，副乐师。

⑥击磬襄：击磬的乐师，名襄。

【译文】

（鲁国）太师挚到齐国去了，亚饭干到楚国去了，三饭缭到蔡国去了，四饭缺到秦国去了，打鼓的方叔到了黄河边，敲小鼓的武到了汉水边，少师阳和击磬的襄到了海滨。

90. 鼓方叔1章

18.9

【原文】

大师挚[①]适齐,亚饭干适楚,三饭缭适蔡,四饭缺适秦[②],鼓方叔[③]入于河,播鼗(táo)[④]武入于汉,少师[⑤]阳、击磬(qìng)襄[⑥]入于海。

【注释】

①大师挚:大,通“太”。太师是鲁国乐官之长,挚是人名。

②亚饭干适楚,三饭缭适蔡,四饭缺适秦:亚饭、三饭、四饭,都是乐官名。干、缭、缺,是人名。古代天子、诸侯吃饭时都要奏乐,因此有“亚饭”“三饭”“四饭”之称。

③鼓方叔:击鼓的乐师,名方叔。

④鼗:小鼓。

⑤少师:乐官名,副乐师。

⑥击磬襄:击磬的乐师,名襄。

【译文】

(鲁国)太师挚到齐国去了,亚饭干到楚国去了,三饭缭到蔡国去了,四饭缺到秦国去了,打鼓的方叔到了黄河边,敲小鼓的武到了汉水边,少师阳和击磬的襄到了海滨。

91. 播鼗武1章

18.9

【原文】

大师挚[①]适齐，亚饭干适楚，三饭缭适蔡，四饭缺适秦[②]，鼓方叔[③]入于河，播鼗（táo）[④]武入于汉，少师[⑤]阳、击磬（qìng）襄[⑥]入于海。

【注释】

①大师挚：大，通“太”。太师是鲁国乐官之长，挚是人名。

②亚饭干适楚，三饭缭适蔡，四饭缺适秦：亚饭、三饭、四饭，都是乐官名。干、缭、缺，是人名。古代天子、诸侯吃饭时都要奏乐，因此有“亚饭”“三饭”“四饭”之称。

③鼓方叔：击鼓的乐师，名方叔。

④鼗：小鼓。

⑤少师：乐官名，副乐师。

⑥击磬襄：击磬的乐师，名襄。

【译文】

（鲁国）太师挚到齐国去了，亚饭干到楚国去了，三饭缭到蔡国去了，四饭缺到秦国去了，打鼓的方叔到了黄河边，敲小鼓的武到了汉水边，少师阳和击磬的襄到了海滨。

92. 少师阳1章

18.9

【原文】

大师挚① 适齐，亚饭干适楚，三饭缭适蔡，四饭缺适秦②，鼓方叔③ 入于河，播鼗（táo）④ 武入于汉，少师⑤ 阳、击磬（qìng）襄⑥ 入于海。

【注释】

①大师挚：大，通"太"。太师是鲁国乐官之长，挚是人名。

②亚饭干适楚，三饭缭适蔡，四饭缺适秦：亚饭、三饭、四饭，都是乐官名。干、缭、缺，是人名。古代天子、诸侯吃饭时都要奏乐，因此有"亚饭""三饭""四饭"之称。

③鼓方叔：击鼓的乐师，名方叔。

④鼗：小鼓。

⑤少师：乐官名，副乐师。

⑥击磬襄：击磬的乐师，名襄。

【译文】

（鲁国）太师挚到齐国去了，亚饭干到楚国去了，三饭缭到蔡国去了，四饭缺到秦国去了，打鼓的方叔到了黄河边，敲小鼓的武到了汉水边，少师阳和击磬的襄到了海滨。

93. 击磬襄1章

18.9

【原文】

大师挚[①]适齐，亚饭干适楚，三饭缭适蔡，四饭缺适秦[②]，鼓方叔[③]入于河，播鼗(táo)[④]武入于汉，少师[⑤]阳、击磬(qìng)襄[⑥]入于海。

【注释】

①大师挚：大，通"太"。太师是鲁国乐官之长，挚是人名。

②亚饭干适楚，三饭缭适蔡，四饭缺适秦：亚饭、三饭、四饭，都是乐官名。干、缭、缺，是人名。古代天子、诸侯吃饭时都要奏乐，因此有"亚饭""三饭""四饭"之称。

③鼓方叔：击鼓的乐师，名方叔。

④鼗：小鼓。

⑤少师：乐官名，副乐师。

⑥击磬襄：击磬的乐师，名襄。

【译文】

(鲁国)太师挚到齐国去了，亚饭干到楚国去了，三饭缭到蔡国去了，四饭缺到秦国去了，打鼓的方叔到了黄河边，敲小鼓的武到了汉水边，少师阳和击磬的襄到了海滨。

94. 孟敬子1章

8.4

【原文】

曾子有疾，孟敬子[①]问[②]之。曾子言曰："鸟之将死，其鸣也哀；人之将死，其言也善。君子所贵乎道者三：动容貌[③]，斯远暴慢[④]矣；正颜色[⑤]，斯近信矣；出辞气[⑥]，斯远鄙(bǐ)倍[⑦]矣。笾豆[⑧]之事，则有司[⑨]存。"

【注释】

①孟敬子：即鲁国大夫仲孙捷。

②问：探望，探视。

③动容貌：使自己的内心感情表现于面容。

④暴慢：粗暴，放肆。

⑤正颜色：使自己的脸色庄重严肃。

⑥出辞气：指说话的言辞和口气。出，说话。

⑦鄙倍：鄙，粗野。倍，通"背"，悖理。

⑧笾豆：笾、豆均是古代祭祀和典礼中的用具。

⑨有司：指主管某一方面事务的官吏，这里指主管祭祀、礼仪事务的官吏。

【译文】

曾子有病，孟敬子去看望他。曾子对他说："鸟快死的时候，它的叫声是悲哀的；人快死的时候，他说的话是善意的。君子重视的道有三个方面：容貌一定要庄重严肃，这样可以避免粗鲁、傲慢；态度一定要一本正经，这样就接近于诚信、无欺；言辞和语气不能粗俗、悖理。祭祀之事(不可荒废)，要有专人负责。"

95. 叔孙武叔 2 章

19.23

【原文】

叔孙武叔[①]语(yù)大夫于朝曰:"子贡贤于仲尼。"子服景伯[②]以告子贡。子贡曰:"譬之宫墙[③],赐之墙也及肩,窥见室家之好(hǎo)。夫子[④]之墙数仞(rèn)[⑤],不得其门而入,不见宗庙之美,百官[⑥]之富。得其门者或寡矣。夫子[⑦]之云,不亦宜乎!"

【注释】

①叔孙武叔:名州仇,鲁国大夫,"三桓"之一。

②子服景伯:鲁国大夫。

③宫墙:宫外之墙。

④夫子:这里指孔子。

⑤仞:古时七尺(一说八尺或五尺六寸)为一仞。

⑥官:这里指房舍。

⑦夫子:这里指叔孙武叔。

【译文】

叔孙武叔在朝廷上对大夫们说:"子贡比仲尼强。"子服景伯把这一番话告诉了子贡。子贡说:"拿宫墙来作比喻,如我之墙只有齐肩高,家里的东西一目了然;而如老师之墙却有几仞高,如果找不到门进去,你就看不见里面宗庙的富丽堂皇和房屋的绚丽多彩。能够找到门进去的人并不多。叔孙武叔(不了解情况,)那么讲,不是很自然吗?"

19.24

【原文】

叔孙武叔毁[1]仲尼。子贡曰:“无以为也!仲尼不可毁也。他人之贤者,丘陵也,犹可逾也;仲尼,日月也,无得而逾焉。人虽欲自绝[2],其何伤于日月乎?多[3]见其不知量也。”

【注释】

①毁:诽谤,诋毁。

②自绝:自己抛弃自己。

③多:用作副词,只是。

【译文】

叔孙武叔诽谤仲尼。子贡说:“(这样做)是没有用的!仲尼是被诽谤不了的。别人的贤德,好比丘陵,还可超越过去;仲尼的贤德,好比太阳和月亮,是无法超越的。有人要自绝于日月,但对日月又有什么损害呢?这只是表明他不自量力而已。”

96. 孟公绰 2 章

14.11

【原文】

子曰:“孟公绰[1]为赵魏老[2]则优[3],不可以为滕薛[4]大夫。”

【注释】

①孟公绰:鲁国大夫,属于孟孙氏家族。

②老:这里指古代大夫的家臣。

③优:有余。

④滕薛:滕,诸侯国家,在今山东滕州。薛,诸侯国家,在今山东滕州东南一带。

【译文】

孔子说："孟公绰做晋国赵氏、魏氏的家臣才力有余，但做不了滕、薛这样的小国的大夫。"

14.12

【原文】

子路问成人[①]。子曰："若臧武仲[②]之知(zhì)、公绰[③]之不欲、卞(biàn)庄子[④]之勇、冉求之艺，文之以礼乐(yuè)，亦可以为成人矣。"曰："今之成人者何必然？见利思义，见危授命，久要(yāo)[⑤]不忘平生之言，亦可以为成人矣。"

【注释】

①成人：人格完备的完人。

②臧武仲：鲁国大夫臧孙纥。

③公绰：指孟公绰。鲁国大夫，属于孟孙氏家族。

④卞庄子：鲁国卞邑大夫。

⑤久要：长久处于穷困中。

【译文】

子路问怎样做才是一个完美的人。孔子说："如果具有臧武仲的智慧、孟公绰的廉洁、卞庄子的勇敢、冉求的才艺，再学习礼乐，也就可以算是一个完人了。"孔子又说："现在的完人何必一定要这样呢？见到财利能想到义，遇到危险愿意献出生命，长久处于穷困仍不忘终生的诺言，这样也可以成为一个完美的人。"

97. 卞庄子1章

14.12

【原文】

子路问成人[①]。子曰:"若臧武仲[②]之知(zhì)、公绰[③]之不欲、卞(biàn)庄子[④]之勇、冉求之艺,文之以礼乐(yuè),亦可以为成人矣。"曰:"今之成人者何必然?见利思义,见危授命,久要(yāo)[⑤]不忘平生之言,亦可以为成人矣。"

【注释】

①成人:人格完备的完人。

②臧武仲:鲁国大夫臧孙纥。

③公绰:指孟公绰。鲁国大夫,属于孟孙氏家族。

④卞庄子:鲁国卞邑大夫。

⑤久要:长久处于穷困中。

【译文】

子路问怎样做才是一个完美的人。孔子说:"如果具有臧武仲的智慧、孟公绰的廉洁、卞庄子的勇敢、冉求的才艺,再学习礼乐,也就可以算是一个完人了。"孔子又说:"现在的完人何必一定要这样呢?见到财利能想到义,遇到危险愿意献出生命,长久处于穷困仍不忘终生的诺言,这样也可以成为一个完美的人。"

98. 阳货 1 章

17.1

【原文】

阳货[①]欲见孔子,孔子不见,归(kuì)孔子豚(tún)[②]。孔子时其亡(wú)[③]也,而往拜之,遇诸涂[④]。谓孔子曰:“来! 予与尔言。”曰:“怀其宝而迷其邦[⑤],可谓仁乎?”曰:“不可。”“好从事而亟(qì)[⑥]失时,可谓知(zhì)乎?”曰:“不可。”“日月逝矣,岁不我与[⑦]。”孔子曰:“诺,吾将仕矣。”

【注释】

①阳货:姓阳,名虎,字货,春秋时鲁国人。鲁国大夫季平子的家臣。季氏曾几代掌握鲁国朝政,而阳货又掌握着季氏的家政。季平子死后,阳货曾一度掌管鲁国政事。阳货曾与公山弗扰共谋杀害季桓子,失败后逃往晋国。

②归孔子豚:赠给孔子一只蒸熟的小猪。归,通“馈”,赠送。豚,小猪、猪。

③时其亡:等他外出不在家的时候。亡,通“无”,不在家。

④遇诸涂:在路上遇到了他。涂,通“途”,道路。

⑤迷其邦:听任国家迷乱。

⑥亟:屡次。

⑦岁不我与:我不可能永远与时间在一起,意思是时间不等人。

【译文】

阳货想见孔子,孔子不见,他便赠送给孔子一只(蒸熟的)小猪(想要孔子回拜他)。孔子打听到阳货不在家时,去阳货家拜谢,不想却在半路上遇见了。阳货对孔子说:“来,我有话要跟您说。”(孔子走过去,)阳货说:“把自己的本领藏起来而听任国家迷乱,这可以叫作仁吗?”(孔子回答)说:“不可以。”(阳货)说:“喜欢参与政事而又屡次错过机会,这可以说是智吗?”(孔子回答)说:“也不可以。”(阳货)说:“时间一天天过去了,年岁是不等人的。”孔子说:“好吧,我将考虑去做官。”

99. 微生亩1章

14.32

【原文】

微生亩[①]谓孔子曰:“丘,何为是[②]栖(xī)栖[③]者与? 无乃为佞乎?”孔子曰:“非敢为佞也,疾固[④]也。”

【注释】

①微生亩:姓微生,名亩,鲁国人。这里称孔子名,其应当比孔子年长。

②是:如此。

③栖栖:忙碌不安、不安定的样子。

④疾固:疾,恨。固,固执。

【译文】

微生亩对孔子说:“孔丘,你为什么这样四处奔波游说呢? 难道是为了显示自己的口才吗?”孔子说:“我怎么敢花言巧语,我只是痛恨那些顽固不化的人。”

100. 公伯寮 1 章

14.36

【原文】

公伯寮[①]愬[②]子路于季孙[③]。子服景伯[④]以告，曰："夫子[⑤]固有惑志[⑥]于公伯寮，吾力犹能肆[⑦]诸市朝[⑧]。"子曰："道之将行也与，命也；道之将废也与，命也。公伯寮其如命何！"

【注释】

①公伯寮：姓公伯，名寮，字子周，又作公伯僚。孔子的学生，曾任季氏的家臣。

②愬：通"诉"，告发、诽谤。

③季孙：这里指季康子。

④子服景伯：姓子服，名伯，谥号景。鲁国大夫。

⑤夫子：指季康子。

⑥惑志：惑乱人心。

⑦肆：古时处死罪人后陈尸示众。

⑧市朝：集市，街市。

【译文】

公伯寮向季孙告发子路。子服景伯把这件事告诉了孔子，并且说："季孙氏已经被公伯寮迷惑了，但我却能够把公伯寮杀了，把他陈尸于市。"孔子说："道能够得到推行，是天命决定的；道不能得到推行，也是天命决定的。公伯寮能把天命怎么样呢？"

101. 子服景伯 2 章

14.36

【原文】

公伯寮[①]愬[②]子路于季孙[③]。子服景伯[④]以告,曰:“夫子[⑤]固有惑志[⑥]于公伯寮,吾力犹能肆[⑦]诸市朝[⑧]。”子曰:“道之将行也与,命也;道之将废也与,命也。公伯寮其如命何!”

【注释】

①公伯寮:姓公伯,名寮,字子周,又作公伯僚。孔子的学生,曾任季氏的家臣。

②愬:通“诉”,告发、诽谤。

③季孙:这里指季康子。

④子服景伯:姓子服,名伯,谥号景。鲁国大夫。

⑤夫子:指季康子。

⑥惑志:惑乱人心。

⑦肆:古时处死罪人后陈尸示众。

⑧市朝:集市,街市。

【译文】

公伯寮向季孙告发子路。子服景伯把这件事告诉了孔子,并且说:“季孙氏已经被公伯寮迷惑了,但我却能够把公伯寮杀了,把他陈尸于市。”孔子说:“道能够得到推行,是天命决定的;道不能得到推行,也是天命决定的。公伯寮能把天命怎么样呢?”

19.23

【原文】

叔孙武叔[①]语(yù)大夫于朝曰:“子贡贤于仲尼。”子服景伯[②]以告子贡。子贡曰："譬之宫墙[3]，赐之墙也及肩，窥见室家之好(hǎo)。夫子[4]之墙数仞(rèn)[5]，不得其门而入，不见宗庙之美，百官[6]之富。得其门者或寡矣。夫子[7]之云，不亦宜乎！"

【注释】

①叔孙武叔：名州仇，鲁国大夫，"三桓"之一。

②子服景伯：鲁国大夫。

③宫墙：宫外之墙。

④夫子：这里指孔子。

⑤仞：古时七尺(一说八尺或五尺六寸)为一仞。

⑥官：这里指房舍。

⑦夫子：这里指叔孙武叔。

【译文】

叔孙武叔在朝廷上对大夫们说："子贡比仲尼强。"子服景伯把这一番话告诉了子贡。子贡说："拿宫墙来作比喻，如我之墙只有齐肩高，家里的东西一目了然；而如老师之墙却有几仞高，如果找不到门进去，你就看不见里面宗庙的富丽堂皇和房屋的绚丽多彩。能够找到门进去的人并不多。叔孙武叔(不了解情况，)那么讲，不是很自然吗？"

102. 原壤1章

14.43

【原文】

原壤[1]夷俟(sì)[2]。子曰："幼而不孙(xùn)弟(tì)[3]，长(zhǎng)而无述焉，老而不死，是为贼。"以杖叩其胫。

【注释】

①原壤：姓原，名壤，鲁国人，孔子的旧友。他的母亲死了，他

还大声歌唱，孔子认为这是大逆不道的行为。

②夷俟：夷，双腿分开而坐。俟，等待。

③孙弟：通“逊悌”，谦逊与孝悌。

【译文】

原壤叉开双腿坐在地上。孔子骂他说：“年幼的时候不讲孝悌，成年后也没有什么可以称道的，老了还不死，真是害人虫。”（边说边）用手杖敲他的小腿。

103. 师冕1章

15.42

【原文】

师冕[①]见，及阶[②]，子曰：“阶也。”及席[③]，子曰：“席也。”皆坐，子告之曰：“某在斯，某在斯。”师冕出。子张问曰：“与师言[④]之道与？”子曰：“然，固相(xiàng)[⑤]师之道也。”

【注释】

①师冕：名冕，是位盲人乐师。

②阶：台阶。

③席：用草或苇子等编成的成片的东西。古人用以坐、卧，现通常用来铺床或炕等。

④言：主动与人说话。

⑤相：帮助，辅助。

【译文】

乐师冕来见孔子，走到台阶，孔子说：“这儿是台阶。”走到座席旁，孔子说：“这是座席。”等大家都坐下来，孔子告诉他：“某某在这里，某某在这里。”师冕走了。子张问孔子：“这就是与乐师谈话的方式吗？”孔子说：“对，这就是与乐师相处的方式。”

104. 孟氏 1 章

19.19

【原文】

孟氏[①]使阳肤[②]为士师。问于曾子。曾子曰:“上失其道,民散久矣。如得其情,则哀矜[③]而勿喜。”

【注释】

①孟氏:当时的鲁国下卿。

②阳肤:曾子的学生。

③矜:怜悯。

【译文】

孟氏任命阳肤做典狱官。阳肤向曾子请教。曾子说:“执政者离开正道已很长时间,百姓早就离心离德了。如果有人犯事,应当怜悯他们,而不要因为终于有了惩罚他们的机会而感到高兴。”

105. 阳肤 1 章

19.19

【原文】

孟氏[①]使阳肤[②]为士师。问于曾子。曾子曰:“上失其道,民散久矣。如得其情,则哀矜[③]而勿喜。”

【注释】

①孟氏:当时的鲁国下卿。

②阳肤：曾子的学生。

③矜：怜悯。

【译文】

孟氏任命阳肤做典狱官。阳肤向曾子请教。曾子说："执政者离开正道已很长时间，百姓早就离心离德了。如果有人犯事，应当怜悯他们，而不要因为终于有了惩罚他们的机会而感到高兴。"

106. 鲁人 1 章

11. 14

【原文】

鲁人[①]为长府[②]。闵子骞曰："仍旧贯[③]，如之何？何必改作？"子曰："夫(fú)人[④]不言，言必有中(zhòng)。"

【注释】

①鲁人：这里指鲁国的当权者。在当时，"人"与"民"是两个完全不同的概念。人指官员，民指百姓。

②为长府：改建鲁国的国库。为，改建。长府，鲁国的国库。

③旧贯：盛钱的旧房子。贯，古代串钱的绳索（把方孔钱串在绳子上，每 1000 个为一贯）。

④夫人：夫，语气词。人，指闵子骞。

【译文】

鲁国当政者翻修仓库。闵子骞道："保持原样，不是很好吗？何必改建呢？"孔子道："这个人（指闵子骞）平日不大开口，一开口就说到点子上。"

107. 季子然1章

11.24

【原文】

季子然[①]问："仲由、冉求可谓大臣[②]与？"子曰："吾以子为异之问，曾[③]由与求之问。所谓大臣者，以道事君，不可则止。今由与求也，可谓具臣[④]矣。"曰："然则从之[⑤]者与？"子曰："弑父与君，亦不从也。"

【注释】

①季子然：姓季孙，名平子，字子然。也有注说其名襄，字子然。

②大臣：帮助天子与国君处理政事的人。天子与国君遇事时往往向大臣咨询。

③曾：乃，原来是。

④具臣：办理具体事务的官员，地位比大臣低。

⑤之：指季氏。当时冉求和子路都是季氏的家臣。

【译文】

季子然问："仲由和冉求可以算是大臣吗？"孔子说："我以为您是问别人，原来是问由和求呀。所谓大臣者，侍奉君主时办事讲原则，如大道不行，他宁肯不做。由和求这两个人，顶多也就是办理具体事务的具臣。"季子然说："那么他们会完全服从吗？"孔子说："杀父、弑君这样的事，他们是不会跟着干的。"

108. 公山弗扰 1 章

17.5

【原文】

公山弗扰[①]以费（bì）畔，召，子欲往。子路不悦（yuè），曰："末之[②]也已，何必公山氏之之[③]也？"子曰："夫召我者，而岂徒[④]哉？如有用我者，吾其为东周乎[⑤]！"

【注释】

①公山弗扰：复姓公山，名不狃（也作"弗扰""不扰"），字子泄。春秋时期鲁国人。他和阳虎同时，都是鲁国当政者季桓子的家臣。季桓子非常器重公山弗扰，派他担任季氏的私邑——费邑的邑宰。

②末之：无处去。末，无。之，到、往。

③之之：前一个"之"字是助词；后一个"之"字是动词，去。

④徒：徒然，空无所据。

⑤吾其为东周乎：我将在东方复兴周礼（或周公之道）。周，周公之礼（或周公之道）。

【译文】

公山弗扰据费邑反叛，来召孔子，孔子准备前去。子路不高兴地说："没有地方去就算了，为什么一定要去公山弗扰那里呢？"孔子说："他来召我，难道是白忙活吗？如果有人用我，我想利用这个机会，在东方复兴周礼（或周公之道）。"

四、卫国人物

109. 卫灵公2章

14.19

【原文】

子言卫灵公[①]之无道也，康子[②]曰："夫(fú)如是，奚而不丧(sàng)？"孔子曰："仲叔圉(yǔ)[③]治宾客，祝鮀(tuó)[④]治宗庙，王孙贾(gǔ)[⑤]治军旅。夫(fú)如是，奚其丧(sàng)？"

【注释】

①卫灵公：卫国国君。孔子周游列国到卫国时，卫灵公在位。

②康子：即季康子。

③仲叔圉：即孔文子，卫国大夫。

④祝鮀：卫国大夫。

⑤王孙贾：卫国大夫，负责军事。

【译文】

孔子讲到卫灵公的无道，季康子说："既然如此，为什么他没有败亡呢？"孔子说："仲叔圉管理外交，祝鮀管理宗庙祭祀，王孙贾统率军队。像这样，怎么会败亡呢？"

15.1

【原文】

卫灵公问陈(zhèn)[①]于孔子。孔子对曰："俎(zǔ)豆[②]之事，则尝闻之矣；军旅[③]之事，未之学也。"明日遂(suì)行。

【注释】

①陈：通“阵”，军队作战时布列的阵势。

②俎豆：俎，祭祀时盛牛、羊等祭品的礼器。豆，上古时盛食物的器皿。

③军旅：指军队。

【译文】

卫灵公向孔子问军队列阵之法。孔子回答说：“祭祀礼仪方面的事情，我听说过；用兵打仗的事，从来没有学过。”第二天，孔子便离开了卫国。

110. 卫君 2 章

7.15

【原文】

冉有曰：“夫子为[①]卫君[②]乎？”子贡曰：“诺[③]，吾将问之。”入，曰：“伯夷、叔齐何人也？”曰：“古之贤人也。”曰：“怨乎？”曰：“求仁而得仁，又何怨？”出，曰：“夫子不为也。”

【注释】

①为：帮助。

②卫君：卫出公辄，是卫灵公的孙子。公元前 492～前 481 年在位。他的父亲因谋杀南子被卫灵公驱逐出国。灵公死后，辄被立为国君，后来其父回国与他争位。

③诺：应答之语。

【译文】

冉有(问子贡)说：“老师会帮助卫国国君吗？”子贡说：“嗯，我去问问他。”于是就进去问孔子：“伯夷、叔齐是什么样的人呢？”(孔子)说：“古代的贤人。”(子贡又)问：“他们有怨恨吗？”(孔子)

说:“他们求仁而得到了仁,会有什么怨恨呢?”(子贡)出来(对冉有)说:“夫子不会帮助卫君。”

13.3

【原文】

子路曰:“卫君[①]待子而为政,子将奚[②]先?”子曰:“必也正名[③]乎!”子路曰:“有是哉?子之迂[④]也!奚其正?”子曰:“野哉,由也!君子于其所不知,盖阙(quē)[⑤]如也。名不正则言不顺,言不顺则事不成,事不成则礼乐(yuè)不兴,礼乐(yuè)不兴则刑罚不中(zhòng)[⑥],刑罚不中(zhòng)则民无所措手足。故君子名之必可言也,言之必可行也。君子于其言,无所苟[⑦]而已矣。”

【注释】

①卫君:卫出公,名辄,卫灵公之孙。其父蒯聩被卫灵公驱逐出国。卫灵公死后,蒯辄继位。蒯聩要回国争夺君位,遭到蒯辄拒绝。这里,孔子对此事提出了自己的看法。

②奚:为什么。

③正名:即正名分。

④迂:迂腐。

⑤阙:放在一旁。

⑥中:得当。

⑦苟:苟且,马马虎虎。

【译文】

子路(对孔子)说:“如果卫国国君要您去治理国家,您打算先从什么地方做起呢?”孔子说:“首先要正名啊。”子路说:“有这样做的吗?老师真是迂腐!正什么名?”孔子说:“仲由,你真是胡搅蛮缠!君子对于他所不知道的事情,应放在一旁不表态。名分不正,说起话来就不顺当合理;说话不顺当合理,事情就办不成;事情办不成,礼乐也就不能兴盛;礼乐不能兴盛,刑罚的执行就不会得当；刑罚不得当，百姓就不知怎么办好。因此，君子做事一定要师出有名，此名必须能够说得通，说得通才能行得通。君子对于自己所说的话，是一点也不敢马虎的。”

111. 祝鮀2章

6.16

【原文】

子曰：“不有祝鮀（tuó）[①]之佞，而[②]有宋朝[③]之美，难乎免于今之世矣！”

【注释】

①祝鮀：字子鱼，卫国大夫，有口才，以能言善辩曾受卫灵公重用，后被卫灵公疏远。

②而：这里是“与”的意思。

③宋朝：宋国的公子朝，美男子。《左传》中记载他因貌美而致乱。

【译文】

孔子说：“如果没有祝鮀那样的口才，也没有宋朝那样的美貌，在今天这样的世道下，怕是难逃灾祸了。”

14.19

【原文】

子言卫灵公[①]之无道也，康子[②]曰：“夫（fú）如是，奚而不丧（sàng）？”孔子曰：“仲叔圉（yǔ）[③]治宾客，祝鮀（tuó）[④]治宗庙，王孙贾（gǔ）[⑤]治军旅。夫（fú）如是，奚其丧（sàng）？”

【注释】

①卫灵公：卫国国君。孔子周游列国到卫国时，卫灵公在位。

②康子：即季康子。

③仲叔圉：即孔文子，卫国大夫。

④祝鮀：卫国大夫。

⑤王孙贾：卫国大夫，负责军事。

【译文】

孔子讲到卫灵公的无道，季康子说："既然如此，为什么他没有败亡呢？"孔子说："仲叔圉管理外交，祝鮀管理宗庙祭祀，王孙贾统率军队。像这样，怎么会败亡呢？"

112. 南子 1 章

6.28

【原文】

子见南子①，子路不说(yuè)②。夫子矢(shì)③之曰："予所否(pǐ)④者，天厌之！天厌之！"

【注释】

①南子：卫灵公夫人，受灵公宠爱，大权在握，行为失检、放荡，名声不好。

②说：通"悦"。

③矢：通"誓"，发誓。

④否：坏，恶。

【译文】

孔子去见了南子，子路很不高兴。孔子发誓说："如果我做了什么不正当的事，就让上天厌弃我吧！就让上天厌弃我吧！"

113. 卫公子荆 1 章

13.8

【原文】

子谓卫公子荆[①]："善居室[②]。始有，曰'苟[③]合[④]矣'；少有，曰'苟完矣'；富有，曰'苟美矣'。"

【注释】

①卫公子荆：卫国大夫，字南楚，卫献公的儿子。

②善居室：善于管理经济，居家过日子。

③苟：将就，差不多。

④合：足够。

【译文】

孔子谈到卫国的公子荆时说："他善于居家理财。刚开始有一点（财产），他说'差不多已经够了'；稍微多一点时，他说'差不多已经完备了'；更多一点时，他说'差不多已经完美了'。"

114. 蘧伯玉 2 章

14.25

【原文】

蘧（qú）伯玉[①]使人于孔子。孔子与之坐而问焉，曰："夫子何为？"对曰："夫子[②]欲寡其过而未能也。"使者出，子曰："使乎！使乎！"

【注释】

①蘧伯玉：卫国大夫。姓蘧，名瑗，字伯玉，卫国大夫蘧庄子（无咎）之子，谥号成子。蘧伯玉是孔子的好朋友，孔子在卫国时曾住在他的家里。

②夫子：指蘧伯玉。

【译文】

蘧伯玉派使者去拜访孔子。孔子让使者坐下，然后问道："先生最近在做什么？"使者回答说："先生想要减少自己的错误，但未能做到。"使者走了以后，孔子说："好一位会说话的使者啊，好一位会说话的使者啊！"

15.7

【原文】

子曰："直哉史鱼[①]！邦有道，如矢[②]；邦无道，如矢。君子哉蘧伯玉！邦有道，则仕；邦无道，则可卷[③]而怀之。"

【注释】

①史鱼：名鰌，字子鱼，卫国大夫。他多次向卫灵公推荐蘧伯玉。史鱼最著名的故事是"尸谏"。《孔子家语·困誓》："未有若史鱼，死而尸谏，忠感其君者也。不可谓直乎？"

②如矢：像箭那样直。矢，箭。

③卷：孔子读的是竹简，竹简的特点是可卷可放。

【译文】

孔子说："史鱼真是正直啊！国家有道，他的言行像箭一样直；国家无道，他的言行也像箭一样直。蘧伯玉真是一位君子啊！国家有道就出来做官，国家无道就（辞官）把自己的主张收藏在心里，如同把竹简卷起来藏在怀里一样。"

115. 王孙贾 2 章

3.13

【原文】

王孙贾[①]问曰："'与其媚[②]于奥[③]，宁媚于灶[④]。'何谓也？"子曰："不然。获罪于天，无所祷也。"

【注释】

①王孙贾：卫灵公时大夫，主管军旅。

②媚：谄媚，巴结，奉承。

③奥：居室的西南角为奥，是古时一家中尊者所居之地。这里指室内位居西南角的神。

④灶：这里指灶旁管烹饪做饭的神。其地位低，却能通天，"上天言善事"，后来演化成灶王爷。奥、灶当时均属"五祀"之一，奥的地位要高些。

【译文】

王孙贾问道："'与其奉承奥神，不如奉承灶神。'这话是什么意思？"孔子说："这话不对。如果得罪了天，无论怎么祷告也没有用了。"

14.19

【原文】

子言卫灵公[①]之无道也，康子[②]曰："夫（fú）如是，奚而不丧（sàng）？"孔子曰："仲叔圉（yǔ）[③]治宾客，祝鮀（tuó）[④]治宗庙，王孙贾（gǔ）[⑤]治军旅。夫（fú）如是，奚其丧（sàng）？"

【注释】

①卫灵公：卫国国君。孔子周游列国到卫国时，卫灵公在位。

②康子：即季康子。

③仲叔圉：即孔文子，卫国大夫。

④祝鮀：卫国大夫。

⑤王孙贾：卫国大夫，负责军事。

【译文】

孔子讲到卫灵公的无道，季康子说："既然如此，为什么他没有败亡呢？"孔子说："仲叔圉管理外交，祝鮀管理宗庙祭祀，王孙贾统率军队。像这样，怎么会败亡呢？"

116. 仪封人 1 章

3.24

【原文】

仪封人[①]请见，曰："君子之至于斯也，吾未尝不得见也。"从者见之[②]。出曰："二三子何患于丧[③]乎？天下之无道也久矣，天将以夫子为木铎[④]。"

【注释】

①仪封人：仪，地名，在今河南兰考境内。封人，镇守边疆的官员，姓名已不可考。

②从者见之：孔子随行的学生引见了他。从者，指孔子的随行弟子。

③丧：失去，这里指失去官职。

④木铎：木舌的铜铃。古代天子宣布政令时摇之以召集人民。

【译文】

（孔子到了边境，）仪（属卫国）的边防官请求见孔子，他说："凡是君子贤人到这里来，我没有不拜见的。"孔子的随行弟子引他去见了孔子。他出来后（对孔子的弟子们）说："你们几位何必为没有官位而发愁呢？天下无道已经很久了，上天将要启用夫子，用他来号令天下。”

117. 孔文子1章

5.15

【原文】

子贡问曰："孔文子[①]何以谓之'文'也？"子曰："敏[②]而好(hào)学，不耻下问，是以谓之'文'也。"

【注释】

①孔文子：卫国大夫孔圉(yǔ)，谥号文。"子"是对他的尊称。

②敏：敏捷，勤勉。

【译文】

子贡问道："孔文子死后为什么谥号是'文'呢？"孔子说："他聪敏勤勉而好学，不以向地位卑下的人请教为耻，所以谥号是'文'。"

118. 仲叔圉1章

14.19

【原文】

子言卫灵公[①]之无道也，康子[②]曰："夫(fú)如是，奚而不丧(sàng)？"孔子曰："仲叔圉(yǔ)[③]治宾客，祝鮀(tuó)[④]治宗庙，王孙贾(gǔ)[⑤]治军旅。夫(fú)如是，奚其丧(sàng)？"

【注释】

①卫灵公：卫国国君。孔子周游列国到卫国时，卫灵公在位。

②康子：即季康子。

③仲叔圉：即孔文子，卫国大夫。

④祝鮀：卫国大夫。

⑤王孙贾：卫国大夫，负责军事。

【译文】

孔子讲到卫灵公的无道，季康子说："既然如此，为什么他没有败亡呢？"孔子说："仲叔圉管理外交，祝鮀管理宗庙祭祀，王孙贾统率军队。像这样，怎么会败亡呢？"

119. 棘子成 1 章

12.8

【原文】

棘子成[①]曰："君子质而已矣，何以文为？"子贡曰："惜乎，夫子[②]之说君子也！驷不及舌[③]。文犹质也，质犹文也，虎豹之鞟(kuò)[④]犹犬羊之鞟。"

【注释】

①棘子成：卫国大夫。古代大夫都可以被尊称为"夫子"，所以子贡这样称呼他。

②夫子：这里指棘子成。

③驷不及舌：指话一说出口，就收不回来了。驷，拉一辆车的四匹马。

④鞟：去掉毛的兽皮。

【译文】

棘子成说："君子只要本质好就行了，要那些形式干什么呢？"

子贡说："真遗憾，夫子您这样谈论君子！一言既出，驷马难追。本质就是文采，文采就是本质，二者是同等重要的。去掉了毛的虎皮、豹皮，就如同去掉了毛的狗皮、羊皮一样(是难以区分的)。"

120. 荷蒉 1 章

14.39

【原文】

子击磬(qìng)[①]于卫，有荷(hè)蒉(kuì)[②]而过孔氏之门者，曰："有心哉，击磬乎！"既而曰："鄙哉，硁(kēng)硁[③]乎！莫己知也，斯己而已矣。'深则厉，浅则揭。'[④]"子曰："果哉！末[⑤]之难[⑥]矣。"

【注释】

①磬：古代石制的一种打击乐器。甲骨文中"磬"字左半像悬石，右半像手执槌敲击。磬起源于某种片状石制劳动工具，其形在后来有多种变化，质地也从原始的石制进一步发展到玉制、铜制。

②荷蒉：肩背着草筐。荷，肩扛。蒉，草筐。

③硁硁：击磬的声音。

④深则厉，浅则揭：过河时水深就垂衣过，水浅就提裙走。

⑤末：无。

⑥难：困难。

【译文】

孔子在卫国的时候，一次，他正在敲击磬，有一位背着草筐的人从门前走过说："这个击磬的人有心事啊！"一会儿又说："声音硁硁的，见识一般。是说没有人了解自己，没有人了解怕什么呢。'人应当这样(好像涉水一样)，水深就穿着衣服趟过去，水浅就撩起衣服趋过去。'"孔子说："说得真对，若这样，就没有什么困难了。"

121. 卫公孙朝1章

19.22

【原文】

卫公孙朝[①]问于子贡曰："仲尼[②]焉学？"子贡曰："文武之道，未坠于地，在人。贤者识其大者，不贤者识其小者。莫不有文武之道焉。夫子焉不学？而亦何常师之有？"

【注释】

①卫公孙朝：卫国的大夫公孙朝。

②仲尼：孔子的字。

【译文】

卫国的公孙朝问子贡说："仲尼的学问是从哪里学来的？"子贡说："周文王、周武王的道，并没有失传，是因为有人在传承它们。贤能的人可以了解它的根本，不贤能的人只能了解它的末节。到处都有文武之道存在。夫子在哪里不能学？又何必要有固定的老师呢？"

122. 史鱼1章

15.7

【原文】

子曰："直哉史鱼[①]！邦有道，如矢[②]；邦无道，如矢。君子哉蘧伯玉！邦有道，则仕；邦无道，则可卷③而怀之。”

【注释】

①史鱼：名鳅，字子鱼，卫国大夫。他多次向卫灵公推荐蘧伯玉。史鱼最著名的故事是“尸谏”。《孔子家语·困誓》：“未有若史鱼，死而尸谏，忠感其君者也。不可谓直乎？”

②如矢：像箭那样直。矢，箭。

③卷：孔子读的是竹简，竹简的特点是可卷可放。

【译文】

孔子说：“史鱼真是正直啊！国家有道，他的言行像箭一样直；国家无道，他的言行也像箭一样直。蘧伯玉真是一位君子啊！国家有道就出来做官，国家无道就（辞官）把自己的主张收藏在心里，如同把竹简卷起来藏在怀里一样。”

123. 宁武子 1 章

5.21

【原文】

子曰：“宁(nìng)武子①，邦有道，则知(zhì)；邦无道，则愚②。其知(zhì)，可及也；其愚，不可及也。”

【注释】

①宁武子：姓宁，名俞，谥号武，卫国大夫。

②愚：笨。这里用作动词，装笨。

【译文】

孔子说：“宁武子，当国家有道时，他就发挥才智，显得很聪明；当国家无道时，他就装傻（不出来做事）。他的聪明，别人可以做到；他的装傻，别人就做不到了。”

124. 公叔文子2章

14.13

【原文】

子问公叔文子[①]于公明贾[②]曰："信乎，夫子[③]不言，不笑，不取乎？"公明贾对曰："以[④]告者过也。夫子时然后言，人不厌其言；乐然后笑，人不厌其笑；义然后取，人不厌其取。"子曰："其然？岂其然乎？"

【注释】

①公叔文子：即公孙拔，卫国大夫，卫献公之子，谥号文。

②公明贾：姓公明，字贾，卫国人。

③夫子：这里指公叔文子。

④以：此处是"这个"的意思。

【译文】

孔子向公明贾问公叔文子，说："传说先生他不说话，从不笑，也不要钱财，是真的吗？"公明贾回答道："告诉你这话的那个人说得不对。先生他到该说时才说，因此别人不讨厌他说话；快乐时才笑，因此别人不讨厌他笑；合于道义的财利才求取，因此别人不讨厌他求取。"孔子说："原来是这样？难道真是这样吗？"

14.18

【原文】

公叔文子之臣大夫僎(xún)[①]与文子同升诸公[②]。子闻之，曰："可以为文矣。"

【注释】

①僎：公叔文子的家臣。

②升诸公：指僎由家臣升为大夫，与公叔文子同位。公，公室。

【译文】

公叔文子的家臣僎和文子一同做了卫国的大夫。孔子知道后说："（公叔文子死后）可以给他'文'的谥号了。"

125. 公明贾1章

14.13

【原文】

子问公叔文子[①]于公明贾[②]曰："信乎，夫子[③]不言，不笑，不取乎？"公明贾对曰："以[④]告者过也。夫子时然后言，人不厌其言；乐然后笑，人不厌其笑；义然后取，人不厌其取。"子曰："其然？岂其然乎？"

【注释】

①公叔文子：即公孙拔，卫国大夫，卫献公之子，谥号文。

②公明贾：姓公明，字贾，卫国人。

③夫子：这里指公叔文子。

④以：此处是"这个"的意思。

【译文】

孔子向公明贾问公叔文子，说："传说先生他不说话，从不笑，也不要钱财，是真的吗？"公明贾回答道："告诉你这话的那个人说得不对。先生他到该说时才说，因此别人不讨厌他说话；快乐时才笑，因此别人不讨厌他笑；合于道义的财利才求取，因此别人不讨厌他求取。"孔子说："原来是这样？难道真是这样吗？"

126. 僎 1 章

14.18

【原文】

公叔文子之臣大夫僎(xún)[①]与文子同升诸公[②]。子闻之,曰:"可以为文矣。"

【注释】

①僎:公叔文子的家臣。

②升诸公:指僎由家臣升为大夫,与公叔文子同位。公,公室。

【译文】

公叔文子的家臣僎和文子一同做了卫国的大夫。孔子知道后说:"(公叔文子死后)可以给他'文'的谥号了。"

五、其他人物

127. 齐景公 3 章

12.11

【原文】

齐景公[①]问政于孔子。孔子对曰:“君君,臣臣,父父,子子。”公曰:“善哉!信如君不君,臣不臣,父不父,子不子,虽有粟[②],吾得而食诸?”

【注释】

①齐景公:名杵(chǔ)臼(jiù),齐国国君,公元前 547～前 490 年在位,在位时间长达 57 年。

②粟:小米,古称“稷”或“粟”。脱壳制成的粮食,因其粒小,故名。原产于中国北方黄河流域,是中国古代的主要粮食作物之一。

【译文】

齐景公问孔子如何治理国家。孔子说:“做君主的要像君主的样子,做臣子的要像臣子的样子,做父亲的要像父亲的样子,做儿子的要像儿子的样子。”齐景公说:“讲得多好呀!如果君不像君,臣不像臣,父不像父,子不像子,虽然有粮食(小米),我能吃得上吗?”

16.12

【原文】

齐景公有马千驷，死之日，民无德而称焉。伯夷、叔齐饿于首阳之下，民到于今称之。(“诚不以富，亦祇以异。”)其斯之谓与？

【译文】

齐景公有4000匹马，他死的时候，百姓们觉得他没有什么德行可以称颂。伯夷、叔齐饿死在首阳山下，百姓们到现在还在称颂他们。(“诚不以富，亦祇以异。”)说的就是这个意思吧？

18.3

【原文】

齐景公[①]待孔子曰：“若季氏[②]，则吾不能；以季、孟之间待之。”曰：“吾老矣，不能用也。”孔子行。

【注释】

①齐景公：当时的齐国国君。孔子曾经到齐国，谋求齐景公的重用，但未果。

②季氏：季桓子。当时鲁国的执政者。

【译文】

齐景公在讲到如何对待孔子时说：“像鲁君对待季氏那样，我做不到；我可用介于季氏、孟氏之间的待遇对待他。”又说：“我老了，不能用他了。”孔子于是离开了齐国。

128. 齐简公 1 章

14.21

【原文】

陈成子[①]弑简公[②]。孔子沐浴而朝，告于哀公曰："陈恒弑其君，请讨之。"公曰："告夫(fú)三子[③]。"孔子曰："以吾从大夫之后[④]，不敢不告也。君曰'告夫(fú)三子'者。"之[⑤]三子告，不可。孔子曰："以吾从大夫之后，不敢不告也。"

【注释】

①陈成子：即陈恒，齐国大夫，又叫田成子。他以大斗借出、小斗收进的方法得到百姓拥护。公元前 481 年，他杀死齐简公，夺取了政权。这个时候孔子已经 70 岁了。

②简公：即齐简公，姓姜，名壬。公元前 484～前 481 年在位。

③三子：指季孙、孟孙、叔孙三家。

④从大夫之后：孔子曾任过大夫职，但此时已经去官，所以说"从大夫之后"。

⑤之：往。

【译文】

陈成子杀了齐简公。孔子斋戒沐浴以后，随即上朝去见鲁哀公，报告说："陈恒把他的君主杀了，请您出兵讨伐他。"哀公说："你去报告那三位大夫吧。"孔子退朝后说："因为我曾经做过大夫，所以不敢不来报告，君主却说'你去告诉那三位大夫吧'！"孔子去向三位大夫报告，但三位大夫不愿派兵讨伐。孔子说："因为我曾经做过大夫，所以不敢不来报告呀！"

129. 公子纠 2 章

14.16

【原文】

子路曰："桓公杀公子纠[①]，召忽[②]死之，管仲不死。"曰："未仁乎？"子曰："桓公九合诸侯[③]，不以兵车[④]，管仲之力也。如其仁[⑤]，如其仁。"

【注释】

①公子纠：齐桓公的哥哥。他与齐桓公争王位，为齐桓公所杀。

②召忽：管仲和召忽都是公子纠的家臣。公子纠被杀后，召忽自杀，管仲归服于齐桓公，并当上了齐国的宰相。

③九合诸侯：指齐桓公多次召集诸侯会盟。

④不以兵车：不用武力。

⑤如其仁：这就是他的仁德。

【译文】

子路说："齐桓公杀了公子纠，召忽自杀以殉，但管仲却没有自杀。"又说："管仲不能算是仁人吧？"孔子说："桓公多次召集诸侯会盟，且不用武力，这都是管仲的功劳。这就是仁，这就是仁。"

14.17

【原文】

子贡曰："管仲非仁者与？桓公杀公子纠，不能死，又相(xiàng)之。"子曰："管仲相(xiàng)桓公，霸诸侯，一匡天下，民到于今受其赐。微[①]管仲，吾其被(pī)发(fà)左衽(rèn)[②]矣。岂若匹夫匹妇之为谅[③]也，自经[④]于沟渎[⑤]而莫之知也。"

【注释】

①微:无,没有。

②被发左衽:当时的夷狄之俗。被,通"披"。衽,衣襟。

③谅:遵守信用。这里指小节小信。

④自经:上吊自杀。

⑤渎:小沟渠。

【译文】

子贡问:"管仲不能算是仁人吧?桓公杀了公子纠,他不能为公子纠殉死,反而做了齐桓公的国相。"孔子说:"管仲辅佐桓公,称霸诸侯,匡正了天下,老百姓直到今天还蒙受他的恩惠。如果没有管仲,恐怕我们也要披散着头发、衣襟向左开了。哪能像普通百姓那样恪守小节,自缢于小山沟里,而谁也不知道呀。"

130. 召忽 1 章

14.16

【原文】

子路曰:"桓公杀公子纠①,召忽②死之,管仲不死。"曰:"未仁乎?"子曰:"桓公九合诸侯③,不以兵车④,管仲之力也。如其仁⑤,如其仁。"

【注释】

①公子纠:齐桓公的哥哥。他与齐桓公争王位,为齐桓公所杀。

②召忽:管仲和召忽都是公子纠的家臣。公子纠被杀后,召忽自杀,管仲归服于齐桓公,并当上了齐国的宰相。

③九合诸侯:指齐桓公多次召集诸侯会盟。

④不以兵车:不用武力。

⑤如其仁:这就是他的仁德。

【译文】

子路说："齐桓公杀了公子纠，召忽自杀以殉，但管仲却没有自杀。"又说："管仲不能算是仁人吧？"孔子说："桓公多次召集诸侯会盟，且不用武力，这都是管仲的功劳。这就是仁，这就是仁。"

131. 陈成子（陈恒）1章

14.21

【原文】

陈成子[①]弑简公[②]。孔子沐浴而朝，告于哀公曰："陈恒弑其君，请讨之。"公曰："告夫（fú）三子[③]。"孔子曰："以吾从大夫之后[④]，不敢不告也。君曰'告夫（fú）三子'者。"之[⑤]三子告，不可。孔子曰："以吾从大夫之后，不敢不告也。"

【注释】

①陈成子：即陈恒，齐国大夫，又叫田成子。他以大斗借出、小斗收进的方法得到百姓拥护。公元前481年，他杀死齐简公，夺取了政权。这个时候孔子已经70岁了。

②简公：即齐简公，姓姜，名壬。公元前484～前481年在位。

③三子：指季孙、孟孙、叔孙三家。

④从大夫之后：孔子曾任过大夫职，但此时已经去官，所以说"从大夫之后"。

⑤之：往。

【译文】

陈成子杀了齐简公。孔子斋戒沐浴以后，随即上朝去见鲁哀公，报告说："陈恒把他的君主杀了，请您出兵讨伐他。"哀公说："你去报告那三位大夫吧。"孔子退朝后说："因为我曾经做过大夫，所以不敢不来报告，君主却说‘你去告诉那三位大夫吧’！”孔子去向三位大夫报告，但三位大夫不愿派兵讨伐。孔子说：“因为我曾经做过大夫，所以不敢不来报告呀！”

132. 陈司败 1 章

7.31

【原文】

陈司败[①]问：“昭公[②]知礼乎？”孔子曰：“知礼。”孔子退，揖[③]巫马期[④]而进之曰：“吾闻君子不党[⑤]，君子亦党乎？君取[⑥]于吴，为同姓[⑦]，谓之吴孟子[⑧]。君而知礼，孰不知礼？”巫马期以告。子曰：“丘也幸，苟有过，人必知之。”

【注释】

①陈司败：陈国主管司法的官，在鲁国称“司寇”。

②昭公：鲁国的君主，名裯(chóu)，公元前 541～前 510 年在位。“昭”是谥号。

③揖：作揖，行拱手礼。

④巫马期：姓巫马，名施，字子期。孔子的学生，比孔子小 30 岁。

⑤党：偏袒，包庇。

⑥取：通“娶”。

⑦为同姓：鲁国和吴国的国君同姓“姬”。周礼规定同姓不婚，昭公娶同姓女，是违礼的行为。

⑧吴孟子：鲁昭公夫人。春秋时代，国君夫人的称号一般是出生国的国名加上她的姓。鲁昭公娶于吴，夫人姓姬，应当称吴姬。但鲁昭公为了掩饰自己的违礼行为，不称她吴姬而称她为吴孟子。

【译文】

陈司败问："鲁昭公懂礼吗？"孔子说："懂礼。"孔子出来后，陈司败向巫马期作了个揖，走近他说："我听说君子没有偏袒，难道君子也包庇别人的错误吗？鲁君娶了一个吴国的同姓女子为夫人，称她吴孟子。如果鲁君算是知礼，还有谁不知礼呢？"巫马期把这话告诉了孔子。孔子说："我真是幸运，如果有错，别人一定会知道的。"

133. 长沮1章

18.6

【原文】

长沮、桀溺[①]耦而耕[②]，孔子过之，使子路问津[③]焉。长沮曰："夫（fú）执舆[④]者为谁？"子路曰："为孔丘。"曰："是鲁孔丘与？"曰："是也。"曰："是知津矣。"问于桀溺。桀溺曰："子为谁？"曰："为仲由。"曰："是孔丘之徒与？"对曰："然。"曰："滔滔者天下皆是也，而谁以易之？且而与其从辟（bì）[⑤]人之士也，岂若从辟（bì）世之士哉？"耰（yōu）[⑥]而不辍。子路行以告。夫子怃（wǔ）然[⑦]曰："鸟兽不可与[⑧]同群，吾非斯人之徒与而谁与？天下有道，丘不与易也。"

【注释】

①长沮、桀溺：两位隐士，真实姓名和身世不详。

②耦而耕：两个人合力耕作。

③问津：询问渡口。津，渡口。

④执舆：即执辔，拉着缰绳。

⑤辟：通"避"。

⑥耰：用土覆盖种子。

⑦怃然:怅然,失意。

⑧与:和。

【译文】

长沮、桀溺在一起耕种,孔子路过那里,让子路去询问渡口在哪里。长沮问子路:"那个拽着缰绳的是谁?"子路说:"是孔丘。"长沮说:"是鲁国的孔丘吗?"子路说:"是的。"长沮说:"那他应该知道渡口在哪里。"子路再去问桀溺。桀溺说:"你是谁?"子路说:"我是仲由。"桀溺说:"是鲁国孔丘的门徒吗?"子路说:"是的。"桀溺说:"现在不合理的事像洪水一样到处都是,你们同谁去改变它们呢?而且你们与其跟着躲避人的人,为什么不跟着我们这些逃避社会的人呢?"说完,仍旧不停地做田里的农活。子路回来后把情况告诉了孔子。孔子很失望地说:"人是不能只与飞禽走兽一起生活的,如果不同世上的人群打交道,还与谁打交道呢?如果天下清明有道,我也不赞成变革。"

134. 桀溺 1 章

18.6

【原文】

长沮、桀溺[①]耦而耕[②],孔子过之,使子路问津[③]焉。长沮曰:"夫(fú)执舆[④]者为谁?"子路曰:"为孔丘。"曰:"是鲁孔丘与?"曰:"是也。"曰:"是知津矣。"问于桀溺。桀溺曰:"子为谁?"曰:"为仲由。"曰:"是孔丘之徒与?"对曰:"然。"曰:"滔滔者天下皆是也,而谁以易之?且而与其从辟(bì)[⑤]人之士也,岂若从辟(bì)世之士哉?"耰(yōu)[⑥]而不辍。子路行以告。夫子怃(wǔ)然[⑦]曰:"鸟兽不可与[⑧]同群,吾非斯人之徒与而谁与?天下有道,丘不与易也。"

【注释】

①长沮、桀溺：两位隐士，真实姓名和身世不详。

②耦而耕：两个人合力耕作。

③问津：询问渡口。津，渡口。

④执舆：即执辔，拉着缰绳。

⑤辟：通“避”。

⑥耰：用土覆盖种子。

⑦怃然：怅然，失意。

⑧与：和。

【译文】

长沮、桀溺在一起耕种，孔子路过那里，让子路去询问渡口在哪里。长沮问子路：“那个拽着缰绳的是谁？”子路说：“是孔丘。”长沮说：“是鲁国的孔丘吗？”子路说：“是的。”长沮说：“那他应该知道渡口在哪里。”子路再去问桀溺。桀溺说：“你是谁？”子路说：“我是仲由。”桀溺说：“是鲁国孔丘的门徒吗？”子路说：“是的。”桀溺说：“现在不合理的事像洪水一样到处都是，你们同谁去改变它们呢？而且你们与其跟着躲避人的人，为什么不跟着我们这些逃避社会的人呢？”说完，仍旧不停地做田里的农活。子路回来后把情况告诉了孔子。孔子很失望地说：“人是不能只与飞禽走兽一起生活的，如果不同世上的人群打交道，还与谁打交道呢？如果天下清明有道，我也不赞成变革。”

135. 丈人 1 章

18.7

【原文】

子路从而后,遇丈人[①],以杖荷(hè)蓧(diào)[②]。子路问曰:“子见夫子乎?”丈人曰:“四体不勤,五谷不分[③]。孰为夫子?”植其杖而芸[④]。子路拱而立。止子路宿[⑤],杀鸡为黍(shǔ)[⑥]而食(sì)[⑦]之,见其二子焉。明日,子路行以告。子曰:“隐者也。”使子路反见之。至则行矣。子路曰:“不仕无义[⑧]。长(zhǎng)幼之节,不可废也;君臣之义,如之何其废之?欲洁其身,而乱大伦。君子之仕也,行其义也。道之不行,已知之矣。”

【注释】

①丈人:拄拐杖的人。形容年纪大的人。

②蓧:古代锄草用的农具。

③四体不勤,五谷不分:手脚不勤快,五谷分不清。意指既懒惰又没有农业常识。

④芸:通“耘”,锄草。

⑤止子路宿:留子路住下。

⑥黍:黏小米。

⑦食:拿东西给人吃。

⑧不仕无义:不出来做官,就是该做的事没有做。

【译文】

子路跟随孔子出行,落在了后面,遇到一位老汉,用担杖挑着锄草的工具。子路问道:“您看到我的老师了吗?”老汉说:“若四体不勤,则五谷不分。哪知道你的老师是谁?”说完,便继续去锄草。子路拱着手恭敬地站在一旁。(锄完草后,)老汉留子路到他家住宿，并杀了鸡，做了小米饭给他吃，又叫两个儿子出来与子路见面。第二天，子路赶上孔子，把这件事告诉了孔子。孔子说："这是个隐士啊。"叫子路回去再看看他。子路回到那里，老汉已经走了。子路说："不出来做官，就是该做的事没有做。长幼间的关系礼节，尚且不能废弃；君臣之间的义，怎么能废弃呢？这人自身清白，却破坏了根本的君臣之道与伦理关系。君子做官，是为了实行君臣之义。道之不行，从这一点上看已经很清楚了。"

136. 叶公 3 章

7. 19

【原文】

叶(shè)公[1]问孔子于子路，子路不对。子曰："女(rǔ)奚不曰，其为人也，发愤忘食，乐以忘忧，不知老之将至云尔[2]。"

【注释】

①叶公：姓沈，名诸梁，字子高，楚国大夫。因封地在叶城(今河南叶县南)，所以叫叶公。

②云尔：如此而已。

【译文】

叶公向子路问孔子是个什么样的人，子路没有回答。孔子(对子路)说："你为什么不这样说，他这个人，用起功来忘了吃饭，快乐起来不知忧愁，甚至连自己老了都不知道。如此而已。"

13. 16

【原文】

叶公问政。子曰："近者悦(yuè)，远者来。"

【译文】

叶公问如何为政。孔子说:“使近处的人高兴,使远处的人来归附。”

13.18

【原文】

叶公语(yù)孔子曰:“吾党[①]有直躬[②]者,其父攘(rǎng)羊[③],而子证[④]之。”孔子曰:“吾党之直者异于是:父为子隐,子为父隐,直在其中矣。”

【注释】

①党:古代500户为一党。

②直躬:直身而行。

③攘羊:偷别人家的羊。攘,侵夺、偷窃。

④证:做证,这里引申为揭发、告发。

【译文】

叶公告诉孔子说:“我的家乡有个正直的人,他的父亲偷了人家的羊,他告发了父亲。”孔子说:“我家乡的正直的人和你讲的正直的人不一样:(若有这种事,)父亲为儿子隐瞒,儿子为父亲隐瞒,正直就在其中了。”

137. 直躬1章

13.18

【原文】

叶公语(yù)孔子曰:“吾党[①]有直躬[②]者,其父攘(rǎng)羊[③],而子证[④]之。”孔子曰:“吾党之直者异于是:父为子隐,子为父隐,直在其中矣。”

【注释】

①党：古代 500 户为一党。

②直躬：直身而行。

③攘羊：偷别人家的羊。攘，侵夺、偷窃。

④证：做证，这里引申为揭发、告发。

【译文】

叶公告诉孔子说："我的家乡有个正直的人，他的父亲偷了人家的羊，他告发了父亲。"孔子说："我家乡的正直的人和你讲的正直的人不一样：（若有这种事，）父亲为儿子隐瞒，儿子为父亲隐瞒，正直就在其中了。"

138. 太宰 1 章

9.6

【原文】

太宰[①]问于子贡曰："夫子圣者与？何其多能也？"子贡曰："固天纵[②]之将圣，又多能也。"子闻之，曰："太宰知我乎？吾少也贱，故多能鄙事[③]。君子多乎哉？不多也。"

【注释】

①太宰：官名，掌管国君宫廷事务。当时吴、宋两国的上大夫也称"太宰"。

②纵：让，使。

③鄙事：卑贱的事。

【译文】

太宰问子贡说："孔夫子是一位圣人吧？为什么这样多才多艺呢？"子贡说："必定是上天让他成为圣人，而且使他多才多艺。"孔子听后说："太宰怎么会了解我呢？我少年时地位低贱，所以学会许多卑贱的技艺。贵族会有这么多的技艺吗？不会的。"

139. 禆谌 1 章

14.8

【原文】

子曰:"为命[①],禆(bì)谌(chén)[②]草创之,世叔[③]讨论之,行人[④]子羽[⑤]修饰之,东里[⑥]子产润色之。"

【注释】

①为命:制定政令或外交文书。命,指国家的政令,另解释为诸侯会盟的外交文书。

②禆谌:人名,郑国的大夫,以多谋见称。

③世叔:即子太叔,名游吉,郑国的大夫。子产死后,继子产为郑国宰相。

④行人:官名,掌管外交事务。

⑤子羽:姓公孙,名挥,字子羽,郑国大夫。

⑥东里:地名,郑国大夫子产居住的地方。

【译文】

孔子说:"郑国拟定的政令公文(外交文书),首先由禆谌起草,再由世叔提出意见,然后由外交官子羽加以修饰,最后由东里子产润色。"

140. 世叔 1 章

14.8

【原文】

子曰："为命[①]，裨(bì)谌(chén)[②]草创之，世叔[③]讨论之，行人[④]子羽[⑤]修饰之，东里[⑥]子产润色之。"

【注释】

①为命：制定政令或外交文书。命，指国家的政令，另解释为诸侯会盟的外交文书。

②裨谌：人名，郑国的大夫，以多谋见称。

③世叔：即子太叔，名游吉，郑国的大夫。子产死后，继子产为郑国宰相。

④行人：官名，掌管外交事务。

⑤子羽：姓公孙，名挥，字子羽，郑国大夫。

⑥东里：地名，郑国大夫子产居住的地方。

【译文】

孔子说："郑国拟定的政令公文(外交文书)，首先由裨谌起草，再由世叔提出意见，然后由外交官子羽加以修饰，最后由东里子产润色。"

141. 子羽1章

14.8

【原文】

子曰:"为命[1],裨(bì)谌(chén)[2]草创之,世叔[3]讨论之,行人[4]子羽[5]修饰之,东里[6]子产润色之。"

【注释】

①为命:制定政令或外交文书。命,指国家的政令,另解释为诸侯会盟的外交文书。

②裨谌:人名,郑国的大夫,以多谋见称。

③世叔:即子太叔,名游吉,郑国的大夫。子产死后,继子产为郑国宰相。

④行人:官名,掌管外交事务。

⑤子羽:姓公孙,名挥,字子羽,郑国大夫。

⑥东里:地名,郑国大夫子产居住的地方。

【译文】

孔子说:"郑国拟定的政令公文(外交文书),首先由裨谌起草,再由世叔提出意见,然后由外交官子羽加以修饰,最后由东里子产润色。"

142. 东里子产 1 章

14.8

【原文】

子曰："为命[①]，裨(bì)谌(chén)[②]草创之，世叔[③]讨论之，行人[④]子羽[⑤]修饰之，东里[⑥]子产润色之。"

【注释】

①为命：制定政令或外交文书。命，指国家的政令，另解释为诸侯会盟的外交文书。

②裨谌：人名，郑国的大夫，以多谋见称。

③世叔：即子太叔，名游吉，郑国的大夫。子产死后，继子产为郑国宰相。

④行人：官名，掌管外交事务。

⑤子羽：姓公孙，名挥，字子羽，郑国大夫。

⑥东里：地名，郑国大夫子产居住的地方。

【译文】

孔子说："郑国拟定的政令公文(外交文书)，首先由裨谌起草，再由世叔提出意见，然后由外交官子羽加以修饰，最后由东里子产润色。"

143. 佛肸 1 章

17.7

【原文】

佛(bì)肸(xī)①召,子欲往。子路曰:"昔者由也闻诸夫子曰:'亲于其身为不善者,君子不入也。'佛肸以中牟(móu)②畔③,子之往也,如之何?"子曰:"然,有是言也。不曰坚乎,磨而不磷④?不曰白乎,涅(niè)⑤而不缁(zī)⑥?吾岂匏(páo)瓜⑦也哉?焉能系(jì)⑧而不食?"

【注释】

①佛肸:晋国大夫范中行的家臣,中牟地方官。

②中牟:地名,在晋国,约在今河北邢台与邯郸之间。

③畔:通"叛",叛乱。

④磷:损伤。

⑤涅:一种矿物质,可用作颜料染衣服。

⑥缁:黑色。

⑦匏瓜:葫芦中的一种,味苦,不能食用。

⑧系:结,扣。

【译文】

佛肸在中牟反叛,召孔子去,孔子打算前往。子路说:"从前我听夫子说过:'亲自做坏事的人那里,君子是不去的。'现在佛肸据中牟反叛,您却要去,这如何解释呢?"孔子说:"是的,我说过这样的话。(但是,)不是说坚硬的东西磨也磨不坏吗?不是说洁白的东西染也染不黑吗?我难道是个葫芦吗?怎么能只挂在那里而不能吃呢?"

144. 接舆 1 章

18.5

【原文】

楚狂接舆[①]歌而过孔子曰："凤兮凤兮！何德之衰？往者不可谏，来者犹可追[②]。已而已而！今之从政者殆而！"孔子下，欲与之言。趋而辟(bì)之，不得与之言。

【注释】

①楚狂接舆：一说楚国的狂人迎接(相遇并经过)孔子之车；一说楚国叫接舆的狂人。本书采用第二种说法。

②往者不可谏，来者犹可追：过去的事就不说了，未来的事还可以去追求。

【译文】

楚国的狂人接舆唱着歌从孔子的车旁走过，他唱道："凤鸟啊，凤鸟啊，你的德运怎么这么衰弱呢？过去的已经无可挽回，未来的却还可以去追求(还来得及改正)。不说了，不说了！今天的执政者太糟糕了！"孔子下车，想同他谈话，(他)却赶快避开，(孔子)没能够和他交谈。

145. 虞仲 1 章

18.8

【原文】

逸民[①]：伯夷、叔齐、虞仲、夷逸、朱张、柳下惠、少连[②]。子曰：

"不降其志,不辱其身,伯夷、叔齐与?"谓柳下惠、少连:"降志辱身矣,言中(zhòng)伦,行中(zhòng)虑,其斯而已矣。"谓虞仲、夷逸:"隐居放[3]言,身中清,废中权。""我则异于是,无可无不可。"

【注释】

①逸民:避世隐居的人才。逸,通"佚",散失、遗弃。

②伯夷……少连:除伯夷、叔齐、柳下惠外,虞仲、夷逸、朱张、少连四人身世无从考。从文中意思看,这些人当是没落贵族。

③放:放置。

【译文】

避世隐居的人有:伯夷、叔齐、虞仲、夷逸、朱张、柳下惠、少连。孔子说:"既没有降低自己的志向,又没有屈辱自己的身份,做到的只有伯夷、叔齐吧?"孔子这样评价柳下惠、少连:"被迫降低自己的志向,辱没身份,但说话合乎伦理,行为合乎人心。"又评价虞仲、夷逸说:"过着隐居的生活,不谈世事,洁身自爱,主动辞官。""我同这些人不同,可以这样,也可以那样。"

146. 夷逸 1 章

18.8

【原文】

逸民[1]:伯夷、叔齐、虞仲、夷逸、朱张、柳下惠、少连[2]。子曰:"不降其志,不辱其身,伯夷、叔齐与?"谓柳下惠、少连:"降志辱身矣,言中(zhòng)伦,行中(zhòng)虑,其斯而已矣。"谓虞仲、夷逸:"隐居放[3]言,身中清,废中权。""我则异于是,无可无不可。"

【注释】

①逸民:避世隐居的人才。逸,通"佚",散失、遗弃。

②伯夷……少连:除伯夷、叔齐、柳下惠外,虞仲、夷逸、朱张、

少连四人身世无从考。从文中意思看，这些人当是没落贵族。

③放：放置。

【译文】

避世隐居的人有：伯夷、叔齐、虞仲、夷逸、朱张、柳下惠、少连。孔子说："既没有降低自己的志向，又没有屈辱自己的身份，做到的只有伯夷、叔齐吧？"孔子这样评价柳下惠、少连："被迫降低自己的志向，辱没身份，但说话合乎伦理，行为合乎人心。"又评价虞仲、夷逸说："过着隐居的生活，不谈世事，洁身自爱，主动辞官。""我同这些人不同，可以这样，也可以那样。"

147. 朱张 1 章

18.8

【原文】

逸民[1]：伯夷、叔齐、虞仲、夷逸、朱张、柳下惠、少连[2]。子曰："不降其志，不辱其身，伯夷、叔齐与？"谓柳下惠、少连："降志辱身矣，言中（zhòng）伦，行中（zhòng）虑，其斯而已矣。"谓虞仲、夷逸："隐居放[3]言，身中清，废中权。""我则异于是，无可无不可。"

【注释】

①逸民：避世隐居的人才。逸，通"佚"，散失、遗弃。

②伯夷……少连：除伯夷、叔齐、柳下惠外，虞仲、夷逸、朱张、少连四人身世无从考。从文中意思看，这些人当是没落贵族。

③放：放置。

【译文】

避世隐居的人有：伯夷、叔齐、虞仲、夷逸、朱张、柳下惠、少连。孔子说："既没有降低自己的志向，又没有屈辱自己的身份，做到的只有伯夷、叔齐吧？"孔子这样评价柳下惠、少连："被迫降低自己的志向，辱没身份，但说话合乎伦理，行为合乎人心。”又评价虞仲、夷逸说：“过着隐居的生活，不谈世事，洁身自爱，主动辞官。”“我同这些人不同，可以这样，也可以那样。”

148. 少连 1 章

18.8

【原文】

逸民[①]：伯夷、叔齐、虞仲、夷逸、朱张、柳下惠、少连[②]。子曰：“不降其志，不辱其身，伯夷、叔齐与？”谓柳下惠、少连：“降志辱身矣，言中（zhòng）伦，行中（zhòng）虑，其斯而已矣。”谓虞仲、夷逸：“隐居放[③]言，身中清，废中权。”“我则异于是，无可无不可。”

【注释】

①逸民：避世隐居的人才。逸，通“佚”，散失、遗弃。

②伯夷……少连：除伯夷、叔齐、柳下惠外，虞仲、夷逸、朱张、少连四人身世无从考。从文中意思看，这些人当是没落贵族。

③放：放置。

【译文】

避世隐居的人有：伯夷、叔齐、虞仲、夷逸、朱张、柳下惠、少连。孔子说：“既没有降低自己的志向，又没有屈辱自己的身份，做到的只有伯夷、叔齐吧？”孔子这样评价柳下惠、少连：“被迫降低自己的志向，辱没身份，但说话合乎伦理，行为合乎人心。”又评价虞仲、夷逸说：“过着隐居的生活，不谈世事，洁身自爱，主动辞官。”“我同这些人不同，可以这样，也可以那样。”

149. 崔杼 1 章

5.19

【原文】

子张问曰："令尹子文[①]三仕为令尹，无喜色；三已[②]之，无愠色。旧令尹之政，必以告新令尹。何如？"子曰："忠矣。"曰："仁矣乎？"曰："未知。焉得仁？""崔子[③]弑[④]齐君[⑤]，陈文子[⑥]有马十乘(shèng)，弃而违[⑦]之。至于他邦，则曰：'犹吾大夫崔子也。'违之。之一邦，则又曰：'犹吾大夫崔子也。'违之。何如？"子曰："清矣。"曰："仁矣乎？"曰："未知。焉得仁？"

【注释】

①令尹子文：东周时各国的相名称不一，楚国的相叫"令尹"。子文是楚国著名的国相。

②三已：三次罢免。

③崔子：齐国大夫崔杼(zhù)。齐庄公为其所杀。

④弑：地位在下的人杀了居上位者，指臣子杀君主，儿子杀父亲或母亲。

⑤齐君：即被崔杼所杀的齐庄公。

⑥陈文子：陈国的大夫，名须无。

⑦违：离开。

【译文】

子张问孔子说："令尹子文三次做楚国相国，没有显出高兴的样子；三次被免职，也没有显出怨恨的样子。他每次被免职，交接时一定把政事全部告诉接任的新相国。这个人怎么样？"孔子说："算得上是忠了。"子张问："算得上仁了吗？"孔子说："不知道。这怎么能算得上仁呢？"子张又问："崔杼杀了他的君主齐庄公，陈文子有40匹马,都舍弃不要,离开齐国到别国去了。到了别国,他说:'这里的执政者也和我们齐国的大夫崔子差不多。'于是又离开这个国家。到了另一个国家,又说:'这里的执政者也和我们的大夫崔子差不多。'又离开了。这个人怎么样呢?"孔子说:"算得上是清高了。"子张说:"可说是仁了吗?"孔子说:"不知道。这怎么能算得上是仁呢?"

150. 陈文子1章

5.19

【原文】

子张问曰:"令尹子文[①]三仕为令尹,无喜色;三已[②]之,无愠色。旧令尹之政,必以告新令尹。何如?"子曰:"忠矣。"曰:"仁矣乎?"曰:"未知。焉得仁?""崔子[③]弑[④]齐君[⑤],陈文子[⑥]有马十乘(shèng),弃而违[⑦]之。至于他邦,则曰:'犹吾大夫崔子也。'违之。之一邦,则又曰:'犹吾大夫崔子也。'违之。何如?"子曰:"清矣。"曰:"仁矣乎?"曰:"未知。焉得仁?"

【注释】

①令尹子文:东周时各国的相名称不一,楚国的相叫"令尹"。子文是楚国著名的国相。

②三已:三次罢免。

③崔子:齐国大夫崔杼(zhù)。齐庄公为其所杀。

④弑:地位在下的人杀了居上位者,指臣子杀君主,儿子杀父亲或母亲。

⑤齐君:即被崔杼所杀的齐庄公。

⑥陈文子:陈国的大夫,名须无。

⑦违:离开。

【译文】

子张问孔子说："令尹子文三次做楚国相国，没有显出高兴的样子；三次被免职，也没有显出怨恨的样子。他每次被免职，交接时一定把政事全部告诉接任的新相国。这个人怎么样？"孔子说："算得上是忠了。"子张问："算得上仁了吗？"孔子说："不知道。这怎么能算得上仁呢？"子张又问："崔杼杀了他的君主齐庄公，陈文子有40匹马，都舍弃不要，离开齐国到别国去了。到了别国，他说：'这里的执政者也和我们齐国的大夫崔子差不多。'于是又离开这个国家。到了另一个国家，又说：'这里的执政者也和我们的大夫崔子差不多。'又离开了。这个人怎么样呢？"孔子说："算得上是清高了。"子张说："可说是仁了吗？"孔子说："不知道。这怎么能算得上是仁呢？"

151. 宋朝1章

6.16

【原文】

子曰："不有祝鮀(tuó)①之佞，而②有宋朝③之美，难乎免于今之世矣！"

【注释】

①祝鮀：字子鱼，卫国大夫，有口才，以能言善辩曾受卫灵公重用，后被卫灵公疏远。

②而：这里是"与"的意思。

③宋朝：宋国的公子朝，美男子。《左传》中记载他因貌美而致乱。

【译文】

孔子说："如果没有祝鮀那样的口才，也没有宋朝那样的美貌，在今天这样的世道下，怕是难逃灾祸了。"

152. 桓魋 1 章

7.23

【原文】

子曰："天生德于予，桓魋（tuí）[①]其如予何?!"

【注释】

①桓魋：即司马向魋。当时主管宋国军事，曾以砍树威胁孔子。

【译文】

孔子说："上天把实行仁德的任务赋予了我，桓魋能把我怎么样?!"

附:人物类编(按音序)索引

序号	人物名称	拼音	页码
1	哀公	Aī Gōng	475
2	奡	Ao	432
3	裨谌	Bì Chén	550
4	佛肸	Bì Xī	554
5	卞庄子	Biàn Zhuāngzǐ	508
6	比干	Bǐ Gàn	436
7	伯达	Bó Dá	451
8	伯适	Bó Shì	452
9	伯氏	Bó Shì	463
10	播鼗武	Bōtáo Wǔ	501
11	伯夷	Bó Yí	437
12	卜商(子夏)	Bǔ Shāng	325
13	长沮	Cháng Jǔ	543
14	陈成子(陈恒)	Chén Chéngzǐ	541
15	陈亢(子禽)	Chén Kàng	398
16	陈司败	Chén Sībài	542
17	陈文子	Chén Wénzǐ	560

续表

序号	人物名称	拼音	页码
18	崔杼	Cuī Zhù	559
19	定公	Dìng Gōng	473
20	东里子产	Dōnglǐ Zǐchǎn	553
21	端木赐(子贡)	Duānmù Cì	294
22	樊须(子迟)	Fàn Xū	376
23	宓不齐(子贱)	Fú Bùqí	410
24	高柴(子羔)	Gāo Chái	408
25	皋陶	Gāo Yáo	466
26	高宗	Gāo Zōng	442
27	公伯寮	Gōng Bóliáo	511
28	公明贾	Gōng Mínggǔ	534
29	公山弗扰	Gōngshān Fúrǎo	518
30	公叔文子	Gōngshū Wénzǐ	533
31	公西赤(子华)	Gōngxī Chì	383
32	公冶长(子长)	Gōngyě Cháng	409
33	公子纠	Gōngzǐ Jiū	539
34	鼓方叔	Gǔ Fāngshū	500
35	管仲	Guǎn Zhòng	460
36	荷蒉	Hè Kuì	530
37	桓魋	Huán Tuí	562
38	稷	Jì	433
39	季騧	Jì Guā	455

续表

序号	人物名称	拼音	页码
40	季桓子	Jì Huánzǐ	478
41	季康子	Jì Kāngzǐ	479
42	击磬襄	Jīqìng Xiāng	503
43	季随	Jì Suí	454
44	季文子	Jì Wénzǐ	493
45	箕子	Jī Zǐ	435
46	棘子成	Jí Zǐchéng	529
47	季子然	Jì Zǐrán	517
48	桀溺	Jié Nì	544
49	接舆	Jiē Yú	555
50	晋文公	Jìn Wéngōng	455
51	孔鲤(伯鱼)	Kǒng Lǐ	396
52	孔文子	Kǒng Wénzǐ	528
53	老彭	Lǎo Péng	441
54	林放(子丘)	Lín Fàng	405
55	令尹子文	Lìngyī Zǐwén	465
56	柳下惠	Liǔxià Huì	468
57	鲁人	Lǔ Rén	516
58	孟公绰	Mèng Gōngchuò	506
59	孟敬子	Mèng Jìngzǐ	504
60	孟氏	Mèng Shì	515
61	孟武伯	Mèng Wǔbó	488

续表

序号	人物名称	拼音	页码
62	孟懿子	Mèng Yìzǐ	487
63	孟之反	Mèng Zhīfǎn	496
64	闵损(子骞)	Mǐn Sǔn	381
65	南容(子容)	Nán Róng	401
66	南子	Nán Zǐ	523
67	宁武子	Nìng Wǔzǐ	532
68	漆雕开(子开)	Qīdiāo Kāi	410
69	齐桓公	Qí Huángōng	456
70	齐简公	Qí Jiǎngōng	538
71	齐景公	Qí Jǐnggōng	536
72	琴牢(子开)	Qín Láo	417
73	蘧伯玉	Qú Bóyù	524
74	冉耕(伯牛)	Rán Gēng	404
75	冉求(子有)	Rán Qiú	347
76	冉雍(仲弓)	Rán Yōng	372
77	孺悲	Rú Bēi	417
78	三饭缭	Sānfàn Liáo	498
79	少连	Shào Lián	558
80	少师阳	Shàoshī Yáng	502
81	叶公	Shè Gōng	547
82	申枨(子周)	Shēn Chéng	411
83	师冕	Shī Miǎn	514

续表

序号	人物名称	拼音	页码
84	世叔	Shì Shū	551
85	史鱼	Shǐ Yú	531
86	师挚(太师挚)	Shī Zhì	489
87	叔齐	Shū Qí	439
88	叔孙武叔	Shūxùn Wǔshū	505
89	叔夏	Shū Xià	454
90	叔夜	Shū Yè	453
91	舜	Shùn	422
92	四饭缺	Sìfàn Quē	499
93	司马牛(子牛)	Sīmǎ Niú	403
94	宋朝	Sòng Zhāo	561
95	泰伯	Tài Bó	450
96	太宰	Tài Zǎi	549
97	澹台灭明(子羽)	Tántái Mièmíng	411
98	王孙贾	Wángsūn Gǔ	526
99	卫公孙朝	Wèi Gōngsūn Zhāo	531
100	卫公子荆	Wèi Gōngzǐ Jīng	524
101	卫灵公	Wèi Línggōng	519
102	微生高	Wēishēng Gāo	494
103	微生亩	Wēishēng Mǔ	510
104	卫君	Wèi Jūn	520
105	微子	Wēi Zǐ	434

续表

序号	人物名称	拼音	页码
106	巫马期(子期)	Wūmǎ Qī	412
107	吴孟子	Wú Mèngzǐ	472
108	僎	Xún	535
109	亚饭干	Yàfàn Gān	497
110	颜回(子渊)	Yán Huí	314
111	晏平仲	Yàn Píngzhòng	464
112	颜无繇(路)	Yán Wúyóu	413
113	言偃(子游)	Yán Yǎn	368
114	阳肤	Yáng Fū	515
115	阳货	Yáng Huò	509
116	尧	Yáo	418
117	羿	Yì	431
118	仪封人	Yífēng Rén	527
119	夷逸	Yí Yì	556
120	伊尹	Yī Yǐn	467
121	有若(子有)	Yǒu Ruò	393
122	禹	Yǔ	427
123	虞仲	Yú Zhòng	555
124	原壤	Yuán Rǎng	513
125	原宪(子思)	Yuán Xiàn	407
126	宰予(子我)	Zǎi Yú	389
127	臧文仲	Zàng Wénzhòng	491

续表

序号	人物名称	拼音	页码
128	臧武仲	Zàng Wǔzhòng	492
129	曾点(子皙)	Zēng Diǎn	414
130	曾参(子舆)	Zēng Shēn	361
131	丈人	Zhàng Rén	546
132	昭公	Zhāo Gōng	471
133	召忽	Zhāo Hū	540
134	直躬	Zhí Gōng	548
135	仲忽	Zhòng Hū	453
136	仲叔围	Zhòngshū Yǔ	528
137	仲突	Zhòng Tū	452
138	仲由(子路)	Zhòng Yóu	265
139	纣	Zhòu	434
140	周公	Zhōu Gōng	444
141	周任	Zhōu Rèn	446
142	周文王	Zhōu Wénwáng	443
143	周武王	Zhōu Wǔwáng	448
144	祝鮀	Zhù Tuó	522
145	朱张	Zhū Zhāng	557
146	颛孙师(子张)	Zhuānsūn Shī	335
147	子产	Zǐ Chǎn	458
148	子服景伯	Zǐfú Jǐngbó	512
149	子桑伯子	Zǐsāng Bózǐ	495

续表

序号	人物名称	拼音	页码
150	子西	Zǐ Xī	459
151	子羽	Zǐ Yǔ	552
152	左丘明	Zuǒqiū Míng	494

后 记

《论语》是孔子及其弟子的言行集。我们现在看到的《论语》为西汉张禹所编，全书共 20 篇，512 章，15924 字（不算篇名字数）。自从张禹编定，这个体系就没有变过。

初学《论语》的人往往觉得它杂乱无章，但当对《论语》有所了解以后，就会觉得它是相当完整与完善的，套用《论语》中的话说，就是“尽美矣，又尽善也”，我就是这种感觉。比如：《论语》第一章可以看成是孔子在开学典礼上的讲话，而最后一章又可以看成是弟子毕业时孔老夫子的临别叮嘱。《论语》每一篇都有一个主题，所有章节都是围绕这个主题展开的。

我从 1974 年开始接触《论语》，至今已 43 年矣。那时不过是知道片言只语，如“克己复礼”“唯上知与下愚不移”等。读研期间，我开始精心研读《论语》。2004 年春，我在山东财政学院（今山东财经大学）开设“《论语》选读”课，至今已有 13 个年头。据粗略估计，十三年来，选这门课的学生约有 5000 人。除此之外，自 2010 年元月起，我还应邀到机关、学校、企业讲授《论语》逾 200 场，听众大约有 15000 人。另外，我还创立了“齐鲁《论语》公益研读活动”。研读活动每月举办一次，每次研读 1～2 个人物，至今已持续了 5 年。

为学生讲《论语》，我一般是按篇讲；在校外讲《论语》，我一般是按主题讲；而在我主持《论语》研读活动时，则主要以研讨某个人物为主。出于研讨人物的需要，我编了这本《论语注译及人物类编》。在编辑过程中，得到了弟子闰曼的大力协助，在此表示衷心的感谢。

《论语》共涉及153个人物。毫无疑问,其中最重要的人物是孔子,有465章,占到所有篇章的90%;其次是子路,有41章;再次是子贡,有38章;孔子最喜欢的学生颜回有21章。另外,曾子、冉有、子夏、子张的有关章节较多,而其他人物的章节很少,有的只有1章。

本书分为两大部分:第一部分是"论语注译";第二部分是"人物类编",将《论语》中出现的人物一一辑出并分类编排。

在本书即将付印的时候,我非常感谢下列领导、师友的厚爱:胡德平先生、王大千先生、刘兴云先生、刘正林先生、李崇西先生、魏光明先生、李学春先生、曲直先生、韩可风先生、黄鸣先生、牛虎兵先生、李路先生。此外,我还应特别感谢孙孟全先生,在不到一年的时间内,我曾应邀三赴鲁花集团为其高层干部通讲《论语》。孙孟全先生对于《论语》的热爱以及对于中国传统文化的践行,给我留下了深刻的印象。

我还感谢我的家人及我的研究生们,蔚然师门的诸弟子们,也感谢我在凯亚中心的同事们,他们对我的支持与照顾是巨大和无微不至的。

我还感谢听过我课的所有学生及学员,感谢齐鲁《论语》公益研读活动秘书处的同志们,也感谢为此书出版付出辛勤劳动的米克荣先生、马银川女士、王立强先生。

最后感谢志源阁的甄学志先生与创领家的韩亮先生,他们的支持令我难忘。

希望这本小书能为研究与学习《论语》的人提供方便。

王　蔚

2016年5月1日于山东财经大学德馨楼